L'ADJUDANT-GÉNÉRAL

JEAN LANDRIEUX

MÉMOIRES

JEAN LANDRIEUX

I. Bergame, Brescia.
II. Salo, Vérone, Venise.
III. Gênes, Fragments divers. — Étude sur la Correspondance de Napoléon Bonaparte.

IMP. CH. LÉPICE, 10, RUE DES CÔTES, MAISONS-LAFFITTE.

Léonce GRASILIER

L'ADJUDANT-GÉNÉRAL

JEAN LANDRIEUX

Chef d'état-major de la cavalerie de l'Armée d'Italie

1756-1825

Introduction à ses « Mémoires »

PARIS

NOUVELLE LIBRAIRIE PARISIENNE

ALBERT SAVINE, ÉDITEUR

12, RUE DES PYRAMIDES, 12

1893

JEAN LANDRIEUX

« En fait d'histoire, il faut dire
le bien et le mal ou ne pas écrire.
Les actes héroïques et les fautes
commises peuvent également
servir de eçon. »

CARDINAL BILLIET. — *Mémoire pour servir à l'histoire ecclésiastique*. Préface, p. VII.

Napoléon, alors dans l'éclat de sa toute-puissance, aperçoit un jour Landrieux sur la place d'armes de Versailles. Le lendemain, il s'enquiert auprès de Junot de ce que fait cet ex-colonel de hussards. A quoi le duc d'Abrantès répond que Landrieux vit à la campagne et cultive un petit bien voisin de son domaine. L'Empereur réplique sévèrement : « *Qu'il s'y tienne !* »

Une autre fois, c'est Murat, grand duc de Berg, qui demande à son aide de camp, le colonel de Chambry, s'il voit toujours leur ancien chef de brigade du 21e chasseurs. Sur la réponse affirmative de Chambry, Murat de s'écrier avec vivacité : « *Dites-lui bien que s'il bouge sur mon compte, je l'écrase !* »

Qu'avait donc fait Landrieux pour s'attirer le persistant ressentiment de ces deux hommes les plus puissants du jour ?

Ses *Mémoires* apprendront ce qu'il reproche à Bonaparte et laisseront lire entre les lignes ce que Bonaparte reprochait à Landrieux et ce qu'il ne lui pardonna jamais, quelles que fussent les circonstances. L'Empereur, en effet, garda jusqu'à la mort les rancunes du général en chef de l'armée d'Italie ; tandis que l'officier mis en disponibilité, puis

retraité prématurément, demanda sans arrière-pensée, mais
en vain, à reprendre son épée aux heures douloureuses des
dernières défaites. Pour cela, il oublia ses propres fautes,
ses violences de langage, ses invectives et ses débordements
de haine contre l'homme qui brisa son avenir, qui pour ainsi
dire l'annihila, et cela pendant que d'autres au contraire,
des favorisés, des repus de gloire, d'honneurs et d'argent,
abandonnaient ou trahissaient ce même homme qui les avait
faits et qui les avait comblés.

Lorsque les pamphlets contre Napoléon, qui s'étaient jusque-là monopolisés en Angleterre, œuvres d'ennemis étrangers, d'adversaires peu loyaux, d'émigrés fanatiques, de
serviteurs infidèles, tels que Guillaume Barré (¹), ou de vul-
gaires traîtres comme le général Sarrazin (²), apparurent en
France après la chute et l'exil, Landrieux avait depuis
longtemps écrit ses *Mémoires* dans la solitude et l'inaction
parfois plus propices au développement de la haine qu'à son
apaisement.

Ce n'est donc pas un soufflet appliqué sur la joue d'un

1. Guillaume Barré, ancien secrétaire particulier de Bonaparte,
passé en Angleterre, auteur de *History of the french consulate
under Napoléon Bonaparte* et de *The rise, progress, decline and
fall of Buonaparte's empire in France*. London, J. Badcock,
2 vol. in-8°, 1804 et 1805. Ces ouvrages, introuvables aujourd'hui,
ont servi de thème à l'œuvre du général Iung : *Bonaparte et son
temps*, bien que cet écrivain se soit abstenu de les citer.

2. Le général Jean Sarrazin, ancien chef d'état-major de Bernadotte aux armées d'Allemagne et d'Italie, ancien général de brigade
au service de Napoléon, quitta le camp de Boulogne en 1810, passa
en Angleterre pour y vendre les plans de campagne qu'il avait
dérobés et servir contre son pays. Il réclamait à l'Angleterre, pour
prix de sa trahison, un traitement annuel de 3,000 livres sterl.,
50,000 livres sterl. en échange de ce qu'il avait sacrifié, et 10,000 livres
sterl. pour son usage immédiat. En outre, il exigeait le rang de lieutenant-général. Ses autres prétentions, selon Fauche-Borel (*Mémoires*), étaient aussi immodérées. Napoléon paraît, d'après le
même auteur, s'être peu préoccupé de la conduite de Sarrazin.
Condamné à mort pour crime de trahison, ce triste personnage
rentra en France avec les Bourbons et fut nommé maréchal de camp
des armées, mais sans activité. En 1817, il fut chassé de l'armée,
accusé et reconnu coupable de bigamie en 1818 : il fut condamné
aux travaux forcés, à la dégradation et à l'exposition, par arrêt
de la Cour d'assises de la Seine, en date du 24 juillet 1819 (il avait

ennemi réduit à l'impuissance et c'est encore moins ce qu'on appelle le coup de pied de l'âne.

Si plus tard, lorsque parut la *Correspondance inédite et confidentielle de Napoléon Bonaparte* publiée en 1819 par le libraire Pankoucke, Landrieux, très surpris d'y lire des choses peu en rapport avec ce qu'il avait vu ou fait, reprend sa plume et donne un nouveau cours à sa mauvaise humeur, ne doit-on pas encore ramener cet emportement à sa juste valeur et ne voir là que la manie si commune aux *vieux grognards* de critiquer, de contredire des récits officiels arrangés à dessein, ou des romans fantaisistes qui ont la prétention d'exposer la *réalité*.

Tout cela permet de connaître aussi parfaitement que possible la situation de Landrieux vis-à-vis de Bonaparte, de prendre ce qui est vrai et de laisser de côté tout ce qui n'est que le fruit d'une imagination faussée par les déceptions qui avaient fortement aigri le caractère de cet officier intelligent et ambitieux.

Quant au ressentiment de Murat, rien dans les *Mémoires* ne vient l'expliquer. Landrieux, au contraire, parle très peu de son ancien subordonné et rarement s'abandonne contre lui à sa mauvaise humeur habituelle. Cependant, il existe entre eux une vieille rancune, pour des faits antérieurs à l'époque dont parlent les *Mémoires* et dans lesquels Murat n'a pas toujours eu le beau rôle. Tout cela s'expliquera par la suite, au cours de cette biographie de Jean Landrieux, travail ardu, malaisé à entreprendre, difficile à établir, attendu que l'existence de ce personnage serait absolument ignorée si ce n'étaient les deux ou trois mentions qu'on trouve de lui dans la correspondance de Napoléon Ier (¹).

en effet épousé trois femmes), mais il fut au bout de deux ans gracié par le roi. Réfugié en Belgique il ne cessa de demander la révision de son procès jusqu'en 1848.

Pendant son séjour à Londres, il publia dans le *Times* un grand nombre d'articles très violents contre Napoléon Ier et en librairie des ouvrages contre l'Empereur et contre Murat qui, presque tous, furent traduits en anglais. Voir Quérard, *la France littéraire*, — Watt, *Bibliotheca Britannica* et ce que dit M. W.-J. Fitz Patrick dans son livre *Secret service under Pitt*, p. 297-360, in-8°. London, Longmans et C°.

1. Son nom est estropié dans le *Mémorial* qui le calomnie.

Les historiens, soit qu'ils l'aient ignoré, soit qu'ils l'aient négligé ou peut-être volontairement mis de côté, n'ont point parlé de lui. Les biographies générales ou particulières n'ont pas compris son nom dans leur répertoire ; qui pis est les recueils militaires ne l'ont pas davantage inscrit dans leurs colonnes, et même au ministère de la Guerre son dossier est fort incomplet.

Landrieux ne parle de lui dans ses *Mémoires* qu'en ce qui se rapporte aux deux années de sa vie pendant lesquelles il a été chargé du bureau secret, puis adjudant-général chef d'état-major de la cavalerie de l'armée d'Italie, c'est-à-dire 1796 et 1797, durant cette période qui va de la bataille de Lodi où il a été blessé à la chute de la République de Venise, à laquelle il a travaillé si activement et à la révolution de Gênes à laquelle il a présidé. Il est extrêmement rare qu'il parle de son existence antérieure et encore s'il le fait, c'est d'une façon tellement laconique qu'il parait difficile de prendre cette indication pour un point de repaire dans ce passé inconnu. Cependant il se trouve dans ses papiers ou pièces justificatives (¹) quatre brouillons différents d'une

Les *Mémoires* de Masséna donnent une lettre de lui à Augereau : leur rédacteur, le général Kock, a, d'ailleurs, abondamment emprunté au manuscrit des *Mémoires* de Landrieux qu'il cite en appendice, mais qu'il ne semble pas avoir lu avec l'intention d'en tirer tout ce qui concerne le duc de Rivoli, ce qui lui a permis d'attribuer à Kilmaine la responsabilité d'une persécution qui fut l'œuvre de Bonaparte.

1. A la Bibliothèque nationale, les manuscrits de Landrieux sont inscrits sous les cotes 7981 et 7982 du fonds français. Le premier volume (Mss A), comporte *Mémoires, Fragments et Etude de la Correspondance de Bonaparte, publiée par Panckouke;* le deuxième (Mss B), contient les pièces justificatives au nombre de 463. Les notes autobiographiques sont aux folios 56, 58, 59, 61. Au ministère de la Guerre, les *justifications* donnent aussi de précieux renseignements biographiques. Les notes autobiographiques du Mss B remontent à des dates diverses. Le folio 58 a dû être rédigé à l'époque où Landrieux ruiné fit appel à la générosité du roi. Le folio 56 parait dater au contraire du début de la Restauration. Le folio 61 est rédigé postérieurement à 1816; Landrieux termine en demandant du service, quoiqu'il ait plus de soixante ans, mais ne parle pas de sa ruine. Enfin, dans la rédaction du folio 59, qui raconte brièvement le séjour de Louis XVI

très succinte autobiographie, très insuffisante, très discrète
il est vrai, mais qui a servi de point de départ à des recherches qui ont amené la possibilité d'écrire cette première biographie.

chez les Truet et le rôle que Landrieux s'attribue en cette circonstance, il se dit âgé « quoique sans infirmité » et parle de sa ruine.
Cette dernière note est à rapprocher, comme date, du folio 58.

Jean Landrieux, naquit le 13 février 1756, à Lavaur, où son père, Nicolas-Louis Landrieux, exerçait la profession de confiseur (¹).

Nicolas-Louis Landrieux, fils d'un invalide pensionné (²), originaire de la paroisse de Manival, dans le même diocèse de Lavaur, était employé à l'office de l'évêque, Mgr Jean-Joseph de Fontanges, lorsqu'il épousa, en 1751, Marie-Catherine Thouzery plus âgée que lui de deux ans, fille de Guillaume Thouzery, bedeau du chapitre de Saint-Alain. Il en eut quatre enfants, *Guillaume*, qui semble ne pas avoir

1. *Extrait des registres de baptême de la ville de Lavaur, département du Tarn :*
Le quatorze février 1756 a été baptisé Jean, fils de Nicolas-Louis Landrieux, marchand, et de Catherine Thouzery, mariés. L'enfant né le jour d'hier. Parrain, Jean Foulquet, licencié en droit; marraine, Jeanne Vilary. Le père présent a déclaré n'avoir d'autre enfant mâle du même nom. Témoins : Larteur, Travet, qui ont signé avec moi, RENAUT, chanoine-sacristain, ainsi signé :

LANDRIEUX père, TRAVET, LARTÊUR,
FOULQUET, J. VILARY.

(*Archives municipales de l'hôtel de ville de Lavaur.* — *Archives de la Guerre,* dossier Landrieux).

Ce qui a rapport à la famille Landrieux nous a été, sur nos indications, communiqué par M. Ad. Bousquet, l'érudit secrétaire de la mairie de Lavaur, qui a bien voulu faire pour nous de longues et minutieuses recherches.

2. Archives de la Guerre, doss. Landrieux : *Etat abrégé des services de Landrieux depuis le commencement de la Révolution et observations pour éclairer le Comité de Salut public sur sa conduite politique, révolutionnaire et militaire et sur sa capacité.* Cette pièce fut rédigée en 1794 pour répondre à la demande du Commissaire de l'Organisation et du Mouvement des Armées.

vécu, *Anne* dont on ignore la destinée, *Jean* qui est celui dont on s'occupe ici, enfin un autre fils, nommé *Guillaume* comme le premier.

La famille Landrieux paraît avoir joui d'une modeste aisance. Le père, qui avait, même après son mariage, conservé son emploi à l'office de l'évêque, finit par s'établir confiseur vers 1754 et se créa promptement une bonne clientèle. Mais il sut surtout s'attirer l'estime de ses compatriotes : aristocratie, noblesse de robe, bourgeoisie se plurent à lui témoigner leur bienveillance en maintes circonstances. On voit, par exemple, une demoiselle Anne d'Abeilhou, épouse de M. d'Audegaud, avocat au Parlement, tenir la fille de Landrieux sur les fonds baptismaux ; son dernier fils, Guillaume, eut pour parrain messire Guillaume Fontanges, seigneur de Velzic, neveu de l'évêque, et pour marraine dame Marie-Anne de la Claverie de Fonpech, veuve de messire Jean-Jacques de Dupuy, baron de Saint-Paul, seigneur de Montesquieu, et avec ces parrain et marraine signèrent à l'acte de baptême : de Soupet, Pagès du Travet, Dupuy de Montesquieu, Baudier de Tyssode, La Devèze ; enfin ce sont les archidiacres, vicaires généraux et doyens du chapitre qui administrent les sacrements.

Louis-Nicolas Landrieux mourut en octobre 1771, n'ayant pas encore atteint sa cinquantième année et fut inhumé dans le cimetière paroissial, tandis que sa femme, qui décéda le 27 mars 1773, fut déposée, par privilège, dans la nef de l'église de Saint-Alain, où son père, l'ancien bedeau, alla la rejoindre deux mois après, âgé d'environ quatre-vingt-dix ans.

Jean et Guillaume reçurent une très bonne éducation, grâce à l'appui du clergé et des protecteurs influents qui s'étaient intéressés à eux. Guillaume, le plus jeune, problablement pour soutenir le fonds de commerce paternel qui lui était échu, épousa, à peine âgé de seize ans, Marie-Françoise Gazaniol, fille d'un négociant de Lavaur. On ne sait ce qu'il advint de lui jusqu'après le 9 thermidor, époque à laquelle il fut nommé juge de paix du canton de Lavaur (¹).

1. « A cette époque-là, il y avait trois juges de paix à Lavaur, dont un pour la ville (*intra muros*), un second pour la banlieue et un troisième pour le canton qui était en outre « officier de

La succession du fonds de commerce était échue au fils cadet, parce que l'aîné avait été destiné à la carrière ecclésiastique. Jean Landrieux, en effet, après ses humanités, était entré au grand séminaire et avait été tonsuré; peut-être même l'était-il déjà, comme cela se pratiquait assez fréquemment à cette époque. En tout cas, la vocation du séminariste ne parait pas avoir été bien sérieuse. Comme tant d'autres, elle n'était que le résultat d'influences ambiantes, de volontés familiales, ou simplement de condescendance respectueuse aux désirs de hautes personnalités. Si le jeune homme s'était adonné avec ardeur aux études classiques, si les auteurs latins et même grecs lui devinrent familiers, il ne semble pas avoir fait beaucoup de progrès dans les voies de la perfection chrétienne. Jésus-Christ, le maître qu'il s'apprêtait à servir bientôt, comme prêtre, a dit : « Méfiez-vous, l'esprit est prompt et la chair est faible. » Malheureusement, chez Jean Landrieux l'esprit était naturellement très vif et, comme il se méfiait peu ou point, il arriva que la chair faiblit tout à fait.

Une demoiselle de Lavaur, sœur de la femme de son frère Guillaume, Perrette Gazaniol, qui redoutait de rester vieille fille et n'avait nulle envie de coiffer sainte Catherine, fit tomber le pauvre clerc en tentation. La chronique scandaleuse de l'époque ne raconte point le fait : aussi ignore-t-on lequel des deux, du séminariste dans sa dix-huitième année ou de la péronnelle courant sur ses vingt-trois ans, livra l'assaut d'amour auquel l'autre succomba.

Mais, à défaut de la chronique parfois suspecte, un document probant fort original en sa forme, un document officiel, exhumé des vieilles archives de l'hôtel de ville de Lavaur, trahit l'aventure amoureuse du jeune abbé.

C'est la déclaration de la partie la plus intéressée :

« L'an mil sept cent soixante-quatorze et le trentième jour du mois d'octobre, par devant nous Jean-François Pagès, Sr du Travet, premier consul de la ville de Lavaur et dans notre maison d'habitation audit Lavaur, étant assisté du Sr Cau, notre greffier ordinaire,

police ». Ils siégeaient alternativement selon que les affaires à juger étaient de leur ressort et souvent aussi pour se remplacer mutuellement. » Communication de M. Ad. Bousquet.

« A comparu D^lle Perrette Gasaniol, fille à feu Jean-Antoine, habitante de cette ville, âgée de vingt-trois ans environ. Laquelle après serment par elle fait de dire la vérité, sa main mise sur les saints Evangiles, a dit et déclaré être enceinte depuis la my mois de juin dernier, des œuvres du Sr Jean-Jacques Landrieux, clerc tonsuré, pour lors habitant de cette ville, nous a requis acte de sa déclaration que luy avons concédé. Requise de signer a signé avec nous et notre greffier, à Lavaur, les mois et jours que dessus.

PAGÈS DU TRAVET, 1er consul, PERRETTE GASANIOL, CAU, greffier (1).

Que s'était-il passé depuis la mi-juin — époque à laquelle commencent les vacances des grands séminaires, où l'air déjà chaud, tout parfumé des senteurs grisantes des foins, trouble les esprits — jusqu'à cette fin d'octobre, avec ces jours plus calmes, en cette nature mélancolique au seuil de l'hiver triste? Il dut y avoir, après l'aventure et surtout après la constatation de son irréparable conséquence, une lutte continuelle entre la femme qui voulait le reprendre, le garder, et le jeune homme honteux, repentant, sentant doublement sa faute, puisqu'il se destinait au chaste célibat du sacerdoce.

Avec le mois d'octobre les vacances finissaient, l'abbé Jean rentra dans son séminaire, espérant y trouver le pardon, la paix et l'oubli. Mais Perrette Gazaniol ne lâcha pas ainsi sa proie. A peine la porte refermée sur le clerc tonsuré, elle se rendit devant le premier magistrat de la ville pour faire la déclaration qu'on a lue.

Ce n'était pas une vaine formalité, comme on pourrait

1. *Archives de la ville de Lavaur* : — Communication de M. Ad. Bousquet, secrétaire de la mairie, qui a bien voulu nous écrire à propos de cette pièce : « Quant au doute que vous paraissez avoir sur la question de savoir si *Jean* et *Jean-Jacques* Landrieux sont ou non la même personne, je crois, moi qui ai à plusieurs reprises parcouru un à un tous les actes paroissiaux de Lavaur, depuis les temps les plus reculés jusqu'à 1792, et qui n'ai pas trouvé d'autres actes concernant cette famille que ceux dont je vous ai donné copie, pouvoir conclure que *Jean* et *Jean-Jacques* n'ont été qu'une seule et même personne. Il arrive, du reste, fort souvent que dans les familles on donne aux enfants des prénoms qu'ils n'ont pas. »

le croire ; loin de là, et la demoiselle avait dû être fort
bien conseillée par un homme au courant du droit cano-
nique.

Il était d'usage alors, comme aujourd'hui du reste, que le
samedi des Quatre-Temps qui précèdent la fête de Noël,
l'évêque fît une ordination, c'est-à-dire conférât les ordres
majeurs et mineurs aux séminaristes de son diocèse. Mais
il est de règle que l'on ne confère les ordres à un clerc
qu'après que publication en ait été faite préalablement au
prône de son église paroissiale, ainsi que cela se pratique
avant la célébration des mariages. Cette publication de bans
invite également les fidèles à faire connaître « sans malice
ou sans cause illégitime », si quelque empêchement s'oppose
à ce que le postulant reçoive l'ordre en question.

Or, les bans pour Jean Landrieux, clerc tonsuré, postulant aux ordres mineurs, durent être publiés à la fin de
novembre ou dans les trois premiers jours de décembre ;
sans perdre de temps, le 4 décembre, la vindicative Perrette
s'en fut retirer un extrait de sa déclaration faite cinq semaines avant (¹) et le porta à l'officialité de Monseigneur
l'évêque, qui manda l'accusé.

Le pauvre clerc dut confesser sa faute, en présence d'une
accusation si formellement faite « la main mise sur les
Saints Évangiles », puis il s'entendit refuser les ordres et
bannir du séminaire.

Y eut-il scandale ? Tout au moins, les mauvaises langues
durent s'en donner à plaisir et l'abbé ne fut pas sans quelque honte.

Perrette Gazaniol triomphait sur un point. Sa vengeance
était satisfaite ; restait à satisfaire son amour-propre, mais
elle fut absolument déçue sur le second point : la réparation
du dommage fait à sa vertu. Jean Landrieux refusa obsti-
nément de l'épouser et ce fut sa vengeance à lui.

Après de telles aventures scandaleuses, plus ou moins
bruyantes, le séjour de sa ville natale devenait impossible à
l'ex-séminariste ; il importait de déguerpir, d'aller ailleurs se

---

1. La pièce donnée pages 12 et 13 se termine en effet ainsi après les
signatures : « Signé à l'original dont le présent extrait a été tiré
par nous, greffier en chef soussigné.
A Lavaur, ce 4 décembre 1774.

Cau, greffier.

faire oublier tout au moins pour un temps. Précisément, son oncle maternel, l'abbé Le Bosc de Touzery était sur le point d'entreprendre un voyage en Italie; il fut décidé que Jean Landrieux l'accompagnerait et qu'au retour on prendrait une décision selon les circonstances.

Pendant l'année 1775 l'oncle et le neveu visitèrent les principales villes d'Italie. L'abbé Le Bosc, grand amateur d'antiquités, se plut non-seulement à montrer à son neveu les monuments et les musées, mais aussi à lui faire admirer les collections privées qui n'étaient point ordinairement ouvertes à de simples touristes et notamment, à Bologne, les galeries du palais Caprara (²).

Si l'abbé Le Bosc de Touzery avait eu l'espoir que le séjour de la Ville Éternelle aurait quelque influence sur l'esprit de son neveu et lui redonnerait un regain de vocation, il semble s'être absolument abusé. De retour en France, il ne fallut pas songer à rentrer à Lavaur; aussi décida-t-on de placer Jean Landrieux à Toulouse où l'ex-séminariste suivit les cours de l'Université, étudiant la médecine et le génie (³).

Il avait, en effet, un goût prononcé pour les sciences, mais il dut concurremment s'adonner à l'étude du droit, peut-être pour satisfaire aux désirs de son parrain et ce fut probablement à Toulouse qu'il se fit, quelques années plus tard, recevoir avocat au Parlement.

Pendant une période de vacances, il accompagna les ingénieurs géographes Drugeon et Claveaux (⁴) et travailla avec eux à la levée des plans des places fortes de la frontière d'Espagne et à la carte des Pyrénées.

1. Le nom de Le Bosc, pas plus que la particule, ne figure sur les actes relatifs au père et à la sœur de cet abbé. La particule seule est toutefois portée sur l'acte de mariage de Jean Landrieux devant le nom de sa mère.

Malgré nos demandes réitérées auprès de l'archevêque d'Albi. il nous a été impossible d'obtenir le moindre renseignement sur cet abbé.

2. Mss. A. folio 21, note 114.

3. Mss. B. Note autobiographique, folio 58. — Archives de la Guerre, doss. Landrieux : *État abrégé des services de Landrieux,* note autographe.

4. Archives de la Guerre, doss. Landrieux : *État abrégé des services de Landrieux.*

C'est tout au plus si Landrieux resta trois ans à Toulouse. Son oncle, ayant eu l'occasion de venir séjourner à Paris, l'emmena avec lui, et le jeune homme y reprit à son aise ses études variées, suivant les cours du collège des Quatre-Nations, entre autres ceux du célèbre mathématicien Marie (¹), travaillant dans les bibliothèques, notàmment à la Bibliothèque du roi, où, probablement en compagnie de l'abbé Le Bosc, il lisait les vieux manuscrits (²).

Le maître déteint toujours sur l'élève ; aussi, d'après Jean Landrieux, peut-on se faire une idée de ce qu'était l'abbé Le Bosc de Thouzery : un vieux savant, très érudit, grand amateur d'anticailles et de numismatique, très ferré en histoire à l'égal de M. Rollin, connaissant ses auteurs à fond, et par-dessus tout cela, juriste, canoniste, casuiste et gallican. On devait, dans la conversation, qui parfois dégénérait en discussion, fort morigéner le pape, qui ne s'en doutait guère, et cette manie de l'oncle passa au neveu, qui ne se gêna pas, le cas échéant, pour dire son fait à Sa Sainteté (³). Les dissertations savantes n'étaient pas ennuyeuses ; les interlocuteurs étant des gens spirituels, aimables et parfois acerbes, la boutade, l'épigramme devaient être monnaie courante dans cette société, et le jeune homme y acquit un tour d'esprit amusant, caustique, qui en fit un causeur agréable.

Ces avantages, joints à un extérieur assez avenant, con-

1. Archives de la Guerre, doss. Landrieux : *État abrégé des services de Landrieux.* — L'abbé François-Joseph Marie succéda à Lacaille, mort le 21 mars 1762, dans sa chaire du collège des Quatre-Nations. En 1782, il devint avec l'abbé Guenée sous-précepteur des fils du comte d'Artois. A la Révolution, il émigra et suivit le comte de Provence, dans l'intimité duquel il vécut à Mittau. En 1801, il se tua d'un coup de poignard. Landrieux parle souvent de lui dans ses *Mémoires.*

2. Il est fait à ceci plusieurs allusions au cours des *Mémoires.* Landrieux fut, d'ailleurs, toute sa vie grand liseur : ses dissertations historiques prouvent l'intérêt qu'avait pour lui le passé des régions où il faisait campagne ; il a, notamment, étudié d'une façon tout spéciale la *Description historique et critique de l'Italie ou Nouveaux mémoires sur l'état actuel de son gouvernement, des sciences, des arts, du commerce, de la population et de l'histoire naturelle*, par l'abbé Richard, 6 vol. in-12.

3. Voir *Mémoires*, 1, p. 13, note.

tribuèrent sans doute beaucoup à le faire admettre dans les
sociétés où le présentait l'abbé. C'est ainsi qu'il entra chez
le marquis de Montesquiou-Fezensac où l'introduisaient
encore de puissantes protections venues du pays natal. Il
devint dans la maison de Montesquiou, rendez-vous de
gens de goût et de beaux esprits, une sorte d'homme indispensable.

Le marquis, qui avait la charge de premier écuyer de
Monsieur, frère du Roi, comte de Provence, plus tard
Louis XVIII, ne tarda pas à faire entrer Landrieux en
qualité de secrétaire aux écuries de ce prince. L'abbé Le
Bosc de Thouzery étant mort, le jeune homme vint habiter
les dépendances des écuries bâties en 1779 au faubourg
Saint-Germain, entre les rues Plumet et de Babylone, sur
un terrain précédemment en marais que le comte de Provence avait acquis et sur lequel il fut autorisé à établir,
pour la commodité de ses écuries, une rue qui s'appela la
rue de Monsieur (¹).

En 1780, lors de la création des chevaux de poste, Landrieux fut nommé inspecteur des relais de Monsieur, par
suite d'un arrangement avec le baron d'Oigny, maître des
cérémonies honoraire de l'Ordre royal et militaire de Saint-
Louis, surintendant général des Postes, Relais et Messa-
geries ; peu après, il eut le contreseing de ces écuries. Sa
signature et son écriture furent, à cette occasion, reconnues
et enregistrées à l'administration des Postes.

Landrieux exerça ces fonctions d'inspecteur à tous les
voyages que fit le prince à Strasbourg, à Vichy, et aux
chasses de la capitainerie de Senart dont il était lieutenant.
Il conserva cette charge jusqu'en 1791, époque du départ du
comte de Provence pour l'exil (²).

La charge ne devait pas être bien lourde, et si elle n'occupait le fonctionnaire que pendant les déplacements du
prince, on comprend, dès lors, qu'il ait pu aisément passer
tous les ans plusieurs mois au château de Maupertuis, en
Brie.

Le marquis de Montesquiou avait en effet acquis, le
16 mai 1778, du duc de Luynes, la seigneurie de la ville et

1. F. et L. Lazare, *Dictionnaire administratif et historique
des Rues et Monuments de Paris.*
2. Mss. B, folio 59.

châtellenie de Coulommiers, qui se composait alors de onze paroisses : Coulommiers, Aulnoy, Girmoutiers, Mouroux, Saint-Augustin, Beautheil, Saints, Chailly, Saint-Rémy de la Vanne, Saint-Siméon et Maupertuis, avec la haute, moyenne et basse justice de Fontaine-Archer dans la paroisse de Saints (¹). Il choisit pour résidence Maupertuis, un petit village très sain, très pittoresque, fit mettre le château en état et, pour plus de commodité, ordonna d'établir la grande route de Coulommiers à Rozoy et à Fontenay.

Landrieux eut là maintes occasions de déployer ses talents d'ingénieur, car le châtelain, en veine de transformation, fit faire une grande rue pavée qui allait des pavillons du château à la place principale du village également pavée. Autour de cette place on construisit une église d'assez bel effet, un presbytère, une maison pour le maître d'école, une autre pour les sœurs de charité appelées à soigner les malades et faire l'école aux filles, enfin, pour terminer l'ensemble, plusieurs autres maisons destinées aux particuliers et une fontaine donnant une eau excellente (²). La mode était, à cette époque, aux jardins, aux parcs, dans le genre dit anglais mais mieux dénommé *rococo*. Le marquis de Montesquiou ne put faire autrement que de suivre le goût du jour. Il fit donc créer dans un site vraiment ravissant, ce parc idéal, cet *Elysée* que l'abbé Delille chante en son Poème des Jardins :

> Maupertuis, le Désert, Rincy, Limours, Auteuil,
> Que dans vos frais sentiers doucement on s'égare.

Pyramides « formées à l'instar de celle d'Egypte », grottes, tombeaux, temples en ruine, colonnes tronquées, sources, nayades, lacs, îles, ruisselets avec petits ponts, rien n'était oublié et tout portait des inscriptions grecques, latines, françaises, en style épigraphique ou en vers dans le goût

---

1. Michelin, *Essais historiques sur le département de la Seine-et-Marne*, Melun, 1828, t. II, p. 1302.
2. Le domaine comportait cent quatre-vingt-dix-sept arpents de terre labourable, cinquante-trois arpents en parc, garenne et remises, vingt-sept en prés, vingt-cinq en vignes, luzernes et terres en friche.

de ceux-ci que Landrieux, s'il se les est rappelés, fut à même
de méditer en sa vieillesse triste :

Insensé qui poursuis sur la scène du monde
La vaine image du Bonheur,
A toi même rendu dans cette paix profonde,
Tu sens avec effroi le vide de ton cœur,
Tu sens que tout s'échappe et fuit comme cette onde.

Il y avait aussi l'inévitable chaumière, comme à Trianon,
un moulin et même un fort escarpé, avec un pont-levis et
des palissades, que l'on aurait dit « bâti par un de ces
anciens chevaliers qui s'armaient pour protéger la faible
beauté et la soustraire à de lâches ravisseurs (1). » Près de
là était l'Ile des Jeux, où il y avait une *roue de fortune* et
un jeu de bagues. Bref, l'Elysée « était un jardin des plus
pittoresques, à cause des variétés que présentaient les col-
lines et les vallons qu'il renfermait. C'était un jardin anglais
fourni par la nature, embelli par le goût, qui enchantait
les étrangers qui venaient le voir (2). »

A peine revenu, le 1er juillet 1785, d'un voyage à Vichy
où, en sa qualité d'inspecteur des relais, il avait dû accom-
pagner Monsieur, parti de Paris le 20 juin pour aller voir
Mesdames Adélaïde et Victoire de France qui faisaient une
cure (3), Landrieux eut à s'occuper des préparatifs d'une
fête féérique que le marquis de Montesquiou voulait offrir
dans son parc, en la nuit du 29 juillet, au frère du Roi.

Cette fête attira un concours nombreux de seigneurs et
de peuple. Elle devait avoir lieu au sortir de table, sur les
onze heures du soir, mais le mauvais temps ne le permit
pas, elle ne put commencer que vers les minuit et demie.
A peine la pluie avait-elle cessé qu'on alluma les terrines
destinées à éclairer les sentiers que Monsieur devait suivre
et les tableaux dont on voulait le faire jouir. On alla d'enchantements en enchantements, des grottes aux lacs, des
rochers aux îles. Sur un premier lac, on vit apparaître le
célèbre danseur Dugazon habillé en blanchisseuse, il mon-

1. Michelin, *Essais historiques sur le département de Seine-
et-Marne*, t. II, p. 1306.
2. Michelin, *id.*
3. *Mercure*, numéros de juin et juillet 1785.

tait une petite barque et la scène qu'il mima amusa beaucoup le prince. On passa ensuite du côté du fort qu'un détachement de l'Arquebuse de la ville de Coulommiers attaqua avec tout le déploiement de la pyrotechnie. De là, Monsieur fut conduit sur les bords d'un lac où se donnaient des joutes aux accords d'une musique militaire, tandis que dans l'île un danseur de corde faisait merveille au milieu des danses pittoresques et des jeux de toutes sortes.

Quand il eut admiré, sur le penchant d'un coteau, le spectacle surprenant de toute une chasse à courre éclairée à giorno, le royal visiteur vint au palais des Nayades dont Dugazon « en costume de nymphe » lui fit les honneurs; il était près de quatre heures du matin et le grand jour força tout le monde à se retirer pour prendre du repos.

C'est le seul souvenir historique qui soit resté de ce domaine qui n'existe plus. A peine retrouve-t-on, par-ci par-là, les restes de l'Élysée. Quant au château, huit ans après, la torche révolutionnaire le détruisait entièrement et le temps peu à peu a emporté ses derniers vestiges (¹).

Non loin de la commune de Saints, toujours dans ce parc immense, au milieu des bosquets, des ruisseaux et des cascatelles se trouvait une jolie habitation nommée les Coteaux (²). C'est là que logeait le famillier des Montesquiou, l'ami de l'abbé Lefort, vicaire de la paroisse de Saints, quand il dût prendre un logement hors du château en 1787, lors de son mariage.

Au cours de ses voyages sur la route de Paris à Strasbourg par Châlons et Nancy, l'inspecteur aux relais avait eu maintes fois l'occasion de passer par Dormans, charmante petite ville bâtie sur un coteau qui domine la Marne aux confins de la Brie et de la Champagne, entre Château-Thierry et Épernay. A l'entrée de la ville, en face la caserne de la maréchaussée, près du bac qui traversait la rivière et que remplace aujourd'hui un pont suspendu, se trouvait l'auberge du *Lion-d'Or* où s'arrêtait *la poste* et tout à côté une vaste maison d'assez belle apparence habitée par un des plus notables négociants de Dormans, le sieur Truet, pro-

---

1. Le marquis avait dû émigrer. Il trouva son domaine en ruine quand il rentra en France, après thermidor.

2. Oudiette, *Dictionnaire topographique du département de Seine-et-Marne*. 1821.

priétaire de l'auberge du *Louvre* (¹), père de trois jeunes filles que Landrieux dut remarquer.

Les Truet étaient d'une vieille famille de Dormans. Déjà en 1655, un Nicolas Truet était maire royal de cette petite ville et son descendant, le sieur Truet, fut aussi, comme on verra plus loin, placé à la tête de la municipalité, tandis que son frère, Nicolas-François Truet, était entré dans l'ordre des chartreux.

Est-ce hasard d'une rencontre fortuite, connaissance faite pendant un séjour d'inspection, présentation à la famille par le fils Truet qui étudiait à Paris les sciences et la pharmacie et qu'il pouvait bien fréquenter? Le fait est que Landrieux s'éprit de la fille aînée et sollicita sa main qui lui fut accordée.

Le 25 juillet 1787, Jean Landrieux, avocat au Parlement, inspecteur des relais de Monsieur, frère du roi, secrétaire aux avis de ce prince (²), épousait Augustine Rosalie Truet, fille de Jean-Baptiste Truet et de Marie-Françoise Le Grand.

Le mariage fut célébré, en la vieille église romane dédiée à saint Hippolyte, par messire Nicolas-Antoine Remy, curé de Maupertuis-en-Brie, aumônier des écuries de Monsieur, frère du roi, chapelain de l'Ordre royal militaire hospitalier de Saint-Lazare de Jérusalem et commandeur de l'Ordre du Mont-Carmel (³) avec permission et assistance de Nicolas Clairin, curé de Dormans, assisté également de l'abbé Torri, vicaire de Maupertuis, et de l'abbé Lefort, vicaire de Saints, en présence de « très haute et très puissante dame Jeanne-Marie Hocquart de Montfermeil, marquise de Montesquiou (⁴), épouse de très haut et très puissant seigneur

---

1. Cette maison, qu'a longtemps habitée le docteur Lécuyer, est encore appelée *le Louvre.*

2. L'acte porte : fils de défunts Nicolas-Louis Landrieux et Marie *de* Thouzery (*Registre de la paroisse de Dormans.* Communication de M. l'abbé Z. Perinet, curé doyen de Dormans).

3. L'abbé N.-A. Remy fut, avec J.-E. Raby et Michon père, de la commune de Maupertuis, envoyé à l'échafaud, à Meaux, le 2 mars 1794, en compagnie de sept autres victimes, par le représentant du peuple Maure (*Recherches sur l'Histoire de la Révolution dans la Brie.* Meaux, 1876, in-32, p. 58.)

4. Marquis de Montesquiou, *Histoire de la maison de Mon-*

Anne-Pierre de Montesquiou Fezenzac, premier écuyer de
Monsieur, frère du roi, chevalier des Ordres de Sa Majesté »,
et de sa sœur « dame Louise Honorine Hocquart, épouse de
Monsieur de Martinet, chevalier de l'ordre de Saint-Louis,
major du régiment du Dauphin. »

Le fait de voir de si hautes et si puissantes dames, accompagnées du clergé de leur domaine, quitter leurs somptueux
châteaux, venir se loger en une modeste et peu confor-
table demeure après une route assez longue, pour assister
au mariage d'un humble inspecteur aux relais, ne prouve-
t-il pas sufisamment l'attachement et l'estime qu'avait la
famille de Montesquiou pour Landrieux (¹).

Du côté de l'épouse, on ne trouve point d'aussi grands
noms ni d'aussi hautes situations, tant s'en faut. Les assistants sont : J.-B. Nicolas Couvé, perruquier et André Colli-
gnon, menuisier, habitants de Dormans, ses témoins ; ses
père et mère, son oncle et sa tante, J.-B. Piéton, négociant,
demeurant à Saint-Martin-d'Albois et sa femme Marie-
Françoise Truet, enfin, ses frère et sœurs, Charles-Alexandre,
Julie et Victoire Truet.

Le matin même de la cérémonie, sur les dix heures, avant
de se rendre à l'église, on avait passé le contrat par devant
le notaire royal de Dormans. Les deux époux adoptèrent
le régime de la communauté suivant la *coutume* de Vitry.
Landrieux apportait huit mille livres qu'il avait acquises
ou qu'il tenait de ses parents décédés ; le père Truet constituait à sa fille une dot de pareille somme dont il promit de
payer provisoirement la rente de quatre cents livres. En
cas de décès de l'un ou l'autre des époux, il fut établi que le
survivant aurait en préciput ses habits et le linge à son
usage, un lit garni à son choix et un cheval équipé du
prix de huit cents livres, ou ladite somme en deniers. Il fut

tesquiou, Paris, 1856. — Les Hocquart, grands propriétaires à
Montfermeil et au Raincy, étaient une famille de robe. Un d'eux
périt sur l'échafaud dans la fournée des Parlementaires que le me
nuisier Trinchard, l'un des jurés, invitait sa *chaire amie et épouge*
à venir voir juger le 1ᵉʳ floréal an H. (Émile Campardon, *Le tribunal révolutionnaire de Paris*, p. 306 et 488.)

1. Rien ne tend à faire supposer que la famille de la mariée fu
en quoi que ce soit en rapport avec la maison de Montesquiou, et
qu'elle eut une part quelconque à revendiquer dans l'honneur fait
à Landrieux.

en outre stipulé, qu'en cas de mort de l'époux, l'épouse aurait un douaire de deux cents livres (¹).

Pendant trois ans, les époux vécurent tranquillement, partageant leur temps entre Paris et Maupertuis, l'hiver rue de Monsieur, et tout le reste de l'année en cette habitation champêtre des Côteaux, où Landrieux se ressouvenant de ses premières études, se mit à exercer la médecine jusqu'au jour où la Révolution vint tout bouleverser.

Le marquis de Montesquiou avait certes des prétentions à une noblesse des plus reculée puisque dans un procès qu'il gagna, il établit qu'il descendait en ligne directe de Clovis, ce qui lui attira cette saillie de Maurepas : « Maintenant, nous espérons qu'au moins vous voudrez bien ne pas *retraire* le royaume de France (²); » mais c'était un homme instruit, aux idées larges. Seulement ses prétentions au bel esprit nuisirent quelque peu à son esprit naturel et à ses talents véritables. Il était le famillier et le protégé du comte de Provence, « ce bel esprit de café de province, » selon l'expression de Créquy (³). Il s'adonna pendant un temps à la littérature, écrivit des comédies qu'il faisait jouer en son hôtel par des amateurs, et crut que c'était là un titre suffisant pour se présenter à l'Académie, en remplacement de l'ancien évêque de Limoges, M. de Coëtlosquet, qui n'en avait eu aucun. Il va de soi qu'il fut admis. Il s'était peu à peu débarrassé de ce que l'on pouvait appeler les travers de son esprit et s'était repris aux études sérieuses, lorsqu'en 1789, envoyé par la noblesse de Paris aux États généraux, il fut un des quarante membres de cet ordre qui se réunirent les premiers au Tiers-État. Il étonna ses collègues autant par son libéralisme que par la solidité et l'étendue de ses connaissances en matière de finances et d'administration. Élu président de l'Assemblée en 1791, il se sépara dignement du parti de la Cour après le retour de Varennes et, la session terminée, on lui donna le commandement de l'armée du Midi. Il réprima d'abord les troubles de cette contrée, puis profitant de la jonction du roi de Sardaigne à la Coalition, il prit l'offensive et s'empara de la Savoie presque sans coup férir, tandis que son lieutenant, le général Anselme, qu'il

1. Communication de Mᶜ Fenaux, notaire à Dormans.
2. *Biog. Didot.*
3. *Mémoires du prince de Ligne,* p. 71.

avait détaché sur Nice, s'emparait de même de ce comté. Les services qu'il avait rendus à la patrie ne purent l'empêcher d'être accusé d'attachement au gouvernement constitutionnel et d'être décrété d'accusation, le 9 novembre 1792. Il se déroba à temps au sort que lui réservaient les exaltés, par un exil momentané en Suisse ([1]).

ᵃ Pendant ce temps, privé de sa bienfaitrice, la marquise de Montesquiou, morte depuis peu d'années, dépouillé de sa place par les événements, obligé de quitter son logement aux écuries de Monsieur, peu à peu dénué de ressources, car on lui devait encore ses feuilles de route de 1789 à 1791 ([2]), se sentant en outre suspecté à cause de ses anciennes fonctions et de ses relations par trop aristocratiques, Landrieux, qui avait entre temps organisé la garde nationale de Maupertuis, finit par prendre le parti de se réfugier à Dormans chez son beau-père ([3]). Il y fut en sûreté jusqu'au jour où un événement grave vint, après l'avoir troublé dans sa retraite, le jeter dans une nouvelle vie pleine d'aventures. Il s'y lança à toute bride et, malheureusement, il fit la culbute au moment précis d'atteindre le but que d'autres plus heureux dépassèrent même pour toucher à un au delà inespéré.

La famille royale en fuite avait été arrêtée le 20 juin 1791, à Varennes en Argonne, et on la ramenait sur Paris, escortée d'une foule de gardes nationaux et de peuple. Le 22 juin, un nommé Réaux, venant de Sézanne, arriva à Dormans ([4]) chargé par les membres du corps administratif du département, MM. Roze, Vallin et Plaiet, qui accompagnèrent le roi depuis Sainte-Menehould jusqu'à Dormans ([5]), de prévenir la municipalité de l'arrivée de Louis XVI pour le lendemain et d'avoir à tout préparer pour le recevoir. Le jeudi 23, au matin, les délégués de l'Assemblée passèrent, se rendant au-devant du roi, et depuis ce moment les gardes

---

1. *Biog. Didot.*

2. Landrieux put les déposer à la Restauration en en demandant le paiement. Il l'attendait encore en 1824. (Mss. B., folio 58 et folio 56.)

3. Mss. B., folio 58.

4. De Sèze, *Histoire de l'événement de Varennes*. Paris, 1791, p. 215.

5. *id.*, p. 104.

nationaux des villes et pays voisins arrivèrent sans cesse en très grand nombre, pendant toute la journée et toute la nuit.

Dans la soirée, une estafette de l'adjudant-général Mathieu Dumas (1), qui avait pris le commandement de l'escorte à deux lieues de Dormans, vint de nouveau prévenir la municipalité de tenir prêt à la *Poste*, un logement pour le roi. Le maire, qui était alors Jean-Baptiste Truet, beau-père de Landrieux, avait disposé sa propre maison sous le prétexte que ces hôtes illustres seraient plus en sûreté, moins mal et plus décemment que chez les autres habitants (2), mais en réalité pour se réserver tout l'honneur et, si l'on en croit Landrieux, pour un motif secret ; lui-même aurait sinon conseillé son beau-père, tout au moins fort encouragé celui-ci dans son dessein.

Sur les neuf heures du soir, l'escorte évaluée à environ deux mille hommes armés ou non, arriva à une lieue de Dormans. L'adjudant-général de la garde nationale de Paris, Mathieu Dumas, adjoint par l'Assemblée nationale à ses commissaires pour l'exécution de leurs ordres, fit faire halte dans un fond où la route est traversée par une petite rivière ; après avoir ordonné le silence, il déclara que, d'après les avis qu'il avait reçus, et pour prévenir toute surprise pendant la nuit, la famille royale s'arrêterait à Dormans, où se rassemblaient plusieurs bataillons de gardes nationales des environs qui formeraient l'escorte jusqu'à Meaux (3). L'adjudant général ajouta que, pour couvrir le quartier du roi, on allait prendre position en arrière du ruisseau, qu'une partie seulement de l'escorte accompagnerait la voiture jusqu'à Dormans et que tout le reste allait se former, bivouaquer et allumer ses feux en aussi bon ordre qu'il se pourrait. Ces dispositions calmèrent les esprits excités de cette multitude. D'anciens militaires qui s'étaient rapprochés du commandant, l'aidèrent à les faire exécuter et de la sorte on arriva tranquillement à Dormans à neuf heures et demie du soir (4).

1. *Souvenirs du lieutenant-général comte Mathieu Dumas, 1790-1836,* publiés par son fils, t. I, p. 490.

2. Mss. B., folio 58.

3. Victor Modeste. *Le passage de Louis XVI à Meaux au retour de Varennes,* in-8. Meaux, 1865, p. 18.

4. *Souvenirs de Mathieu-Dumas,* id., p. 491-492.

La petite ville était illuminée; l'autorité municipale avait fait son devoir : le logement était préparé, le maire Jean-Baptiste Truet reçut le roi avec beaucoup de déférence et de respect et lui présenta une garde d'honneur et de sûreté composée des gardes nationaux de Dormans. Sa Majesté très touchée lui donna sa main à baiser (1).

Les voitures entrèrent dans la cour de l'auberge du *Louvre*. La première était une grande berline dans laquelle se trouvaient le roi, la reine, le Dauphin, la princesse royale, Madame Elisabeth, Barnave et Pétion, et sur le siège trois gardes du corps vêtus en courriers portant une livrée jaune. Dans la seconde, un cabriolet : Mme de Tourzel, gouvernante des enfants de France, La Tour-Maubourg qui n'avait pu monter avec le roi à cause de sa très haute taille, la femme de chambre de Madame Royale et celle du Dauphin.

Le roi, la reine, le Dauphin et Madame furent logés avec Mme Elisabeth et Mme de Tourzel au rez-de-chaussée, dans la chambre qu'occupaient Landrieux et sa femme pendant leur séjour à Dormans (2). Une chambre donnant sur la rue avait été préparée pour les commissaires et l'adjudant-général tout près de celle de Leurs Majestés. Le commandant fit placer la berline au milieu de la cour, fermer les portières et remettre les clés à la reine. Il posa autour de la voiture quatre sentinelles de la garde nationale de Dormans à laquelle, de concert avec le maire, il avait réservé le poste d'honneur, après leur avoir fait reconnaître son aide de camp, Delarue, en leur défendant de laisser approcher de la voiture personne autre que lui. Ces sentinelles ne furent point relevées pendant toute la nuit.

Delarue, qui était le beau-frère et l'aide de camp de Mathieu Dumas, se mit aux ordres de la reine qui lui donna les clés de la voiture en le priant de lui rapporter une cassette et quelques autres objets, ce que celui-ci fit ostensi-

1. *Notice sur la ville de Dormans* rédigée en 1814 par l'abbé Pierre-François Robert, né à Dormans en 1756, mort en 1814. (Mss. *Archives de l'Hôtel de Ville de Dormans.*) « Les détails, donnés par Landrieux, sembleraient être le commentaire de ce texte si précis. » Lettres et communications de M. l'abbé Z. Perinet, curé doyen de Dormans.
2. Landrieux, Mss B., folio 58.

blement, tout autre intermédiaire aurait pu exciter les soupçons, car la foule assemblée en dehors, en face de l'auberge dans un respectueux silence, ne perdait pas de vue cette berline.

Pendant le souper, le roi, avec sa bonne grâce habituelle, n'oublia point les commissaires qui se tenaient dans la petite chambre à côté, « il eut la bonté de leur envoyer de son vin de Tokay » dont il avait fait provision pour la route (¹).

Après le souper, avant que la famille royale fit ses préparatifs pour la nuit, Landrieux, déguisé en garçon limonadier portant des rafraîchissements, entra, malgré les gardes, dans la chambre où il trouva le roi assis sur un petit fauteuil de paille au milieu de la pièce, la reine assise près du lit contre lequel elle s'appuyait, le Dauphin et Madame jouant avec Mme de Tourzel. Il alla droit à Mme Élisabeth, qui se tenait debout, et il lui offrit ses rafraîchissements sans rien dire, mais cette princesse qui l'avait vu à Senart et à Maupertuis le reconnut aussitôt. Alors il lui exposa qu'il avait conçu un plan pour sauver la famille royale et la supplia d'en parler au roi, qui ne faisait point attention à lui. Selon lui, la chose était des plus simples. Il avait remarqué qu'on avait placé des sentinelles à la porte de la chambre seulement. Or, cette chambre située sur le derrière de la maison et qu'on avait choisi à dessein pour éviter les indiscrétions de la foule, donnait par deux croisées sur le jardin en terrasse qui communiquait avec la rivière au moyen d'un petit escalier qu'on ne pouvait apercevoir; de là, on gagnerait donc très facilement un bateau qu'il avait disposé à cet effet pour les conduire à Vincelles, petit village très peu éloigné de l'autre côté de la Marne où Truet avait un vendangeoir. Landrieux disait y avoir préparé une charrette commode, bien matelassée, couverte et attelée de trois bons chevaux à son beau-père. Il suppliait le roi de fuir avec toute sa famille par ce petit escalier, de s'en rapporter à lui, serviteur fidèle et dévoué: il les mènerait lui-même, seul et rapidement, de Vincelles à Fère-en-Tardenois où la famille Truet avait une grande ferme hors la ville et où trois ou quatre autres vigoureux

1. *Souvenirs de Mathieu-Dumas, id.*, p. 493.

chevaux relaieraient ceux de Vincelles et conduiraient les fugitifs chez un sieur Forzy, riche cultivateur, marié depuis peu à une sœur de la femme de Landrieux. Là, on relaierait encore. Il assura qu'il connaissait assez les chemins pour les mener ainsi jusqu'à la frontière avant même qu'on soupçonnât leur évasion et surtout les chemins que l'on aurait pris. Puis il ajouta que la famille Truet était prête, pour éviter d'être victime de la fureur populaire, à fuir également en bateau et à gagner Vieux-Maison où elle se cacherait chez le sieur Thévalin, notaire, qui venait d'épouser la plus jeune sœur de sa femme.

Le roi refusa net, disant qu'il comptait sur sa bonne ville de Paris, qu'il ne l'avait quittée que malgré lui sur de fausses insinuations.

La reine, appuyée sur le lit, se leva vivement et témoigna au roi, avec la plus grande mauvaise humeur, combien il lui en coûtait de ce qu'il refusait de prendre le parti qui leur était offert.

Le roi demeura inébranlable dans sa détermination malheureuse et il ne resta à Landrieux et à sa famille qu'à témoigner leur attachement par tous les petits services qu'ils purent rendre à la famille royale et à lui faire ainsi comprendre combien elle aurait pu compter sur leur dévouement.

« Mme de Tourzel, rapporte Landrieux, a depuis maintes fois, sous la Restauration, dit au duc d'Havré, son frère, que la famille royale avait été extrêmement touchée de la réception que lui avaient faite les Truet à Dormans » (1).

C'est Landrieux lui-même qui raconte ce projet d'évasion qu'il croyait très réalisable. Cependant, sans mettre en doute sa parole, on est quelque peu surpris, malgré son sang-froid et son art de tirer parti des circonstances, de la rapidité avec laquelle il avait préparé ses moyens d'exécution, car on a vu que le roi n'était arrivé à Dormans qu'à neuf

---

1. Landrieux, Mss B., folio 58. — Cette note autobiographique, rédigée vers 1824, invoque le témoignage de Mme de Tourzel et du marquis d'Havré, de qui Landrieux était personnellement connu, (*Mémoires*, III, ch. xlviii). Il n'est donc pas sans intérêt de rappeler que la duchesse de Tourzel ne mourut qu'en 1833, et que son frère vécut près de cent ans. Mme de Tourzel est muette sur les Truet dans ses *Mémoires,* sauf coupures.

heures et demie et c'est seulement une demi-heure après qu'il lui fait ses propositions. Les choses peuvent cependant s'expliquer par une préméditation remontant à la veille, dès la venue du messager du corps administratif départemental ; il aurait donc eu de la sorte vingt-quatre heures pour combiner son plan, conduire les chevaux à Vincelles. « matelasser » et couvrir la charrette. Qui sait même, si le choix de la chambre communiquant aisément avec la rivière n'était pas, ainsi que l'absence de sentinelle de ce côté, une chose calculée.

La fuite pouvait-elle s'effectuer sans danger et aussi facilement que Landrieux le croyait ? Cela est très douteux, car l'adjudant-général Mathieu Dumas fut sur pied toute la nuit, dirigeant de nombreuses patrouilles dans les environs, car il redoutait autant la fureur de la foule venue de Reims, qu'il craignait une surprise de Bouillé qu'on disait venir par l'autre côté de la Marne pour enlever le roi. La tentative de Landrieux ne paraît donc pas avoir eu chance de succès, d'autant plus que toute la nuit il arriva des gardes nationales qui encombrèrent Dormans : on compta en effet plus de dix mille hommes que l'adjudant-général reconnut et plaça par bataillons.

Bien avant la pointe du jour, Mathieu Dumas, qui ne tenait pas du tout à conserver la foule turbulente qu'il avait trouvée la veille et qu'il avait eu tant de peine à discipliner et à cantonner à une lieue de la ville, l'envoya prévenir que tout était parfaitement calme et que le roi partirait de bonne heure escorté par de nombreux détachements de gardes nationales (¹).

En effet, le 24 juin, à 7 heures du matin, après avoir pris les ordres du roi, l'adjudant-général donna le signal du départ. Le roi ayant remercié Truet et sa famille (²), les voitures s'avancèrent lentement sur la grande route plantée d'arbres, de chaque côté de laquelle étaient échelonnés les nombreux bataillons de gardes nationales. Les troupes présentèrent les armes ; les drapeaux s'inclinèrent devant le roi qui fut aussi complimenté par plusieurs municipalités qui avaient accompagné leurs bataillons.

1. Mathieu Dumas, *loc. cit.*, p. 492.
2. *Notices sur la ville de Dormans*, par l'abbé Robert, manuscrit déjà cité.

Le roi et son escorte gagnèrent Château-Thierry, La Ferté-sous-Jouarre et Meaux, où l'on coucha pour rentrer à Paris le lendemain.

Landrieux fut-il soupçonné d'avoir médité d'enlever le roi, son séjour à Dormans était-il préjudiciable à son beau-père, car tout le monde connaissait son ancien emploi, ses relations et ses protecteurs, toujours est-il qu'il dut abandonner sa retraite et rentrer à Maupertuis où il se remit à faire de la médecine (1), ce qui fut probablement son unique moyen d'existence.

S'il faut l'en croire, il songea tout d'abord à émigrer en Angleterre (2), puis se ravisant et partant de ce principe qu'il vaut mieux hurler avec les loups que de se laisser dévorer par eux, Jean Landrieux, en homme d'esprit qu'il était, plutôt que de se laisser dévorer, ce qui ne mène à rien, préféra se ranger du côté des loups où l'on fait parfois bonne chair et même grand profit. C'est généralement le parti que prennent ceux qui, n'ayant rien à perdre, cherchent au contraire tout à gagner.

Pendant qu'il dirigeait, à ce qu'il assure, « ses camarades de la garde nationale vers la liberté et le maintien des lois » (3), son beau-père, qui avait cessé d'être maire, était en butte, à Dormans, au mépris du citoyen Palloy, démolisseur et exploiteur de la Bastille.

Le 18 septembre 1792, le « patriote » Palloy, à la tête de son bataillon de sans-culottes, était arrivé à Dormans. Il allait à Varennes porter une pierre de la Bastille, en souvenir du grand service que cette ville avait rendu à la patrie en arrêtant le roi. Sur son chemin, le patriote Palloy distribuait quelques-unes de ces reliques inestimables aux municipalités patriotes et surtout généreuses. Il y avait une pierre tout spécialement réservée à la ville de Dormans, où Palloy et ses volontaires devaient séjourner deux jours.

Le bataillon, venant de Château-Thierry, se rangea sur la place et la municipalité vint le recevoir; de là on se

1. Mss B., folio 33 : *Certificat de la municipalité de Maupertuis.*

2. Mss B., folio 59.

3. Archives de la Guerre, doss. Landrieux : *Etat abrégé de ses services.*

porta en corps en face de la Maison Commune où les billets
de logement furent délivrés. Après quoi, le maire, le citoyen
Chomet, qui avait succédé au père Truet, et les officiers
municipaux, « tous bons patriotes » prenant les volontaires
bras dessus bras dessous, les firent se rafraîchir avec de
très bon vin.

C'est alors que le patriote Palloy ayant appris qu'on lui
destinait la chambre où avait logé le ci-devant roi, chez
l'ancien maire Truet, ne put retenir son indignation et
déclara formellement qu'il n'y voulait point coucher ; finale-
ment le citoyen Chomet le calma en l'amenant loger chez lui.

Le soir, volontaires, citoyens et citoyennes se mirent à
chanter la *Carmagnole*, *l'hymne des Marseillais* et autres
chansons patriotiques et à danser autour de l'arbre de la
Liberté.

Le compte rendu de la fête du lendemain vaut la peine
d'être cité. Il est présumable que le père Truet, qui n'est
pas nommé parmi les notables, avait été rayé pour cause
d'incivisme ayant revendiqué l'honneur de loger Louis
XVI ; en tous cas, le patriote Palloy lui eût dit son fait. Du
reste toute la municipalité était nouvelle et ne comprenait
point de gens suspects.

« Le lendemain donc, jour de séjour, le maire, les membres de la municipalité, les notables, le secrétaire, le curé,
le vicaire, les citoyens Renault, Varrin, les citoyennes
Duquesne, Gillet, tous les habitants avec leurs épouses et
leurs enfants se rendirent au champ de la Fédération, à
l'effet d'y renouveler leur serment et le prêter de nouveau
avec les volontaires. M. Chomet remit une adresse pour
l'Assemblée nationale ; deux volontaires se revêtirent du
costume du curé et du vicaire. Il n'y eut que le vicaire qui
se fâcha, présumant que le costume militaire l'avait engagé ;
et pour prouver qu'on ne peut compter sur le serment des
prêtres, d'après quelques plaisanteries qui lui furent faites
sur son changement d'état, il les prit à l'affirmative, et s'en
fut à la Maison Commune, en disant aux membres : « F...

1. FÊTE PATRIOTIQUE *entre les habitants de la ville de* DORMANS
et les sans-culottes commandés par le patriote PALLOY, *lors de
leur séjour en cette ville, les 18 et 19 septembre 1792, l'an IV
de la Liberté et 1ᵉʳ de l'Egalité.* — Pièce sans lieu ni date. — Bibliothèque Nationale, Lk⁷ 2490,

je jure m'engager de bonne volonté et partir. » On le crut sur sa parole, très décidé de bonne foi ; mais il f... le camp comme un j... f..., il est disparu, mais le curé, brave homme, l'a rallié sur-le-champ. Le maire s'arma et mit l'uniforme du commandant, le commandant mit l'écharpe municipale. Tout se passa avec la décence, l'honnêteté et l'union de la fraternité, qui doit régner parmi tous les hommes amis de l'Égalité. »

Le patriote Palloy fit remise de la pierre de la Bastille. Cette pierre, ornée de son inscription, fut précieusement encastrée dans le mur et se voit encore au-dessus de la porte de la gendarmerie nationale.

Comme complément à la cérémonie, il fut dressé un procès-verbal et la citoyenne Dequesne, fille de l'officier municipal, chanta sur l'air de la *Marseillaise* les couplets qu'elle avait spécialement composés à l'adresse du patriote Palloy. Le premier couplet suffira pour apprécier cette poésie :

> Dormans voit avec allégresse
> Le fier patriote Palloy,
> Quitter l'objet de sa tendresse
> Pour sa patrie et pour ses lois *(bis)*.
> A la tête des sans-culottes
> De la Bastille les vainqueurs,
> Eux et lui sont les destructeurs
> Des tyrans et de leurs cohortes.
>
> Aux armes, citoyens !...

Le patriote Palloy, très touché, ne voulut pas être en reste et, séance tenante, il chanta, sur l'air de la *Carmagnole*, une patriotique improvisation qu'il intitula la *Carmagnole de Dormans*, dans laquelle il s'adressait aux citoyens de tous les âges et de toutes les classes. Le couplet ci-dessous, adressé à la jeunesse, est particulièrement remarquable par l'absence de cette décence qui avait régné jusque-là dans la cérémonie :

> Filles, avec vos amoureux *(bis)*,
> Au bois n'allez jamais que deux *(bis)*.
> Allez... Ne craignez pas
> De faire des soldats ;

Notre mère Patrie
Ce péché vous pardonnera ;
Car de donner la vie
N'en fut un et ne le sera.

Après cette belle moralité, la cérémonie terminée, « chacun se retira chez soi avec ses hôtes, on soupa fraternellement et on se visita cordialement. »

Le lendemain matin à 6 heures, au moment du départ, la municipalité remit au patriote Palloy un certificat de bonne conduite et de probité pour le bataillon des sans-culottes qui reprit le chemin de Varennes.

II

Landrieux avait pris une position importante à Maupertuis, dès 1789, en contribuant à organiser la garde nationale locale. « Il lui adjoignit les meilleurs braconniers des forêts voisines et lui procura des fusils, qu'il eut la dextérité de tirer des ci-devant seigneurs du canton et de lui faire donner moitié gré moitié force, trois pièces de canon de deux livres de balles, qu'il mit lui-même sur des affûts (¹) » Il est probable qu'une partie de ces armes à feu avait été bénévolement cédée par le marquis de Montesquiou qui adhérait, comme on l'a vu, aux idées nouvelles, mais en 1794, époque où Landrieux oubliait dans sa note au ministre de citer les noms des ci-devant seigneurs, parler de son ancien protecteur, eut nui au sort de son plaidoyer.

Bientôt, il ne se contenta plus d'être de la garde nationale de Maupertuis, il voulut être aussi de celle de Paris, où le 8 février 1792 il vint s'installer 97 rue de Grenelle (²). Il se fit inscrire à la section de la Fontaine de Grenelle qui lui délivrera plus tard un certificat de civisme (³). Il devint patriote avec ostentation ; il fut même quelque peu jacobin. Le patriotisme est parfois comme le galon ou le panache, on n'en saurait trop faire étalage. Landrieux se fit recevoir de

1. Archives de la Guerre, doss. Landrieux : *Etat abrégé des services de Landrieux.* — Voir aussi le *certificat de civisme* de la municipalité de Maupertuis (Mss. B., folio 103). « Il nous a fait fournir une quantité de fusils à titre de prêt pour armer nos frères d'armes dans les circonstances critiques. Il a travaillé avec ardeur pour nous monter des canons que nous avons et qu'il nous a fait donner lors de la fuite du ci-devant roi. »

2. Mss. B., folio 103 : *Certificat de civisme de la municipalité de Maupertuis.*

3. Mss. B., folio 102 : *Certificat de civisme de la section de la Fontaine de Grenelle,* le 14 septembre 1792.

sociétés populaires et son amour de l'humanité fut si grand qu'il alla jusqu'à donner au comité d'instruction publique le produit de ses travaux avec le docteur Delzeuzes et le célèbre Fragonard, ainsi qu'il l'affirma lui-même dans une note au ministre de la Guerre (1), sans mentionner la nature de ces travaux que tout porte à croire être des études de médecine ou d'anatomie, genre dans lequel le célèbre Fragonard ne brille particulièrement pas.

Trois fois il revint à Maupertuis commissaire de sa section, « toujours simple garde nationale, » pour protéger les approvisionnements de Paris en ces temps difficiles. La garde nationale de Maupertuis l'assista dans cette tâche. « Il n'y a que de mauvais citoyens qui puissent dire du mal de lui », diront plus tard le commandant et l'adjudant du bataillon de Maupertuis (2).

Au cours d'un de ces voyages, en août 1792, il trouva tout le département de Seine-et-Marne ému par l'arrivée des représentants du peuple Merlin de Thionville, Jean de Bry et Legendre envoyés pour accélérer la levée des volontaires. Les routes du district de Melun étaient couvertes d'enrôlés; les communes offraient leurs chariots (3).

C'était l'époque où toutes les ambitions se donnaient carrière, où tout le monde se croyait appelé à jouer un rôle important dans le gouvernement et à faire le salut de la patrie en danger, où inconnus jusqu'alors, suspects de la veille cherchant à donner le change, déclassés en quête d'une position, gens avides pour qui tous les moyens sont bons pour arriver à se créer une situation et à pêcher en eau trouble, exploiteurs de toutes catégories s'ingéniaient à trouver le moyen de parvenir, de dominer et plus encore de faire fortune, quand ce n'était pas pour se livrer à des instincts de féroce cruauté ou tout simplement de vengeance odieuse (4).

1. Archives de la guerre, doss. Landrieux : *Etat abrégé de ses services*.

2. Mss. B., folio 103, pièce citée. — Archives de la Guerre, doss. Landrieux : *Etat abrégé de ses services*.

3. J.-N.-E. de Vivier, Essai de monographie : *La commune de Saint-Ouen-sur-Morin et le château de la Brosse-Saint-Omer*, in-8°, 1870.

4. Dubois-Crancé reconnaît, dans son rapport du 7 février 1793, que les bataillons de volontaires « sont mélangés d'hommes qui

Landrieux, doué d'une intelligence peu ordinaire, homme habile qui avait été bon courtisan, sachant profiter des circonstances, ne pouvait rester en arrière et ne pas tirer parti des événements. Aussi, s'empressa-t-il de suivre l'exemple que lui offraient tant de gens à prétentions qui s'opiniâtraient à créer de nouveaux corps pour se faire donner des commandements toujours honorables et parfois aussi très lucratifs.

Ses rapports avec les gardes nationales de Maupertuis et de tout le district de Rozoy, bataillons composés de toutes sortes de gens, parmi lesquels se trouvaient en grand nombre des braconniers des forêts de Seine-et-Marne, lui suggérèrent l'idée de former, comme tant d'autres, un corps franc. Les formateurs, ou plutôt les entrepreneurs de ces corps, réussissaient toujours à tirer quelque profit, surtout dans des corps à cheval, en spéculant sur les fournitures, équipements, remonte et même sur les hommes. C'est ce que Landrieux appellera plus tard sous la Restauration « avoir cherché refuge aux armées » (¹).

Il proposa au comité militaire, avec l'appui de quelques patriotes influents, peut-être de Xavier Audouin, ancien président de sa section, la formation d'un corps franc de chasseurs à cheval sous le nom de *Hussards-Braconniers*. Le 9 septembre 1792, sur le rapport du représentant Dumas, Landrieux fut autorisé à lever des compagnies, « considérant que la formation de compagnies franches tant à pied

n'ont pas toujours le patriotisme pur pour guide. » — Liger (*Campagnes des Français pendant la Révolution*, t. II, p. 375 et suivantes) fournit des renseignements analogues à propos des levées de 1793 : « La manie de l'épaulette, dit-il, entrava la marche de cette opération... Ce ne fut qu'avec les plus extrêmes difficultés que l'on parvint à faire entrer les contingents dans les corps pour lesquels ils étaient destinés. Plusieurs d'entre eux persistèrent dans leurs refus, et pour ne pas en avoir le démenti, ils furent chercher un refuge dans l'armée révolutionnaire. On trouvait dans son sein une discipline moins sévère et pour ceux qui redoutaient les chances de la guerre active, des occasions moins fréquentes de danger qu'à la barbe de l'ennemi. »

1. Mss. B., folio 58 ; *Note autobiographique* rédigée après la Restauration pour le duc de Feltre : « Paris n'étant plus tenable pour lui, Landrieux se réfugia dans un régiment de hussards où il resta caché pendant un an. »

qu'à cheval est la manière la plus régulière et la plus prompte de former » les troupes légères » (¹).

Le ministre fut autorisé de traiter avec lui à raison de 800 livres pour chaque homme engagé, monté, armé et équipé (²).

Le même jour, sur la proposition du même représentant, l'Assemblée adopta le décret suivant qui clôt l'ère anarchique des créations de corps francs :

« L'Assemblée nationale, voulant empêcher que l'accueil, qu'il était de son devoir de faire aux citoyens qui ont proposé de lever différents corps de troupes légères, ne puisse servir de masque et de prétexte aux ennemis de la chose publique, qui feraient parade d'un faux zèle pour trahir plus sûrement la cause de la liberté et de l'égalité, décrète qu'il y a urgence :

« L'Assemblée nationale, après avoir décrété l'urgence, décrète ce qui suit :

« Art. 1er. — Il ne sera plus à l'avenir, et jusqu'à ce qu'il en ait été autrement ordonné, formé aucun corps de troupes légères sous quelque dénomination que ce puisse être, avec état-major et administration particulière.

« Toutes les troupes légères, soit à pied, soit à cheval, seront à l'avenir levées par compagnies franches, conformément aux décrets qui ont déterminé leur formation, leur solde, et leur service, et par lesquelles le pouvoir exécutif est suffisamment autorisé par les lois antérieures (³). »

Comme Landrieux ne disposait pas, ainsi que certains autres formateurs, d'une fortune suffisante et qu'il ne pouvait marcher sans fonds, le ministre lui avança une somme de 25,000 livres. Muni de cet argent, il partit pour Maupertuis et se mit à racoler dans le district de Rozoy tous les gens qui lui parurent propres à servir dans le nouveau corps. Mais comme la somme qui lui avait été donnée ne lui parut pas suffisante, il se procura par ses relations personnelles, un crédit qui lui permit de faire à la République une première fourniture se montant à la somme de

---

1. Loi du 9 septembre 1792, l'an quatrième de la liberté (*Moniteur universel*, t. XVII, p. 656). Landrieux y est appelé Andrieux.

2. *Moniteur universel*, séance du 9 septembre 1792, numéro du 10 septembre, *ibidem*.

3. *Idem*.

50,000 livres, en hommes engagés, montés, armés et équipés (¹).

Dès le premier octobre, c'est-à-dire treize jours après la promulgation de la loi d'autorisation, le corps comptait déjà quatre compagnies (²), sur la formation desquelles il est possible de donner des renseignements très précis, alors que de l'aveu même de Xavier Audouin, gendre du ministre Pache, la chose est généralement impossible pour les autres corps francs (³).

« J'avais adopté pour principe, disait plus tard Landrieux, que l'aristocratie de l'ancien régime ne pouvant encore avoir atteint l'homme au sortir de l'adolescence, ceux-ci devaient-être préférés aux hommes d'un âge plus avancé. Aussi la troupe était-elle composée de jeunes gens dont les plus âgés n'avaient guère que vingt-cinq ans. Mais il me fallait en officiers et sous-officiers des gens qui con-

1. *Instruction préliminaire donnée avec le sixième compte de formation à la Commission du commerce et approvisionnement dont la connaissance est nécessaire pour juger à fond de l'injustice des reproches qui m'ont été faits.* Cette pièce autographe, rédigée en 1794, est citée par abréviation dans ce travail sous le titre de *Mémoire justificatif.* Elle figure au dossier Landrieux, aux archives de la Guerre, mais les pièces justificatives qui l'appuyaient ont été rendues, quoique partie seulement figurent dans les papiers de Landrieux. C'est sur son examen, surtout, qu'a été reconnu le mal fondé des reproches adressés au chef de brigade des hussards-braconniers, tant sur sa gestion que sur son civisme.

2. Archives de la Guerre, *dossier des hussards-braconniers.* La loi du 9 septembre 1792 fut promulguée le 14, par Danton, président du conseil exécutif provisoire.

3. Note de Xavier Audouin, sur une lettre du général Dillon au ministre d'Abancourt. (Archives de la Guerre — pièce citée par Camille Rousset : *Les Volontaires.*)

Xavier Audouin, d'abord vicaire de Saint-Thomas-d'Aquin, puis commissaire de la section de la Fontaine-Grenelle, membre de la Commune au 10 août, commissaire dans les Deux-Sèvres et en Vendée, avait épousé Sylvie Pache (Nauroy, *Le Curieux*, II, 118.) Son beau-père le mit à la tête du département de la Guerre, avec le titre de premier secrétaire. Audouin a laissé un ouvrage sur l'ancienne armée. Il semble lui avoir préféré les volontaires.

nussent le service, il me fallait des instructeurs (¹). » La première compagnie commandée par Landrieux lui-même, avec le grade de capitaine seulement, avait pour lieutenant Laurent Blézimart, né en 1752 à Saint-Germain-en-Laye, ancien garde de la porte du roi, de 1774 à 1787, capitaine de la garde nationale de Saint-Germain depuis 1789. Le sous-lieutenant Ch.-J. Dallemagne appartenait à la garde nationale parisienne.

La deuxième compagnie était sous les ordres du capitaine Jean-Nicolas Lucas, ancien capitaine de la maréchaussée, vétéran, avec, pour lieutenant, Denis Deschamps, né à Toulouse, qui avait été successivement exempt de la maréchaussée à Saint-Domingue, lieutenant de prévôt et major de la garde nationale de Champteaux. Le sous-lieutenant Félix Bezin, rouennais d'origine, après sept ans de service au 5ᵉ dragons, en était sorti le 3 septembre 1792, avec un congé pour infirmité, mais il s'était, paraît-il, guéri depuis et Landrieux le déclare « très en état de servir. »

A la troisième, on trouve le capitaine Le Brun, un Brabançon réfugié en France, après avoir servi la révolution de sa patrie. « Il est bon républicain, plein de talent et de zèle. » Le lieutenant Claude-Guillaume Blancsubé, de Gap, d'abord dragon au 16ᵉ régiment, sortait de la gendarmerie des Hautes-Alpes, tandis que le sous-lieutenant Étienne Riffault, qui avait été lui aussi dragon pendant deux ans, appartenait à la garde nationale de Melun.

Pour la quatrième compagnie, à côté du capitaine J.-B. Claveau, ancien garde national parisien, c'étaient le lieutenant Théodore Dosset, également garde national de Paris et le sous-lieutenant E.-Th. Perquier, garde national du district de Saint-Hippolyte, mais qui du moins avait fait la campagne du Midi (²).

Le 21 octobre, la deuxième compagnie avait changé de chef et c'est sous le commandement du capitaine Guillaumet qu'elle se transporta à Lizy-sur-Ourcq, sur la demande du maire et de l'officier municipal, pour y veiller à la tranquillité du marché. Ces autorités rendirent hommage à sa

---

1. Archives de la Guerre, doss. Landrieux : *Mémoire justificatif.*

2. Archives de la Guerre, *doss. des hussards-braconniers.*

conduite et à son zèle ([1]). Le 25 du même mois, c'était au
tour du maire et des officiers municipaux de Fontenay de
faire appeler un détachement de vingt-cinq hussards-braconniers, alors cantonnés à Maupertuis sous le commandement
de Landrieux, pour faire la police du marché de cette ville.
Les réquisitions de blé, qui se multipliaient depuis septembre
dans la Brie pour l'alimentation de Paris, produisaient déjà
une effervescence qui, allant croissant en même temps que
le nombre des quintaux exportés, finit par provoquer de
véritables émeutes. Les représentants du peuple, leurs délégués et les commissaires de la municipalité parisienne les ré-
primèrent énergiquement et parfois d'une façon sanglante ([2]).
La difficulté de l'approvisionnement rendait généralement
les marchés tumultueux. Mais, à Fontenay, la bonne contenance et la fermeté de la troupe, jointes à la prudence
de ses chefs, en imposèrent aux malintentionnés et le marché
fut très calme ([3]).

Le 28 octobre, Landrieux passa sa première revue et produisit les pièces comptables nécessaires pour justifier de
l'emploi des 25,000 livres que le ministre lui avait fait
allouer ; puis, le même jour, il contracta un nouvel emprunt
de pareille somme qui lui permit de continuer ses opérations ([4]).

Le 31, les hussards-braconniers quittaient le cantonnement de Maupertuis dont la municipalité constata que, pendant leur séjour, ils n'avaient donné lieu à aucune plainte et
qu'au contraire ils s'étaient comportés de manière à mériter
les éloges des amis de l'ordre et du bien public ([5]). Le corps
se transportait à Meaux, où commandait le général ci-devant
baron de Lenglantier ([6]).

---

1. Mss. B., folio 108 : *Certificat de la municipalité de Lizy-sur-
Ourcq.*

2. *Recherches sur l'histoire de la Révolution dans la Brie*,
p. 172.

3. Mss. B., folio 105 : *Certificat de la municipalité de la ville
de Fontenay.*

4. Archives de la Guerre, doss. Landrieux : *Mémoire justificatif.*

5. Mss. B., folio 106 : *Certificat de la municipalité de Maupertuis*, 31 octobre 1792.

6. Archives de la Guerre, doss. Landrieux : *Mémoire justifi-

Au début, ce maréchal de camp fit le meilleur accueil au chef et à ses hommes : « Je ne peux, disait-il, que donner des éloges à la manière dont ils font le service, à la subordination et bonne discipline de ce corps, à la manière distinguée dont il se conduit et dont il fait le service de la place à Meaux (¹). » Il pressait le ministre d'expédier les brevets aux officiers qui « remplissaient leurs places » avec tant de zèle et de civisme et qui étaient si utiles pour la formation des compagnies. Il était, en effet, fort difficile de décider les commis du ministère à s'occuper des corps francs, et Xavier Audouin affirme que l'aristocratie de quelques-uns de ces commis mettait à l'expédition des brevets des officiers de volontaires une si constante opposition, que la plupart n'ont pu en obtenir qu'au moment de l'embrigadement, ce qui expliquerait, d'après lui, pourquoi ces officiers ont eu si peu d'avancement (²).

Comme il l'avait fait précédemment le 28 octobre, Landrieux passa une nouvelle revue le 28 novembre ; cette fois, il toucha 82,000 livres représentant le montant de ses avances et le remboursement de son emprunt qu'il fit renouveler comme en octobre (³).

Les relations avec Lenglantier ne laissaient pas que d'être cordiales, malgré ses réclamations de tous les jours contre les inconvénients du cantonnement de Meaux. On lui avait donné, pour y loger ses chevaux, l'ancienne église des Cordeliers excessivement élevée mais trop étroite pour le nombre d'animaux qu'on y avait mis (⁴). Les vitraux brisés par l'intolérance jacobine laissaient passer la neige et la pluie. Il n'y avait point de grenier et le fourrage entassé en plein air était toujours mouillé. Landrieux fut obligé de louer, en ville, à ses frais, l'écurie de l'ancienne poste (⁵). Enfin, le 15 décembre, on donna aux hus-

catif. « J'étais le seul, dit Landrieux, qui ne l'appelât pas Monsieur le baron ! »

1. Archives de la Guerre : *Lettre du maréchal de camp, Ch. Lenglantier, au ministre de la Guerre.*

2. *Note* de Xavier Audoin, déjà citée.

3. Archives de la Guerre, doss. Landrieux : *Mémoire justificatif.*

4. Mss. B., folio 116 : *Certificat des officiers du 21ᵉ chasseurs,* en date du 1ᵉʳ juillet 1793.

5. Mss. B., folio 114 : *Certificats de Fiquet et Languenard.*

sards le cantonnement de Montceau, sur une colline presque inaccessible en hiver. L'abreuvoir était situé au bas des hauteurs; qu'il plût ou qu'il gelât, les chevaux glissaient et se blessaient, les cavaliers dégoûtés de la fréquence des chutes dans lesquelles ils se contusionnaient, négligèrent leurs chevaux qui ne tardèrent pas à dépérir. Le service de l'état-major devenait en outre écrasant. Landrieux était à même de produire 453 ordres ou réquisitions, qui lui avaient été adressés en un mois et demi [1].

L'adjudant-général Carteaux fit à cette époque un rapport sur les cantonnements de Meaux, dans lequel sont relatés tous les inconvénients dont se plaignait Landrieux. Ce fut l'origine de leurs relations. Le chef de brigade ne cessa de réclamer auprès de Lenglantier [2].

Néanmoins, jusqu'aux environs du 10 janvier, tout marcha bien au régiment où l'on ne comptait que peu de désertion, chose très fréquente dans les corps de récente formation. Un décret de la Convention prononça que les hussards-braconniers avaient bien mérité de la patrie et donna le grade d'officier à un de ceux qui s'étaient le plus distingué. L'intervention du général Lenglantier auprès des représentants en mission n'était pas étrangère à ce résultat. Le 12 janvier 1793 il appuyait auprès d'eux les demandes de Landrieux par cette lettre :

« Citoyens représentants,

« Je vous recommande le citoyen Landrieux; c'est un excellent officier qui joint beaucoup d'intelligence à des connaissances militaires très étendues; il a besoin de votre assentiment pour obtenir à son corps un état-major. Le corps et lui le méritent; aucune plainte ne m'est parvenue contre les hussards-braconniers qu'il lève ici et c'est fort extraordinaire pour un corps nouveau.

« *Le maréchal de camp, commandant à Meaux,*

« Ch. LENGLANTIER [3]. »

1. Archives de la Guerre, doss. Landrieux : *Mémoire justificatif.*
2. *Idem.*
3. Mss. B., folio 109.

Le 19, il installa Landrieux comme chef de brigade provisoire et lui donna le commandement général de toutes les sections, car jusque-là il n'était légalement que formateur et capitaine (1).

Les mécomptes de Landrieux ne provinrent pas des hommes, mais des officiers. Malgré la surveillance qu'il exerçait sur tous les individus qui entraient au corps, ce qui lui valut la haine de Sijas, de Lebon et de Lebas, il ne tarda pas à s'apercevoir qu'il s'y était glissé quelques mauvais sujets. Il dut chasser un capitaine et, en dépit des influences que cet officier mit en jeu auprès du ministre, réussit à avoir gain de cause. Il fut moins heureux dans son différend avec le capitaine Soibinet.

Sur environ quarante officiers, il s'embarrassa de « cinq scélérats qui causèrent tous ses maux et le malheur du corps. » C'étaient Soibinet, Deschamps, Chavannes, Le Duc et Guillaumet. « Plastronnés de certificats de civisme, » recommandés à la sympathie du formateur des hussards-braconniers par leurs talents militaires et leur parfaite discipline, ces officiers lui devinrent suspects sitôt que malgré « leur feinte douceur et leur hypocrisie profonde, » ils ne surent plus lui dissimuler leurs véritables sentiments à son égard. Landrieux avait déjà eu une affaire avec l'adjudant-général Chazaud-Dutheil, à qui il reprochait son origine aristocratique. Soibinet et ses amis, s'ils n'étaient pas aristocrates de naissance, l'étaient tout au moins d'esprit.

« Je m'aperçus de quelque changement de leur part, raconte Landrieux, lorsque j'envoyai quatre braves entourer Santerre le jour de l'exécution du tyran (2). Je pris de plus grands renseignements. Je fus averti par Albitte, et enfin je découvris que Soibinet, que j'avais fait quartier-maître, avait été adjudant de la Garde-Véto et qu'il était la veille du 10 août, à la tête des patrouilles capétiennes dans le jardin des Tuileries. Rien ne m'arrêta. Je lui enjoignis sur-le-champ de quitter ses fonctions et de rendre ses comptes.

1. Archives de la Guerre, *Doss. des hussards-braconniers.*
2. Landrieux écrit ceci après thermidor. Sous la Restauration il dira : « Landrieux, menacé comme ayant appartenu à la famille royale, se cacha dans un régiment dans lequel *il trouva moyen de faire entrer quantité de jeunes gens sortant de la garde du roy.* » (Mss. B, folio 59.)

Je courus en même temps chez le général pour le prévenir. Lenglantier, vieux (¹) et faible, était mené par d'Estimonville, qui depuis est tombé sous le glaive de la loi dans la Vendée, et qui cherchait à devenir chef du corps que je formais. Lenglantier se laissa persuader que j'étais injuste, au lieu de me soutenir, il se déclara protecteur de Soibinet (²). »

Landrieux n'était pas homme à se reconnaître vaincu pour si peu. S'il n'y avait pas de société populaire à Meaux, Paris n'était pas si éloigné qu'il ne put, sans perte de temps, porter ses protestations à la tribune des Jacobins. Soibinet fut dénoncé au comité de surveillance de la Convention nationale et Lenglantier n'osa plus résister, mais il garda Soibinet à Meaux, comme sous sa protection.

Landrieux mit à profit sa présence à Paris pour tirer parti d'un procès-verbal dressé par le vétérinaire Languenard et l'inspecteur des remontes Fiquet, en présence

1. Charles Philibert, baron de Lenglantier, était né à Pelouzey, près Besançon, le 1ᵉʳ septembre 1728. Le 15 septembre 1745, il prit du service en qualité de cadet dans le Royal artillerie, passa au Monaco-infanterie, plus tard Belzunce, avec le grade de lieutenant en 1747. En 1763 il fut réformé avec le grade de capitaine, puis au bout de trois mois replacé en cette qualité au régiment de recrues provinciales de Lille. Un an après, il passa avec le même grade au régiment de Rouget-infanterie, puis en août 1775 aux grenadiers de Flandre, avec lesquels il se rendit à Saint-Domingue, et y séjourna jusqu'en juillet 1791, époque où son emploi fut supprimé. Nommé général de brigade, il fut chargé le 7 septembre 1792 du commandement du camp sous Meaux et demeura dans ce poste jusqu'au 7 mars 1793, date de son envoi comme général de division à l'armée des Alpes, chargé du commandement en chef de Grenoble. Remercié deux mois et demi après il fut, sur sa réclamation, admis à la retraite ; cependant considérant ses services (47 ans, 8 mois et 13 campagnes) et sa situation peu fortunée, on lui confia le commandement temporaire de la place de Lille. En janvier 1796, il fut relevé de ses fonctions et autorisé par mesure spéciale, à conserver un logement et les subsistances réglementaires à la citadelle de Lille. Il y mourut le 11 février 1796, âgée de 68 ans. Il était chevalier de Saint-Louis, du 1ᵉʳ avril 1771 et avait été blessé gravement à Zutjelberg. (Archives de la Guerre, doss. Lenglantier)

2. Archives de la Guerre, doss. Landrieux : *Mémoire justificatif. — Mss. B.*, folio 115 : *Certificat des officiers du 21ᵉ chasseurs.*

de Lenglantier et du commissaire des guerres Latour, pour établir les inconvénients du cantonnement de Meaux « destructeur de toute espèce de cavalerie ([1]) ». Le ministre lui remit l'ordre d'emmener les hussards-braconniers à Melun et à Provins, où des troubles récents rendaient probablement leur présence utile ([2]). Il lui promit en outre que le chef du bureau du contrôle serait envoyé à Meaux pour vérifier les comptes de Soibinet.

Au retour de Landrieux à Meaux, Lenglantier refusa de tenir compte des ordres du ministre et envoya Estimonville au ministère pour les faire modifier; celui-ci obtint tout d'abord qu'une partie des hussards-braconniers demeurerait à Meaux. Lenglantier, accompagné de Soibinet qui se sentait en péril, le rejoignit à Paris où ils devancèrent partout Landrieux.

Au lieu du chef du bureau du contrôle, ce fut l'adjudant-général Chalbos qui fut envoyé à Meaux pour vérifier, non

1. Mss. B., folio 114. Il convient de citer cette pièce :

« L'an 1793, IIe de la République française, une et indivisible, le quinze janvier, nous, Inspecteur de remontes, en vertu des ordres du ministre de la Guerre, à la demande du citoyen Landrieux, nous sommes transportés à Meaux, accompagnés du citoyen Languenard, artiste vétérinaire, à l'effet d'examiner les chevaux des Hussards-braconniers, cantonnés en cette ville. Après nous être transportés en l'église des ci-devant Cordeliers où sont une partie desdits chevaux, et par suite dans les écuries d'une maison, dite l'ancienne poste, où il y en a une autre partie, nous nous sommes transportés chez le général Lenglantier, où nous avons déclaré, qu'attendu l'état de dépérissement desdits chevaux occasionné par les écuries malsaines et trop étroites, il était indispensable qu'il fut donné audit corps, un cantonnement où les chevaux pussent être plus à l'aise, et où ils pussent recevoir des soins manuels et diététiques qui ne peuvent leur être administrés ici : de tout quoi nous avons dressé le procès-verbal en présence du général Lenglantier, du commissaire des guerres Latour et du citoyen Landrieux, pour en être envoyé un double signé par eux et par nous au ministre de la Guerre, et l'autre pour rester entre les mains du citoyen Landrieux pour s'en servir à ce que de besoin.

» Collationné lesdits jours et an que dessus et trouvé conforme.

» LANGUENARD, FIQUET, LATOUR, CH. LENGLANTIER,
» J. LANDRIEUX. »

2. Bourquelot, *Histoire de Provins*.

la comptabilité de Soibinet, mais l'administration de Landrieux qui venait justement, le 29 janvier, de passer sa cinquième revue qui portait le compte total de ses recettes à 374,600 livres (1).

Landrieux ne se découragea pas devant les singuliers résultats de sa dénonciation. Tout d'abord il écrivit à Lenglantier :

« Mon général,

« J'apprends par l'adjudant-général Chalbos, chargé de vos ordres, que vous fixez à Meaux le dépôt des hussards-braconniers :

« Si j'étais moins attaché à la chose publique, je vous supplierais de vouloir bien ne pas trouver mauvais que je cessasse toute opération relative au complément de ce corps ; car je vous prouverai que j'ai perdu là près de 100,000 francs.

« Mais j'espère que vous voudrez-bien vous en rapporter à moi et ordonner que tout autre lieu sera le dépôt de ce corps, que rien ne m'oblige à lever, si j'y trouve mes intérêts compromis, et, malgré les plus grandes instances de ma part, malgré le décret du 9 septembre qui ne fixe aucun lieu pour la levée du corps des hussards-braconniers, le ministre Pache m'a forcé d'en établir le dépôt à Meaux : j'ai eu beau exposer que les chevaux y dépérissaient, les citoyens Fiquet et Languenard, inspecteurs des remontes, ont eu beau le témoigner à ce ministre, l'état-major de Meaux l'a toujours emporté sur le bien de la République et tous mes efforts n'ont réussi qu'à faire couper le corps en trois ; opération désastreuse qui a presque tout perdu, car encore pouvais-je surveiller lorsque le corps était réuni.

« Aujourd'hui, mon général, on m'annonce que vos instructions sont d'établir le dépôt en entier à Meaux. J'obéirai, mais je vous supplie de vouloir bien vous rappeler, lorsque votre ordre aura été exécuté, que je vous ai annoncé aujourd'hui que le corps est totalement détruit, si vous ne révoquez cet ordre (2). »

1. Archives de la Guerre, doss. Landrieux : *Mémoire justificatif.*
2. Mss. B, folio 96.

Après cette ferme défense, Landrieux n'hésita pas à rendre coup pour coup, menaçant Lenglantier de le faire traduire à la barre de la Convention nationale s'il persistait à soutenir des contre-révolutionnaires. Le général envoya alors une plainte contre lui aux bureaux de la Guerre. Les choses en étaient venues à un tel point que deux tentatives d'assassinat furent dirigées contre Landrieux. D'abord les cinq officiers, chassés par lui des hussards, appostèrent des meurtriers dans les rues de Meaux et sur la route de Claye. D'Estimonville lui tira un coup de pistolet, mais le manqua. Landrieux porta plainte au juge de paix de Meaux ; une enquête fut commencée, mais l'âpreté de l'homme de lois Vincent, à qui il avait déjà versé 1,100 livres, le contraignit à abandonner les poursuites (¹).

Chalbos, le contrôleur envoyé par suite des intrigues de Lenglantier, venait de Fontainebleau où le chef de la légion germanique s'était, disait-il, entendu à merveille avec lui. Aussi avait-il trouvé 2,000 hommes présents à cette légion alors qu'il n'y en avait que 800. A 800 livres par homme, l'erreur permettait de trouver de quoi contenter un adjudant-général qui n'était pas riche et que sa besogne ruinait. Dans son mémoire justificatif, Landrieux prétend que Chalbos, le voyant peu compréhensif en présence d'invites aussi discrètes, ne jeta plus qu'un coup d'œil distrait aux écuries. Les chevaux étaient jeunes mais exténués de fatigue, malades ou blessés. Il refusa de s'enquérir des causes de leur dépérissement, rejeta négligemment le procès-verbal de Fiquet et de Languenard. Landrieux était un calomniateur qu'il fallait écraser. En fait, il n'y avait que des rosses au corps et seulement 438 chevaux pour 465 hommes. Il manquait 124 fusils, 100 casques, 60 ceinturons, 90 porte-manteaux, 100 sabretaches, 33 paires de bottes, des habits, des gilets, des pantalons d'écurie, des brides, des bridons, des étrilles, des licols, des brosses, des éponges (²).

L'état-major donna à Chalbos, pour l'aider dans son

1. Archives de la Guerre, doss. Landrieux : *Mémoire justificatif.*

2. Archives de la Guerre, doss. Landrieux : *Rapport présenté par la Commission du commerce et approvisionnements,* citant la Revue de Chalbos.

travail et tenir son bureau, Soibinet et ses quatre camarades. On devine de quel côté pencha leur influence.
Chalbos décida de procéder sur-le-champ à l'évaluation des
chevaux. C'était comploter la condamnation de Landrieux
qui n'avait cessé de signaler le mal. « Cette estimation,
faite par des marchands de porcs, indiqués comme experts-
vétérinaires par les officiers expulsés qui tenaient la plume
pendant l'opération et dirigeaient tout, fut tournée de manière qu'à peine on y trouva un bon cheval. Chavannes
tenait la plume [1]. » Malgré leurs efforts, les ennemis du
formateur des hussards-braconniers ne purent rendre complice de leur conduite le vétérinaire Desplas. A Melun et à
Provins, où une partie du corps était depuis environ trois
semaines, il en fut de même, quoique Soibinet et Leduc
servissent de lieutenants à Chalbos. Les estimations des
vétérinaires furent certes aussi atténuées que possible, mais
il y eut de vives discussions entre les estimateurs et Chalbos qui les menaça à plusieurs reprises, afin de les amener à
réduire leurs estimations [2]. Les chevaux étaient en meilleur état qu'à Meaux : aussi, à la fin de l'opération, d'un
mouvement spontané, les vétérinaires se rendirent à la municipalité pour y faire cette déclaration : que les chevaux
qu'ils avaient eu ordre d'estimer, *tels qu'ils étaient*, vaudraient infiniment davantage, lorsqu'ils auraient été encore
pendant quelque temps soignés et reposés [3].

C'est à ce moment qu'arriva à Landrieux l'ordre du commissaire ordonnateur La Saulsaye, de mettre deux escadrons en état de partir, le 28 février 1793, pour Liège [4].
Chalbos tint à organiser lui-même le départ du premier
escadron, celui qui était caserné à Melun.

« Je ne sais s'il le fit par ignorance ou par malice, dit
Landrieux, mais il s'y prit de manière à tout confondre.
Il mêla les hommes d'une compagnie avec ceux d'une
autre, mit les recrues avec les hommes instruits, en sorte

1. Archives de la Guerre, doss. Landrieux : *Mémoire justificatif.*
2. Mss. B., folio 115 : *Certificat des officiers du 21ᵉ chasseurs.*
3. Pièce 19, communiquée au ministère par Landrieux, et qui n'a
pas été conservée.
4. Archives de la Guerre, *doss. des hussards-braconniers.*
L'ordre est du 19 février.

qu'il fut impossible de faire exécuter la moindre manœuvre.
Il réduisit à la condition de simples hussards les instructeurs patriotes que j'avais fait officiers provisoires. Il profita de l'occupation que ce dérangement donnait aux sous-
officiers et aux hussards, pour nommer Soibinet capitaine
de la première compagnie. J'eus beau réclamer, même sur
la reddition des comptes — on ne m'écouta pas. Rippel
avait commandé jusqu'alors à Melun ; comme on n'avait
rien à lui reprocher, Chalbos lui dit qu'il fallait qu'il rendît
ses comptes et qu'il irait prendre sa compagnie lorsqu'il
aurait réglé tout. En lui disant cela, Chalbos faisait partir
Soibinet qui était bien plus *comptable* que Rippel. Celui-ci
rendit ses comptes en un jour et voulut partir. On se
moqua de lui chez Berruyer : il se plaignit au ministre qui
lui expédia une lettre d'avis pour commander la quatrième
compagnie. Rippel s'y rendit, présenta sa lettre à Lenglantier, qui, sans façon, la déchira (¹). »

Landrieux fit retentir Melun de ses protestations :
Chalbos usurpait ses droits; il n'était pas admissible qu'un
adjudant-général chargé d'une inspection put faire rentrer
dans un corps, malgré son chef, les officiers que celui-ci en
avait expulsés. Chalbos riposta par des insultes et quand
Landrieux porta ses plaintes au ministère, on se débarrassa
de lui en lui promettant, comme satisfaction, de donner aux
escadrons qui marchaient à l'ennemi un chef de sa main (²).

Un officier provisoire, Guéry, plus tard capitaine au
21e chasseurs, porta au ministre Beurnonville une lettre
au nom de tous les officiers du corps, pour le prévenir que
l'état-major de Lenglantier avait trompé Chalbos sur le
compte de Landrieux, que Chalbos n'était pas moins abusé
sur la valeur morale de Soibinet, Chabannes, Le Duc, Guillaumet et quelques autres. Il avait également mission de
protester contre les persécutions qu'essuyait Landrieux. Le
ministre lui ayant fait l'accueil le plus froid, Guéry s'a-
dressa au Comité militaire : « Nonobstant cela, les traîtres
partirent à la tête des premières compagnies, en triomphant
des patriotes qui se trouvèrent sans place et sans pain (²). »

---

1. Archives de la guerre, doss. Landrieux : *Mémoire justificatif*. — Mss. B., folio 115, pièce citée.
2. *Idem*.
3. Mss. B., folio 115, pièce citée.

Landrieux, désireux de parer, autant qu'il lui était possible, au danger, désigna au choix du ministre Taillefer, frère du représentant du peuple, qu'il croyait propre à maintenir dans le devoir les officiers suspects. Mais, ici encore, il se trouva en face de Chalbos, qui fit exprès, de nuit, la route de Melun à Paris pour entraver cette nomination ([1]). Landrieux courut au ministère sur les pas de son ennemi, mit en mouvement le représentant Taillefer et rapporta, le 26 février, l'ordre du ministre de la Guerre qui lui enjoignait de faire reconnaitre Taillefer en qualité de lieutenant-colonel ([2]). Chalbos, qui avait dû renoncer à la lutte, à cause de l'intervention du frère de Taillefer, réclama avec énergie les comptes du chef de brigade des hussards-braconniers. Celui-ci les promit pour la huitaine qui suivrait le départ des escadrons. D'autre part, cet adjudant-général se montra si pressé de faire partir ses cinq protégés, qu'il oublia de leur faire prêter le serment requis par la loi ([3]).

Désespéré, convaincu que ces hommes ne complotaient rien moins que de passer à l'ennemi, car ils ne se gênaient point dans leurs propos, Landrieux avait eu le soin, sous prétexte de réparations urgentes, de ne pas compléter leur armement et leur équipement ([4]). Il alla jusqu'à déclarer à une section de Paris, qu'il regardait armes et effets comme perdus s'il les faisait passer aux hussards-braconniers qui avaient rejoint l'armée de Dumouriez. Le 28 mars, il dut se résoudre à s'en dessaisir, mais en les confiant à la prudence du capitaine de la quatrième compagnie qui partait, ce jour-là, pour l'armée du Nord, et encore s'empressa-t-il, accompagné du député Taillefer, d'aller faire part de ses inquiétudes au Comité de Sûreté générale : c'était le 3 avril.

Les soupçons de Landrieux n'étaient point sans fondement; deux jours plus tard, le 5, à Saint-Amant, les offi-

1. Archives de la Guerre, doss. Landrieux : *Mémoire justificatif*.

2. Archives de la Guerre, doss. des hussards-braconniers : *Ordre du 26 février, signé Félix*.

3. Archives de la Guerre, doss. Landrieux : *Mémoire justificatif;* — doss. du 16ᵉ chasseurs. *Revue d'Hesdin visée par le commissaire des guerres La Brosse.*

4. C'était aussi un moyen de ne pas rendre de compte à Chalbos, qui se montrait si mal disposé pour lui.

ciers imposés par Lenglantier, Chalbos et Berruyer, c'est-
à-dire Soibinet, Chavannes, Guillaumet, Le Duc et Walter,
passaient à l'ennemi avec Dumouriez, entraînant à leur
suite deux compagnies de hussards, après les avoir enni-
vrés (¹). Les traîtres avaient à tel point épouvanté leur chef
d'escadron Taillefer, que celui-ci n'osait presque plus paraître à son poste (²).

On sait que les corps de cavalerie entraînés par les complices de Dumouriez ne tardèrent pas à se débander. *Le
Moniteur*, qui avait d'abord enregistré la défection des
hussards et des chasseurs, s'empressa presque aussitôt de
rectifier cette nouvelle. En réalité, les hussards qui avaient
suivi leurs officiers à Tournai, où on les avait internés,
s'échappaient peu à peu et revenaient rejoindre leurs régiments, isolément ou par groupes. Le 12 mai, Dumouriez
n'avait plus que 209 hussards et cuirassiers (³).

La présence du formateur du corps devenait absolument
nécessaire pour le réorganiser. C'était pour Landrieux
l'occasion si longtemps désirée de quitter définitivement
la Brie et Meaux l'inhospitalière. Son protecteur, le représentant du peuple Taillefer, le conduisit au Comité de
Salut public, qui ordonna sur-le-champ à Bouchotte, ministre de la Guerre, de lui expédier l'ordre de se rendre à
Douai, pour y prendre le commandement de la portion de
son corps qui y était cantonnée et pour y adopter, de concert
avec le général en chef Dampierre, toutes les mesures que
requéreraient les circonstances (⁴). A Douai, la situation des

1. Archives de la Guerre. *Revue d'Hesdin*, note du commissaire
des guerres et de Landrieux. « Le régiment observe au ministère
de la Guerre que ces traîtres ont été nommés malgré le chef de
brigade, au préjudice de plusieurs officiers patriotes qui étaient en
fonctions depuis plus de six mois, et que les sentiments inciviques
des sus-nommés étaient si connus que Chalbos se permit de faire
partir les deux compagnies de Melun, qu'il commandait, sans leur
faire prêter serment de fidélité, serment sans lequel toute organisation est nulle et criminelle. »

2. Archives de la Guerre, doss. Landrieux : *Mémoire justificatif*.

3. Mortimer-Ternaux, *Hist de la Terreur*, VI, p. 549. — Voir
aussi sur ce sujet l'excellent livre de M. Chuquet : *La Trahison
de Dumouriez*.

4. Archives de la Guerre, doss. des hussards-braconniers :

troupes était tout ce qu'il y a de plus contraire à la discipline. Carnot rapporte que les casernes contenaient plus de 3,000 femmes.

Il ne resta à Meaux, lors du départ de Landrieux, que 56 hommes, dont 13 officiers et 17 sous-officiers. Tous ces hommes furent licenciés et reçurent l'ordre de se rendre au 3ᵉ hussards, mais les officiers et sous-officiers durent rentrer dans le rang, « attendu que leur chef n'avait pas eu le droit de nommer tant d'officiers et de sous-officiers pour commander 56 hommes » (¹).

L'un des premiers actes de Landrieux, en arrivant à Douai, fut de faire constater, le 17 avril, l'état de la comptabilité. Le conseil d'administration du régiment reconnut qu'il n'existait au bureau qu'un seul registre signé Soibinet, dans lequel étaient inscrits les noms de tous les individus engagés, l'époque de leur entrée au corps et enfin celle des désertions. Par contre, il n'existait aucun état de revue, parce que Soibinet, qui avait fait fonction de quartier-maître, les avait tous gardés, sous prétexte de rendre ses comptes ; si bien que sans le registre resté au bureau, la comptabilité du corps se serait trouvée inattaquable, Soibinet ayant emporté dans sa fuite tous les papiers et la caisse du corps (²).

Avant de quitter Paris, Landrieux s'était entendu avec le ministre Bouchotte sur les moyens propres à faire disparaître le mauvais renom qu'avait attiré sur les hussards-braconniers, la défection à l'ennemi des premières compagnies. Il fut décidé, en conséquence, que les hussards-braconniers deviendraient 16ᵉ chasseurs, numéro sous lequel avait été incorporée, depuis le 28 février précédent, la cinquième compagnie avec d'autres recrues (³).

De Douai, Landrieux, nommé au commandement de la

<hr>

Ordre du 10 avril 1793. — Doss. Landrieux, *Mémoire justificatif.*

1. Archives de la Guerre, doss. Landrieux : *Rapport présenté au Comité de Salut public par la commission du commerce et des approvisionnements, le 30 frimaire an III.*

2. Archives de la Guerre, doss. Landrieux : *Certificat du conseil d'administration des hussards-braconniers.*

3. Archives de la Guerre, doss. du 21ᵉ chasseurs à cheval.

place d'Hesdin (¹), mena son régiment, à peine réorganisé, tenir garnison dans cette localité qui avait toujours reçu des troupes de cavalerie (²). Il avait, en outre, à y diriger les travaux de défense dont le général Custine venait d'ordonner la reprise et que Carnot-Feulins craignait de voir traîner en longueur, faute de paiements aux entrepreneurs (³).

Obligé de partager son temps entre ses nouvelles fonctions d'ingénieur, auxquelles le préparaient ses études antérieures, et les soins du recrutement et de la remonte de son régiment, devenu commandant temporaire de Montreuil, où il avait aussi un détachement de chasseurs, Landrieux éprouva le besoin de doubler Taillefer, premier chef d'escadron, faisant fonction de lieutenant-colonel, dans les capacités duquel il n'avait plus la même confiance qu'au temps où il sollicitait sa nomination (⁴). C'est alors qu'il eut la

1. Mss. B, folio 111 : *Certificat du conseil général de la commune d'Hesdin*, 4 octobre 1794.

2. Mondelot, *Le vieil et le nouvel Hesdin*.

3. Legros, *La Révolution telle qu'elle est*, p. 74-75. C'est vers cette époque que Lefetz écrivait à Guffroy et à Lebon (31 juillet 1793).

« Mes amis, *nos places de guerre ne sont pas approvisionnées* et nous avons près les armées des représentants du peuple. Qu'y font-ils ? Rien pour le bien public, mais tout pour la perte de la liberté. Nous les avons vus de près et nous pouvons vous assurer que le salut public ne les occupe point. Promener, discourir, discuter, faire les proconsuls et les Verrès, voilà ce qu'ils ont fait et ce qu'ils font ; aussi sait-on les apprécier et l'on ne compte pas sur eux pour sauver la patrie. Leur bureau n'est point monté, ils ne savent rien, ils ignorent la situation de nos magasins, de nos armées, ils ignorent nos ressources et ne marchent qu'à tâtons et menés par le premier qui s'empare d'eux. Ils sont douze ou quatorze ; trois, bien intègres et aimant le travail et l'ordre, suffiraient et les choses iraient bien mieux et ne seraient point entravées. Pour moi, je déteste Duhem, je crains Carnault (*sic*) depuis qu'il est avec son frère Feulints (*sic*) et je gémis de voir le sort de la République, des armées par conséquent, confié à des mains aussi inhabiles que celles de Duquesnoy et Bollet, tous deux braves citoyens et excellents pour voter dans la Convention, et d'autres de la même trempe (H. Wallon, *Les Représentants du peuple en mission*, t. IV, p. 136-137).

4. Archives de la Guerre, doss. Landrieux : *Mémoire justificatif*.

fatale pensée de proposer le poste de deuxième chef d'escadron à un aide de camp du général Durre, capitaine au 12ᵉ chasseurs depuis le 14 avril, pour qui il s'était pris d'admiration. Ayant facilement obtenu l'adhésion de Murat à ses projets, il écrivait triomphalement à Taillefer :

« C'était une chose presque arrangée, mon ami, entre Murat et moi que je vous le donnerai pour camarade. J'écris au général Durre pour le lui demander. S'il l'accorde, vous ferez usage de l'ordre ci-joint. Je le désire de tout mon cœur ; je l'ai connu à fond à Arras et vous verrez combien je suis observateur : je crois qu'il est aussi patriote que moi (1). »

Le 8 mai, le général avait évidemment donné son approbation et Landrieux écrivait à Murat :

« Je vous préviens, citoyen, qu'en vertu de l'ordre du ministre dont je suis porteur et de l'invitation du général Dampierre, vous avez été nommé provisoirement à la place de deuxième chef d'escadron du régiment que je commande. Vous voudrez bien en conséquence prévenir de cette disposition le général auquel vous êtes attaché, afin qu'il vous rende à votre poste le plus tôt possible ; vous me ferez passer sa décision (2). »

Les hussards-braconniers allaient subir encore une nouvelle transformation. Le 6 mars 1793, la Convention nationale avait décrété la création de deux nouveaux régiments de cavalerie légère, qui devaient être assimilés aux autres corps de chasseurs et prendre rang parmi eux sous les numéros 21 et 22. L'état major et les officiers de chacun de ces régiments devraient être nommés par le Conseil exécutif sur la présentation du général en chef (3). Le 3 juin, un arrêté du Comité de Salut public autorisait le ministre à

---

1. Archives de la Guerre, doss. Landrieux : *Pièces à l'appui de la dénonciation de Murat.*

2. *Idem.* Doss. Murat.

3. *Moniteur*, t. XV, p. 643. Le décret est adopté sur la proposition de Doulcet.

« L'un de ces régiments, dit l'article II, sera levé dans les départements du Morbihan, Côtes-du-Nord, Finistère, Ille-et-Vilaine et Loire-Inférieure, l'autre sera levé dans les départements de la Manche, de l'Orne, de l'Eure, du Calvados et de la Seine-Inférieure.

former des corps francs de cavalerie des régiments de chasseurs à cheval (1). Le 10, Xavier Audouin, au nom du ministre, avisait Landrieux qu'il était nommé chef de brigade du 21e chasseurs en garnison à Hesdin (2). Les hussards-braconniers ne devaient pas tarder à être versés dans ce régiment, car le 22e chasseurs, créé par la même loi du 6 mars 1793, prenait, vers la même date, par ordre du ministre de la Guerre Bouchotte, le numéro 16 (3).

Le 12 juin, les hussards-braconniers comportaient 9 compagnies composées de 741 hommes et 19 officiers (4). Il n'y avait pour cet effectif que 349 chevaux, dont environ 180 provenaient du département du Pas-de-Calais (5). Les autres, les survivants de la campagne de Belgique, revenaient du camp de Cassel. Les députés de la Convention en mission aux armées du Nord avaient autorisé un marché de 400 chevaux, mais les animaux n'étaient pas encore rassemblés dans les quartiers du régiment qui avait, à cette date du 12 juin, outre le dépôt d'Hesdin, des détachements à Boulogne, Gravelines, Auxi-le-Château et Saint-Josse près Montreuil (6).

Le département avait autorisé le régiment à passer à son compte les marchés nécessaires pour l'équipement et l'ar-

---

1. Archives de la Guerre, doss. du 21e chasseurs.

2. Mss. B, folio 110. *Lettre d'avis de Xavier Audouin.*

3. Commandant Chevillotte, *Historique du 16e chasseurs*, manuscrit des Archives de la Guerre.

4. Archives de la Guerre, doss. du 16e chasseurs. *Revue d'Hesdin*, pièce citée. Parmi les officiers figurent Chambry, Chauveton, Perrimond Dosset, puis Murat et cinq autres sortant comme lui du 12e chasseurs à cheval, que l'on retrouvera mêlés aux intrigues de l'an II. Les soldats fournissent les noms aristocratiques suivants : de Lanchy, de la Porte, d'Héry, de Goulange, du Forestelle, de Lambelle, Barthélemy de la Marre, de Croix, de Launay, de Zorry, de Sailly, d'Assonville, Vincent d'Ailly, de la Haye. Il y a aussi les pseudonymes : Bellerose, Mangetout, La Verdure, Gros de Cœur, Le Peuple, l'Ecrulant, du Fumier (!) Vide-Bien, Sauvetout, La Fiole, La Bouteille, La Liberté, Le Pain.

5. Douze sortaient des écuries du duc de Charost-Béthune, où le département les avait fait saisir en vertu de la loi relative aux chevaux de luxe (Archives de la Guerre, *Revue d'Hesdin*). Il en sera question dans les dénonciations de Murat.

6. Archives de la Guerre, doss. du 16e chasseurs.

mement et en avait promis le règlement. Il existait au corps
342 sabres, 52 paires de pistolets, 12 mousquetons. Le département avait en outre autorisé les hussards, le 2 mai,
à prendre 200 lames de sabre existant dans les arsenaux
de Saint-Omer, ainsi que les pistolets et carabines qui seraient trouvés dans l'étendue de son ressort (¹).

Du 1er au 7 juin, le régiment avait eu les trois revues de
rigueur : la première passée par le général de brigade de
Lille, inspecteur des dépôts de cavalerie, nommé *ad hoc*
par le général en chef ; la deuxième, par le citoyen Jean
Garnisson, envoyé à cet effet par les représentants en mission Carnot et Duquesnoy ; la troisième, par le général de
brigade Durre, commandant la 12e division de l'armée. Ce
dernier avait été extrêmement favorable. « Je ne peux, disait
son attestation, que rendre un compte satisfaisant au
ministre de la Guerre du zèle que j'ai trouvé dans le 16e régiment de chasseurs, autant pour l'instruction que pour hâter
l'organisation de ce corps, de l'ordre et de la discipline (²). »
Il n'y avait en effet que 2 hommes aux prisons de Douai et
42 malades aux hôpitaux ; mais les menées de Soibinet et
de Lenglantier, les mauvaises notes de Chalbos, auxquelles
le peu d'ardeur de Landrieux à rendre ses comptes, malgré
ses promesses réitérées, semblait prêter une apparence de
sincérité, allaient compliquer, de la liquidation du passé, la
préparation de l'avenir.

Sur les plaintes de Landrieux, lors de ses querelles avec
Chalbos, le ministre avait ordonné un nouvel examen
des chevaux et le général Durre en chargea l'adjudant-général Chazaud-Dutheil, dont l'inimitié pour le chef de brigade
des hussards-braconniers ne lui était certainement pas
connue. Néanmoins, malgré ses rancunes légitimes, ce nouvel estimateur, l'ex-noble dénoncé l'année précédente à la
vindicte publique, (³) arriva à des résultats sensiblement

1. Archives de la Guerre, dossier Landrieux.
2. Archives de la Guerre, dossier du 16e chasseurs : *Note du général Durre, datée de Montreuil, 15 juin 1703.*
3. Né à Saint-Maurice des Lions, près Confolens, frère du con-
ventionnel, Chazaud n'avait dans les veines que du sang plébéien,
mais, ancien gendarme (1785), devenu capitaine de fusiliers dans la
légion des volontaires de Luxembourg (1782), il avait bien pu scinder
son nom et prendre la particule.

différents de ceux qu'avait produits l'estimation de Chalbos. Il travailla avec Landrieux à la reddition de ses comptes qui, si l'on admettait le bon emploi des 374,600 livres à lui versées antérieurement au 30 janvier 1793, ne roulaient que sur les 25,000 livres qu'il avait touchées à titre d'aval et les sommes par lui déboursées en avances et dont il réclamerait le remboursement. Enfin, Landrieux put envoyer ses pièces aux bureaux de la Guerre et en même temps il donna à son beau-frère Truet procuration pour rendre son compte. On refusa, parce qu'il manquait quelques pièces justificatives et que beaucoup de celles qu'il avait fournies n'étaient que des copies faites par lui et non visées, par conséquent dénuées d'autorité. Il envoya les pièces réclamées et l'on ne parla plus de rien jusqu'en l'an II [1].

Le 31 juillet, l'adjudant-général Chazaud-Dutheil partait avec un congé régulier pour Chartres, où, cinq semaines après, il apprenait sa destitution en lisant *le Courrier de la Convention* et *l'Auditeur national* [2].

Landrieux, dont le crédit auprès du représentant André Dumont était devenu considérable, pendant cette période, par suite des services qu'il lui rendait quotidiennement, avait trouvé une occasion favorable de se venger des tracasseries de Chazaud. S'étant procuré « la preuve matérielle d'un des mensonges » de cet adjudant-général, il agit sur Dumont et enleva l'ordre de son remplacement [3]. Cette mesure satisfaisait tout le monde, c'est-à-dire Landrieux, Taillefer et Dumont. Le représentant trouvait dans cette occasion le moyen de donner une nouvelle preuve de son « maratisme », que Le Bon pouvait bien avoir intérêt à calomnier à Paris. Landrieux, du même coup, se débarrassait d'un contrôleur mal disposé à son égard et casait son lieutenant-colonel

1. Archives de la Guerre, doss. Landrieux : *Mémoire justificatif*.
2. Archives de la Guerre, doss. Chazaud-Dutheil : *Lettre de l'adjudant-général Chazaud-Dutheil*. Chartres, chez Fr. Labatte, libraire-imprimeur de l'évêché et du département d'Eure-et-Loir. — *L'Auditeur national*, du 8 septembre, analysant la séance du 7, où fut lue une lettre de Dumont faisant part de la destitution de Chazaud-Dutheil, dit : « Les représentants annoncent qu'ils ont nommé adjudant-général le patriote Taillefer à la place d'un ci-devant qui se faisait complaisamment appeler Monsieur le Chevalier. » (p. 3).
3. Archives de la Guerre, doss. Landrieux : *Mémoire justificatif*.

Taillefer, qu'il supportait difficilement au régiment depuis la déplorable défection des compagnies que celui-ci avait commandées à Saint-Amant.

Trois fois Taillefer avait offert sa démission, après des observations de Landrieux, notamment à Hesdin, le 21 juillet, après la revue passée par le général Durre, revue qui permit de constater la présence au corps de 761 cavaliers et 46 officiers [1]. Cette démission n'était pas légalement admissible et Landrieux, à son grand regret, ne put l'accepter sur l'ordre du général Durre. Restait l'avancement, moyen pratique que l'on emploie toujours très fréquemment. Le 31 août, Taillefer faisait enregistrer par la municipalité d'Abbeville la commission provisoire d'adjudant-général que son ami et protecteur Dumont avait signée la veille en sa faveur [2].

« Nous, André Dumont, Représentant du Peuple dans le département de la Somme, sur le compte qui nous a été rendu de l'étendue de la 12e division de l'armée du Nord composée des districts d'Amiens, Abbeville et Montreuil, laquelle comprend en outre toute la partie des côtes depuis la rivière de Canche jusqu'à celle de Bresle : considérant que cette division se trouve en ce moment dépourvue d'une partie des officiers de son état major et particulièrement de Chazaud, se disant Dutheil, son adjudant-général qui se trouve absent depuis quelque temps ; considérant que le

---

1. Archives de la Guerre, doss. du 21e chasseurs : *Contrôle nominatif de la revue passée par le général Durre*. Voici la lettre de démission de Taillefer :

Hesdin, ce 21 juillet 1793.

« Citoyen chef de brigade,
« L'offre, trois fois réitérée, que vous m'avez faite de vous donner ma démission de la place de chef d'escadron ne me permet pas de balancer. En conséquence, je vous prie de la recevoir. Je suis prêt de rendre compte de l'administration du régiment que vous m'avez confié, tant pour la partie de la comptabilité, que pour celle de la discipline et police.

« Votre subordonné,
« TAILLEFER. »

Landrieux affirme que jamais Taillefer ne put rendre ses comptes.

2. Prarond, *Annales modernes d'A beville*.

citoyen Chazaud est accusé d'incivisme et en a donné les preuves en fréquentant des personnes suspectes dont plusieurs sont en ce moment en état d'arrestation en la citadelle de Doullens ; considérant que le bien du service, la surveillance essentielle de cette division et la défense militaire de la côte, exigent que cette place soit remplie sans interruption, nous avons cru devoir y nommer provisoirement le citoyen Jean-Baptiste Taillefer, lieutenant-colonel au 21ᵉ chasseurs à cheval, dont le patriotisme nous est connu, et qui par ses connaissances militaires, a été employé avec succès par les conseils de guerre qui ont été tenus dans les places de cet arrondissement et a contribué par ses lumières à procurer toutes les connaissances et mesures nécessaires pour la défense de la Somme et de la côte : en conséquence nous lui avons délivré le présent pour lui servir et valoir de commission provisoire d'adjudant-général lieutenant-colonel, nous réservant d'en rendre compte au ministre de la Guerre pour faire approuver cette nomination (1). »

Le 1ᵉʳ septembre, André Dumont soumettait en conséquence cette commission provisoire à l'approbation du ministre Bouchotte :

« Vous trouverez ci-jointe, citoyen ministre, la copie d'une commission provisoire que j'ai cru, en attendant votre approbation, devoir donner au citoyen Taillefer. Ses connaissances, son patriotisme et l'indispensable nécessité de pourvoir au remplacement provisoire d'un ci-devant chevalier qui n'a la confiance d'aucun patriote, quoique avant-hier il ait escamoté de la municipalité d'Abbeville (qui m'a déclaré ne pas le connaître) un certificat de civisme. S'il vous en restait un doute, je m'offre de vous envoyer le contre-poison de ce certificat et de le faire signer par les premiers signataires. Ce département, dont l'esprit a été gangrené jusqu'à ce jour, qui renferme encore moitié d'aristocrates et dans lequel le département du Nord vient de vomir dix mille ci-devant et personnes suspectes, a un besoin urgent d'un patriote prononcé, et Taillefer, cette ferme colonne des sociétés populaires, m'a paru bien propre à remplir les fonctions que le sieur Dutheil remplissait si mal auprès des sans-culottes. Veuillez me répondre » (2).

1. Archives de la Guerre, doss. Chazaud-Dutheil.
2. *Idem.*

Chazaud-Dutheil, qui logeait rue des Côtes à Chartres, protesta par l'envoi au ministre de la Guerre d'une lettre imprimée, en date du 15 septembre, et dans laquelle il répondait à toutes les accusations qui s'étaient groupées autour des causes premières de sa disgrâce. Il déclarait, en réponse aux accusations du *Courrier de la Convention* et de *l'Auditeur national*, qu'il était absolument faux qu'il eut pris la fuite, attendu qu'il avait quitté Abbeville en vertu d'un congé en bonne et due forme. Né de parents plébéiens, honorés depuis plus de cent cinquante ans par le choix de leurs concitoyens, il ne pouvait être ce ci-devant qui « se faisait toujours complaisamment qualifier de M. le Chevalier » ainsi que le contaient les gazettes. Il parlait de ses services, il faisait valoir ses réquisitions à Amiens, sa conduite dans l'affaire de la descente des cloches : « sacrifice qui ne s'est pas opéré sans peine », la fabrication de 60,000 cartouches au moins, le zèle qu'il avait déployé pour la destruction des emblèmes et armoiries, l'intelligent dévouement à la chose publique qui l'avait fait s'opposer à « des travaux coûteux et inutiles à la porte de la Hautoye »[1].

Les protestations de Chazaud n'empêchèrent pas la plainte d'André Dumont de suivre son cours. On apposa les scellés sur ses papiers et le président et le vice-président du Comité de surveillance du département d'Eure-et-Loir, furent délégués pour procéder à leur examen le 20 novembre 1793, « en présence de son et de sa propriétaires. » Bien que ces citoyens eussent déclaré dans le procès-verbal n'y avoir non seulement rien trouvé de suspect, mais, au contraire des preuves nombreuses de ses sentiments républicains[2], malgré les démarches des sociétés populaires de la Somme auxquelles il était affilié, l'intervention de représentants du peuple qui témoignèrent de son civisme, Chazaud-Dutheil ne fut réemployé qu'en août 1794, en qualité d'adjudant-général commandant amovible d'Ardres [3]. Quant à son

1. Archives de la Guerre, doss. Chazaud-Dutheil : *Lettre imprimée* déjà citée.
2. *Idem.*
3. Archives de la Guerre, doss. Chazaud-Dutheil. En brumaire an IV, Chazaud fut fait général de brigade, mais le 25 pluviôse an V, on le réforma avec traitement. Sur ses réclamations, il devint tour à tour membre du Directoire de l'hospice militaire de

successeur Taillefer « l'idole des sociétés populaires » il se lança dans des intrigues politiques qui tournèrent mal pour lui. Joseph Lebon, en effet, fit de lui son inséparable compagnon « de fêtes et de beuveries ». Peut-être Taillefer contribua-t-il à boire les 2,500 bouteilles achetées des deniers de la Nation et bues en un mois et demi par les amis de Lebon durant son séjour à Cambrai, sans détriment du vin vieux de l'émigré Sentenay (¹).

André Dumont, après son rappel, en reçut une lettre empreinte du plus chaud dévouement.

« J'ai appris avec la plus vive douleur que nous te perdions ; déjà cette nouvelle a glacé l'âme de tous tes amis. Les pauvres te regrettent et sentent la perte qu'ils font. Digne représentant, l'ami du peuple, le père des pauvres, tes actions d'humanité te font regretter de tout le monde, et chaque particulier, ennuyé de ne plus te voir, me demande à chaque instant : « Quand l'intègre Dumont arrivera-t-il ? » Juges combien je dois souffrir d'être obligé de répondre que tu ne reviens plus au milieu d'eux ! La douleur m'accable. Rien de nouveau dans cette commune (Amiens), la tranquillité y règne toujours, mais je crains bien que l'esprit philanthropique que tu y avais propagé ne se perde. (²). »

A la chute de Robespierre, il fut un des premiers à féliciter Dumont : « Les scélérats allaient d'un train à ne pas ménager les amis de la République (³). » Dumont continua à le protéger en maintes circonstances ; il n'oubliait pas que Taillefer avait toujours été l'ennemi des séditieux qui prêchaient la révolte dans les sociétés populaires d'Amiens et, à la séance du 17 germinal an III (6 avril 1795), il le

Bruxelles, inspecteur des hôpitaux militaires à Lille, puis à Leyde, où il mourut le 22 juillet 1812.

1. Paris, *Histoire de Joseph Lebon*. — Guffroy, qui fournit ces renseignements sur la soif de Lebon, note encore que pour cette période, sa table coûta 61,193 livres. (*Les Secrets de Joseph Lebon et de ses complices*, p. 221, 222 et 223.)

2. André Dumont, *Compte rendu à ses commettants*, p. 237 et 238.

3. André Dumont, *Compte rendu à ses commettants*, p. 284. La lettre de Taillefer est du 15 thermidor an II, au moment où il venait de voir dans son journal la nomination de Dumont au Comité de Salut public.

félicitait de s'être brouillé avec le représentant du peuple, son frère et d'avoir déclaré à celui-ci que s'il ne changeait pas d'opinion, il le dénoncerait lui-même [1]. C'était au lendemain d'une émeute à Amiens que Taillefer avait montré la plus grande mollesse à réprimer. Pendant les troubles l'adjudant-général n'était en effet pas sortit de chez lui [2]. Dumont, qui l'avait d'abord soutenu à la tribune contre les dénonciations de François de l'Oise, un des représentants qui avaient pris en main la cause de Chazaud-Dutheil, vint le lendemain reconnaître qu'il avait été abusé par de faux renseignements et que Taillefer devait « non seulement être destitué, mais déclaré incapable de servir désormais la République [3]. »

Taillefer tint rancune à Dumont qui écrit dans son *Compte rendu*, que la malveillance prêtait à cet adjudant-général des propos qu'il serait difficile de concilier avec ses lettres [4]. « Comme je ne veux jamais être injuste, continue-t-il, parce qu'on aurait pu me faire des menaces que je ne crains pas, je dois dire que le citoyen Taillefer m'a constamment montré beaucoup de zèle à remplir ses devoirs [5]. »

Landrieux, qui était alors un solliciteur ballotté de commission en commission, n'apprit peut-être point la disgrâce de son ancien lieutenant-colonel. Taillefer l'avait d'ailleurs renié avec une merveilleuse désinvolture aux heures difficiles de l'an II, quand son témoignage pouvait apporter un utile concours au chef de brigade destitué et incarcéré sous des prétextes dont, mieux que personne, lui, Taillefer, devait connaître l'inanité. Landrieux ne rappela-t-il pas maintes fois que, s'absentant pour le recrutement et la remonte, il n'avait pu gérer les fonds du régiment; etque c'était Taillefer qui devait surveiller la comptabilité. « Je me plaignais, disait-il, du peu d'ordre dans la comptabilité. On voit (par sa lettre du 21 juillet) qu'il offre de me rendre compte; il ne put jamais en venir à bout et se tira de là en se faisant nommer adjudant-général. Je partis pour l'armée et ce n'est

---

1. *Moniteur*, t. XXIV, p. 156. Discours d'André Dumont.
2. *Idem*, t. XXIV, p. 155. Discours de François.
3. *Idem*, t. XXIV. Séance du 18 germinal. — Archives de la Guerre, doss. Chazaud-Dutheil.
4. André Dumont, *Compte rendu à ses commettants*, p. 237.
5. *Idem*, p. 239.

qu'à cette époque que je m'aperçus qu'il n'y avait pas de registre de délibérations au corps, j'y en mis un, en punissant Taillefer. C'est pour cela qu'il voulut se retirer. Je ne présente cette lettre que pour faire voir que j'avais agi conformément aux règlements en ordonnant à Taillefer, chef d'escadron, de suivre la comptabilité pendant mes absences pour le recrutement et l'équipement du corps; d'un autre côté par les pièces justificatives que j'ai présentées pour ma réintégration, que le corps entier reconnaît que j'étais forcé à ces absences et que les quartiers-maitres, les chefs d'escadron et le conseil d'administration géraient seuls la comptabilité. Ces agents responsables ont eux-mêmes signé cette pièce. Il est donc on ne peut plus matériel que je n'ai pas géré. J'ai bien d'autres preuves de ce genre, si elles sont utiles je les enverrais (¹) ».

1. Archives de la Guerre, doss. Landrieux : *Note autographe sur l'original de Taillefer*. A l'appui des dires de Landrieux, voir le *certificat* du général Durre (Mss B., folio 120) et celui du conseil d'administration du 21ᵉ chasseurs (Archives de la Guerre, doss. Landrieux).

III

A la fin de juillet, Landrieux eut, comme on l'a dit, l'occasion de rendre d'importants services au représentant du peuple André Dumont (¹).

Le 23, les corps constitués de la ville d'Amiens avaient fait appel à l'intervention des Comités de Salut public et de Sûreté générale qu'ils suppliaient de porter remède aux maux prêts à éclater sur leur cité(²). Depuis plusieurs jours, le Marché aux Herbes était le théâtre de scènes violentes, que causaient à la fois le manque de pain et les provocations d'un régiment de cavalerie de la garnison, universellement exécré dans le pays depuis qu'il avait conduit Louis XVI à l'échafaud (³). Sous la pression de mille ou

1. André Dumont, fils d'un conseiller du roi, juge royal et savant, jurisconsulte, était né à Oisemont (Somme), le 24 mai 1754. Envoyé en 1793 en mission dans son département, il y déploya un zèle verbal extraordinaire. Rappelé par suite des intrigues des amis de Robespierre, il jura une guerre à mort aux *buveurs de sang* expliqua sa conduite durant sa mission dès frimaire an III, puis en l'an V, dans son *Compte rendu*. Il ne mourut qu'en 1836 à Abbeville : il avait été sous-préfet pendant l'Empire. On peut consulter pour lui, comme pour les autres Représentants du Peuple, le *Dictionnaire des Parlementaires* par Robert et Bourloton, en ayant soin de contrôler les dates et les citations, surtout dans les deux premiers volumes. Le reste de cet important ouvrage est de beaucoup supérieur à la première partie.

2. André Dumont, *Compte rendu à ses commettants*, in-8°, an V, (p. 6). Ouvrage peu connu et très curieux, qui suscita, lors de sa publication, toute une série de brochures aujourd'hui rarissimes dont la *Bibliographie picarde* a conservé les titres d'après des exemplaires le plus souvent uniques.

3. C'étaient les hussards de la Liberté ou de l'Echelle, créés le 2 septembre 1792 par l'Assemblée législative. Après le 21 janvier, ils prirent le nom de hussards de la Mort.

douze cents femmes ameutées, les municipaux avaient édicté une taxe sur les denrées de première nécessité dans l'espoir, d'ailleurs aussitôt déçu, d'éviter ainsi le pillage.

Les Comités, à ses nouvelles, discutèrent un arrêté déclarant Amiens en état de rébellion ; puis, ramenés à des sentiments moins sévères, décidèrent l'envoi de deux commissaires dans cette ville. Chabot et Dumont furent désignés (¹).

Ils arrivèrent à Amiens, le 26 juillet, accompagnés d'une escorte de cavalerie que commandait le chef de brigade du 21e chasseurs. C'était la première mission de ce genre qui incombait à Landrieux. Il ne s'en appliqua que mieux à étudier et à servir avec zèle les représentants du peuple. L'ex-capucin Chabot était un petit homme assez robuste, d'une figure sinistre. Il portait, ce jour-là, un pantalon et une veste de nankin, dont il avait eu soin de déchirer les manches, pour rendre son costume plus conforme à celui de ses frères les sans-culottes. Un énorme bonnet rouge couvrait ses cheveux plats. Quand il paraissait en public c'était sans cravate, les jambes nues et la chemise déboutonnée laissant voir sa poitrine. La mise de Dumont était plus soignée (²). Son caractère plus froid différait singulièrement de l'exaltation de son collègue. « Ma principale occupation, dira-t-il plus tard, était de calmer le caractère vif et bouillant de Chabot, qui agissait presque toujours seul(³). »

A peine descendus de voiture, les représentants convoquèrent une assemblée générale des citoyens à la cathédrale transformée en temple de la Raison. Devant une foule nombreuse de curieux attirés par la nouveauté du spectacle, Chabot monta en chaire, tenant à la main un pot de faïence bleu rempli de vin, dont il arrosait fréquemment sa révolutionnaire éloquence. Au lieu de remontrer aux auteurs des attroupements combien leurs violences étaient illégales et opposées aux vrais intérêts du peuple, il affecta de blâmer la conduite de l'administration et de la rendre suspecte. Il promit l'abondance des subsistances et une baisse de plus de moitié sur le prix de toutes les denrées avant huit jours, en attendant la loi agraire qui assurerait à jamais ces beaux

1. André Dumont, *Compte rendu à ses commettants*, p. 7 et 8.
2. H. Dusevel, *Histoire de la ville d'Amiens*, p. 246 et 247.
3. André Dumont, *Compte rendu à ses commettants*, p. 9 et 10.

résultats, en faisant disparaître tout le faste des riches qui insultaient à la simplicité républicaine. Chabot annonça ensuite des visites domiciliaires pour le lendemain ; il menaça de faire incarcérer ceux qui seraient rencontrés dans les rues après neuf heures du soir, et de traduire au tribunal révolutionnaire les individus qui ne feraient pas une déclaration exacte de la quantité de grains qu'ils avaient dans leurs maisons. Il menaça également d'une paire de pistolets qu'il portait à la ceinture, les scélérats qui oseraient méconnaitre en lui la représentation nationale (¹).

Le peuple écouta d'abord assez froidement sa harangue extravagante, puis des projectiles de toute espèce coupèrent court à la faconde de Chabot (²). Il eut alors recours à un moyen assez bizarre, renouvelé du faubourg Saint-Antoine, que ses harangues soulevaient jadis : il proposa aux assistants de le suivre à la Hautoye pour y danser *la Carmagnole*. Sept ou huit cent individus de la lie du peuple s'y rendirent. Quelques ivrognes dansèrent avec des femmes publiques, tandis que le député se promenait seul dans une des allées latérales de la Hautoye.

Le lendemain, 27 juillet, Dumont détermina Chabot à écrire aux Comités que tout était rentré dans l'ordre et que la tranquillité régnait à Amiens, mais sitôt le départ du courrier qui emportait cette lettre, un malentendu fit ordonner de fermer les portes de la ville (³). Cette fermeture répandit la terreur dans les campagnes et éloigna le peu de marchands qui venaient approvisionner les marchés. Les visites domiciliaires, ordonnées par Chabot chez les boulangers et dans quelques maisons, pratiquées, tant par les hussards de la Mort que par les chasseurs de Landrieux, pour s'assurer qu'il n'y avait pas de subsistances cachées, mirent le comble à la fermentation populaire (⁴), d'autant que depuis deux jours toute la garde nationale était sous les armes.

Dans l'après-midi, le club des Jacobins tint sa séance. Sous la pression de quelques exaltés, les représentants

1. H. Dusevel, *Histoire de la ville d'Amiens.* — Goze, *Histoire des rues d'Amiens.*
2. Goze, *Histoire des rues d'Amiens.*
3. André Dumont, *Compte rendu à ses commettants.*
4. Goze, *Histoire des rues d'Amiens.*

enjoignirent à la Commune et au District de faire déposer
dans la salle où la Société populaire tenait ordinairement
ses délibérations, les fusils, piques et sabres dont ils pouvaient disposer. Ne convenait-il pas d'armer les braves
sans-culottes qui, contre le vœu de la loi, étaient encore sans
armes. Le chef du troisième bataillon, Lefebvre-Alavoine,
s'écria vivement : « Comment ! des armes à de la canaille
comme vous, quand il y a tant d'honnêtes gens dans mon
bataillon à qui je ne puis en donner ! (¹) » Ce propos fut
aussitôt dénoncé à la tribune de la Société populaire et sur
la foi de cette délation, Chabot ordonna à Lefebvre de com-
paraître en séance des Jacobins, pour répondre à l'accusation portée contre lui. Des hussards de la Mort furent
chargés de l'amener, mais le commandant Lefebvre était
à la tête de son bataillon et les gardes nationaux obser-
vaient justement que si leur chef avait commis quelque
faute, c'était devant les autorités constituées qu'il devait
être traduit, et non devant la Société populaire qui n'était
ni une juridiction, ni une autorité. Le troisième bataillon
groupé sur le Marché aux Herbes contre la Poissonnerie
jura même de mourir plutôt que de laisser incarcérer son
chef. Chabot et son collègue persistèrent dans leur résolution. La garde nationale tout entière, à cette nouvelle, sans
convocation et comme instinctivement, se porta, au pas de
charge, sur la grande place. Chabot y pérorait, selon sa
coutume, monté sur un cheval blanc qu'il gouvernait avec
peine. Quelques chasseurs et leur colonel étaient seuls auprès
de lui. En un instant, 4,000 hommes les enfermèrent dans
une espèce de bataillon carré et les canoniers avec leurs
pièces chargées occupèrent le milieu de la place. De toutes
les rues qui aboutissent sur cette vaste place, les membres
de la Société populaire cherchaient à déborder pour rompre
les lignes de la garde nationale et soutenir le bataillon des
sans-culottes, mais l'énergie des gardes nationaux repoussa
même une charge que les hussards de l'Echelle tentèrent par
la rue des Vergeaux. Pâle, « hors de sens et presque hors de
selle », l'ex-capucin Chabot s'efforçait vainement de reprendre
contenance. Son cheval, effrayé par ses cris, tantôt reculait
tantôt s'élançait, de toute part ramené par la pointe des

1. Gozo, *Histoire des rues d'Amiens.*

baïonnettes. Landrieux jugea opportun de faire appeler André Dumont qui arriva fort à propos au secours de Chabot au moment où une première balle sifflait aux oreilles du représentant (¹).

« J'appris, dit André Dumont, que le mandat d'amener avait donné lieu à cette scène affligeante, et qu'on en avait accompagné la nouvelle de mille mensonges, pour faire croire que le citoyen contre lequel il était décerné allait périr. On ajoutait que c'était porter le coup de la mort à sa femme qui était prête d'accoucher. En courant rejoindre Chabot, je rassurais tous ceux qui m'environnaient ; je disais aux bons citoyens qui me pressaient et que ma femme effrayée avait suivis. « Veuillez calmer les esprits, et me faire pénétrer au milieu de la force armée; conduisez ma femme près de celle du militaire contre lequel est lancé le mandat d'amener ; elle ne la quittera que lorsque son mari lui sera rendu : mais qu'il obéisse au mandat et je réponds de lui. » A peine avais-je fini, que mes paroles s'étaient déjà répétées dans les rangs : aussitôt ils s'ouvrent, je pénètre ; et les personnes auxquelles j'avais parlé se répandent sur la place. Je m'adresse aux citoyens armés ; je les engage à la tranquillité, à la soumission aux lois ; et, c'est ici un hommage que je dois rendre à la municipalité, au district, aux officiers de la garde nationale, et au citoyen Morgand en particulier (²) ; ils m'ont vivement secondé. En un instant (ma femme était auprès de celle de l'officier), les chants succédèrent à la fureur et les bons Amiénois redevinrent ce qu'ils sont et avaient toujours été, tranquilles et soumis aux lois (³). »

Chabot, ainsi délivré, put alors se retirer, tandis que le bataillon de Lefebvre-Alavoine, resté sous les armes au milieu de la place, voyait tous les autres défiler devant lui en acclamant son chef. Le soir, aux termes de l'accord conclu entre Dumont et la garde nationale, Lefebvre comparut aux Jacobins. Il en fut quitte pour une forte réprimande de

1. Dusevel, *Histoire de la ville d'Amiens*. — Goze, *Histoire des rues d'Amiens*.

2. C'est ce Morgand qui, après avoir défendu le duc de Béthune-Charost, épousa sa fille. Chabot voulait, le lendemain, lui faire sauter la cervelle.

3. André Dumont, *Compte rendu à ses concitoyens*.

Chabot à qui imposait cependant l'escorte que faisait au commandant l'élite de ses grenadiers (¹). Notre capucin prit sa revanche le lendemain à la cathédrale où il put à son aise renouveler ses diatribes contre la garde nationale amiénoise, puis à l'hôtel de ville où il se répandit en divagations affolées. Il prétendait avoir été couché en joue par plus de cinquante grenadiers, parlait de guillotine et de têtes portées au bout d'une pique, seuls châtiments proportionnés au crime des coupables. Le conflit faillit renaître entre cet énergumène et un officier de la garde nationale, Poullain-Cotte, qui s'éleva contre l'expression de *complot de scélérats* qu'employait le représentant du peuple. Chabot répliqua aigrement que lui-même, Poullain, était un scélérat (²). Le scandale fut au comble. Le général Durre parvint cependant à modérer la fougue de Chabot et, même la peur aidant, car les canons étaient braqués, à le réconcilier avec ceux qu'il vouait à la mort peu d'instants avant. Landrieux eut fort à faire pour sauvegarder la vie de Dumont, qui avait eu la malencontreuse idée de proposer l'arrestation immédiate de Poullain et que les Amiénois voulaient précipiter par les fenêtres (³). Le colonel du 21ᵉ décida le représentant à renoncer à ses exigences. Durre, qui était fort aimé à Amiens comme à Abbeville, fit le reste (⁴). On s'embrassa fraternellement et la réconciliation fut complète.

Tout reconnaissant qu'il fut de leur présence d'esprit et de leur dévouement, au chef de brigade Landrieux et au général Durre, Dumont ne dissimula point sa satisfaction en voyant, le 30 juillet, Chabot prétexter que sa présence à Paris était nécessaire à la discussion d'une mesure financière dont il était l'instigateur : la démonétisation des assignats à face royale (⁵). Avant de partir, le capucin défroqué

---

1. Goze, *Histoire des rues d'Amiens.*
2. Goze, *Histoire des rues d'Amiens.* — Dusevel, *Histoire d'Amiens.*
3. Goze, *Histoire des rues d'Amiens.* — Archives de la Guerre, *État abrégé des services de Landrieux.* Cette pièce qui fait surtout allusion aux événements du 27 juillet, renvoie comme preuves à la correspondance de Dumont avec le Comité de Salut public.
4. Piarond, *Annales modernes d'Abbeville.* — Goze, *Histoire des rues d'Amiens.*
5. Dumont. *Compte rendu à ses commettants,* p. 10.

avait eu le loisir de se voir pendre en effigie à la porte de son auberge. Les Amiénois prophétisaient vrai. Chabot était réservé non à la potence, mais à l'échafaud sur lequel il porta sa tête, à la suite d'une accusation où sa réputation de probité se trouvait gravement compromise. On accusait, en effet, Chabot d'avoir trafiqué de son influence en supprimant et falsifiant un décret concernant la Compagnie des Indes dans un but intéressé (¹).

Les services que Landrieux avaient rendus aux représentants et aux Amiénois pendant ces journées d'angoisses, le recommandaient tout spécialement à l'attention de Dumont que le départ de Chabot laissait, sans qu'il s'en plaignît beaucoup, seul chargé de la terrible responsabilité de l'approvisionnement d'une grande commune dénuée de ressources et privée de subsistances (²). Dumont l'attacha donc spécialement à sa personne. Lorsque ce représentant fit le 31 juillet son entrée solennelle à Abbeville, où il rejoignait le célèbre Joseph Lebon, il était accompagné du général Durre, de Landrieux et du colonel des hussards de la Mort. Dumont chargea Landrieux de l'organisation des cohortes volantes qui, tapageusement, rassuraient les sans-culottes sur le civisme du maratiste Dumont.

La mission de ce représentant dans la Somme, a écrit Lacretelle (⁴), est une sorte de phénomène historique. Personne ne parla avec plus de dureté que lui le langage révolutionnaire. On lui demandait du sang et il servait de l'encre (⁵). Il fit de continuelles arrestations, ajoutant aux

1. Dusevel, *Histoire d'Amiens*, p. 249. — Goze, *Histoire des rues d'Amiens*, p. 119. La pleine lumière n'a pas été faite sur le procès de Chabot. La Biographie Michaud estime que cette étude est sans intérêt. M. Émile Campardon, qui n'étant pas du même avis est remonté aux sources, fournit quelques renseignements. (*Le Tribunal révolutionnaire de Paris*, I, p. 248-285). Aux archives nationales, le dossier est dans le cartou W. 342, doss. 648.

2. André Dumont, *Compte rendu à ses commettants*, p. 10.

3. Prarond, *Annales modernes d'Abbeville*.

4. Lacretelle, *Précis historique sur la Révolution française*, édition de 1810, II, p. 233.

5. D'Hautefeuille, *Histoire de Boulogne*, p. 99. L'auteur invoque comme Lacretelle, le témoignage d'un de ses concitoyens, qui lui disait : « Dumont n'était pas méchant. Il faisait grand tapage pour nous sauver : il nous sauva. »

pères dénoncés les femmes et les enfants (¹), mais il sauva ainsi
la vie de ceux à l'encontre desquels il se montrait si redoutable. Une fois incarcérés par ses soins, ni le Comité de
Salut public, ni le tribunal révolutionnaire, ni l'échafaud
ne purent les arracher des prisons d'Amiens où toujours on
célébrait « les effets de son équité (²) » et ses « principes de
justice et d'humanité (³) ». Dans ses lettres, il ne parle que
d' « extirper le chancre cadavéreux de l'aristocratie », de
« comprendre dans les proscriptions les animaux noirs appe-
lés prêtres », de « faire disparaître croix et crucifix ».
Nomme-t-il Louis *le raccourci*, c'est pour affirmer que
« quoique ce monstre n'ait jamais rien valu, c'est sur de
l'or et de l'argent que sa stupide figure a été gravée » ? On
mettait ces belles tirades au *Moniteur* (⁴) et, cependant, pas
une goutte de sang ne coulait. Mais comment suspecter un
représentant qui comprenait si bien que les opimes dépouilles
des émigrés et des captifs devaient être dirigées sur Paris?
C'était en effet l'annonce perpétuelle d'envois sans cesse
réitérés. Quand on arrêtait « trois bêtes noires ex-moines »,
on découvrait aussitôt un trésor en terre. « Trois personnes
sont en ce moment occupées à compter l'or, l'argent et les
assignats trouvés, tandis que les trois monstres sont allés
au cachot », et presque aussitôt deux émissaires d'André
Dumont venaient déposer sur le bureau 88,873 livres en or
et en argent, 37,070 livres en assignats, 106 couverts, 18 *cuillers* à café, 14 *cuillers* à ragoût, 8 chandeliers, une montre
en or, 4 cafetières, 2 couteaux, 1 calice et sa patène, etc...
Et il restait encore bien d'autres trésors déposés au district
d'Abbeville. « On m'a accusé, écrivait-il une autre fois, d'être
brouillé avec la religion. Voici la preuve du contraire : plus
de trois cents saints du département de la Somme viennent

1. *Rapport de Courtois sur les papiers trouvés chez Robespierre*. Déclaration faite par André Dumont à la Convention, le
12 frimaire.

2. Expression du prisonnier de Broglie.

3. Expression de Morgand qui, détenu 14 mois, connut la prison après le départ de Dumont, et put comparer geôlier et
geôlier.

4. Voir notamment t. XVII, p. 609, 656, 734 et t. XVIII p. 214. Le
dossier d'André Dumont aux Archives nationales (AF. II, 143),
est aussi à consulter.

sur une simple réquisition se présenter à votre barre, avec
leurs chandeliers, leurs encensoirs et leurs calices ([1]). »
Aussi, loin de suspecter ce farouche apôtre de la liberté,
on étendait ses pouvoirs à d'autres départements que la
Somme. Il acceptait la tâche de nettoyer l'Oise et répétait à
chacune de ses lettres, avant le cri final : *Ça ira... La République ou la mort*! qu'il tenait les fils, tous les fils, qu'il ne
négligeait rien, que bientôt dans les départements confiés à
sa surveillance, l'aristocratie aux abois ne saurait plus où
se réfugier. Il épurait avec grand tapage les sociétés populaires. Il arrêtait que tous les ivrognes seraient incarcérés,
« pour empêcher que la fainéantise et l'ivrognerie ne privent
les défenseurs de la Patrie des eaux-de-vie et boissons qui
sont pour eux de première nécessité. ».

Et ses cavaliers de caracoler toujours par le département pour le purger en détail ou en masse, avec grand
cliquetis de sabres et d'éperons, force hennissements, force
hurlements patriotiques, force menaces et... des égards pour
les personnes ([2]). Landrieux, dont l'importance croissait
puisque le 16ᵉ et le 21ᵉ ne faisaient qu'un seul corps depuis
le 14 août, fut, avec quelques autres, le directeur et l'organisateur de ces sortes d'expéditions. Comprenait-il les secrètes
intentions de Dumont? On ne saurait l'affirmer et plaider
pour lui à ce titre des circonstances atténuantes qui équi-
vaudraient à un acquittement. En fait, ce qu'il faisait
alors au Nord, d'autres soldats le firent en Vendée, notamment le général baron Boulart, le général Haxo alors pourvoyeurs féroces des prisons de Nantes où Carrier n'avait
pas pour ses captives les attentions délicates de Dumont
pour la comtesse de Choiseul-Gouffier et ses filles ([3]).

1. *Journal de la Montagne*, nᵒ 156.
2. D'Hautefeuille, *Histoire de Boulogne*.
3. André Dumont, *Compte rendu à ses commettants*. Lettre de
Mᵐᵉ de Choiseul-Gouffier. Cette lettre est à la suite de l'exemplaire de la Bibliothèque nationale. On y lit notamment ces deux
phrases :
« Je ne me suis jamais dissimulé les dangers que je courais,
j'en connaissais l'étendue ; mais vous m'avez prouvé, monsieur,
combien vous désiriez m'y soustraire, et le sentiment de confiance
que vous avez fait naître dans mon âme, a souvent ranimé un courage prêt à m'échapper. S'il m'est pénible de fixer encore mes pen-

D'autres ne valaient même pas Boulart, comme ce Gondran, dont le nom est sans cesse associé à celui de Landrieux ; et que Bonaparte faisait retraiter le 20 vendémiaire an IV (11 octobre 1796), colonel du 2e dragons avec cette note : « Ce sont des gens qui sont malades à la veille d'une affaire. Ces gens-là n'aiment pas le sabre ([1]). » Landrieux, du moins, racheta par ses blessures à Pont-à-Marque et sur les champs de bataille d'Italie, le sang qui coula, de son fait, en Petite-Vendée. On ne le vit pas, comme Ferrand, passer son temps à boire et à jouer avec les commissaires Gallard et Bassecourt, laissant ses soldats saigner les paysans et culbuter leurs filles sur les foins, sous prétexte de châtier les mauvais patriotes ([2]). On ne le vit pas non plus s'en prendre à des femmes ou à des enfants. Il marcha droit aux chefs et, si ses artifices de policier ne sont point pour plaire aux âmes délicates, il convient de constater que le naïf qui s'y laissa prendre n'était rien moins qu'un conspirateur de haut parage et un politique qui avait longtemps *roulé* les libéraux de 1789, l'âme damnée de la Cour, le duc du Châtelet ([3]).

C'est à Abbeville, sous les yeux et la surveillance de

sées sur ces moments affreux, il m'est doux de songer combien vous avez été occupé d'en adoucir l'horreur et de rendre mon sort et celui de mes filles moins pénible. » D'après une communication de M. le comte Erard de Choiseul-Gouffier, son arrière petit-fils la comtesse de Choiseul-Gouffier, femme de l'ancien ambassadeur de France à Constantinople, auteur du *Voyage pittoresque en Grèce*, avait quatre filles qui épousèrent le duc de Saulx-Tavannes, le duc de Fitz-James, le marquis de Belmont et le comte de Chabrillan.

1. Prarond, *Annales modernes d'Abbeville*.

2. « Ce général, dit de Ferrand, l'adjudant de place de Saint-Venant, Baudet, qui l'accompagnait dans cette expédition, ce général tirait son sabre, menaçait de couper en deux, de brûler ceux qui ne seraient pas patriotes, et m'invitant à l'imiter, sur ce que je lui observais qu'il n'avait personne qui pût l'entendre, il me reprocha que je n'approuvais pas ce qu'il faisait ; il insulta ainsi que les commissaires, à ma sensibilité. Il était mon chef ; il était ivre, je me tus. » Guffroy, *Les Secrets de Joseph Lebon et ses complices*, 1794. Cet ouvrage est plein de renseignements très curieux.

3. Il n'est peut-être pas inutile de rappeler que Landrieux, familier des Montesquiou et dévoué garde national dès l'institution

Lebon, que Landrieux préluda au rôle qu'il allait jouer pendant deux mois. Dès leur entrée, Dumont et Lebon firent, en effet, incarcérer quantité de suspects (¹). La mesure s'imposait. Des barils de poudre saisis, des correspondances arrêtées longtemps avant la mission de Dumont, avaient révélé que la contrée recélait de nombreux complices de l'émigration jusque dans l'administration locale. Le 22 août, une partie de la garde nationale protesta et réclama la mise en liberté des administrateurs destitués, ce qui lui valut une lettre par laquelle les représentants engageaient la population à se défier de ces hommes « qui ne reconnaissent point ou ne veulent point reconnaître d'individus suspects dans leur cité (²) ». Le moment était, en effet, mal choisi. Les désordres de la Petite-Vendée allaient éclater.

Pendant le séjour des représentants à Montreuil, Joseph Lebon avait reçu une lettre anonyme, mais sous le contre-seing du Comité de sûreté générale, qui lui annonçait que le ci-devant duc du Châtelet (émigré, portait la lettre), était dans le pays (³). Les Jacobins écrivaient de leur côté aux représentants, qu'ils recevaient de la Haute-Marne des dénonciations contre le ci-devant duc « dont l'émigration n'était plus douteuse (⁴) ». Ils les invitaient donc à ne pas manquer de l'arrêter, si l'occasion s'en présentait.

Lebon et Dumont n'étaient pas gens à s'entendre bien longtemps. Ils avaient eu déjà quelques querelles, notamment au sujet de la destitution et du renouvellement de l'administration départementale de la Somme (⁵). Dumont,

avait dû partager contre le duc du Châtelet toutes les colères de la bourgeoisie parisienne, soulevées bien avant la prise de la Bastille contre le colonel des gardes françaises,

1, Dumont, *Compte rendu à ses commettants*, p. 17. — Louandre, *Histoire ancienne et moderne d'Abbeville*, p. 256. — Prarond, *Annales modernes d'Abbeville*, p. 252. — Archives de la Guerre, *État abrégé des services de Landrieux*.

2. Dumont, *Compte rendu à ses commettants*, p. 17. — Louandre, *Histoire ancienne et moderne d'Abbeville*, p, 256 et 257.

3. Dumont, *Compte rendu à ses commettants*, p. 23.

4. *Idem*, p. 20.

5. *Idem*, p. 24.

qui connaissait le pays et y avait des attaches de famille, désirait y ménager des gens que Lebon eût sacrifiés sans pitié, comme il le fit dans le Pas-de-Calais. Tous deux dinaient chez le général Durre, quand Landrieux vint tout à coup leur annoncer qu'il avait découvert à Boulogne la retraite du duc du Châtelet. (¹) On ne pouvait laisser échapper une proie de cette importance. Prévenu d'émigration, à l'intérieur sans doute, et coupable d'avoir résisté le 10 août à la nuée d'assaillants que Bonaparte montrait avec tant de mépris à Bourienne, du Châtelet était désigné aux insultes et aux facéties des geôliers et juges du tribunal révolutionnaire (²).

Lebon enthousiaste, Dumont à contre-cœur s'il l'en faut croire, accueillirent la dénonciation, et comme Landrieux témoignait le désir d'être chargé de l'arrestation, on trouva bon de s'en rapporter à l'habileté du colonel des chasseurs. Celui-ci alla trouver du Châtelet et se donna à lui pour un émigré qui partageait ses opinions et ses espérances (³). Ancien serviteur de la maison royale, disait-il, il brûlait de voir le roi vengé et le trône restauré. Du Châtelet qui avait peut-être connaissance du passé de Landrieux, qui l'abusaient par des renseignements très précis sur l'entourage des princes, comme n'en pouvait fournir qu'un homme ayant appartenu à leur maison, tomba dans l'embûche. Il fit à celui qui aurait sauvé le roi à Dormans, si Louis XVI eut consenti à se prêter à un coup de main, des révélations qui alléchèrent l'officier de fortune. Pour connaître à fond ses projets, le colonel de chasseurs abonda dans le sens du duc. « Je suis parvenu à entrer dans les armées, lui dit-il, je suis même en ce moment commandant temporaire d'Hesdin. Les représentants, qui ignorent mes attaches et mes vrais sentiments, ont confiance en moi. Ils m'ont remis

---

1. Dumont, *Compte rendu à ses commettants*, p. 120 et seq. Archives de la Guerre, *État abrégé des services de Landrieux*. Le récit de Landrieux est conforme à celui de Dumont, bien que beaucoup plus concis. Il est probable, d'ailleurs, que Dumont écrivait sur des documents autographes. Or, il fait allusion à une lettre de dénonciation de Landrieux quand il commente sa réclamation du 28 frimaire.

2. Voir H. Wallon, *La Terreur*, t. II, p. 91.

3. Dumont, *Compte rendu à ses commettants*, p. 120 et seq.

l'ordre de vous arrêter. Le voici. Vous voyez que je n'en ferai rien. Seulement un conseil. Ne restez pas ici. Même à Boulogne, tout le monde ne pense pas comme moi. Venez à Hesdin où nous nous concerterons. Vous ne m'accompagnerez pas pendant la route. Votre voiture me suivra à quelque distance. »

Le plan fut exécuté. Landrieux arriva le premier à Hesdin. Il avertit et prépara le comité révolutionnaire à la comédie qu'il fallait jouer. Du Châtelet, arrêté en descendant de voiture, déchira et avala quelques papiers compromettants. Il subit un interrogatoire, opposa un démenti absolu à toutes les questions. Landrieux parut aussitôt, comme appelé par des affaires de service. Le comité le laissa un moment seul avec le duc auquel il promit d'agir en sa faveur auprès des représentants. Du Châtelet persistant à se confier à lui, lui dit rapidement et à voix basse : « Sauvez-moi et votre fortune est faite. J'ai des trésors à Paris. Réclamez-moi pour votre prisonnier et faites-moi envoyer à Paris. Là, je réponds de tout. J'ai dans les comités plusieurs membres qui sont à ma dévotion, notamment Julien de Toulouse qui vit avec la ci-devant marquise de Beaufort. »

Muni de ces renseignements, Landrieux revint trouver les représentants. Lebon s'apprêtait à se séparer de son collègue, sous prétexte de passer quelques jours dans sa famille, en réalité pour parcourir seul et en maître tout puissant le Pas-de-Calais, qui l'avait connu jadis si maigre sire (¹). Landrieux leur fit le récit de ses entrevues avec du Châtelet et les pria de se prêter à la continuation de son rôle. Il savait déjà en quel lieu était fixé le rendez-vous des conspirateurs ; un souterrain devait favoriser une tentative de livraison de Dunkerque à l'ennemi et une sorte de Vendée préparée dans les bois de Pernes, pour laquelle un drapeau blanc resté entre les mains de du Châtelet comme commandant des gardes françaises, était caché dans le souterrain. « Représentants, ajouta le colonel, du Châtelet me suit. On le transfère ici ; j'en ai donné l'ordre à Hesdin. Je

---

1. Dumont, *Compte rendu à ses commettants*, p. 24. — Paris, *Histoire de Joseph Lebon*. — Fleury, *Saint-Just*. — Hamel, *Saint-Just*.

vais me faire amener sans armes, comme si j'étais arrêté par vos ordres pour avoir favorisé la retraite du ci-devant duc. On m'incarcérera avec lui, je suis certain de tout savoir. » (1). Jamais juge révolutionnaire n'a négligé les offres d'un mouton. Les représentants acceptèrent.

Ce nouvel acte de la comédie joué, tandis que Landrieux allait conquérir le drapeau de du Châtelet et poursuivre ses complices (2), Lebon partit en hâte pour le Pas-de-Calais. A peine était-il dans la famille de sa femme à Saint-Pol que, le 25 août, à la ducasse d'Aumerval, les frères Thuyards réunirent la jeunesse et l'engagèrent à gagner les bois pour résister à la levée en masse. On cria : « Vive le roi ! » On arracha les cocardes tricolores. Le soir, après boire, on alla, les uns au bois de Saclin désarmer un patriote, les autres mettre en émoi le village de Flers. Lebon, qui n'attendait qu'une occasion de se signaler par la pureté de son jacobinisme, bondit sur les rebelles dont le crime principal consistait à avoir coupé les arbres de la liberté à Nedonchel et dans deux autres villages où le calme était déjà rétabli (3). Aidé par Gallard, commissaire du district, dont il devait faire son juré familier à Arras et à Cambrai, et par le général Ferrand, dont les exploits sont déjà connus, il fit cerner les bois et faire des battues. « L'on arrêta indistinctement, dit un contemporain (4), la femme restée paisible dans sa chaumière, le timide fugitif, le libre voyageur, et le précieux cultivateur occupé dans son champ. » Il y eut tout de suite trois cents arrestations. Darthé, président du conseil, professait qu'il fallait toujours arrêter, qu'on rendrait justice après. A Béthune et à Aire, il y eut quarante exécutions. A Saint-Pol, ce fut Lebon qui choisit lui-même la place où devait manœuvrer grosse Louison (5). Elle y faucha vingt têtes.

1. André Dumont, *Compte rendu à ses commettants*, p. 120 et seq.
2. Archives de la Guerre, *Etat abrégé des services de Landrieux*.
3. Abbé Deramecourt, *Le Clergé du diocèse d'Arras, Boulogne et Saint-Omer pendant la Révolution*, Paris, 1884-1886, II, p. 510 à 517.
4. Lettre de Baudet à Guffroy. Guffroy, *Les Secrets de Joseph Lebon et ses complices*.
5. Abbé Deramecourt, *Le Clergé du diocèse d'Arras, Boulogne et Saint-Omer pendant la Révolution*, II, p. 517.

Les amis de Lebon s'employèrent dès lors à peindre Amiens comme « le point central de la contre-révolution », où se réfugiaient les aristocrates et les suspects, « tristes vérités auxquelles il est pressant de porter remède. (¹) » C'était essayer de perdre Dumont qui para le coup en annonçant des découvertes extraordinaires : « dans les nouvelles arrestations les Mailly, les Beuvron, les d'Arcourt, les de Ligne s'y trouvent compris, les titres de noblesse sont saisis... L'esprit public s'élève chaque jour et j'espère bientôt avoir à vous donner de meilleures nouvelles encore. »

Le 5 septembre, du Châtelet fut transféré d'Abbeville à la conciergerie d'Amiens. Le 9, sur un ordre d'arrestation délivré par Dumont, Landrieux allait mettre la main au collet d'Eléonore - Marie des Bois de Rochefort, curé de Saint-André-des-Arts avant la Révolution, député à l'Assemblée législative, premier évêque constitutionnel d'Amiens (²). L'évêque avait publié une lettre pastorale qui n'était pas du goût du représentant du peuple. « Il s'amusait, écrit gravement Dumont, à maltraiter tous les patriotes et à ne voir que des aristocrates. J'ai fait amener à la société populaire cet évêque contre-révolutionnaire. Vous connaissez sa profonde perfidie par la copie de son interrogatoire (³). D'autres faits très graves m'ont porté à le suspendre publiquement et à le faire envoyer à la maison d'arrêt. L'exécution s'en fit aux applaudissements réitérés de tous les sans-culottes. Ce qui rend la chose plaisante, c'est que ce prêtre constitutionnel et maniaque est réuni aux prêtres

1. Lettre de Dufour et Labbé à Hassenfratz. (Dumont, *Compte rendu à ses commettants*, p. 26.) Hassenfratz, d'après M. Chuquet (*Jemmapes et la conquête de la Belgique*), était fils d'un toqué qui, s'appelant Lelièvre, s'était affublé d'un nom allemand. Il prenait le cynisme pour du civisme et ne reconnaissait pour républicain que le sans-culotte aux bas déchirés et aux mains crasseuses. Ce rustre jouant le Diogène, comme l'appelait Sauveur Chénier, était pour Prudhomme un simple charlatan. C'est lui qui pour que rien ne se perdit, dépensait 10 sols à faire transporter de Saint-Denis à Liège des piquets de 2 sols pour attacher les chevaux, comme s'il n'y avait pas eu de forêts dans les Ardennes.

2. Darsy, *Amiens pendant la Révolution*, 1, p. 225.

3. Darsy explique les faits différemment. L'ordre d'arrestation aurait eu pour motif le blâme exprimé par l'évêque contre le mariage des prêtres, dans une conversation avec André Dumont.

réfractaires en la maison d'arrêt (¹). » Dans la même lettre, Dumont rappelait la récente capture du duc du Châtelet qu'il avait précédemment annoncée aux comités, en en rapportant l'honneur à l'adresse du colonel des chasseurs (²), ce prisonnier ne cessait, prétendait-il, de réclamer son transfert à Paris, où il se disait assuré de trouver les moyens de s'évader. Il ne redoutait rien tant que la surveillance du représentant, si bien qu'il avait tenté de s'empoisonner (³). « Il y a deux jours, contait-il une autre fois, j'ai été arrêté le soir par trois muscadins qui me dirent d'un ton amical :
— C'est ton dernier moment. Ma réponse énergique en leur montrant deux pistolets saisis sur du Châtelet, leur fit faire une retraite peu honorable... J'ai découvert des sommes énormes en or et en argent chez la ci-devant maréchale de Biron, d'autres sommes en or et des assignats à face royale, ainsi que de la vaisselle plate qui étaient enfouies. Je l'ai découverte et vais la faire déposer ici, en attendant que je vous l'adresse avec la ci-devant maréchale, qui avait l'incivique complaisance d'être la trésorière et l'agente de du Châtelet, Charost, Béthune et autres. Comment se peut-il donc qu'une vieille édentée s'ingère encore de trahir sa patrie (⁴). »

Le tribunal révolutionnaire, le département de la Haute-Marne, le ministre de la Justice eurent beau réclamer un prisonnier (⁵) qui était le trait d'union de toutes les conspirations locales, le chaînon indispensable aux enquêtes de Dumont. Plusieurs mois s'écoulèrent de la sorte, avant le fâcheux incident qui perdit du Châtelet.

1. *Moniteur*, t. XVII, p. 656. L'évêque des Bois demeura incarcéré à Amiens jusqu'au 1ᵉʳ janvier 1794, date de son transfèrement à Abbeville. Il ne mourut qu'en 1807.

2. *Moniteur*, t. XVII, p. 609. Landrieux eut la malechance que le *Moniteur* laissa son nom en blanc. Déjà, comme on l'a vu quand il avait proposé la création des hussards braconniers, son nom avait été estropié au *Moniteur* et dans le tirage à part de la loi. (Mss B., folio 4).

3. *Moniteur*, t. XVII, p. 609. D'après le *Compte rendu*, il y aurait eu deux tentatives de suicide. Du Châtelet aurait d'abord avalé du verre pilé. Ensuite il aurait essayé de se procurer de l'opium par le médecin et par le geôlier.

4. *Moniteur*, tome XVII, p. 734.

5. Dumont, *Compte rendu à ses commettants*, p. 120 et seq.

Landrieux, sans doute occupé des travaux d'Hesdin, semble s'être pendant tout ce temps désintéressé de son prisonnier. Il ne résigna le commandement de la place qui lui était confiée que le 24 septembre (¹) et reprit ses équipées et ses cavalcades à la suite du représentant qui se rendit à Boulogne le 27 septembre. La Convention avait, le 17, décrété l'arrestation des suspects. Dumont ne pouvait qu'applaudir à une mesure si propre à amener le triomphe des sans-culottes (²), mais il importait de jeter encore de la poudre aux yeux. Boulogne, rempli d'Anglais, était un terrain merveilleusement propre à une entreprise de ce genre. Les suspects y abondaient et l'on prétendait qu'il s'y tramait le projet de livrer Boulogne à la flotte anglaise (³). Le procureur syndic du district ne s'était-il pas exclamé en apprenant la mort du roi : « Mon bras sécherait plutôt que d'inscrire un pareil acte (⁴), » et jusqu'à la fin de la Révolution Boulogne ne resta-t-elle pas fameuse par les facilités qu'offrait sa municipalité aux émigrés rentrants, si bien que ses certificats finirent par perdre tout crédit (⁵) ? Accompagné de ses chasseurs habituels, dont les chevaux piaffaient à qui mieux mieux, le représentant fit son entrée, descendit à l'hôtel Britannique, comme dédaigneux des réceptions officielles, manda à la cathédrale les autorités et la population. « Vous avez encore des nobles, des parents d'émigrés, des prêtres, des fanatiques de toute espèce. Je suis

1. Mss B., folio 111. C'est le certificat délivré suivant l'usage du temps par le maire, les officiers municipaux et les membres du Conseil général d'Hesdin. On y lit que tous sont « témoins de son zèle infatigable et de son activité à remplir les fonctions *pénibles* dont il était chargé ; que jamais l'ordre, la discipline, le service et les dispositions pour la défense de la place n'ont mieux marché que pendant le temps qu'il a commandé cette commune ; que nous avons remarqué avec plaisir que ce citoyen a toujours concouru, avec les autorités constituées, à poursuivre les intrigants, les conspirateurs et les faux patriotes en sacrifiant son repos. »

2. Lettre du 20 septembre.

3. Dumont, *Compte rendu à ses commettants*, p. 31. — Bertrand, *Précis de l'histoire de Boulogne*, I, p. 237.

4. D'Hautefeuille, *Histoire de Boulogne*, p. 89. Le procureur syndic fut guillotiné le 28 avril 1794 par les soins de Lebon.

5. Forneron, *Histoire générale des émigrés sous la Révolution française*, II, p. 220.

venu vous en délivrer. Demain votre ville sera purgée et les patriotes respireront ([1]). » Toute la nuit, la ville fut battue par les pelotons de chasseurs qui, sur les indications des Jacobins, allaient cueillir à domicile les suspects qu'on centralisait à la cathédrale.

Le lendemain soir, 400 personnes étaient en arrestation : tout ce qui restait de la noblesse du pays, plusieurs anciennes religieuses, des anglaises, des bourgeois en vue. Dumont malade était reparti pour Abbeville. Landrieux, muni de ses ordres, fit l'appel d'une voix de tonnerre, faisant ranger nobles à droite, bourgeois à gauche. Aidé de ses collègues de la Société populaire qui l'avait affilié en grande pompe, il réquisitionna voitures et chevaux et quarante-quatre charrettes, garnies d'un peu de paille, prirent la route d'Abbeville ([2]). A Montreuil, mêmes perquisitions, mêmes arrestations, mêmes concours des sociétés populaires et le cortège se grossit de vingt-cinq « ci-devant nobles reconnus suspects. » ([3])

A Abbeville, tous furent logés dans les maisons religieuses ou eurent la ville pour prison, en attendant le transfèrement à la citadelle de Doullens qu'entravèrent des misérables attroupés par la Société populaire. Landrieux déploya le plus grand zèle à les empêcher d'insulter et d'assaillir à coups de pierres les prisonniers de Dumont ([4]).

Ainsi fut appliquée la loi dans les villes compromises où Lebon aurait versé et versa plus tard des torrents de sang. Comme l'écrit Dumont, « son exécution put agiter quelques familles, mais elle ne diminua pas le nombre des individus qui les composaient ([5])... J'avais été accompagné, raconte-t-il encore, dans le voyage que je fis à Boulogne, de plusieurs

1. D'Hautefeuille, *Histoire de Boulogne*, p. 97 et 98.

2. D'Hautefeuille, *Idem*, p. 98.

3. *Journal de la Montagne*, n° du 8 octobre 1793. Lettre d'André Dumont aux Jacobins.

4. D'Hautefeuille, *Histoire de Boulogne*. p. 99. — Louandre. *Histoire ancienne et moderne d'Abbeville*, p. 459.

5. Dumont, *Compte rendu à ses commettants*, p. 31. Lebon se vantait, le 26 novembre, d'expédier chaque vingt-quatre heures deux ou trois gibiers de guillotine à Arras, outre ceux qu'on exécutait sur place. Aussi, lorsque ses prisonniers étaient mis en liberté, Dumont les engageait-il à rester à Amiens et à ne se point risquer

citoyens estimables d'Abbeville et d'Amiens. Le nommé Petit (¹), m'y avait aussi suivi et y était resté après moi. Il découvrit, je ne sais comment, dix-huit caisses de livres et effets à Boulogne et les fit amener à Abbeville, dans la maison dans laquelle j'étais tombé malade. A peine j'en fus informé, que je lui déclarai que j'entendais qu'il fît apposer les scellés sur les portes du lieu du dépôt, ce qui fut fait par le juge de paix. Lorsqu'on leva ces scellés pour emporter les effets au district, d'après un ordre que j'en donnai, on trouva un médaillon représentant la famille royale, dans une lettre du citoyen Voyer-d'Argenson.

« On n'examina pas si ces papiers trouvés à Boulogne n'y étaient pas avant même qu'on proclamât la République ; on n'examina pas davantage si ce médaillon n'avait pas été fait à une époque fort reculée. Cette découverte fit beaucoup de bruit ; j'en craignis le résultat ; je l'écrivis à la Convention nationale, de manière à instruire Voyer-d'Argenson en tel lieu qu'il fût. Les expressions dont je me servis n'étaient pas tendres, mais tel était le langage que je m'étais fait un devoir d'employer et qui me servit si heureusement pendant ma mission (²). »

Parmi les prisonniers que Landrieux ramena de Boulogne et d'Abbeville se trouvait Élisabeth Pitt, parente du célèbre homme d'État anglais et un proche parent du roi d'Angleterre (³). Ces captures ne furent annoncées à la Con-

à Abbeville. « Il fait meilleur dans mes mains, disait-il, que dans celles de Lebon. » — D'Hautefeuille, *Histoire de Boulogne*, p. 99. — Paris. *Histoire de Joseph Lebon.*

1. Petit était un personnage fort suspect à Dumont, qui le prenait pour un des espions de Lebon et de Robespierre.

2. Dumont. *Compte rendu à ses commettants*, p. 98 et 99.

3. *Moniteur*, t. XVII, p. 71. Lettre d'André Dumont datée du 4 octobre 1792. « Il était encore réservé aux Abbevillois de faire par eux-mêmes l'arrestation d'une parente de l'infâme Pitt. Cette mégère, nommée *Elizabet Johannes Pitt*, avait prudemment conçu le projet de déguerpir, mais elle se trouvait dans une ville dont les citoyens ne sont plus dominés par le modérantisme et l'aristocratie ; elle trouva sur sa route des républicains qui l'engagèrent patrio tiquement à rester chez elle... Comme c'est un nouvel otage, je vais l'envoyer à Paris avec le beau-frère du roi d'Angleterre que j'ai fait arrêter à Boulogne. » A propos du séjour des Anglais et Anglaises dans les prisons d'Abbeville et d'Amiens, voir la traduction que M. Taine a donnée du journal d'une des prisonnières.

vention que le 4 octobre par Dumont qui lui avait déjà
mandé, le 1er, l'arrivée des quarante-quatre charrettes.
Cependant Landrieux avait ramené les illustres prisonniers
à Amiens quelques jours avant, car, le 29 septembre, il
écrivait en pleine joie de triomphateur à son chef d'escadron Murat :

« Murat, je vous ai laissé au régiment. Vous y êtes et
tout doit bien aller... Adieu, mon garçon, portez-vous bien.
Je suis à la fin de ma dernière expédition, je vais à Abbeville avec un frère du duc de Cumberland, autrement dit
un beau-frère du roi d'Angleterre, et quarante-trois fanatiques ou émigrés ou prêtres non assermentés. Boulogne est
purgée (¹). »

C'était, en effet, la fin des razzias policières de Landrieux.
D'Abbeville il rejoignit son régiment aux avant-postes à
Pont-à-Marque, dont il commanda l'arrondissement sous
les ordres du général Hosten à partir du 1er octobre (²).

Placé dans une contrée marécageuse et boisée, entre les
positions stratégiques de Cysoing et d'Orchies, à la jonction
des routes de Douai et de Lille, Pont-à-Marque était la clef
de ces deux importantes villes. Ce point était par conséquent
l'objectif de l'ennemi et l'on s'y battait sans cesse depuis le
printemps (³). On avait combattu à Orchies du 30 avril au
1er mai. Liger, à qui le général Berru avait confié le commandement des postes analogues d'Hellemmes, Flers, Pont-
à-Bruck et l'Empompont, a tracé un tableau très animé de
la vie des troupes d'avant-garde.

« Nos cantonnements étaient trop voisins de ceux de l'ennemi, et l'acharnement était trop vif de part et d'autre pour
que l'on put rester un seul instant sans se battre ; aussi les
attaques étaient-elles fréquentes ; il se passait peu de jours
sans que l'on en vint aux mains, peu d'instants sans que
l'on entendit le canon gronder sur quelques-uns des points
environnants et presque toujours l'avantage se fixait de
notre côté.

1. Archives de la Guerre : *Pièces justificatives de la dénonciation de Murat.*

2. Mss B., folio 116 : *Certificat du général Hosten,* en date
du 9 frimaire an II.

3. Voir la Correspondance des représentants du peuple aux
armées du Nord, notamment au tome IV de l'importante publication de M. Aulard.

« Je n'entrerai pas dans le détail de toutes les actions qui furent le résultat de cette petite guerre continuelle, entre l'ennemi et nos avant-postes de Ghiwele, Rœsbrugges, Poperingue, Bailleul, Armentières, Comines, Blatru, Bardues, Tincelles, Mouveaux, Vasquelat, Pont-à-Bruck, Flers, l'Empompont, Hellemmes, Pont-à-Marque, etc., que les camps soutenaient par des détachements proportionnés à l'importance de chaque affaire.

« Plusieurs mois s'écoulèrent dans cette vissicitude d'attaque et de défensive, qui nous tenait jour et nuit sous les armes (¹). »

En août 1793, l'alarme avait été plus vive encore. Averti que l'ennemi se portait en force du côté d'Orchies, Houchard et le représentant du peuple Levasseur de la Sarthe, craignirent que le projet des Autrichiens ne fut de forcer le poste de Pont-à-Marque, de couper les communications de l'armée et de la gêner dans ses approvisionnements, puis, laissant Douai et Lille derrière eux, de tomber sur les troupes françaises épuisées, avec des forces supérieures. Ils s'empressèrent de faire une diversion, en jetant un corps de 18,000 hommes contre le camp de Menin (²).

La situation était à peu près identique au moment où Landrieux et le 21e régiment de chasseurs eurent à supporter, pendant près d'un mois, les efforts des armées coalisées. Mais cette fois encore c'est par l'offensive qu'on triompha de l'obstination de l'ennemi. Les généraux donnèrent à Landrieux, qui s'était distingué à la panique de Gaverelle où le 21e chasseurs avait rallié toute l'armée(³), 8,000 hommes d'infanterie et la 5e division d'artillerie légère. Il avait 1,800 chasseurs et put, dès lors, résister victorieusement aux troupes commandées par le prince de Cobourg en personne. Cinq redoutes, qu'il fit construire, assurèrent définitivement la défense de ce poste « terrible » (⁴), où pendant dix-sept jours, on lutta sans un instant de repos (⁵).

1. Liger, *Campagnes des Français pendant la Révolution.* Blois, an VI, t. II, p. 202.
2. Lettre de Levasseur au Comité de Salut public, en date de Lille, 13 août 1793. — Legros, *La Révolution telle qu'elle est* p. 168-169.
3. *Mémoires*, t. I, p. 107.
4. Mss B. Note autobiographique, folio 56.
5. *Mémoires*, t. I, p. 107.

Ses nombreuses et importantes occupations ne suffisaient pas à son activité ; il entreprit, en présence de l'ennemi, un dictionnaire des ruses des *vivriers* (¹) et de leurs agents pour voler l'argent de la nation. « Après avoir décrit deux ou trois cents manières toutes pendables, je renonçai, dit-il dans ses *Mémoires* (²), à cet ouvrage qui, déjà, contenait plus de trois cents pages et qui serait devenu plus considérable que le grand Richelet (³). » Bien qu'il affirme n'avoir pas perdu cet écrit, il n'a pas été possible de le retrouver, et il n'existe dans ses papiers que quelques fragments anecdotiques relatifs à la campagne d'Italie se rapportant aux commis aux vivres, vivandiers, et autres rizpainsel.

On se demandera comment Landrieux, au milieu de tant de travaux, de tant d'escarmouches incessantes, trouvait le temps d'écrire et de lever les plans de Pont-à-Marque et environ à dix lieues à la ronde pour l'usage des chefs d'avant-postes (⁴); mais cela ne surprend plus quand on voit des mariages se célébrer aux cantonnements, comme le raconte Liger. « J'avais pour second un jeune cadet de quarante-six ans de service qui devait épouser la fille d'un de ses anciens camarades. Nous nous disposions à la cérémonie, écrit cet auteur, lorsque nous aperçûmes nos vedettes se replier et nos postes avancés battre en retraite. L'ennemi ne tarda pas à paraître sur les hauteurs : il avait l'air de vouloir prendre part à la noce et il nous préparait un bal qui n'amusait sûrement pas la mariée. La danse commença au milieu d'un feu très nourri d'artillerie et de mousqueterie. Le général Berru, qui montait à cheval à la moindre alerte, vint animer la fête par sa présence et m'amena du renfort. L'ennemi fut à portée de connaître ce que c'était qu'une noce à la *Carmagnole,* mais il ne jugea pas à propos d'assister à la célébration. Dès qu'il fut retiré et que nous eûmes rétabli nos avant-postes, je descendis de cheval et je présentai mon camarade et sa future au curé du lieu qui, sous la double qualité de ministre du culte et de municipal, sanctionna leur union. Les canons de nos pièces et ceux de

1. C'est ainsi qu'on appelait les commis aux vivres et les pourvoyeurs (Littré.)
2. Le dictionnaire de Richelet comporte 3 volumes gr. in-fol.
3. *Mémoires*, chap. XXXIII.
4. Archives de la Guerre, doss. Landrieux : *État abrégé des services de Landrieux.*

nos mousquets étaient encore chauds du feu que nous venions de faire sur l'ennemi, le brave Schreiber fut marié en héros avec les honneurs de la guerre. Le reste de la journée se passa avec toute la gaieté que l'on ressent quand on a fait son devoir. Une danse, d'un genre différent de celle que nous avions commencée le matin avec l'ennemi, se prolongea pendant tout le cours de la nuit suivante, et, loin de ralentir notre surveillance, elle la ranima parce que chacun de nous passait alternativement de la salle de bal aux retranchements. J'observerai que la même scène se renouvela quelques temps après à la noce de mon adjudant-major, car à cette époque la démangeaison du mariage tourmentait la troupe et les feux de la guerre semblaient donner un nouveau degré d'activité à ceux de l'amour. (1) »

Landrieux, qui n'avait probablement pas autant de distractions que son camarade Liger, ne quitta le poste de Pont-à-Marque que pour prendre le commandement d'une colonne d'observation qui protégea la gauche du corps d'Hosten pendant l'attaque d'Orchies, le 23 octobre. Pendant sept jours, il harcela l'ennemi avec intelligence, contraignant par la vigueur et la hardiesse de ses mouvements les postes de gauche du camp de Cysoing à se replier. Il enleva le poste important de Mourain, qui eut coupé à l'ennemi la retraite d'Orchies sur Tournai, si la bonne direction des colonnes de droite avait enlevé cette place, tandis que les chasseurs occupaient cette position (2). Les pertes de Landrieux en hommes et en chevaux étaient insignifiantes et si, par la faute d'un autre, on ne put tirer tous les avantages de sa brillante conduite, il avait du moins brûlé le vieux clocher de l'abbaye de Cysoing, fondée en 838, d'où l'ennemi observait et découvrait les mouvements des Français. Cette destruction, qui était depuis longtemps le vœu des généraux et des représentants, avait motivé plusieurs attaques inutiles.

Le général Hosten, dans son certificat du 9 brumaire, louait donc à bon droit « le zèle, l'activité et les connaissances militaires » de Landrieux(3) que Kilmaine, le prudent

1. Liger, *Campagne des Français pendant la Révolution*, t. II, p. 271.
2. Mss B., folio 116 : *Certificat du général Hosten.*
3. *Idem.*

Kilmaine devait surnommer « l'alarmiste », à cause de sa vigilance à s'éclairer et de sa prudence à se garer des moindres surprises (¹).

Deux jours plus tard, le 31 octobre, le colonel du 21ᵉ chasseurs assista à la messe d'un brave homme de curé, — il n'est point d'aussi petites distractions dont on ne profite en pareille circonstance, — et l'endoctrina pour qu'il allât, sous un déguisement, porter de faux avis à l'ennemi campé à Templeuve (²). Grâce à cette ruse, l'avantage fut assuré à l'armée révolutionnaire, mais, pendant l'attaque, Landrieux reçut une blessure au bras gauche, blessure qui l'empêcha depuis lors de se servir librement de ce bras (³). Les félicitations du représentant du peuple Isoré et celles de la municipalité de Lille, le dédommagèrent un peu de ce contretemps. Cette blessure et les circonstances qui la suivirent, suspendirent momentanément la carrière militaire de Landrieux.

Avant de rentrer dans le détail des événements qui amenèrent à son tour ce grand pourchasseur d'émigrés et de suspects dans les prisons d'Abbeville et d'Amiens, il convient d'en terminer avec l'affaire du duc du Châtelet.

A peine remis de la maladie qui l'avait obligé à résider quelque temps à Abbeville, Dumont avait dû se rendre à Paris où l'appelait un incident désagréable d'ordre privé relatif probablement au vol dont il avait été victime. Pendant son séjour dans la capitale, il fut plusieurs fois sollicité en faveur du duc du Châtelet : « Rien, répondit-il, ne peut me faire trahir mon devoir, mais rien non plus ne me déterminera à laisser jamais donner la mort. » Il tint parole et renvoya l'huissier que le département de la Haute-Marne avait chargé de réclamer le prisonnier pour lui appliquer la loi sur les émigrés. Il devait être jugé au lieu de son arrestation, répondait imperturbablement le représentant, ainsi que ses complices qui allaient être bientôt tous arrêtés.

1. *Mémoires*, ch. III.

2. *Mémoires*, t. II. « Vous souvient-il, mon général, écrit Landrieux, en évoquant ce souvenir dans un rapport pendant la campagne d'Italie, de ce que nous valut une messe à Templeuve, en l'an II, de terrible mémoire.

3. Archives de la Guerre, doss. Landrieux : *Etat abrégé des services de Landrieux*.

Le 9 brumaire, le ministre de la Justice le prévenait qu'il avait donné ordre à l'accusateur public de Seine-et-Marne de poursuivre du Châtelet.

Enfin, en frimaire an II, une lettre de Saint-Just arriva, réclamant, au nom du Comité de Salut public, le ci-devant marquis du Catelet et sa fille, ses compatriotes, Saint-Just demandait leur envoi accompagné de la déclaration que « *Dumont ne savait rien contre eux* ». C'était, un non lieu ou un acquittement certain pour ces accusés dont, le 4 novembre, Lindet, Prieur, Barrère, Billaud-Varennes et Robespierre avaient requis l'arrestation sans explications bien claires (¹). Dumont rédigea volontiers la note réclamée par Saint-Just et s'empressa de dicter l'ordre chargeant le citoyen Froissart, commandant temporaire à Amiens, de faire conduire au Comité de Salut public le ci-devant marquis du Catelet et sa fille. Le soir, Froissart annonçait à Dumont qu'il avait bien envoyé à Paris le marquis, mais que sa fille ne se trouvait pas. Dumont ordonna des recherches. Elles durèrent quelques jours. On déclara enfin au représentant du peuple que le marquis avait été arrêté seul. Or, Dumont savait fort bien à quoi s'en tenir sur ce point, ayant selon son usage opéré lui-même (²).

L'erreur fut donc bientôt découverte, et quoique alité, Dumont rédigea de sa main, en présence d'un témoin qui l'attesta plus tard (³), l'ordre rectificatif que voici :

« Le cinquième jour de la troisième décade du troisième

1. Le 21 novembre 1793, le marquis du Catelet et sa fille avaient été écroués aux Capettes, une des nouvelles prisons d'Amiens.

2. Le marquis du Catelet avait été arrêté dans le département de l'Aisne par Dumont, qui réussit à lui sauver la vie et affirmait posséder du père et de la fille des lettres de nature à couvrir d'opprobre ceux qui méconnaîtraient les services qu'il leur avait rendus (*Compte rendu*, p. 71 et 75).

3. C'était un négociant d'Amiens, nommé Gensse-Desjardins. Voici son témoignage : « Les scélérats seuls sont tes ennemis, les buveurs de sang ; ils portent l'infamie à te reprocher la mort de la maréchale de Biron et celle de du Châtelet ; il est bien constant que tu n'en es pas coupable ; je le sais d'autant mieux et je puis d'autant mieux les en convaincre que j'ai été témoin de la scène que tu fis à Froissart, alors commandant, d'avoir commis l'erreur, et des ordres que tu donnas de courir après du Châtelet, qu'il avait fait partir pour Paris, au lieu de du Catelet et sa fille.»

mois frimaire an II, André Dumont, etc., requiert le commandant temporaire d'Amiens de faire conduire sur-le-champ
à Paris le ci-devant marquis du Catelet et sa fille, restés ici
par erreur, tandis que le ci-devant duc du Châtelet a été
conduit à leur place. En conséquence, le charge, sous sa
responsabilité de, faire rendre sous trois jours au Comité de
Salut public le ci-devant marquis du Catelet et sa fille, et
de ramener le ci-devant duc du Châtelet dont le procès sera
jugé aux termes de la loi dans le lieu de son arrestation. »

Il était trop tard. Quand l'ordre arriva à Paris, du Châtelet, arrivé le 14 frimaire à Sainte-Pélagie (1), puis transféré à la Conciergerie, était déjà « convaincu d'avoir participé au massacre des patriotes au château des Tuileries,
dans la nuit du 10 août 1792, d'avoir émigré et d'être rentré
en France, muni d'un guidon aux armes de France (2) ».
En conséquence, il avait été condamné à mort et on sait
qu'à cette époque l'exécution suivait de près la condamnation.

Trois jours après, Landrieux adressait à Dumont la lettre
suivante :

28 frimaire, an II (18 déc. 1793).

« Le duc du Châtelet vient d'expier ses crimes. C'est à moi
seul que la Nation doit d'avoir trouvé ce coupable et d'avoir
tiré de sa bouche l'aveu de son émigration et de ses desseins criminels. Je suis son seul dénonciateur, tu le sais.
Un décret accorde un tiers du bien du coupable au dénonciateur. Mes droits sont réels et clairs ; mais je veux faire
voir à mon pays l'exemple d'un homme qui n'ayant d'autre

---

1. *Consolation de ma captivité ou Correspondance de Roucher*,
publiée par Guillon, son gendre, 1797, t. I, p. 67.

2. *Moniteur*, 15 décembre 1793. Dumont dit à tort que « le jugement ne porte rien de relatif à l'émigration », dont on avait accusé
du Châtelet. Il a pensé sans doute mieux démontrer aussi, ce qui
est le but évident de son récit, qu'il n'avait nullement provoqué la
mort du duc du Châtelet. Ce n'est pas contestable, aucune pièce
n'ayant été transmise par lui à Fouquier-Tinville ; ainsi qu'on le
voit dans le dossier du procès aux Archives nationales. L'acte
d'accusation n'indique ni la date ni les causes de l'arrestation.
Dumont, d'ailleurs, affirmait, en l'an V, qu'il possédait encore
tous les papiers du duc du Châtelet.

fortune que 750 livres de rente pour vivre avec sa femme, méprise deux millions qu'il peut prendre, parce qu'ils lui appartiennent. Je n'en veux pas un sol, mais je veux être le maître d'en disposer au profit de la République ; je les emploierai à une fabrication d'armes et à achever les fortifications de Pont-à-Marque, auxquelles j'ai tant fait travailler déjà, et j'espère rendre ce poste, qui assure Lille et Douai, impénétrable.

« C'est à toi à pousser cela, à moins que tu ne juges que je doive écrire au Comité de Salut public ; après cela je me retirerai dans une campagne, où je travaillerai paisiblement avec ma femme pour suppléer à ce qui pourra nous manquer pour vivre doucement. »

« Colonel LANDRIEUX. »

Cette lettre singulière était écrite de la prison d'Abbeville par un homme abandonné de tous, dénoncé comme suppôt de la royauté et concussionnaire. Dumont ne dit pas ce qu'il y répondit, ni s'il y répondit, mais le Comité de Salut public n'eut à s'occuper de Landrieux que beaucoup plus tard et pour des motifs d'un autre ordre que le prix du sang.

IV

Depuis qu'il était chef d'escadron au 21e régiment de
chasseurs, et surtout depuis que Taillefer avait été
nommé adjudant-général, tout le poids de l'organisation et
de l'administration incombait à Murat. Landrieux, sans
cesse absent d'Hesdin, occupé des soins de la remonte, plus
occupé encore de ses cavalcades au pourchas des émigrés et
des suspects, confiant dans l'habileté et le zèle de son bril-
lant chef d'escadron, ne faisait au régiment que de rapides
apparitions ([1]). « Il aime, diront plus tard les sous-officiers,
partisans de Murat, à se promener dans les pays et lorsque
par hasard il vient au régiment, ce n'est que momentanément, pour dire comme le ci-devant prélat : Regardez-moi,
me voilà ! ([2]) »   .

Au corps, c'est Taillefer, c'est Murat qui « font tout » ([3]).
En juillet 1793, Taillefer envoie à l'armée le premier escadron sur le pied de guerre. D'août à septembre, Murat
forme le deuxième et le troisième escadron ([4]) tandis que
Landrieux « travaille » à Boulogne, à Montreuil et à Abbeville, et se borne en route à assurer Murat qu'il compte
rejoindre les chasseurs à Pont-à-Marque. De simples capi-

1. Sur ce point tout le monde est d'accord. Archives de la Guerre,
doss. Landrieux : *Certificat des officiers du 21e chasseurs*, du
26 novembre 1793 ; *Lettre des sous-officiers à Dumont*, du
15 février 1794.

2. Archives de la Guerre, doss. Landrieux : *Lettre des sous-
officiers à Dumont*.

3. *Idem.*

4. Archives de la Guerre, doss. Murat : *Lettre de Murat aux
représentants du peuple composant le Comité de Salut public*,
14 mai 1795.

taines lui suffisent à la tête des escadrons de guerre. Murat
reste à Hesdin où il formera le quatrième, tandis que
Chauveton, Paimparey de Chambry, Rippel, Fessole commandent à sa place sur les champs de bataille où le
21ᵉ chasseurs conquiert le renom de *célèbre* qu'il conser-
vera à l'armée du Nord.

Aussi, au corps cette situation crée-t-elle deux partis :
d'un côté les officiers qui marchent et qui partagent avec
le chef de brigade les félicitations d'Hosten et de Berru,
et les promesses d'avancement qui en sont la conséquence ; de l'autre les officiers qui restent au dépôt et qui
partagent avec Murat l'ingrate tâche d'équiper et de dé-
gourdir les recrues, de leur apprendre le maniement des
armes et les regles du service des places. Les uns seront les
amis inébranlablement fidèles du chef de brigade, et, comme
Devaux, ils lui parleront, trois ans plus tard, en Italie,
des jours heureux du 21ᵉ chasseurs (1). Les autres ce sont
les mécontents, les jaloux ; Murat recrutera parmi eux les
auxiliaires de ses menées. Pour tromper les loisirs des cantonnements, ils fréquentent les clubs, les sociétés populaires
à qui l'avénement de municipalités sans-culottes a donné
une nouvelle vigueur. La délation y est habituelle et la
critique des actions et du passé des hommes en place y est
constamment à l'ordre du jour (2). Landrieux, en sa qua-

---

1. Mss. B., folio 400 : *Lettre de l'adjudant-général Devaux*,
Milan, 23 germinal an V (12 avril 1797) : « Je suis bien fâché,
mon bon ami, à mon passage à Milan, d'avoir été privé du
plaisir de te voir. J'apprends avec plaisir que tu es au moins
aussi heureux que tu le mérites, ce que je t'ai toujours désiré. Ce
doit être un grand chagrin pour les Messieurs du 21ᵉ, dont le but
était de te perdre. Si le regret de ton absence causé à plusieurs
officiers du 21ᵉ de chasseurs, pouvait te flatter, il en est qui te regrettent beaucoup et qui voudraient bien te ravoir.

« Reçois de nouveau l'assurance de mon amitié la plus sincère.

« Salut et amitié.

« P. DEVAUX. »

2. « Doué d'un physique vigoureux et d'une voix de stentor, il
se fit remarquer dans les clubs, dit Sarrazin de Murat, par la cha-
leur de son jacobinisme. » (Jean Sarrazin, *Défense des Bourbons
de Naples contre les panégyristes de l'usurpateur Murat.*
Paris. 1815, in-8, p. 11).

lité de chef de brigade, ne pouvait échapper à leurs atteintes. Un ancien cocher de Monsieur, Hardy, maintenant employé aux transports militaires, avait reconnu en lui l'ex-inspecteur des relais avec qui il avait eu autrefois des rapports de service, l'hôte familier à qui la protection du marquis et de la marquise de Montesquiou suscitait tant de jaloux. Il n'eut rien de plus pressé que d'apprendre à Murat que le formateur des hussards-braconniers était un ci-devant serviteur du frère de Capet (1).

Les révélations de Hardy furent un trait de lumière pour Murat. Il avait été, l'année précédente, inquiété par Pache qui le taxait d'aristocratie, le croyant de la famille des Murat d'Auvergne et il avait dû, pour se disculper, mettre en jeu de nombreuses influences et prouver qu'il était roturier, fils de roturiers (2). L'occasion se présentait pour lui de donner une marque importante de civisme en dénonçant au ministère son chef de brigade comme un ci-devant serviteur des Tyrans. Il devait d'autant moins hésiter que cet acte de bon patriote favorisait singulièrement son ambition. En effet, un homme qui avait de pareils antécédents ne pouvait rester à la tête d'un régiment et, Landrieux destitué, Murat qui, depuis le départ de Taillefer, était le plus ancien chef d'escadron, se considérait comme le chef de brigade futur du 21e chasseurs (3).

Mais Murat n'était pas homme à comploter en silence. Landrieux, rapidement avisé de ses menées, envoya Maisonnade, un de ses officiers, à Paris, pour tâcher de devancer la dénonciation et remettre au ministre une contre-dénonciation en règle, visant l'inconduite et l'indiscipline de Murat et rappelant les soupçons d'incivisme qui avaient pesé sur lui. Le capitaine Perimond, ami intime du représentant Lebas, qui au lendemain de son mariage avec la fille de Duplay venait d'entrer au Comité de Sûreté générale (4), se chargea d'appuyer la dénonciation, avec la secrète espérance de remplacer Murat. Mais, arrivé à Paris, autrement

---

1. Mss. B., fol. 56, 58, 59 et 61.
2. Archives de la Guerre, doss. Murat : *Lettre de Murat au Comité de Salut public*.
3. Archives de la Guerre, doss. Murat : *Rapports du bureau de la cavalerie au ministre*, 4 nivôse et 13 pluviôse.
4. Le 14 septembre 1793.

conseillé, Perimond changea d'attitude et se tourna contre Landrieux, ce qui, d'ailleurs, ne lui réussit guère.

Murat, informé du départ de Maisonnade et de Perimond, connaissant le but de leurs démarches, se sentit menacé. Pour parer au renouvellement des ennuis qu'il avait eu l'année précédente, il se décida à métamorphoser son nom : on lui reprochait d'être un Murat d'Auvergne : désormais il s'appellerait Marat comme l'ami du Peuple. Sous une pareille appellation volontairement choisie, qui donc oserait mettre en doute la pureté de son civisme [1].

Il fallait à toute force écraser Landrieux. Murat s'empressa donc d'écrire à Bouchotte, ministre de la Guerre, pour lui révéler le passé de son colonel. Il informa les représentants du peuple, ses protecteurs, des dangers que courait le 21e chasseurs. Après Soibinet et les autres traîtres, un Landrieux! « Le corps s'est couvert d'infamie; » une épuration sévère s'impose.

A Paris, tous les ennemis que Landrieux s'est fait dans sa carrière militaire, — et ils sont nombreux, — se coalisent. Sijas centralise les efforts.

« Le citoyen Guittard, inspecteur, prévint le ministre que, dans sa tournée aux dépôts de l'armée du Nord, il avait observé que l'administration du 21e régiment de chasseurs était dans le plus grand désordre ; que depuis le trompette jusqu'au chef d'escadron, tous demandaient à grands cris que Landrieux finit son éternelle comptabilité et leur procurât le décompte depuis la formation du corps [2]. » On réveilla les vieilles histoires des hussards-braconniers et l'on jugea que les rapports de Chalbos et de Chazeaud-

1. Archives de la Guerre, doss. Murat : *Lettre de Murat au Comité de Salut public.* On lit dans la *Défense des Bourbons de Naples contre les panégyristes de l'usurpateur Murat,* par le général Sarrazin, sur ce point bien renseigné, p. 72 : « Il m'a été dit que dans son régiment, il avait fait changer, sur les contrôles, son nom de Murat pour celui de Marat. » Barré (*The rise, progress, decline and fall of Bonaparte empire*), appelle volontiers Murat Marat. La *Biographie Didot* fait aussi mention de ce changement de nom.

2. Archives de la Guerre, doss. Landrieux : *Rapport de la Commission du commerce et des approvisionnements,* 16 vendémiaire an III.

Dutheil étaient suffisants pour motiver une destitution immédiate.

A ces griefs s'en joignit un autre. En mai 1793, les représentants du peuple aux armées avaient autorisé Landrieux à compléter son corps avec des hommes du contingent et à pourvoir à leur habillement et à leur équipement : une somme de 100,000 livres fut affectée à cet usage. Le 25 octobre (4 brumaire), le commissaire des guerres, chargé de prendre connaissance de l'emploi de cette somme, fit assembler le conseil d'administration du 21ᵉ chasseurs : il n'existait ni registre de délibérations, ni journal général, ni caisse (¹).

Sijas décida « que Landrieux qui avait été à la tête de l'administration, Chauveton qui avait été chargé du détail des achats et du magasin de l'habillement et Chambry qui avait touché l'argent, seraient mis en état d'arrestation et qu'un commissaire des guerres leur ferait rendre compte (²). »

Le Conseil exécutif, sur le rapport qui lui fut fait par Bouchotte, décida la suspension de Landrieux que le ministre de la Guerre signa le 13 novembre 1793 (³).

Grièvement blessé le 31 octobre précédent, Landrieux apprit à Arras la mesure qui le frappait par cette lettre d'avis du ministre de la Guerre :

Le ministre de la Guerre au citoyen Landrieux.

Le Conseil exécutif ayant jugé devoir vous suspendre du grade de chef de brigade au 21ᵉ régiment de chasseurs, je vous préviens que son intention est que vous cessiez, à compter de ce jour, les fonctions que vous y exercez et que vous vous conformiez aux lois et décrets de la Convention nationale, notamment à ceux des 20 août, 5 et 6 septembre dernier, en vous éloignant immédiatement à une distance

1. Archives de la Guerre, doss. Landrieux : *Rapport de la Commission du commerce et des approvisionnements*, 16 vendémiaire an III.

2. Archives de la Guerre, doss. Landrieux : *Rapport de la Commission du commerce et des approvisionnements*, 16 vendémiaire an III.

3. Archives de la Guerre, doss. Landrieux. *Idem.*

4. Mss. B., folio 117.

de 20 lieues de toute frontière, de toute armée et de la ville de Paris ; vous voudrez bien m'accuser réception de cette lettre et m'annoncer quel est le lieu que vous choisirez pour vous retirer, afin que je puisse en informer le Conseil exécutif.

V. Bouchotte.

Cette suspension, qu'il ne prévoyait pas, car quelques jours avant il s'était fait délivrer par les officiers du corps, *Marat* compris, une attestation prouvant que les détails de l'administration intérieure lui avaient été totalement étrangers ([1]), cette suspension donc le surprenait au moment où les généraux et les municipalités s'empressaient de

1. Voici cette curieuse pièce :

21ᵉ DE CHASSEURS
A CHEVAL

ADMINISTRATION DUDIT RÉGIMENT

Nous, officiers du régiment, certifions que le citoyen Landrieux, chef de brigade et formateur dudit régiment, n'a presque jamais été présent au corps depuis le 10 avril jusqu'à la fin de septembre ; nous reconnaissons qu'il lui a été impossible d'y être, étant occupé au dehors de tous les détails du recrutement, de l'équipement et de la remonte du régiment, et que, par conséquent, les détails de l'administration intérieure lui ont été tout à fait étrangers ; que les citoyens Taillefer, Chauveton, et après lui Marat, chefs d'escadron, en ont seuls été chargés, conjointement avec les citoyens Chambry, Haunier, Houtteville et Le Goix, qui ont été successivement quartiers-maîtres ; qu'à la fin de septembre, le citoyen Landrieux ayant rejoint les escadrons de guerre à Pont-à-Marque, l'administration du régiment est restée entre les mains de Marat et du conseil d'administration du dépôt. En foi de quoi avons signé le présent pour servir et valoir à ce que de raison.

Flers, ce 6 frimaire, IIᵉ année républicaine.

Et ont signé :

> Faisolle, sous-lieutenant ; Forzy, capitaine ; Haunier, lieutenant ; Chambry, capitaine ; Le Ducq, sous-lieutenant ; Coclet, sous-lieutenant ; Corbié, sous-lieutenant, *la Liberté ou la Mort* ; Thirion, adjudant ; Houtteville, lieutenant ; Dosset, capitaine ; Marat ; Chauveton, chef d'escadron.

Je ne connais rien à l'administration, mais je signe l'absence du citoyen Landrieux.   Hérard, sous-lieutenant.

Je ne connais rien à l'administration, mais je signe l'absence du citoyen Landrieux.   Chanel, sous-lieutenant.

lui faire parvenir les témoignages écrits de leur admiration pour sa belle conduite et son dévouement à la patrie. La lettre du ministre qui venait ainsi briser sa carrière aux heures des plus belles espérances, lui fut transmise le 15 frimaire (5 décembre 1793) par les officiers du premier escadron de guerre qui s'empressèrent d'y joindre en guise d'adoucissement cette consolante lettre.

« Le Conseil exécutif provisoire vient de nous prévenir, citoyen chef de brigade, qu'il avait jugé à propos de vous suspendre de vos fonctions. A cet ordre, daté du 13 brumaire et qui ne nous est parvenu qu'aujourd'hui, est jointe une lettre à votre adresse que nous vous faisons passer.

« En vous notifiant la décision du Conseil exécutif, nous ne pouvons, citoyen chef de brigade, que vous témoigner toute la douleur et le regret qu'elle nous cause; ce n'est pas vous qu'on veut perdre, c'est le régiment. Comptez sur nos efforts à éclairer la religion du ministre *surprise par quelque vil intrigant.*

« Si notre bourse vous est utile pour vos comptes, disposez de celle de tous les officiers. Vous avez deux fois tiré le corps du néant. Votre bravoure extraordinaire et vos talents militaires ont conduit ses premiers pas au chemin de l'honneur, et vous êtes le seul auteur de la gloire qu'il s'est acquise.

« Nous faisons passer copie du présent au Comité de Salut public, aux représentants à l'armée du Nord et au ministre de la Guerre.

« Recevez, citoyen chef de brigade, nos consolations fraternelles.

> Chauveton, chef d'escadron, commandant le dépôt; Chambry. capitaine; Leroy, capitaine ; Rippel, capitaine ; Houtteville, lieutenant; Le Goix, quartier-maître-secrétaire (¹). »

On n'ignorait donc pas à Arras d'où partaient les dénonciations, quel était « le vil intrigant » jaloux de s'attribuer la gloire du 21ᵉ chasseurs; on devinait les mobiles secrets qui le faisaient agir; néanmoins, les officiers, en écrivant à

1. Mss. B., folio 118.

Landrieux leur lettre très digne, évitèrent de se compromettre.

Les amis de Murat n'avaient pas la même modération ; ils professaient, comme leur chef de file, la plus grande animosité pour Landrieux, et un certain nombre d'autres officiers connus pour ses partisans n'avaient même pas attendu la notification officielle de la destitution de leur chef de brigade pour se considérer comme affranchis vis-à-vis de lui des liens de toute discipline.

Le 26 novembre 1793, à l'instigation de Murat, les officiers des escadrons de guerre se réunirent en un conciliabule pour procéder à un de ces examens *épuratoirs* mis à la mode par les Jacobins de Paris et imités par toutes les autres sociétés populaires. A la suite de cette réunion le procès-verbal suivant, dont le style ne rappelle que bien peu les principes d'éloquence que l'ex-abbé Murat avait puisés au séminaire, fut immédiatement rédigé (¹) :

« L'an II de la République française une, indivisible et impérissable, le sixième jour de frimaire, les officiers composant les trois escadrons de guerre du 21ᵉ régiment de chasseurs à cheval cantonnés à Flers, Pont-à-Marque et Pont-à-Breck, réunis.

« Le républicain Marat, chef d'escadron, l'un d'eux, prenant la parole, a dit :

« Camarades, frères et amis,

« Un grand intérêt nous rassemble aujourd'hui. L'ambition, l'intrigue de quelques individus reconnus, mais trop tard, indignes de nous commander, nous ont à jamais

---

1. D'après le texte même de ce procès-verbal, on sait qu'il en a été fait originairement plusieurs copies d'après le régistre des délibérations du corps : l'une, envoyée par les officiers au ministre, est conservée aux Archives de la Guerre dans le dossier du 21ᵉ régiment de chasseurs : c'est la pièce qui a reçu l'approbation du ministre. La seconde copie était destinée aux représentants du peuple en mission, et la troisième au général en chef de l'armée du Nord. Landrieux put donc en avoir communication. Il se trouve également aux Archives du ministère de la Guerre une expédition de ce document dans le dossier Murat ; elle porte les annotations données ici de la main même de cet officier qui, postérieurement, a pris soin de transformer en *u* l'*a* de Marat par l'adjonction de deux petits jambages de chaque côté de cette lettre.

déshonorés et ont rendu presque infâme le nom du 21e régiment de chasseurs à cheval et je crains que bientôt on ne déclare que nous ne méritons plus de servir la patrie.

« Il existe encore parmi nous de ces êtres hypocrites, de ces faux amis de la Liberté. Je vois encore siéger parmi nous des partisans, des complices du scélérat Landrieux qui n'eut de républicain que la parole. Je les vois, et, incapables de rougir comme leur digne chef, ils affectent, ainsi que lui, l'air et le ton de la franchise pour mieux surprendre notre bonne foi.

« Camarades, dans le Sénat français des scélérats trafiquaient, sous le manteau du patriotisme, de notre liberté avec les tyrans de l'Autriche et de la Prusse ; dans des sociétés populaires des traîtres inconnus servaient Pitt qui les avait achetés ; dans les armées de la République des chefs perfides, des Lafayette, des Dumouriez, des Custine, des Houchard livraient au fer de l'infâme coalition des milliers de républicains. La surveillance nationale a déjoué les complots de ces derniers et déjà ils ne sont plus.

« Le scrutin épuratoire, qui a eu lieu dans les sociétés populaires, a démasqué les traîtres qui se disaient les amis du peuple : déjà, leurs têtes criminelles sont tombées sous le glaive vengeur des parricides. Ah ! que ce même scrutin épuratoire nous purifie tous aujourd'hui !

« En effet, camarades, rester plus longtemps dans cette honteuse léthargie, garder plus longtemps un silence coupable, ce serait nous faire soupçonner, ce serait nous déclarer les complices, les agents ou les fauteurs de ces chefs dilapidateurs, dont la loi nous a fait justice. Il est temps que nous connaissions les coupables. Il faut que le voile qui, dans ce corps, confond le crime avec la vertu soit déchiré ; il faut qu'avant que nous nous séparions, la République connaisse ses vrais défenseurs. Il faut ici que chaque officier fasse l'analyse de sa conduite depuis 1789. Il faut que le camarade devienne l'accusateur de celui qui n'est pas digne de l'être. Que la franchise et l'impartialité prononcent ! Loin de nous tout esprit de haine particulière ! Que le calme, le sang-froid et la justice soient nos guides dans cette opération délicate ! La République entière nous contemple. Elle va nous juger ; elle attend de nous un exemple qui doit lui devenir salutaire et qui va, n'en doutez pas, être imité dans tous les régiments de la République. »

« L'assemblée tout entière applaudit à la sagesse et à la nécessité de la mesure proposée par Marat et, pleine de l'esprit qui l'anime, considérant d'ailleurs que les sociétés populaires, les sauvegardes de notre sainte liberté, nous ont tracé la marche que nous avons à suivre en nous donnant l'exemple de ce scrutin épuratoire qui doit frapper dans leur dernier retranchement l'aristocratie, la trahison et le modérantisme et que cette mesure en devient une de salut public à l'égard des corps militaires qui, tenant plus immédiatement entre leurs mains les destins de la patrie, doivent avoir une plus grande pureté de patriotisme et qui malheureusement ont tous été contagionés par l'incivisme, en ne devenant que trop souvent le refuge des agents et des créatures plus que suspectes des Dumouriez, des Custine et de tant d'autres scélérats de cette espèce qui vendaient la République à leur fortune. Considérant encore que c'est principalement un devoir pour ces corps républicains nés avec la liberté et qui doivent se distinguer par le courage, le dévouement à la cause du peuple et plus encore par le civisme le plus pur, de repousser loin d'eux, par tous les moyens que leur énergie leur inspire, les traîtres, les ambitieux, les intrigants qui ne voient qu'eux dans la République et qui jouent, suivant que leurs intérêts l'exigent, et le républicanisme et la plus vile aristocratie, et ces êtres pusillanimes qui craignant d'envisager le sommet de la montagne n'ont du patriotisme que le masque et laissent facilement apercevoir qu'ils ne sont pas faits pour la liberté ;

« Considérant enfin que ce serait partager l'opprobre et l'infamie de la conduite criminelle et se déclarer les fauteurs des dilapidations du coupable Landrieux que de ne pas prendre sur-le-champ les mesures les plus promptes et les plus efficaces pour purger le corps de tous ceux dont les liaisons ou les rapports avec ce traître pourraient les faire présumer, au moins soupçonner, de complicité avec lui et rendre par là au corps son honneur et sa pureté.

« Tous se sont levés simultanément et ont demandé par acclamation que, séance tenante, et sans désemparer la conduite de tous les officiers restant au corps depuis le chef d'escadron jusqu'au dernier sous-lieutenant fut examinée avec sévérité et épluchée avec calme et avec le sang-froid de l'impartialité et du désintéressement qui caractérisent l'homme libre et qui ne respire que le salut de la République ; que sans exception de personne et que ne voyant que la Patrie, le camarade exposât ce qu'il voyait d'impur dans la conduite de son camarade et que l'on repoussât et l'homme sans civisme et le complice de Landrieux.

« A l'instant le républicain Marat, nommé président à la presque unanimité des suffrages, ayant pour secrétaire Ransonnet, le plus jeune des officiers, ouvre la séance.

« Il a ensuite quitté le fauteuil qui a été momentanément occupé par le lieutenant Thévenin, le plus ancien d'âge, pour paraître au sein de l'assemblée pour répondre aux inculpations qu'on pourrait lui adresser.

« Un membre demandait qu'il rendît ses comptes, mais l'Assemblée entière passa à l'ordre du jour, motivé sur ce que, n'ayant jamais été chargé d'aucune comptabilité, il ne devait aucun compte et déclara qu'elle reconnaissait que, comme chef et républicain, il avait continuellement fait son devoir.

Marat reprend le fauteuil.

« L'assemblée examine ensuite la conduite de Périmond, capitaine, qui, s'autorisant d'une nomination illégale, et qui jamais n'a été consommée, a quitté l'armée pour aller au dépôt se faire recevoir chef d'escadron. Elle arrête : qu'attendu l'absence de Périmond, capitaine, et la gravité des inculpations qui lui étaient faites, il lui serait adressé les questions suivantes en l'invitant d'y répondre catégoriquement, sans délai, en lui rappelant que nous sommes dans la ferme résolution de ne conserver parmi nous que des gens purs, intacts, et qui n'ont d'autre ambition que celle de servir la Patrie :

« Questions :

« Pourquoi Périmond, n'ayant obtenu un congé pour aller au dépôt que pour y rendre ses comptes, n'a-t-il en rien rempli l'objet de son voyage ? — N'était-ce pas un prétexte pour quitter son poste et se rendre à Paris ? — N'avait-il pas promis à Landrieux d'y appuyer sa dénonciation calomnieuse contre Taillefer et Marat remise par celui-ci à Maisonnade ? — Quel pouvait être le motif de voyage assez important pour l'engager à quitter sa compagnie ? — La non-reddition de ses comptes ne pourrait-elle pas faire prouver qu'il a dilapidé les fonds qu'il a touchés pour la subsistance du corps, pour satisfaire à ses folles dépenses et à ce luxe indigne d'un républicain qu'on lui reproche

avec raison ? — Où a-t-il eu les trois chevaux qu'il a ? —
Les a-t-il payés au corps ? — Qu'en a-t-il fait ? — Pourquoi,
n'ignorant pas la loi qui n'a jamais accordé plus que
trois chevaux à un capitaine, s'est-il permis, ayant déjà
trois chevaux, de s'approprier le cheval pris dans l'affaire
du 1er octobre, sans même l'avoir fait estimer et sans en
avoir tenu compte aux chasseurs qui l'ont pris avec lui ?
— Pourquoi, en partant, s'est-il permis de se faire rembourser encore une ration de fourrage, tandis que, au contraire, c'était lui qui en devait une à la République ? —
Pourquoi conseillait-il à un officier de se faire l'ami de
Landrieux, tandis qu'il n'ignorait pas que Landrieux était
un traître et un scélérat ? — Pourquoi disait-il que Marat,
qu'il savait avoir toujours fait son devoir en honnête
homme, était un gueux, un scélérat ? — N'était-ce pas pour
satisfaire son ambition qu'à son retour de Paris il pressa
tout le corps de demander un chef d'escadron et en imposa-
t-il un en venant nous dire que le vœu du dépôt était pour
que les officiers seuls consentent à cette nomination
et que Maisonnade était porteur de ce vœu, tandis qu'il
savait bien le contraire, puisque les officiers du dépôt ré-
clamaient l'exécution de la loi du 21 février relative au
mode d'avancement ? — Pourquoi dit-il qu'on l'avait pressé
au dépôt d'accepter cette place malgré toute sa répugnance,
tandis que le vœu du dépôt n'était pas en sa faveur ? — La
nomination a-t-elle été confirmée par les représentants du
peuple et n'a-t-il pas, dans le cas de l'affirmative, surpris
leur sanction en leur disant que c'était le vœu de tous les
officiers, tandis qu'il savait bien que sa nomination était
illégale, était nulle, puisqu'elle n'a jamais été sanctionnée ?
— Par quel ordre s'est-il fait recevoir ? — Pourquoi, sachant
que Landrieux avait ses chevaux dans les écuries du quartier, n'a-t-il pas fait ses diligences pour le faire arrêter ? —
Ne peut-il pas être accusé d'avoir favorisé leur fuite ? —
Pourquoi, quand il applaudissait à la nomination de
Lebrasseur pour capitaine, disait-il à Maisonnade, son
concurrent, chargé de porter nos suffrages à l'assemblée du
dépôt, *de ne travailler que pour lui ?* (¹)

« Examen fait de la conduite de Rippel, et d'après les différentes inculpations à lui faites et auxquelles il n'a pu

---

1. En marge. — *Périmond a quitté le régiment.* MURAT.

répondre, il a été arrêté qu'à compter de ce jour il serait regardé comme ne faisant plus partie des officiers du régiment et qu'il en serait, à cet effet, référé aux représentants du peuple (¹).

« On a ensuite discuté le civisme du citoyen Forsy, qui a été reconnu pur, mais ayant, dans différentes affaires devant l'ennemi, exposé ses camarades et sa compagnie par impéritie, d'après l'aveu qu'il a fait lui-même de son incapacité, en convenant qu'il servait plus utilement la République à la charrue, il a été arrêté que les représentants seraient invités à le rendre à l'agriculture (²).

« Il a été arrêté à l'égard de Guéri, capitaine, que, pur d'ailleurs, il serait tenu de rendre compte de trente carabines à deux coups dont il est responsable (³).

« La conduite du capitaine Blackwel soumise ensuite à l'examen épuratoire, plusieurs membres ont d'abord observé que ce citoyen aurait été placé dans le corps des Braconniers en qualité de chirurgien-major et que ensuite, sans consulter ses forces et ses connaissances militaires, Landrieux avait récompensé en lui un de ses amis en le faisant capitaine. En raison de son impéritie, il a été arrêté que les représentants seraient invités à placer Blackwel dans un hôpital où il pourrait servir plus utilement l'humanité et la chose publique, après avoir néanmoins exigé de cet officier de rendre compte des fonds qu'il a administrés avec Landrieux.

1. En marge. — *Rippel est encore au régiment. Les représentants du peuple n'ont pas encore prononcé sur un des principaux chefs d'accusation. Il a déclaré avoir reçu de Landrieux cinq cent cinquante livres pour achat de chevaux de remonte. Il a avoué en avoir eu pour quatre cents et à moins. Il n'a pu rendre compte du surplus; de plus, il a quitté deux fois son poste à l'armée. Il avait un billet d'hôpital pour Saint-Eloy, il a été à Paris, Reims et Amiens. Il est dans ce moment au dépôt et souffre qu'un autre capitaine commande sa compagnie.* MURAT.

2. En marge. — *Forsy a montré depuis cette époque la meilleure volonté du monde et le Conseil lui a accordé un certificat qui atteste sa bonne conduite au bivouac d'Hélesding, le 22 prairial.* MURAT.

3. En marge. — *Guéry a rendu compte de ses trente carabines.* MURAT.

« On a reconnu ensuite que le capitaine Watier avait continuellement fait son devoir et qu'il n'y avait lieu à accusation contre les capitaines Lebas, Leroy, Thuillier, Bezin et Dosset.

« La conduite du citoyen Paimparey, lieutenant, a ensuite occupé l'assemblée. On lui reproche comme marque d'incivisme notoire son refus de marcher à l'armée quoique son tour fut arrivé, prétextant qu'on lui avait fait des injustices et qu'il devait et ne voulait partir qu'en qualité de capitaine. Pour lequel refus les représentants ont ordonné son arrestation à la citadelle de Lille. On lui reproche encore de n'avoir pas voulu marcher contre les rebelles de la petite Vendée dans les environs de Saint-Pol. On lui reproche encore plusieurs marques d'insubordination indignes d'un officier et d'un républicain. Pour quoi l'Assemblée, d'une voix unanime, arrête qu'il ne pourrait plus faire partie du corps (¹).

« Il a été arrêté à l'égard de Dupont, parti du cantonnement de Flers le 8 frimaire pour Paris, sans permission du général, sur un simple ordre de Landrieux, sans avoir rendu les comptes de la compagnie dont il était chargé, commandant en l'absence de son capitaine, après un séjour de deux à trois jours à Lille, que les représentants du peuple seraient invités de prononcer.

« Quant au citoyen Haunier, l'assemblée sursit à prononcer sur sa conduite jusques après la reddition de ses comptes (²).

« Houtteville, ci-devant quartier-maitre, a été reconnu et déclaré incapable de servir la République, eu égard à son âge, à ses infirmités et son impéritie. Il a été arrêté d'abord qu'il serait tenu de rendre strictement ses comptes de quartier-maitre et que les représentants du peuple seraient invités à lui faire accorder une retraite si toutefois il n'y a pas de malversation dans sa gestion (³).

---

1. En marge. — *Paimparey destitué par le ministre de la Guerre.* MURAT.

2. En marge. — *Haunier n'a pas encore rendu ses comptes, mais il doit les rendre au premier jour.* MURAT, chef d'escadron.

3. En marge. — *Hauteville n'a pas encore rendu ses comptes, et les représentants n'ont pas encore prononcé. Ce citoyen est au dépôt.* MURAT.

« L'assemblée a ensuite applaudi à la bonne conduite continuelle des citoyens Lebrasseur, Thévenin, Maisonnade, Ferrand, Molesme, Leduc l'aîné et Legoix, quartiers-maîtres.

« Passant ensuite à l'examen de la conduite du citoyen Leduc le jeune, l'assemblée, considérant que sa jeunesse, son inexpérience et les terreurs paniques qu'il a manifestées dans plusieurs affaires le rendent incapable de commander à des hommes, a arrêté que les représentants seraient engagés à le renvoyer à sa bonne maman (1).

« Fessole, noble de son propre aveu, s'est cependant comporté depuis qu'il est aux escadrons de guerre en brave soldat, en franc républicain (2).

« Corbié, interrogé pourquoi dans une retraite sur pays ennemi, après avoir enlevé une porte et fait quelques prisonniers, il a laissé les chasseurs de son détachement *piller*, ayant répondu qu'il ignorait la loi qui le défend, il a été arrêté, après avoir d'ailleurs reconnu qu'il n'y avait pas lieu à inculpation contre son civisme, qu'il en serait donné connaissance aux représentants du peuple (3).

« La conduite du citoyen Coclet a ensuite excité l'indignation de l'assemblée. Des actes multipliés de dérèglement de mœurs et d'insubordination sont reprochés à cet officier. L'assemblée, considérant qu'il importe que les chefs et tous les officiers se comportent de manière irréprochable en prêchant le bon exemple, a voté à l'unanimité qu'à compter de ce jour il serait rayé de la liste des officiers du corps (4).

« Jouti, sous-lieutenant, étant à Paris pour se faire opérer de la pierre, l'assemblée s'est refusé de voter sur cet officier qui n'est point assez connu (5).

« L'assemblée a ensuite déclaré qu'il n'y avait pas lieu à

---

1. En marge. — *Les représentants du peuple n'ont pas encore prononcé sur le compte du citoyen Leduc le jeune.* MURAT.

2. En marge. — *Fessole destitué comme noble par l'arrêté du représentant du peuple Duquenois.* MURAT.

3. En marge. — *Les représentants du peuple n'ont pas encore prononcé sur le citoyen Corbié.* MURAT.

4. En marge. — *Coclet destitué par le ministre de la Guerre.* MURAT.

5. En marge. — *Jouti est de retour, il est détaché à Bergue; il ne nous est parvenu aucune plainte contre lui.* MURAT.

inculpation contre les citoyens Borie, Bellerose dit Erard, Charnet, Lemoine, Rossignol, Messin, Vougauze, Vilmar, Lefebvre, Valloi, Scribe, Lecomte et Ransonnet ainsi que contre les citoyens Forgeau, Thirion et Pommier, adjoints.

« Quant aux officiers attachés aux états-majors, l'assemblée a déclaré ne pouvoir prononcer sur leur civisme, n'ayant jamais été à même de les connaitre.

« L'assemblée arrête, en outre, que tous les commandants des compagnies prendraient les renseignements les plus exacts sur le civisme de leurs officiers.

« L'assemblée, considérant enfin qu'on ne saurait donner trop de publicité à cette mesure rigoureuse et nécessaire qui doit effacer tous les doutes qu'on aurait pu élever sur la pureté de son civisme et de son dévouement à la cause du peuple, a arrêté à l'unanimité qu'il serait dressé procès-verbal de la présente séance et que copie en serait adressée aux représentants du peuple, au ministre de la Guerre et au général commandant en chef de l'armée du Nord.

« Fait et arrêté ce jour et an que dessus et ont signés :
RANSONNET, sous-lieutenant ; LEFEBVRE, sous-lieutenant ; ERARD, sous-lieutenant ; CHANEL, sous-lieutenant ; CORBIÉ, sous-lieutenant ; FESSOLE, sous-lieutenant ; THÉVENIN, lieutenant ; HAUNIER, lieutenant ; MAISONNADE, lieutenant ; LEBRASSEUR, lieutenant ; FORSY, capitaine ; RIPPEL, capitaine ; BEZIN, capitaine ; DOSSET, capitaine ; WATIER, capitaine ; MARAT, chef d'escadron, président (1). »

1. Sur l'exemplaire du dossier Murat, on lit à la suite de ce procès-verbal la note que voici :

« Le Conseil d'administration du dépôt dudit régiment adhère entièrement et approuve les mesures de sûreté du Conseil d'administration des escadrons de guerre en ajoutant :

« A l'égard du capitaine Dosset, qu'il se justifierait du soupçon de noblesse, attendu d'ailleurs qu'il y a contre lui de véhémentes suspicions tenant à la famille du ci-devant Caulincourt, général de l'ancien régime, ayant aussi un de ses frères que l'on prétend émigré, lequel était dragon dans Orléans.

Reims, ce 4 nivôse, IIe année républicaine.

Signé : MOLESME, JEANNIN, LE COMTE, GUÉRY, LE ROY. »

Murat a ajouté en marge : « Dosset a fourni des certificats de roturier ; il est à l'armée. »

On a vu, dans le procès-verbal du *scrutin épuratoire*, que l'un des principaux griefs invoqués contre Périmond était d'avoir laissé sortir du quartier d'Arras les chevaux de Landrieux. En effet, dès qu'il eut connaissance de la lettre des officiers des premiers escadrons de guerre, Landrieux donna l'ordre de mener ses chevaux à Amiens, car il se proposait d'aller dans cette ville se mettre sous la protection d'André Dumont (¹). On ne lui laissa pas le temps d'y arriver, car l'ordre de son arrestation, signé le 16 novembre, avait suivi de près la lettre de suspension. Il fut arrêté et incarcéré à Abbeville. Joseph Lebon envoya en même temps appréhender Mᵐᵉ Landrieux à Hesdin. Comme les perquisitions étaient l'inévitable conséquence d'une arrestation, les papiers et les effets du colonel, ainsi que les effets de sa femme, tant à Arras qu'à Hesdin, furent mis sous scellés par les soins des comités de surveillance de ces deux villes (²).

Pendant huit mois, Landrieux et sa femme demeurèrent sans nouvelles l'un de l'autre. Ils n'avaient ni linge ni argent et souffraient beaucoup, Mᵐᵉ Landrieux surtout, détenue à Arras en la prison des Baudets, « pleine comme un œuf » (³), où elle courait un vrai danger; car Lebon avait installé un tribunal révolutionnaire, dont plusieurs

---

1. Il était, on le comprend, peu jaloux de confier sa vie à la justice de Lebon. Voici en quels termes un ami des Robespierre rendait compte à Charlotte Robespierre de l'état auquel le boucher d'Arras réduisait son pays natal : « Depuis six semaines on a guillotiné cent cinquante personnes et *incarcéré environ trois mille*. Des citoyens ont été trouver un ami de ton frère; on lui a dit : « Vous seul pouvez faire entendre la vérité, Robespierre a confiance en vous. » Il leur a répondu : « *Comment pourrais-je écrire, puisque tous les soirs on assiste au départ des lettres ?* » *Le rapport de Saint-Just et le décret qui porte que les accusés de conspiration seront traduits au tribunal révolutionnaire, à Paris, avait fait naître quelques espérances;* mais hier on a publié que, dans toute la République, la seule ville d'Arras ne jouirait pas de la sagesse de cette loi. (*Rapport Courtois sur les papiers trouvés chez Robespierre* : documents.)

2. Archives de la Guerre, doss. Landrieux: *Lettre à Pille*, 20 août 1794.

3. L'expression est de la municipalité (8 floréal an II-27 avril 1794) Lescène, *Arras sous la Révolution*, II, p. 229.

juges membres de sa famille (1), et la guillotine fonctionnait en permanence.

Les amis de Landrieux ne l'abandonnaient pas dans sa
disgrâce : il est vrai qu'ils ne possédaient guère d'influence.
Chauveton et Chambry avaient été destitués et incarcérés
presque en même temps que lui (2). Avant de subir le même
sort, le sous-lieutenant Fessole informa Alexandre Truet
de l'arrestation de son beau-frère Landrieux (3). Truet, qui
habitait Paris, s'adressa immédiatement aux bureaux de
la Guerre. L'accueil hostile qu'il reçut lui fit comprendre
que si la situation de Landrieux était grave, cela tenait à
d'autres griefs qu'à ceux qu'on invoquait ouvertement.

L'affaire des comptes n'était en effet qu'un prétexte. Les
dénonciations de Murat n'étaient pas prises au sérieux,
car on connaissait fort bien le mobile ambitieux qui les
dictait (4); mais, du haut en bas, toutes les rancunes s'unis-
saient pour perdre le prisonnier. On ressuscitait même
de vieilles querelles. Sijas, ancien employé de la régie,
devenu adjoint à la Guerre, que sa situation et ses relations
parmi les Montagnards rendaient un personnage influent,
profitait des circonstances pour faire expier à Landrieux le
dédain qu'il avait eu en janvier 1793 pour une recomman-

1. Lamoral-Vasseur et Régniez, notamment, étaient les cousins
de Lebon ou de sa femme. « J'ai vu, disait le représentant Chou-
dieu après thermidor, j'ai vu des membres de ce tribunal; ils ont
plutôt l'air de bourreaux que de juges; ils se promènent dans les
rues avec une chemise décolletée et un sabre traînant toujours à
terre; enfin, ils montent au tribunal en annonçant que l'affaire de
tel ou tel va être expédiée et que bientôt on le verra passer pour
aller à l'échafaud. J'ai été moi-même le témoin auriculaire de ces
propos, qui ne conviennent point à des juges. (Guffroy, *Les secrets
de Joseph Lebon*, pièces.)

2. Chambry fut suspendu de ses fonctions le 28 brumaire an II
(18 novembre 1793), et réintégré seulement le 12 juillet 1795. Landrieux le retrouva en Italie en 1797. (Archives de la Guerre, doss.
Chambry.)

3. Archives de la Guerre, doss. Landrieux : *Lettre de Truet*.

4. Plus tard, Murat demanda à jouir du bénéfice de la loi du
21 février 1793, d'après laquelle il devait être pourvu de la place
de chef de brigade laissée vacante lors de la destitution de Landrieux. (Archives de la Guerre, doss. Murat: *Rapport du bureau
de la cavalerie au ministre*, en date de nivôse an IV.)

dation en faveur d'un mauvais sujet nommé Houdangry. Il lui reprochait encore la violente expulsion des hussards-braconniers, d'un aventurier, Chastelain de Bye, à la femme de qui cet orateur habituel des Jacobins ne pouvait rien refuser () .

Parmi les autres influences contraires à Landrieux, il convient de signaler celles des deux représentants du peuple Lebon et Lebas. L'un lui tenait rancune d'avoir obligé son frère Nicolas-Henri Lebon à quitter le 21e chasseurs pour un poste infime de secrétaire-commis au département, aux appointements de 1,200 livres, bien que depuis ce dernier eut réussi à se faire nommer, par les représentants Lacoste et Peyssard, commissaire des guerres provisoire pour la levée de 1793 (2). Or, il était dangereux de se mettre mal avec « cette famille de fous » comme l'appelait Prieur (3).

L'autre ne pouvait oublier les punitions sévères pour fautes contre la discipline infligées à son frère, le capitaine François Lebas, par ce même Landrieux, d'autant plus que le représentant du peuple et toute sa famille tenaient ce frère en très haute estime (4). Le chef de brigade avait pareillement entravé la carrière d'un beau-frère de Lebas. Ces crimes impardonnables envers la famille d'un représentant du peuple furent vigoureusement dénoncés au club des Jacobins.

Les simples commis à la Guerre, ceux dont on se conciliait les bonnes grâces avec quelques menues politesses, ne pouvaient rien contre l'influence prépondérante et néfaste de Sijas. L'un d'eux, Le Fèvre, dira plus tard qu'il n'a fait que ce qu'on lui ordonnait de faire (5).

---

1. Archives de la Guerre, doss. Landrieux : *Mémoire justificatif.*
2. C'est ce Nicolas Lebon qui avait épousé la fille de Ferdinand Graux, chapelier à Saint-Pol. Sa belle-mère avait eu l'audace de promettre la liberté d'aristocrates : elle faisait des achats à crédit en invoquant l'alliance contractée par sa fille. Joseph Lebon la fit incarcérer, puis la relâcha sur l'intervention de Nicolas. (Paris, *Hist. de Joseph Lebon.*)
3. Guffroy, *Les secrets de Joseph Lebon et de ses complices.*
4. Buchez et Roux, *Histoire parlementaire de la Révolution,* XXXV, publient des lettres de Lebas à sa famille, dans lesquelles il est fréquemment question de François Lebas.
5. Annotation sur l'original de la lettre de Truet à Landrieux :

Truet, en sortant du ministère, écrivit à Landrieux pour lui faire connaître les résultats de ses premières démarches et le mettre au courant de la vérité : il lui adressa sa lettre à Abbeville où elle fut saisie par la municipalité qui l'expédia au ministère de la Guerre (¹).

« Fessolle m'a appris votre détention, mon cher frère. J'ai sur-le-champ été aux bureaux de la Guerre. J'ai trouvé Sijas et Lefebvre ensemble. Je ne vous cache pas que vous n'avez rien à espérer tant que ces gens-là existeront aux bureaux : vous le savez aussi bien que moi, et s'il était sûr qu'ils dussent toujours y influencer toutes les décisions, votre plus court serait de quitter l'état militaire : quand on parle des services importants que vous avez rendus, ils ricanent de manière à exciter la colère de l'homme le plus posé; ils parlent toujours de vos comptes, comme s'il était nécessaire de suspendre un bon officier pour régler des comptes dans lesquels il peut être créancier. Il y a autre chose que tous ces spécieux prétextes. Sijas vous a dénoncé aux Jacobins, comme ayant tourmenté mal à propos et forcé à sortir du corps le frère de Lebon et les frère et beau-frère de Lebas, qui, dit-il, sont aussi bons patriotes que les députés leurs frères (²) : voyez ce que cela veut dire et défendez-vous. — On m'a dit que votre femme était en arrestation à Hesdin : si cela est vrai, il n'y a plus de doute sur mes conjectures. Vous avez affaire à forte partie. Le représentant Dumont pourrait vous aider. Je sais qu'il vous aime beaucoup : mais ce n'est pas le moment, je pense, de l'employer. Il faut attendre. Le temps nous découvrira peut-être quelque chose sur le vrai motif de la persécution que vous éprouvez. Depuis que Perrimont a passé ici, je vois tous les visages changés. Indiquez-moi les moyens de vous écrire : soyez sûr, mon cher frère, que je ne serai pas négligent à votre égard. Je remuerai ciel et terre pour une cause aussi juste que la vôtre, mais comme je vous l'ai dit,

« Je prie le citoyen Pille de ne pas laisser *rouler* cette lettre, parce que Le Fèvre m'ayant fait dire *qu'il n'avait fait que ce qu'on lui avait ordonné de faire*, il me paraît inutile de le fâcher. »

1. Elle fut visée le 28 frimaire an II (18 décembre 1793), au conseil général permanent de la commune d'Abbeville.

2. Le capitaine Lebas était au corps, puisqu'il prit part à l'examen préparatoire du 6 frimaire.

il faut de la prudence et du temps. Marquez-moi à qui il faut que j'adresse ce que j'ai de papiers à vous. J'ai vu Jourdeuil (3), il est comme les autres, excepté qu'il m'a dit de vous dire de prendre patience, et que pour le moment il ne pouvait rien faire pour vous (4). »

Truet, à qui Landrieux avait envoyé tous ses papiers comptables et les explications nécessaires, en même temps que sa procuration, en juillet précédent, pour l'apurement de son compte au ministère, était à même de savoir à quoi s'en tenir sur les griefs qu'on prétendait tirer de la mauvaise gestion du chef de brigade.

On lui reprochait de n'avoir pas fourni son compte de formation du régiment des hussards-braconniers devenus depuis déjà quelques mois le 21e chasseurs à cheval. Cependant Truet, son fondé de pouvoir, avait remis ce compte pour l'apurement duquel il ne manquait que le visa de la deuxième commission, dite commission du commerce et des approvisionnements. De ce compte il résultait que Landrieux avait, par des revues parfaitement régulières, touché :

Le 27 septembre 1792.	25,000 livres
Le 28 octobre —	50,000 —
Le 28 novembre —	82,000 —
Le 28 décembre —	95,600 —
Le 29 janvier 1793.	122.000 —
Soit au total.	374,600 livres

Il pouvait produire la justification d'une dépense qui, à raison de 800 livres par homme engagé, monté, armé et équipé, dépassait de 92.742 livres 3 s. 9 d. le montant des sommes qui avaient été versées par le ministère de la Guerre.

La taxation à 800 livres par homme, ayant été la base de l'arrangement, ne pouvait être discutée. Un formateur de corps qui recrutait à ses risques et périls, sans solde, sans indemnité d'aucun genre, comme c'était le cas de Landrieux, jusqu'à la transformation des hussards-braconniers en 21e régiment de chasseurs à cheval, était un spéculateur

1. Adjoint comme Sijas au ministère de la Guerre.
2. Archives de la Guerre, doss. Landrieux.

de qui on devait exiger l'exécution stricte des conventions, mais auquel on ne pouvait contester le droit à ses bénéfices.

La seule chose qui pouvait amener des contestations, c'était les faits allégués par l'adjudant-général Chalbos à Meaux et en quelque sorte acceptés à Hesdin par l'adjudant-général Chazaud Dutheil : sur ce point il était nécessaire d'entendre Landrieux.

Quant à la comptabilité du 21e chasseurs, Truet l'ignorait complètement, car Landrieux, de l'aveu même de ses adversaires, ne s'était jamais occupé de la gestion ni de l'administration du corps. C'était Taillefer, puis Murat qui, avec l'aide de quartiers-maîtres plus ou moins expérimentés, avaient seuls géré les fonds, et la décharge donnée à Murat, lors du scrutin épuratoire, n'était qu'une mesure préventive contre toute réclamation à venir.

Jamais, d'ailleurs, plus qu'à l'armée du Nord, on n'avait constaté dans les corps les plus lamentables dilapidations. Carnot déclarait que « l'esprit de brigandage était tel qu'il était moralement impossible de débrouiller le chaos général des affaires; que les commissaires des guerres étaient *ignorantissimes* et que les quartiers-maîtres faisaient tous en un clin d'œil des fortunes brillantes (1). »

Le mal gagnait des grands aux petits et au quartier général de Marque l'ordre du jour du 17 frimaire an II (7 décembre 1793) que signait l'adjudant-général Duverger (2) deux jours après la destitution effective de Landrieux, s'exprimait en ces termes énergiques :

« Le général en chef est indigné de voir qu'il existe encore des dilapidations affreuses dans plusieurs bataillons. Ces abus énormes ne proviennent que de l'insouciance des chefs et de la négligence des capitaines. On prend avec profusion dans les magasins de la République habits, vestes, culottes, bas, chemises et les soldats profitent de la facilité à les obtenir pour aller vendre à vil prix la variété

----

1. Lettre de Carnot, datée de Lille, le 29 avril 1793, citée par Wallon, *les Représentants du peuple en mission*, IV, p. 79-80. Voir aussi Aulard, *Recueil des actes du Comité de Salut public*, notamment tome IV, page 241.

2. Duverger venait d'être réintégré par Isoré, après jugement d'une commission militaire. Il avait été destitué par Duquesnoy. (*Journal de la Montagne*, 2e série, n° 11.)

des matières. Il est temps d'arrêter des abus aussi préjudiciables.

« Le général en chef ordonne en conséquence que les revues de butin se passeront exactement, que tous les commandants de compagnie qui, lors d'une revue, ne pourra pas présenter ses feuilles de revue de butin en règle sera sur-le-champ destitué, que tout conseil d'administration qui ne pourra pas justifier de l'emploi qu'il aura fait des objets pris par les bataillons ou régiments dans les magasins de la République sera également destitué et poursuivi comme dilapidateur; ses registres d'habillement et équipement seront arrêtés tous les mois, et le capitaine sera tenu de présenter son registre de compte ouvert avec chaque volontaire de sa compagnie afin que les retenues puissent se faire exactement.

« Le présent ordre sera lu dans chaque compagnie et sous la responsabilité de chaque corps (¹). »

Quand on étudie en détail l'histoire de l'armée du Nord, qu'on constate le nombre vraiment considérable de dilapidations signalées en quelques mois par les lettres des généraux et des représentants du peuple en mission, et qu'on en rapproche les griefs si peu fondés qui servirent à justifier pendant plus de deux années la destitution du chef de brigade du 21ᵉ régiment de chasseurs (²), on se prend à répéter

---

1. Archives de la Guerre : armée du Nord et doss. Murat, *Ordre du jour signé de l'adjudant-général Duverger*, 17 frimaire an II. Cet ordre débute par les curieuses considérations que voici :

« La Raison, qui éclaire maintenant la République, bannit toutes les pratiques superstitieuses qu'avaient inventées des hommes dont la fade occupation était de duper le peuple. Paris vient de convertir son premier temple à la Raison et à la Liberté; l'armée du Nord ne veut donc plus dans son sein ces ministres du fanatisme et de la charlatanerie.

« En conséquence, il est ordonné à tout commissaire des guerres de ne plus comprendre sur l'état des revues les aumôniers des régiments. »

2. Parmi les principaux ouvrages à consulter sur cette question des dilapidations à l'armée du Nord, il faut citer en première ligne les très remarquables études de M. A. Chuquet, intitulées: *Jemmapes et la conquête de la Belgique; la Trahison de Dumouriez*. On y trouve notamment un historique détaillé des friponneries de d'Espagnac, Max Bidermann, Marx Beer, Cerf Beer,

le mot du représentant Beffroy, au sujet de Custine qu'on lui dénonçait de Paris : « Qu'il est dangereux d'écouter les ignorants et les intrigants qui portent envie à quiconque est au-dessus d'eux (1). ».

L'intrigue si complaisamment secondée, la calomnie si souvent écoutée ne portaient pas toujours les fruits qu'en attendaient les hommes qui s'en servaient dans un but égoïste soigneusement caché sous les dehors d'un ardent patriotisme ou d'un civisme soi-disant pur. Tel fut le cas du chef d'escadron Murat.

S'il avait déployé tant d'ardeur à dénoncer Landrieux, c'était, on l'a vu, avec l'espoir de lui succéder à la tête du régiment. Or, il fut tout le premier victime des soupçons qui planaient sur les dispositions des officiers du 21e chasseurs (2). On n'ignorait pas au ministère qu'il avait administré ce corps et qu'il était par conséquent responsable pour sa part des désordres de la comptabilité qu'on reprochait si durement à Landrieux. « Le peu de certitude que l'on avait alors acquis du personnel et des talents des officiers obligeaient Bouchotte à proposer au Conseil exécutif

Mosselman, Simon Pick, Perlan-Carpentier, Mallet, Hogguer, Achard. Des fonctionnaires et commissaires soupçonnés, un seul fut réhabilité avec éclat, c'est Malus. Les commissaires de la Convention déclarèrent que tous ses papiers attestaient l'ordre, l'activité, un travail aussi assidu qu'heureux et facile. — On peut consulter également Aulard, *Recueil des actes du Comité de salut public*, t. II, p. 67, 68, etc.

1. Lettre de Beffroy au Comité de salut public en date de Cambrai, 11 juin 1793. Aulard, *Recueil des actes du Comité de salut public*, IV, p. 516.

2. La manie des dénonciations était fréquente au 21e régiment de chasseurs; du supérieur à l'inférieur tout le monde dénonçait. Forneron rapporte (*Histoire générale des émigrés pendant la Révolution française*, I, p. 182) que Robespierre annota de sa main une dénonciation du chasseur Cahauve, du 21e régiment, qui le prévenait que les officiers de son corps n'étaient pas patriotes. Le 16 floréal an II (5 mai 1794), Saint-Just et Robespierre écrivaient au commissaire du mouvement des armées, au nom du Comité de salut public : « Tu t'informeras de la conduite politique des officiers du 21e régiment de chasseurs, 2e compagnie. S'ils ne sont pas reconnus pour patriotes, tu les changeras. » (Archives de la Guerre, doss. du 21e régiment de chasseurs à cheval.)

provisoire de disposer des emplois supérieurs vacants dans ce régiment en faveur d'anciens militaires sur lesquels il comptait (¹). »

Lorsque, plus tard, Murat réclama contre les nominations faites par Bouchotte, le bureau de la cavalerie opposa à ses instances des arguments qui durent singulièrement lui déplaire.

« C'est en vain, dit le rapport, que le citoyen Murat se fonde sur les bons témoignages que rend de lui le conseil d'administration du régiment, si depuis l'époque de la nomination du citoyen Duprés il a acquis les connaissances militaires nécessaires pour commander un corps, rien ne prouve, qu'il en eut alors de suffisantes, et c'est ainsi que l'a jugé le pouvoir exécutif puisqu'il fut obligé d'appeler un militaire pris hors du 21e régiment de chasseurs (²). »

Le 18 novembre 1793, le ministre Bouchotte avait signé la nomination à la tête du 24e régiment de chasseurs du citoyen Duprés, officier de cavalerie, qui depuis 1776 était successivement passé par tous les grades et qui se trouvait alors chef de brigade en disponibilité (³). Le mécontentement de Murat fut porté à son comble quelques mois plus tard par la nomination d'un nouveau chef d'escadron, le citoyen Rey, qui avait été nommé par arrêté des représentants du peuple en mission à Bordeaux, lieutenant-colonel provisoire de cavalerie (⁴), en récompense de ses services.

Bien plus tard, tout en approuvant, le 24 décembre, le procès-verbal du *scrutin épuratoire*, Bouchotte trouva fort mauvaise la fantaisie qui avait poussé Murat à s'approprier le nom de l'Ami du Peuple et à signer Marat. L'incident même prit les proportions les plus graves et ce fut encore à l'intervention des représentants du peuple, ses protecteurs, que Murat dût de ne pas voir les choses tourner mal pour lui.

1. Archives de la Guerre, doss. Murat: *Rapport du bureau de la cavalerie au ministre*, 13 pluviôse an IV.

2. Archives de la Guerre, doss. Murat: *Rapport du bureau de la cavalerie au ministre*, nivôse an IV.

3. Archives de la Guerre, doss. du 21e chasseurs: *Lettre de Duprés* en date du 26 floréal an III.

4. Archives de la Guerre, doss. Rey: *Nomination au grade de lieutenant-colonel*, 5 brumaire an II, signée Baudot, Tallien, Ysabeau, Chaudron-Rousseau.

Cette déception n'était pas propre à calmer l'animosité de Murat contre Landrieux, que le représentant André Dumont venait de faire transférer d'Abbeville à Amiens.

Malade au moment de l'arrestation de son ami, le représentant intervenait en temps utile, pour l'arracher aux terribles griffes de Joseph Lebon. Comme il jugeait qu'Abbeville était encore trop rapprochée d'Arras, il le prit sous sa garde à Amiens (¹). Landrieux se trouva dans la prison des Capettes avec son ancien camarade Delorme, ex-écuyer-courrier de Monsieur, Mme d'Ecquevilly, M. de Haucourt et d'autres ci-devant du Pas-de-Calais qu'il avait peut-être contribué à mettre sous les verrous protecteurs d'André Dumont (²).

On sait que les Amiénois n'avaient pu conserver un mauvais souvenir de son rôle dans les journées de juillet 1793 (³) ; il était donc certain de trouver parmi eux des sympathies.

Néanmoins, il crut utile de se faire oublier, heureux moyen qui réussit à cette époque à tant de suspects enfermés dans les prisons révolutionnaires, témoin le célèbre Beugnot qui put ainsi échapper à une mort certaine (⁴).

Dumont s'était informé auprès de Sijas et des autres adjoints du ministère des causes de la disgrâce de Landrieux. S'il en faut croire ce dernier, on n'en put rien tirer de précis (⁵). Cependant, Merlin de Douai se chargea de remettre à l'un de ces adjoints un mémoire justificatif que Dumont avait chaudement recommandé à sa bienveillance. Il en accompagna l'envoi de la lettre suivante, le 31 mars 1794 :

« Je te prie, citoyen, de donner ton attention au mémoire ci-joint. Je n'en connais pas l'auteur, mais, d'une part son patriotisme m'a été attesté par des gens dignes de la plus

---

1. En relâchant les suspects arrêtés à Boulogne et Montreuil, Dumont les engageait à ne pas retourner à Abbeville. « Il fait meilleur dans mes bras que dans ceux de Lebon, disait-il. »D'Hautefeuille, *Histoire de Boulogne*, p. 99.

2. Mss. B., fol. 56, 58, 59.

3. Dans la notice autobiographique (Mss. B., fol. 61), Landrieux se vante de les avoir « sauvés, en 1793, de la furie de trois députés : Chabot, Joseph Lebon et André Dumont, qui voulaient y faire ce qui arriva depuis à Toulon. » On a vu au chapitre précédent quel fut exactement le rôle de Landrieux.

4. *Mémoires du comte Beugnot*, t. Ier, p. 220-242. — Wallon. *La Terreur*. T. II, p 151-152.

5. Archives de la Guerre, doss. Landrieux. *Lettre à Pille,* 20 août 1794.

grande confiance, de l'autre je sais qu'il s'est toujours bien battu dans la dernière campagne à Pont-à-Marque entre Douai et Lille.

« Ce sont de justes motifs pour me faire désirer qu'il soit promptement prononcé sur son sort trop longtemps incertain ; qu'on le punisse s'il est coupable, mais qu'on le rende à ses fonctions et à son régiment s'il est innocent (¹). »

Cette démarche de Merlin de Douai devait demeurer sans effet : Daubigny était l'ami intime de Sijas (²) et les influences néfastes qui existaient au ministère contre Landrieux n'étaient pas près de désarmer. Un évènement faillit compromettre définitivement sa cause.

En floréal, l'appui d'André Dumont, rappelé à Paris, allait en effet manquer soudain à Landrieux. Ce rappel était la conséquence des dénonciations successives que J. Lebon avait adressées à ses amis du Comité de Salut public depuis ventôse. D'abord, il avait prétendu posséder contre Dumont les pièces les plus compromettantes. « Vous n'avez pas idée, écrivait-il, des leçons que l'homme public reçoit en lisant la confidence des aristocrates ; comme on spécule sur vos faiblesses et sur les vices de tout ce qui nous entoure : Du fond de leur prison, les gens suspects complotaient encore les ruines de la patrie. J'ai été éveillé ; soudain j'ai envoyé à la citadelle de Doullens sept terribles patriotes qui m'ont ramené pour le tribunal une douzaine de scélérats mâles ou femelles. Buchotz, l'indigne commandant que je vous ai dénoncé, est à Amiens par ordre d'André Dumont, *mais il ne pourra le dispenser d'expier ici ses intelligences criminelles.* J'étendrai le bras dans les départements environnants. *Je ne peux ni ne dois croire à tout, mais le Comité de Salut public doit sans cesse avoir les yeux ouverts sur ses collègues dans les départements* (³). »

Le 11 mai 1794, le Comité de Salut public chargea Lebon d'examiner l'affaire des citoyens Amy et Guche détenus

---

1. Archives de la Guerre, doss. Landrieux : *Lettre du citoyen Merlin, de Douai, représentant du peuple, au citoyen d'Aubigny, adjoint au ministre de la Guerre.*

2. *Moniteur*, XIX, p. 290.

3. Lettre de Lebon, datée d'Arras, 22 ventôse an II (12 mars 1794). — André Dumont, *Compte rendu à ses commettants*, p. 329.

dans les prisons de la Somme par ordre d'André Dumont et de leur rendre prompte justice (¹).

C'est avec l'affaire de ces deux détenus que Lebon enleva le rappel de son collègue. Il accourt à Paris, tonne au Comité contre ses « calomniateurs », et le 17, il rentre triomphant à Cambrai. « Le Comité de Salut public lui avait rendu toute la justice qu'il méritait (²). »

1. Amy et Guche avaient été arrêtés dans la Somme malgré les protestations des patriotes de Boulogne. Joseph Lebon se fit charger par le Comité de Salut public d'examiner leur affaire et le 10 juin 1794, il enjoignait à l'agent national près le district de Boulogne « d'informer, de concert avec le comité de surveillance de cette commune sur l'information aristocratico-secrète qui a eu lieu contre les patriotes. »

Le 18 juin, il prenait l'arrêté suivant :

« S'étant fait amener des prisons d'Abbeville les citoyens Guche et Amy, avec toutes les pièces que les agents nationaux des districts dudit Abbeville et d'Amiens peuvent connaître à la charge de ces deux citoyens ;

« Considérant qu'il n'existe sur leur compte que des actes d'écrou dans lesquels ils sont dits : détenus pour sûreté générale ;

« Considérant les réclamations sans nombre adressées en leur faveur par tous les patriotes de Boulogne ;

« Considérant les services qu'ils ont constamment rendus à la chose publique depuis le commencement de la Révolution, ce qui leur attire la haine des modérés et des aristocrates ;

« Arrête que ces individus, dès cet instant, sont rendus à la liberté ; et attendu que les places qu'ils occupaient au Comité de surveillance sont aujourd'hui remplies par d'autres, ils sont adjoints jusqu'à nouvel ordre audit Comité de surveillance, où ils continueront à poursuivre, sans doute, les ennemis de la patrie... » (*Joseph Lebon dans sa vie privée et sa carrière politique,* par Emile Lebon, p. 146-147.)

2. « Mon cher ami, écrivait Darthé à Lebas, le 19 mai 1794, Lebon est revenu avant-hier soir de Paris ; le *Comité de Salut public lui a rendu toute la justice qu'il méritait,* et ses calomniateurs ont été couverts du mépris et de l'opprobre que leur conduite infâme leur a attirés depuis longtemps. Guffroy avait rédigé contre lui un mémoire, le plus virulent et le plus pitoyable qu'on puisse fabriquer. Ils voulaient nous faire passer pour des assassins tout dégoûtants du sang innocent ; ils espéraient nous faire monter à l'échafaud qui les attend depuis longtemps. Ce n'était pas nous, positivement, qu'ils voulaient frapper ; c'était la patrie. Ils voyaient avec peine les conspirateurs écrasés, *les malheureux*

Au moment où André Dumont livrait contre Joseph Lebon ce suprême combat, Landrieux essayait du fond de sa
prison de perdre l'ambitieux Murat. Il fut près d'atteindre
le but.

Murat, qui devait partir d'Amiens pour aller à Paris, le
17 mai, à quatre heures du matin, fut arrêté et retenu au
Comité de surveillance révolutionnaire du troisième arrondissement pour être entendu sur une dénonciation portée
contre lui par Landrieux. Il ne fut relâché qu'à quatre
heures après midi, alors que le courrier de Paris eut appris
à la municipalité la disgrâce de Dumont. On s'empressa,
pour apaiser le chef d'escadron, de lui signer un certificat
relatant les événements de la journée « pour valoir à ce
que de raison ([1]). »

Cette fois, Landrieux se croyant perdu, écrivit à Murat
cette lettre d'excuse :

« Si j'eusse connu les sentiments nouveaux dont on m'a
dit que tu étais animé, je n'eusse pas été si prompt à
m'adresser au Comité pour connaître la cause qui t'avait
fait quitter ton poste et éveiller la surveillance sur ton
compte.

« Je t'écris parce que jamais je n'ai fait de promptitude
que je ne me sois fait justice de moi-même et quoique j'aie
horriblement à me plaindre de toi, je déclare que je suis fâché de t'avoir tracassé ([2]). »

Le départ de Dumont laissait, à Amiens, Landrieux dans
la même situation qu'au lendemain de son arrestation ;
mais, loin de se décourager, il reprit bientôt ses démarches,
et, le 7 thermidor, à la veille d'événements dont il ne pouvait se douter, il écrivit à Pille, commissaire à la Guerre :

soulagés, l'esprit public se montrer journellement, par conséquent
se préparer un avenir de succès à nos braves armées dans cette
belle campagne; leurs complots abominables sont déjoués. _Guffroy
serait déjà décrété d'accusation, sans des raisons de politique
et Dumont est rappelé._ » (Courtois, _Papiers inédits trouvés chez
Robespierre_, I, p. 148).

1. Archives de la Guerre, doss. Murat: _Certificat délivré par les
membres du Comité de surveillance révolutionnaire du troisième arrondissement de la commune d'Amiens_, 17 mai 1794.

2. Archives de la Guerre, doss. Murat: _Lettre de Landrieux_,
sans date.

« Citoyen,

« Après avoir rendu pendant toute la Révolution les services les plus essentiels à la chose publique, après m'être montré digne de la confiance de mes concitoyens par les actes de patriotisme les moins communs, j'ai été suspendu, le 30 brumaire, des fonctions de chef de brigade du 21e régiment de chasseurs à cheval.

« Depuis ce temps, je demande vivement la cause de ma suspension. Il faut qu'elle soit bien faible, puisqu'on ne m'a pas encore répondu.

« Le représentant du peuple Dumont m'a assuré que j'étais au-dessus de quelques misérables calomnies qu'on avait envoyées à l'ex-ministre contre moi, et qu'il les combattrait en temps et lieu pour moi.

« Cependant, il faut que je les connaisse, car il faut que ma suspension finisse ou que je sois puni si j'ai commis quelque crime.

« Je te prie d'ordonner que les dénonciations, s'il y en a, me soient communiquées, afin que je puisse y répondre et terrasser encore une fois les intrigants et les intrigues (1). »

La lettre de Landrieux arriva au ministère et fut enregistrée le 11 thermidor. Pille ne pouvait partager les inimitiés de son adjoint Sijas, qui l'avait lui-même dénoncé aux Jacobins, le 3 thermidor (2). Les événements qui venaient de se produire, la chute de celui qu'il appelle quelque part « le dernier tyran » changea du tout au tout la situation du malheureux chef de brigade. André Dumont venait à son tour d'entrer au Comité de Sûreté générale, après avoir joué un rôle important dans la fameuse séance du 9 thermidor, où il attaqua avec la dernière violence Robespierre jeune, dénonçant les vols que ce représentant avait commis à l'armée d'Italie avec Hermann et Lahire. Son premier acte au Comité fut de demander l'arrestation de Lebon, le seul des persécuteurs de Landrieux qui fut encore en liberté.

Lebas, mis hors la loi à la séance de nuit du 9 thermidor, après avoir demandé qu'on l'associât au sort de Robespierre et de Saint-Just, s'était tué d'un coup de pistolet au moment

---

1. Archives de la Guerre, doss. Landrieux.
2. *Moniteur*, XXI, p. 313.

où les commissaires de la Convention allaient se saisir de lui. Son frère, François Lebas, qu'un avancement extraordinairement rapide avait fait de simple capitaine au 21e chasseurs, adjudant-général chef de brigade à l'armée de Sambre-et-Meuse [1], allait être arrêté, en fructidor, sans autre motif que sa parenté avec « l'un des auteurs de la conspiration horrible qui vient d'éclater.... l'intérêt de la patrie s'opposant à ce que le frère de celui qui conspira contre elle soit employé plus longtemps [2]. »

Prosper Sijas avait été mis hors la loi et guillotiné le 11 thermidor (29 juillet) comme complice dans la rébellion de la Commune, car il avait présidé le Conseil général dans la nuit du 9 au 10 [3].

Landrieux pouvait enfin se défendre et respirer plus librement. Aucun de ceux qui avaient étouffé sa voix n'étaient plus là pour lui imposer le silence que commandait la terreur de la guillotine, cette *ultima ratio* des montagnards. Seul, Murat, n'eut point à souffrir des représailles thermidoriennes [4].

1. Capitaine du 14 août 1793, il fut nommé adjudant-chef d'escadron à l'armée du Nord le 28 janvier 1794, puis adjudant-général chef de brigade le 29 avril 1794, trois mois après. (Archives de la Guerre, doss. François Lebas.)

2. L'adjudant-général Lebas fut mis en état d'arrestation ; « bien que cet officier n'ait donné lieu, depuis qu'il était à l'armée, à aucun reproche », il passa cinquante-six jours au cachot, puis fut relâché sans réintégration. Le Directoire la lui refusait encore en l'an IV. (Archives de la Guerre, doss. François Lebas.)

3. *Moniteur*, XXI, p. 343. — Émile Campardon, *Le Tribunal révolutionnaire de Paris*, I, p. 429 ; II, p. 490.

4. *La Biographie Didot*, probablement sur la foi de Léonard Gallois, affirme à tort que Murat eut à subir des persécutions à cette époque. *La Biographie Michaud*, dans un article rédigé par M. Bégin, que la faillite de son éditeur, en 1848, empêcha seule, dit-il, de publier une biographie « exacte » de Murat, parle « d'un nouveau corps de chasseurs à cheval que le colonel Landrieux organisait à Versailles... Murat y commandait *déjà* un escadron au commencement de 1795. » Or, Murat était chef d'escadron depuis le 14 août 1793. La même biographie ajoute : « Le Directoire nouvellement constitué (vendémiaire an IV !) désigna Murat pour remplacer le colonel Dupré qui allait être mis à la retraite. » Quant à Gallois, dans son *Histoire de Joachim Murat*, il a cru que Murat avait été aide de camp de Durre après le 9 thermidor !

La rapidité, avec laquelle Xavier Audouin répondit à sa demande, dut faire comprendre à Landrieux le changement que ces événements avaient apporté à sa situation personnelle. Le 3 août 1794, cet adjoint à la Guerre lui écrivait au nom du commissaire :

« J'ai reçu, citoyen, la lettre que tu m'as écrite pour demander les motifs de ta suspension prononcée par le ci-devant Conseil exécutif provisoire. Je te préviens qu'elle a été déterminée par la connaissance que le 2e adjoint de la 2e division a donnée de la mauvaise gestion dans la formation et l'administration du régiment dont tu as le commandement. Si, cependant, tu veux réclamer contre ta suspension, tu peux m'adresser un mémoire dans lequel tu te conformeras d'abord à toutes les dispositions contenues dans une circulaire du 6 floréal, dont je joins ici un exemplaire, et tu l'accompagneras de pièces justificatives propres à détruire l'opinion que l'on a sur ta conduite.

« J'en ferai le rapport au Comité de Salut public et je t'informerai de sa décision (³). »

Landrieux s'empressa de rédiger les deux mémoires qui lui étaient demandés et de réunir les pièces justificatives sur lesquelles devait s'étayer la réfutation des reproches qu'on lui adressait. Moins d'un mois plus tard, le 20 août 1794, ce travail préliminaire étant achevé, il en envoyait les résultats au ministère avec la lettre suivante.

« J'ai reçu, citoyen, la lettre du 16 thermidor, par laquelle tu me mandes que si je veux réclamer contre ma suspension, dont tu m'expliques les causes prétendues, il faut que je me conforme avant tout aux dispositions contenues dans la circulaire du 6 floréal, et qu'ensuite je réponde aux re-

Cet historien retarde d'un an ! Une biographie exacte de Murat est encore à écrire, car le travail du major L. Merson (*Moniteur de l'Armée*, janvier 1857) expose trop sommairement tout ce qui a rapport à la jeunesse de ce personnage. Elle ne part en réalité que du jour où Murat fut attaché à Bonaparte. — La notice contenue dans *les Fastes de la Légion d'honneur* renferme vraisemblablement moins d'erreurs, mais cela tient surtout à sa rédaction beaucoup trop sommaire. Cette publication rédigée au début sur les documents officiels, en fut bientôt privée par ordre du maréchal Soult, ministre de la Guerre.

3. Archives de la Guerre, doss. Landrieux, minute.

proches qui ont porté le ci-devant Conseil exécutif à me suspendre.

« La pièce marquée A est en conformité de ce qu'exige la circulaire (¹).

« Celle marquée B est ma réponse auxdits reproches; (²) elle te prouvera qu'il est impossible qu'il n'y ait pas eu autre chose contre moi. On ne suspend pas, on n'incarcère pas un officier utile, un patriote connu, sans des motifs au-dessus d'une allégation aussi vague et aussi dénuée de preuves que celle dont le ci-devant Conseil exécutif s'est servi pour m'écarter et pour satisfaire des passions particulières. Dumont me l'avait bien dit : Bouchotte, Sijas et autres battirent la campagne lorsqu'il les somma de dire pourquoi j'étais disgracié.

« Oui, sans doute, il y a une autre cause.

« J'ai eu le malheur, en janvier 1793, de refuser l'entrée du corps à un mauvais sujet nommé Houdangry, malgré les vives recommandations de Sijas. J'avais en outre chassé, en décembre 1792, un aventurier nommé Chastelain de Bye, dont la femme était trop connue de Sijas.

« J'ai forcé Lebon de retirer son frère du régiment. J'ai puni avec sévérité le frère et le beau-frère de Lebas; de ces trois derniers, l'un a été fait commissaire des guerres malgré son ivrognerie et son extrême ignorance ; l'autre fut fait adjudant-général et le dernier général ; je n'avais pas eu la patience de souffrir leur insolence et leur insubordination. Les deux représentants, peu satisfaits de l'élévation monstrueuse de leurs parents, me punirent de n'avoir pas assez respecté, dans ces êtres pleins de vices, mais qui leur appartenaient de très près, le pouvoir énorme dont ils étaient revêtus. Dumont avait obtenu, vers le 15 brumaire, que mes comptes seraient réglés pendant les loisirs d'hiver. Quelques

1. Cette pièce est l'*Etat abrégé des services de Landrieux depuis le commencement de la Révolution et observations pour éclairer le Comité de Salut public sur sa conduite morale, politique, révolutionnaire et militaire et sur sa capacité*.

2. C'est l'*Instruction préliminaire donnée avec le sixième compte de formation à la Commission du commerce et approvisionnement, dont la connaissance est nécessaire pour juger à fond de l'injustice des reproches qui m'ont été faits*.

jours après, Périmond alla à Paris : on ne manqua pas de prétextes : le 30 brumaire, je fus suspendu.

« Merlin de Douai écrivit en germinal à Daubigny de la manière la plus vigoureuse sur mon compte. La Commission du commerce et des approvisionnements écrivit à Hesdin et à Arras pour que la portion de mes papiers, qui étaient entre les mains des comités de surveillance de ces villes, me fussent remis. Lebon, qui fut sans doute prévenu, s'empara de ceux qui étaient à Arras et ils sont à présent sous le scellé qu'on a mis chez ce représentant. Il envoya en même temps un membre du département du Pas-de-Calais mettre les scellés sur les papiers que j'avais à Hesdin. Heureusement que tout ce que j'avais dans ces deux endroits ne m'était pas absolument utile, car j'ai eu beau écrire, personne ne me répondit.

« A l'époque de mon arrestation, Lebon fit incarcérer ma femme à Hesdin. Nous avons été huit mois sans pouvoir avoir des nouvelles l'un de l'autre, sans linge ni habits.

« *A peine Lebon a-t-il été arrêté, que le département du Pas-de-Calais m'a écrit qu'il était prêt à faire tout ce qu'il faudrait pour moi, et on a mis ma femme en liberté.*

« Si je ne m'étais échappé, par mon adresse, aux ordres de Lebon à Arras, ma tête eût assouvi sa vengeance. Heureusement, on n'osa venir m'arracher des maisons d'arrêt d'Amiens, où l'ordre du ministre m'avait atteint : Dumont veillait et je fus sauvé.

« J'ai donc été la victime de la tyrannie de ces représentants coupables et de tout ce qui leur était dévoué : la lettre incluse le prouvera encore mieux (²).

« Ainsi, les reproches qu'on m'a faits, ne sont qu'un prétexte dont ils se sont servis pour m'écraser.

« Lis mes réponses, citoyen, donne un moment à mon malheur : j'attends tout de ta justice ; tu auras relevé un patriote opprimé. Quant à mon compte, je serai bien mieux à même de le rendre étant libre et à mon poste, d'ailleurs ma

1. *Ce sont les preuves de mes services contre les ennemis de l'intérieur de la République.* (Note de Landrieux.)
2. Il n'a pas été possible de retrouver la lettre dont parle Landrieux.

suspension est indépendante de l'apurement d'un compte après lequel qui redevra payera.

« Tu verras par une lettre que m'a écrit le commandant actuel du corps, qu'il désire que je le débarrasse de ce poste, ainsi il ne peut pas être un obstacle à ma réintégration (¹).

« Au surplus, citoyen, il est mille autres postes où je puis être utile à la République, dans les troupes légères ou aux états-majors, cela m'est égal, pourvu que ce soit devant l'ennemi ? »

Dans l'*Instruction préliminaire*, Landrieux, après un historique de la levée des hussards-braconniers, discute pied à pied les inculpations dont il avait été l'objet de la part de Chalbos et de Chazaud-Dutheil. Après avoir établi le compte exact de ce qu'il avait reçu du ministre de la Guerre, compte qui sera plus tard approuvé par la commission compétente, il s'écrie :

« Ai-je rempli le but de la République ? Ai-je fourni de bons chevaux ? Ai-je bien armé et équipé les hommes ? Etaient-ils eux-mêmes propres au service ? C'est l'objet de cette instruction et j'espère que la Commission ne pourra voir, sans être profondément indignée, les efforts que la malveillance et l'aristocratie ont faits pour entraver la levée

---

1. Landrieux ayant écrit à son successeur, le chef de brigade Duprès, au sujet de ses chevaux, saisis sur l'ordre du conseil d'administration du 21ᵉ chasseurs, à Amiens, en reçut la réponse ci-dessous, datée du 31 décembre 1793 :

« Béthune, 11 nivôse.

« Duprès au citoyen Landrieux, chef de brigade suspendu
du 21ᵉ régiment de chasseurs à cheval

« Le citoyen Meyssent a fait son rapport au conseil, mon camarade, de l'arrestation des chevaux à Amiens : je ne crois pas que le conseil ait pris ou puisse prendre aucune détermination à ce sujet.

« Tu as bien raison de croire que je ne puis t'en vouloir. Je désire pouvoir t'être utile. Dépêche-toi de te faire rendre justice et viens reprendre ta place, que je te céderai bien volontiers. Mais ne me parle plus de cette affaire de chevaux, dans laquelle je ne puis rien, étant d'ailleurs assez occupé, n'étant secondé par personne.

« Salut et fraternité.   DUPRÈS. »

(Archives de la Guerre, doss. Landrieux.)

de ce corps, l'usage perfide auquel il parait qu'on le destina quand il fut levé, et qu'elle s'empressera de rendre justice à l'homme qui eut le courage de résister seul aux complots des pervers et qui a employé toute son énergie à les dévoiler et en détourner le résultat.

« Quant à l'armement et à l'équipement, personne n'y a trouvé à redire, car ces objets sont permanents et indépendants des maladies ou usage forcé.

« Il en alla autrement des chevaux. L'adjudant-général Chalbos a dit qu'ils étaient tous mauvais ; l'adjudant-général Chazaud-Dutheil les a trouvé *après la campagne* presque tous bons. Un inspecteur envoyé par le ministre les a trouvés bons, mais malades. Que signifient ces contradictions ? C'est à moi de les expliquer.

« Chalbos les trouva presque tous mauvais : le 20 février, il en réforma 245 sur 449 comme de misérables rosses incapables de rendre aucun service à la République : il les fit en conséquence évaluer de 25 à 200 livres chaque. Eh bien! ce même Chalbos, du 28 du même mois au 28 mars suivant, après avoir clos son procès-verbal, repassa dans les écuries, et craignant la punition due au mensonge, trouva 403 chevaux propres au service et les fit partir pour l'armée! Qu'on lise son procès-verbal d'estimation et celui d'organisation et de départ, achevé par le général Lenglantier.

« Sans doute, le rebut, c'est-à-dire les 46 restant au dépôt, ne valaient pas la peine d'être écorchés ? Eh bien! trois semaines après, on en trouva 6 assez bons pour entrer dans les remontes du 3e de hussards et que des officiers y prirent. Les remontes générales y en trouvèrent encore 15 ; enfin les 13 restant qui sont tout ce qu'on a véritablement réformé, furent vendus, et malgré la défaveur qu'ont les chevaux de la réforme, il s'en trouva qui furent payés 342 livres, on se souviendra qu'ils n'avaient coûté que 400 livres.

« Si Chalbos n'a pas fait partir les plus mauvais pour l'armée, ce qui n'est ni vrai ni probable, sa malveillance est prouvée, et on ne s'étonnera plus de l'évaluation faite sous les ordres de Chazaud-Dutheil après la campagne. — Mais patience.

« Sur mes plaintes, le ministre ordonna un nouvel examen du corps et des chevaux : cet ordre, donné en avril, après avoir roulé quelque temps, parvint en juin au général Durre, qui chargea l'adjudant-général Chazaud-Dutheil de son exécution. Ma mauvaise destinée voulut que le hasard amenât-là ce même Chazaud, ci-devant adjudant-général à Meaux, avec lequel j'avais eu une affaire relativement à l'aristocratie de cet ex-noble. Il s'en souvint à Hesdin, fit ce qu'il put pour me nuire. Je prouvai un de ces mensonges au représentant et au ministre et il fut destitué.

« On présume d'avance qu'il ne voulut trouver que des haridelles, car il l'avait belle : les chevaux revenaient de Cassel, ils avaient couru toute la Belgique et la majorité d'entre eux venait des compagnies 3 et 4, qui à Meaux avaient choisi les dernières. — Eh bien! ces chevaux soi-disant de réforme, ces chevaux de 25 à 200 livres se trouvèrent valoir de 6 à 900 livres et plusieurs beaucoup au delà. Sans doute les chevaux étaient renchéris, mais du quadruple en deux mois de temps!

« Qu'on compare les signalements. On a aux bureaux les procès-verbaux de ces deux officiers ; on verra si ce ne sont pas les mêmes chevaux, car cette énorme différence doit faire naître tous les doutes possibles. J'observe que les chevaux furent évalués en quatre cantonnements différents, par des experts et des municipaux différents à chaque cantonnement... et je n'y étais pas.

« Des pièces prouvent que, lors de la revue de Chalbos, les chevaux étaient malades en général; ils souffraient depuis trois mois. La différence de ces estimations eut été nulle si Chalbos n'eut épousé la haine de cinq coquins (Soibinet, Guillaumet, Chavannes, Le Duc, Deschamps) qu'il protégea, qui l'entraînèrent dans des fautes sans nombre.

« Mais que dis-je? Le temps n'a-t-il pas découvert que Beurnonville, — que Chalbos allait consulter tous les jours presque, dans son opération, — était d'intelligence avec Dumouriez ([1])? Les officiers que Chalbos a fait rentrer au corps n'ont-ils pas entraîné une partie des hussards avec Dumouriez. Chalbos n'a-t-il pas maltraité Landrieux de toutes les manières! A-t-il fait prêter serment à la troupe ? Chalbos n'a-t-il pas fait son possible pour empêcher que

---

1. Cette idée, qui faisait de Beurnonville le complice de Dumouriez, était généralement admise à l'époque où Landrieux écrivait. M. Arthur Chuquet, avec son érudition habituelle, a démontré, dans son livre sur Dumouriez, la fausseté de cette allégation.

Taillefer ne partît comme chef d'escadron des deux compagnies où étaient les traîtres. N'allât-il pas exprès, toute la nuit, de Melun à Paris pour cela. Ces perfides ne complotèrent-ils pas en route et ne vinrent-ils pas à bout d'épouvanter Taillefer, en sorte qu'il n'osa plus se montrer au corps? En faut-il davantage pour prouver qu'on ne tracassa Landrieux que pour se défaire de lui afin qu'il ne gênât pas au moment décisif de la trahison? Qui peut méconnaître dans ces rapprochements les sentiers de la vérité. »

Le mémoire justificatif continue par des explications sur les circonstances de la reddition des comptes. Landrieux semble surtout y avoir à cœur de justifier les retards qu'il a dû, malgré lui et au détriment de ses intérêts, apporter au règlement définitif.

« Mon individu n'a pas pu suffire à tout. J'ai constamment travaillé, je n'ai pas eu une minute de repos ; je n'ai pas donné un seul instant à mes plaisirs, je n'en ai pas l'habitude — et avec tout cela je n'ai pu me détacher un instant pendant six mois pour aller à Paris.

« Le représentant du peuple, André Dumont, me faisait écrire, en brumaire, à l'armée, que j'y restasse tranquille en continuant à bien servir la République, et qu'il avait obtenu que je rendrais mon compte lorsque l'hiver me donnerait quelque loisir.

« Et, pendant ce temps-là, on se hâte de profiter de ma sécurité pour tromper le Conseil exécutif, on me suspend, on arrête un patriote blessé et on indigne toute l'armée.

« Quel formateur a mieux que moi rempli le but que la République se soit proposé ?

« Au fait le 21ᵉ existe, les généraux le préfèrent même au Chamborand si célèbre, parce qu'il est au moins aussi brave et qu'il est moins pillard.

« On crie contre le retard que j'apporte à rendre mes comptes. Eh bien, je dirai toute la vérité : il n'a pas été possible jusqu'à présent de trouver un véritable quartier-maître et des officiers pour le conseil. Tous les nouveaux corps en sont logés là. Rien ne se fait par enchantement...

« Qu'on n'aille pas cependant croire que je cherche à dégager ma responsabilité : je sais ce qui a été reçu et dépensé. Peu au fait de l'administration d'un régiment, les officiers qui en étaient chargés en mai, juin, juillet et août, ne mirent pas dans les affaires l'ordre usité, mais je suis prêt à déchirer la pièce que je cite et à être leur champion, je déclare qu'ils ont régi avec la plus sincère économie. Je proteste ici, en face de la République entière, que si je demande à rentrer à mon poste, ce n'est que pour faire voir combien ce régiment a été calomnié. Je prendrai le timon en main, je rendrai compte *usque ad ultimum restantem;* et j'offre ma tête si je ne prouve que tout ce qui a été reçu a été employé comme il devait l'être, et il est dû au régiment des sommes énormes, dont suit cette conséquence, que le régiment n'avait presque point de dettes à l'époque où je l'ai quitté et ayant de fortes sommes à recevoir, *il a donc été conduit avec économie.* On me dira que la dette de la citoyenne Traulet existait, je répondrai que nous avions de quoi la payer, car les représentants ordonnèrent qu'il fût payé au corps une somme de 100,000 livres. Sur le dernier paiement de cette somme, la citoyenne Traulet devait être soldée, mais pendant que j'étais à l'armée, le conseil du dépôt fit des dépenses nouvelles que je n'ai jamais connues, et j'ai appris qu'il disposa de la somme destinée à la citoyenne Traulet en faveur des créanciers nouveaux, pour être tranquille et pour me nuire.

« Si j'obtiens cette conséquence sans contradiction, s'il est constant que le corps est excellent à l'armée, je répéterai encore: que me veut-on donc?

« Pourquoi m'a-t-on suspendu sans m'entendre? Il est faux qu'on m'ait écrit depuis juillet.

« Je terminerais ici ma réponse, s'il n'était venu à ma connaissance que quelques ingrats qui me doivent leur place et de l'argent, ont cru en écrivant contre leur bienfaiteur qu'ils se débarrasseraient de leur dette et du fardeau de la reconnaissance.

« Il est dans le 21e, comme dans beaucoup d'autres corps, plusieurs individus qui aiment singulièrement la besogne faite et qui ont cru, en y entrant, prendre possession d'un canonicat. J'avais cru prendre des collaborateurs : nous nous trompions les uns et les autres. Cette sorte de gens, lorsqu'on leur laisse quelque chose à achever, au lieu de se mettre à l'ouvrage, se mettent à crier et à dénoncer et ne font absolument rien.

« J'espère que la Commission saura évaluer ces cris et ces

dénonciations qui ont caché jusqu'à présent la paresse, l'ignorance suffisante et l'*ambition* de ceux qui les font.

« Il y a huit mois que je ne suis plus au corps. Qu'ont donc fait depuis ces savants officiers qui ont tant clabaudé ? Où est leur besogne ? Où sont leurs comptes ? Savent-ils seulement par où s'y prendre pour les rendre ? Le chef de brigade actuel ne me prie-t-il pas d'aller reprendre mon poste aussitôt que je le pourrai, parce que, dit-il, il n'est secondé par personne ? Ne font-ils pas tourner la tête au commissaire Le Vacheux, chargé d'apurer la comptabilité du corps, en ne lui présentant que des données incertaines et insignifiantes ? Je demande à reprendre mon poste et, en un mois de tranquillité, je remettrai tout en ordre (¹) ».

Pille renvoya lettres et mémoires à la *Commission du commerce et des approvisionnements*, en lui demandant un rapport à présenter au Comité de Salut public. Le 20 décembre 1794, ce rapport fut remis au Commissaire de l'organisation et du mouvement des armées de terre. Il y était établi que Chalbos avait estimé que sur les 800 livres par homme que Landrieux avait reçues, il n'en avait dépensé que 616. Il y était encore constaté que la comptabilité du 21ᵉ chasseurs était mal tenue, qu'il n'existait ni registre de délibération du conseil d'administration du régiment, ni journal de caisse.

« En ce qui concerne les accusations portées par Landrieux contre Chalbos, Chazaud-Dutheil et les vétérinaires, y lisait-on encore, en admettant que les choses se soient passées telles qu'il le raconte, il ne prouve pas que leurs évaluations soient fausses......................

« Nous sommes loin de penser que ce citoyen soit dénué des moyens qui font un bon officier supérieur. Sa correspondance prouve qu'il a de l'esprit, et cette preuve s'élève contre lui parce qu'il est démontré que le désordre qui règne dans sa comptabilité n'est pas une suite de l'ignorance. On doit, sans doute, regretter qu'il ne se soit pas attaché davantage à l'étude des règlements militaires et à leur pratique; car il y a lieu de croire que s'il eût appliqué à cette partie du service la méthode régulière et la théorie

---

1. Archives de la Guerre, doss. Landrieux : *Mémoire justificatif.*

savante dont il se sert pour pallier sa négligence, le régiment qu'il commandait eût été le mieux administré de l'armée. Mais sa conduite prouve qu'il y a une grande différence entre bien dire et bien faire, et peut mener à conclure qu'un homme de guerre, un bon capitaine, doué d'un esprit ordinaire, mais franc et loyal, est bien au-dessus de celui qui ne montre que de l'érudition, qui agit d'une manière très équivoque et qui, comme Landrieux, est obligé d'employer journellement ses talents pour disculper ses fautes... ([1]). »

Le commissaire Pille soumit alors au Comité de Salut public les conclusions suivantes :

« Le Comité jugera que les soupçons que l'on a conçus sur son administration (de Landrieux), sont loin d'être détruits et qu'il n'est pas convenable d'employer un homme qui reste encore fortement prévenu de dilapidation, d'infidélité, d'ineptie ou incurie dans la formation successive des deux corps qu'il a commandés ([2]) ».

La Commission proposa donc au Comité de décider qu'il n'y avait pas lieu à délibérer sur la demande en réintégration du chef de brigade, jusqu'à l'apurement définitif de sa comptabilité. Le Comité de Salut public approuva ces conclusions.

En présence de l'insuccès de ses premières démarches, Landrieux fit agir Dumont, qui était devenu président de la Convention nationale, et sur l'original même du rapport, le protecteur de Landrieux écrivit cette apostille :

« J'engage mon collègue Dubois-Crancé à examiner cette affaire, parce que, sans justifier Landrieux, je peux au moins attester que pendant six mois qu'il a servi près de moi, il a mérité de grands éloges ([3]). »

Dubois-Crancé ne pouvait refuser son attention à une réclamation ainsi appuyée; il indiqua lui-même la voie à suivre pour arriver à un résultat favorable. Sur ses conseils, André Dumont engagea l'officier suspendu à se pourvoir

1. Archives de la Guerre, doss. Landrieux : *Rapport de la Commission du commerce et de l'approvisionnement*, 16 vendémiaire an III.

2. Archives de la Guerre, doss. Landrieux : *Rapport de Pille au Comité de Salut public*, 30 frimaire an III.

3. Archives de la guerre, doss. Landrieux.

auprès de la Commission du commerce et des approvisionnements pour y suivre l'examen de ses comptes. Cette commission le renvoya devant les agents généraux de
l'habillement, équipement et campement. Huet et Debris
examinèrent à leur tour les comptes avec tous les soins que
méritait le protégé de personnages aussi importants et, le
9 avril 1795, ils déchargeaient Landrieux des 374,600 livres
mises à sa disposition par le ministre. Quant aux pièces
que Landrieux produisait à l'appui de son compte, tendant
au remboursement de 92,742 livres 3 s. 9 d. dont il déclarait
avoir fait l'avance, ils jugèrent « qu'elles n'avaient point le
caractère légal qui peut les faire admettre en comptabilité,
puisqu'aucune d'elles n'était visée par le commissaire des
guerres chargé de la police de la troupe » formée et commandée par Landrieux. Mais aussitôt, les agents généraux
ouvraient au formateur des hussards-braconniers une nouvelle porte, en lui rappelant « que toute indemnité à réclamer en raison des pertes subies par l'effet des circonstances
doit être demandée à la Convention nationale qui a seule le
droit d'en accorder (¹).» Quant à la comptabilité défectueuse
du 24ᵉ régiment de chasseurs, il n'en fut plus question.

Dix jours plus tard, le 20 avril, Landrieux qui était venu
suivre lui-même à Paris le cours de cette affaire, adressait
à Pille la lettre suivante (²).

     « Citoyen,

« Le Comité de Salut public décida en nivôse que ma réintégration serait ajournée jusqu'à ce que j'eusse rendu mes
comptes.

« Ils sont rendus et je t'en apporte la décharge.

1. Archives de la Guerre, doss. Landrieux : *Lettre des agents
généraux de l'habillement, équipement et campement*, en date
du 20 germinal an III.

2. Dans ses notes autobiographiques (Mss. B., fol. 58, 59, 61),
Landrieux prétend que des habitants d'Amiens, auxquels il avait
rendu quelques services, lui procurèrent de l'argent et des moyens
d'évasion. Il s'échappa de la prison des Capettes en sautant par une
fenêtre sur une charrette de foin qui le transporta hors de la ville.
De là, dit-il, il gagna Paris, « non sans quelques traverses ». Aucun
document officiel ne permet de contrôler cette assertion de Landrieux. La note autobiographique folio 56 parle de « comptes
rendus à sa *sortie* des prisons d'Amiens. »

« La condition que le Comité de Salut public avait mise à ma réintégration étant remplie, j'ai tout lieu d'espérer qu'elle ne souffrira plus de difficulté.

« Je joins à ma demande les pièces exigées par l'arrêté du Comité de Salut public du 9 messidor.

« Je te prie, citoyen, de ne pas perdre de vue que ma gestion n'a été qu'un prétexte frivole pour me suspendre et m'incarcérer, ainsi que ma femme, pendant onze mois[1].

« La vengeance de Joseph Lebon et Lebas avait besoin d'un motif, l'exécution des lois relatives à la discipline militaire exercée contre les frères de ces représentants ne pouvant être alléguée contre moi sans quelque vergogne.

« On réveilla d'anciennes dénonciations, dont mon compte rendu est le résultat.

« Au reste, s'ils ont causé mes malheurs, ils ont préparé mon triomphe, car ils m'ont mis dans la nécessité de faire connaître que nul corps n'a moins coûté que celui que j'ai levé[2].

Trois jours après, le 23 avril, Pille proposait au Comité de Salut public la réintégration de Landrieux, en faisant cette déclaration : « Il ne reste plus de doute maintenant sur la manière fidèle avec laquelle le citoyen Landrieux s'est conduit dans sa gestion[3]. » Les membres du Comité, Aubry, Rabaut, Laporte, Treillard, Fourcroy, accordaient le 6 mai cette réintégration « avec d'autant plus de raison que son successeur offrait de lui rendre son régiment[4]. »

Le 13 mai, Pille invitait Landrieux à se conformer à cet arrêté en se rendant dans le plus court délai à Compiègne, où se trouvait le dépôt du 21e régiment de chasseurs à cheval. Il l'informait, en outre, qu'il avait donné avis de sa réin-

1. D'après ce passage, Landrieux serait sorti des prisons d'Amiens en brumaire an III (novembre-décembre 1794). D'après une pièce du dossier Landrieux aux Archives de la Guerre, le 14 décembre 1794, le Conseil général d'Amiens attestait, à l'unanimité, que « le citoyen Landrieux s'est comporté en bon citoyen depuis *plus d'un an* qu'il habite en cette commune. »

2. Archives de la Guerre, doss. Landrieux.

3. Archives de la Guerre, doss. Landrieux : *Rapport de Pille au Comité de Salut public*, 4 floréal an III.

4. Archives de la Guerre, doss. Landrieux (en marge du rapport).

tégration au conseil d'administration de ce corps qui était invité à le recevoir sur la présentation de cette lettre qui fut remise en main propre à Landrieux, le même jour, dans les bureaux de la Guerre (¹).

A peine Landrieux avait-il atteint le but de ses efforts, que, profitant de la situation nouvelle qui lui était faite et de son séjour à Paris, il s'associa dans un sentiment de vengeance facile à comprendre, à une campagne entreprise contre Murat par un officier du 21ᵉ chasseurs.

Cet officier, nommé Jean Rey, né à Montflanquin, dans le Tarn, et par conséquent compatriote de Landrieux, se trouvait à Bordeaux au moment des combats de Pont-à-Marque. Capitaine au 19ᵉ régiment de chasseurs à cheval, il remplissait auprès d'Ysabeau et de Tallien, représentants du peuple en mission dans la Gironde, des fonctions analogues à celles que le chef de brigade du 21ᵉ chasseurs remplissait auprès d'André Dumont dans la Somme. Il fut, pendant quarante et un jours, membre de la commission militaire organisée par les représentants pour terroriser Bordeaux et tout le département (²). Bientôt las de siéger dans un tri-

---

1. Archiv. Guerre, doss. Landrieux. *Minute.* — Mss. B., fol. 75. Original.

Paris, 24 floréal an III,

BUREAU

DU PERSONNEL
 de la

CAVALERIE

La Commission de l'organisation et du mouvement des armées de terre, au citoyen Landrieux, chef de brigade du 21ᵉ régiment de chasseurs

« Je vous informe, citoyen, que le Comité de Salut public, à qui la Commission a soumis votre réclamation contre la suspension prononcée contre vous par le ci-devant ministre, vient de décider que vous seriez réintégré dans votre grade, avec d'autant plus de raison que votre successeur, par sa lettre du 11 nivôse, a offert de vous le rendre.

« Je vous invite, en conséquence, à vous conformer à cet arrêté, en vous rendant dans le plus court délai à Compiègne, lieu du dépôt de votre régiment, où vous serez reçu sur la présentation de cette lettre, d'après l'avis que j'en donne au conseil d'administration.

« PILLE. »

2. *Journal de la Montagne*, nᵒ 151.

bunal dont les membres, au dire de Sénart, n'étaient qu'un amas de valets, de banqueroutiers et de filous (1), il se hâta de résigner ses fonctions et demanda à prendre du service aux frontières ().

C'est alors qu'il fut envoyé au 21e chasseurs, où il arriva le 15 avril 1794. Au dépôt il trouva qu'un grand nombre de chevaux et d'hommes étaient en état de faire la guerre, mais ne pouvaient partir faute d'armement, d'équipement et de harnachement. Il se transporta à Lille, auprès du général Pichegru, qui donna des ordres pour qu'on lui fournit le nécessaire.

« Mais, dit-il, j'eus le mal au ceur de ne trouver dans les magazins que la moitié de cedont nous avions besoins ; je le fis transporter sur-le-champ à Béthune et fis partir cent vingt hommes équipés et montés, sauf de morts de brides que je ne peux me procurer, mais j'étois instruit qu'ils en trouverai à Dunlibre où il y a un détachement des escadrons de campagne ; d'ailleurs l'ardent désir qu'avoit mes braves frères d'armes de rejoindre ceux qui étoits en présence de l'ennemi, ne leur permit point d'attendre davantage, je me proposois de les mener moi-même au champts de la Victoire lorsque lon m'a ordonné de rester dans ma chambre ou je suis encore sous prétexte qu'il voulloit savoir si je n'étois pas un homme suspect, et leur prétexte de suspiction vient à ce qu'ils disent de ce que je disois que je scavois des secrets du Comité de Salut public ; ce fait est dénué de tout sens. A la vérité je dis à un membre du Comité de surveillance et à quelques autres (étant à faire la conversation sur les évènements actuel du Midy) qu'à Bordeaux et dans les département j'avois fait trembler les aristocrates et fédéralistes et queyant été dellégué des représentants du peuple, rien n'avoit échapé à ma surveillance, que j'étois voué à servir la République de tous mes moyens et que si dans le Nord j'appercevois des malversations je les dénoncerais de même qu'au midi, au Comité de Salut public. C'est je crois cet article qui a choqué l'orgueil de M. le président (3) qui, entre le verre et la bouteille, a dé-

1. Sénart, *Mémoires*, ch. xvii, p. 209.
2. Aurélien Vivie, *Histoire de la Terreur à Bordeaux*.
3. Voici le curieux portrait que Rey trace de Leroux :
« Je mempresse de repondre à ta lettre en dactte du 20 de ce mois,

cidé de me faire mettre aux arrêts jusques à ce qu'ils ait reçu des nouvelles du Comité de Salut public, scavoir si jettois bon patriote. — Second grief non moins absurde, ils sont offusqué de ce que j'ai porté le jour que l'on célébrait une fête, c'étoit le 6, mon habit de la Commission militaire de Bordeaux, mais il m'aurait été impossible d'en porter d'autre, attendu que je ne trouvois point de drap vert en arrivant pour faire faire mon nouvel uniforme, d'ailleur je ne croyais pas que cela deut offusquer des sans-culottes, la Nation ou leurs représentants nous Lont donné, jene croyais pas commettre un crime en le portant étant le seul propre que j'eus ; mais je crois que cela ce résume à ce qu'ils ont craint que je neclairas leurs conduite (¹). »

Pille fit savoir à la commission de surveillance de Béthune que le Comité de Salut public l'avait chargé du jugement de cette affaire. Leroux se hâta de faire conduire Rey en prison, mit les scellés sur ses effets et le traduisit au tribunal révolutionnaire d'Arras.

« Le 30 dudit floréal, écrit de nouveau Rey le 11 juin, je fus appelé et jugé en liberté à l'unanimité ; les juges et jurés s'empressèrent à venir m'embrasser et me témoigner combien ils avoit de peine de mon incarcerration qu'ils avoit fait cesser malgré qu'il fut décade dès qu'ils lavoit seu. Me voila a larmé depuis le 2 preraial et jespère y continuer à bien mériter de la patrie en rendant de nouveaux services à la République (²). »

Murat fut-il pour quelque chose dans les persécutions que

afin de te mettre en meme de juger des vexations qu'a exercé sur moi le despote Leroux président du district de ce lieu, homme qui joue le rôle de patriote et qui autrefois étoit le bas vallet de la noblesse se trouvant jouer du viollon assés passablement, il assistoit assiduement à leur concert de plus c'est un de ses sensuel mercantilles qui ne voit que son intérest, servant plutot ses passions que la cause commune. Cest individu est le seul qui est occasionné le dézagrément que je viens desuyer Et tu vas juger par la narration des faits que je vais te faire si un Républicain comme moi devait s'attendre a une pareille tirannie des gens qui ozent se dire patriotes. » *(Lettre du 23 prairial an II.)*

1. Archives de la Guerre, doss. Rey (Jean), chef d'escadron : *Lettre du 22 floréal an II, Béthune.*

2. Archives de la Guerre, doss. Rey : *Lettre du 23 prairial an II, du camp, près Ypres.*

Rey éprouva en arrivant au 21e régiment de chasseurs ? Toujours est-il que la brouille ne tarda pas à éclater entre eux, si bien qu'après thermidor, Rey adressa au Comité de Salut public une dénonciation en règle contre Murat qu'il taxait de terroriste. Le bouillant chef d'escadron apprit du même coup la dénonciation portée contre lui et la réintégration de Landrieux à la tête du régiment.

Convaincu que Landrieux et Rey associaient leurs haines contre lui, il accourut à Paris, visita ses protecteurs, les membres de la députation du Lot, les citoyens Bouygues, Cledel, Monmayou, Laboissière, Jean Bon Saint-André, Salette, par qui il se fit délivrer un certificat de civisme, réunit en hâte un dossier personnel contre Landrieux et adressa au Comité de Salut public la lettre suivante (1) :

« Citoyens représentants,

« Je suis informé que tandis que je travaille avec ce zèle que j'ai toujours montré pour ravitailler le régiment, deux ennemis, qui ont juré depuis longtemps ma perte, conspirent sourdement auprès de vous contre moi par des dénonciations qu'il ne me sera pas difficile de faire tomber, si vous daignez seulement jeter un coup d'œil sur les pièces que je joins à l'appui. Vous ne balancerez pas alors à porter votre jugement entre les dénonciateurs et le calomnié.

« Certes, je vous l'avouerai, je ne m'attendais guère que celui qui m'a dénoncé le 28 floréal 2e année républicaine et fait arrêter à Amiens comme aristocrate, viendrait aujourd'hui me dénoncer comme terroriste. Il sied bien à Landrieux, cet homme immoral qui ne vécut jamais que d'intrigues et de dilapidations, à venir attaquer un homme qui a constamment marché dans le droit chemin de la vertu, qui n'a jamais quitté son poste et qui a eu un cheval blessé sous lui la campagne dernière. Ma conduite, depuis et avant la Révolution, l'estime des honnêtes gens qui me connaissent, celle du régiment que j'ai acquise et celle de moi-même, me disent d'attendre avec tranquillité votre décision sur mon sort et la justice que vous devez me rendre.

« Et de quoi m'accuse-t-on ? D'avoir pris le nom de Marat, d'avoir employé mon temps dans des sociétés populaires.

---

1. Archives de la Guerre, doss. Murat.

Car voilà (à ce qui m'a été rapporté) le seul grief qu'on m'impute.

« Le ministre Pache voulait me destituer, l'an dernier, parce que, disait-il, j'étais de cette famille des Murat d'Auvergne. La députation du département du Lot me délivra un certificat qui atteste que j'étais très roturier et fils d'un pauvre laboureur (¹). J'étais alors à Hesdin, où tandis que Landrieux travaillait à faire des arrestations à Boulogne, Abbeville, etc., je formais un 2ᵉ et 3ᵉ escadrons que j'envoyais à l'armée en un mois de temps. La copie de la lettre de Landrieux que je joins ici (²), atteste la vérité de ce que j'avance. Que fis-je alors pour me mettre à l'abri des poursuites de mes ennemis? Je demandai à être autorisé à porter le nom de Marat, ce qui me fut refusé. Je le portai cependant pendant l'espace de quinze jours que je passai à Hesdin ; mais arrivé à l'armée, alors ne craignant plus aucune espèce d'ennemis, je me dépouillai de ce nom qui semblait avoir ébloui les yeux dans toute la République (³) ; d'ailleurs, si on voulait me punir d'avoir cherché à me soustraire à la tyrannie par ce moyen bien innocent, il faudrait donc punir la section entière de Paris, qui a pris le nom de Marat, mais ce sont là des puérilités, et le Comité est trop juste pour punir sur une telle bagatelle.

«On me dénonce comme terroriste. Je demanderai alors à mes dénonciateurs de s'expliquer, car si jamais je me suis montré terroriste, ce n'a été qu'en face des ennemis de mon pays [Pitt et Cobourg (⁴)], que Landrieux et Rey, mes

1. Murat n'était pas fils d'un pauvre laboureur. Son père, Pierre Murat-Jordy, était maître de poste et tenait une petite auberge. Jusqu'à la Révolution, il administra, comme une sorte d'intendant, les biens de la famille de Talleyrand. Quant à Murat, il fut élevé au collège en qualité de boursier, puis au séminaire de Toulouse. C'est dans un mémoire adressé par lui au ministre de la Guerre et relatant les services du républicain Murat depuis sa naissance, en 1765, jusqu'à l'année 1793, qu'il déclara : « J'ai l'honneur d'observer au citoyen ministre que, quoique je porte le nom de ci-devant nobles, je suis un vrai sans-culotte ; que je suis fils d'un laboureur et que j'en fournirai les certificats quand il le jugera à propos. » Pièce vendue 50 francs en février 1844, citée par la *Biographie Michaud*.

2. Voir cette lettre page 119.

3. Murat porta ce nom, même à l'armée.

4. Les mots entre crochets sont rayés de la main de Murat.

lâches dénonciateurs, n'ont jamais osé regarder en face.

«Quoi, citoyens représentants, Rey et Landrieux osent aujourd'hui élever la voix contre moi, des êtres vils et dont le nom seul a fait trembler tant de fois l'innocence persécutée ? Rey, cet homme couvert du sang des victimes qu'il a fait égorger du temps qu'il était membre de la Commission militaire de Bordeaux (¹); qui, en arrivant au régiment, se flattait devant ses camarades, qui alors n'osaient lui reprocher sa barbarie, d'avoir fait arrêter et guillotiner tels et tels et qui, même au régiment, l'année dernière, au mois de messidor, fit fusiller un officier du corps nommé Chenel, qui emporta tous les regrets (tous ses camarades ont versé des larmes sur sa tombe ; je refusai d'être président de cette commission). Mais c'est trop parler d'un homme qui me fait horreur et qui n'a de militaire que l'habit, sans talents et connaissances de son métier, et que tout le régiment rougit de posséder dans son sein.

« Je demande que le Comité prenne des renseignements à Chantilly, où se trouve l'état-major du régiment, sur le compte de Landrieux et de Rey, contre ce dernier à Bordeaux, sur ma vie entière au département du Lot, à la députation de ce même département, à la Convention nationale et au régiment, et cela, pendant mon séjour à Paris, pour prouver que la réponse que vous recevrez n'aura pas été le fruit de mon intrigue. Agissez avec célérité, citoyens

---

1. La commission militaire de Bordeaux, quoique beaucoup moins féroce que le tribunal révolutionnaire qui lui succéda, avait prononcé des condamnations extrêmement sévères. Pendant un séjour de dix jours à Libourne et en dix séances, elle prononça soixante jugements s'appliquant à pareil nombre d'accusés :

Cinq furent condamnés à mort ;
Cinq aux fers, avec ou sans amende ou exposition ;
Dix à la détention, avec ou sans amende ou exposition ;
Treize à l'emprisonnement temporaire ;
Onze à l'amende seulement,
Et seize furent acquittés.
Le total des amendes s'éleva à 692,300 livres, se divisant ainsi : 585,000 livres au profit de la République et 107,300 livres au profit des sans-culottes ou des pères et mères des défenseurs de la patrie. — (Vivie, *Histoire de la Terreur à Bordeaux*, t. II., p. 70, 71.)

représentants, il faut un terme au crime. Vous devez la justice à l'homme qui a fait son devoir.

« Je sollicite auprès de vous une prompte décision.

« Paris, 25 floréal 3ᵉ année républicaine,

« MURAT.

« Toutes les pièces originales sont entre mes mains : je les produirai quand on voudra.

« MURAT (¹). »

Le terrible dossier, dont Murat faisait tant d'étalage, se composait en majeure partie de certificats de civisme, qui ne diffèrent en rien de tous ceux qu'on donnait si abondamment à cette époque. Peu de pièces méritaient l'attention des membres du Comité. C'étaient des copies de lettres écrites par Landrieux, soit à Murat lui-même, soit au lieutenant Houteville (²). Celle-ci était relative à l'affaire des chevaux pris pour la remonte dans les écuries du duc de Béthune-Charost et c'était le seul document qui méritait examen :

« Je vous préviens, mon cher Houteville, écrivait Landrieux, que j'ai choisi quatre chevaux dans les remontes : une jument brune âgée de 4 ans, queue courte, 9 pouces ; un cheval alzan zanoné, marqué en tête, 3 ans, 10 pouces, à tous crins ; un cheval bai à tous crins, zain, 30 mois, 8 pouces ; un cheval bai, sourcils, extrémités et crins noirs, 5 ans, 8 pouces. Vous vous arrangerez de manière que je puisse payer cela tout doucement. Je ne suis pas riche, comme vous le savez. Je pense que nous pourrons faire une côte mal taillée, lorsque je vous présenterai ainsi qu'au Conseil, mes comptes de dépenses et d'avances pour le régiment. Je vous prie de régler mon compte d'appointements, je ne sais où nous en sommes et je n'ai point d'argent (³). »

A la copie de cette lettre remise à Murat, Houteville avait ajouté une déclaration portant qu'il n'avait touché aucune

---

1. Archives de la Guerre, doss. Landrieux : *Pièces Murat contre Landrieux*.

2. *Idem.*

3. Archives de la Guerre, doss. Landrieux, pièces Murat : Copie de la *Lettre de Landrieux à Houteville*, en date de Béthune 12 germinal an I (2 avril 1793).

somme à compte du prix de ces chevaux ([1]). Dans une autre déclaration du capitaine Thuilier faisant également partie du dossier, Landrieux était accusé d'avoir vendu des chevaux, d'avoir donné des chevaux de luxe qui ne lui appartenaient pas, d'avoir voulu se débarrasser de Murat en l'envoyant aux avant-postes. « Il osa, continuait Thuilier, me proposer à moi, qui suis maître-d'armes, de me défaire de Murat, en me disant qu'il avait fait mettre mon épouse en prison ; il me ferait chef d'escadron à sa place. »

C'était là tout ce que Murat put produire contre Landrieux. Quant à Rey, il ne fournit aucune pièce contre lui. Les renseignements demandés sur cet officier au Comité de surveillance de la commune de Bordeaux par le Conseil d'administration du 21e régiment de chasseurs, n'étaient pas encore parvenus, et quand arriva la note ci-dessous, datée du 8 août 1795, Murat et ses amis se gardèrent bien de la produire :

« Le Comité de surveillance de la commune de Bordeaux a pris connaissance des renseignements demandés à la municipalité par le Conseil d'administration du 21e régiment de chasseurs à cheval, sur la conduite du citoyen Rey, ci-devant membre de la Commission militaire.

« Il a réuni toutes les pièces qui pouvaient exister pour ou contre ce citoyen et a consulté l'opinion publique, il va en faire un rapport fidèle, qui servira sans doute à détruire des préventions défavorables dont il se trouve entouré parmi ses camarades.

« Jean Rey, originaire de Montflanquin, capitaine du 19e régiment de chasseurs, fut nommé par un arrêté des représentants du peuple, Isabeau et Tallien, membres de la Commission militaire, organisée le 2 brumaire de l'an II.

« Il exerça les fonctions qui lui étaient déléguées depuis l'époque de l'organisation du tribunal, jusqu'au 13 frimaire, et il est même à remarquer qu'il n'a pas assisté, durant cet intervalle d'un mois 11 jours, aux jugements des

---

1. Voici cette déclaration :

« Je soussigné déclare et certifie n'avoir reçu du citoyen Landrieux, cy-devant chef de brigade au dit régiment, aucune somme à compte des chevaux qu'il a choisis pour lui dans les remontes et dont il m'a envoyé le signalement par une lettre sans datte. » Archives de la Guerre, doss. Landrieux, *pièces Murat.*

premiers condamnés, notamment de Reullet, Huche et Sallenave, morts victimes de leur dévouement à la cause de la liberté.

« Le premier usage qu'il fit des grands pouvoirs qui lui étaient délégués, fut une invitation au Comité de surveillance de faire arrêter la mère d'un émigré, cette invitation est ainsi conçue :

« *Le Comité de surveillance est invité à faire arrêter*
« *sur-le-champ la nommée Beynette, mère d'un émigré,*
« *femme qui a manifesté des mauvais principes, et qui*
« *reste aux Sablons, sur la route de Bouscal; il serait*
« *urgent de la faire arrêter ce soir.*

« Signé : REY. »

« Cet acte n'était ni arbitraire ni vexatoire, car il existait une loi qui ordonnait l'incarcération des père et mère d'émigrés.

« Des éclaircissements positifs, pris sur la conduite du citoyen Rey, prouvent qu'il eut tant d'horreur de la scélératesse des agents de la tyrannie, qu'il préféra quitter les fonctions de juge et aller au poste d'honneur combattre les ennemis extérieurs de la République, que de contribuer aux assassinats commis par cette Commission d'infâme mémoire.

« Il a rendu des grands services à plusieurs citoyens de Bordeaux, et plusieurs membres du Comité le connaissent sous les rapports les plus avantageux ; ils lui doivent la justice de dire que, lors de la mesure tyrannique prise contre le commerce de Bordeaux, il s'éleva avec courage contre les auteurs, et brava la puissance qu'ils avaient acquise auprès des représentants en mission.

« Tels sont les renseignements recueillis sur la conduite du citoyen Rey. S'il y avait un seul fait à sa charge, nous le transmettrions de la même manière (1). »

Réduit à l'inaction contre Rey par le manque de renseignements et de preuves, conscient de la faiblesse de son dossier contre Landrieux, Murat concentra tous ses efforts

---

1. Archives de la Gironde, série L, registre 147, folio 277.
Cette pièce est citée par M. Aurélien Vivie, *Histoire de la Terreur à Bordeaux*, II, p. 486-487.

dans la lutte engagée pour empêcher la réintégration de ce dernier à la tête de son régiment. A son instigation, le conseil d'administration du 21ᵉ chasseurs adressa un long plaidoyer en faveur de Duprès et dans lequel Murat trouva naturellement moyen de se faire donner des éloges. Ce document se termine ainsi : « Ne vous laissez pas tromper par de vains certificats surpris à la faiblesse, à la vénalité, à la pusillanimité. C'est au nom du corps entier, qu'à la face de la liberté, aujourd'hui nous vous offrons cette réclamation... Nous vous parlons le langage de la franchise ; mais, représentants, l'intrigue vous assiège (¹). »

Le même jour, le chef de brigade Duprès, qui avait réfléchi depuis l'année précédente et aussi probablement poussé par Murat, joignit sa voix à celle de ses officiers. Plus satisfait à la tête de son régiment mieux discipliné, il ne tenait plus du tout à perdre un poste qui lui avait coûté, au début, tant de déboires et de découragements, aussi appela-t-il l'attention du Comité de Salut public sur « le manque de talents » de Landrieux qui, disait-il, « entrepreneur des hussards-braconniers en 1792 (v. s.), ne s'est attaché à la partie militaire que depuis cette époque et qui ne peut justifier d'aucune nomination légale, tandis que je sers sans interruption depuis 1776, ayant passé par tous les grades dans la cavalerie, et étant breveté chef de brigade depuis le 28 brumaire... J'espère, représentants, de votre équité ordinaire, que vous aurez égard à la juste demande d'un militaire qui peut se flatter d'avoir sauvé le régiment et de l'avoir commandé avec honneur en campagne et dans l'intérieur. Salut, respect, confiance (²) ».

Aubry qui, au Comité de Salut public, s'était fait le défenseur de Landrieux sur la recommandation de Deltel, son collègue à la Convention (³), le fit appeler pour l'entretenir

---

1. Archives de la Guerre, doss. Landrieux : *Réclamation du conseil d'administration du 21ᵉ chasseurs aux représentants du peuple composant le Comité de Salut public de la Convention nationale contre la réintégration de Landrieux.* — Chantilly, 26 floréal an III.

2. Archives de la Guerre, doss. Landrieux : *Lettre de Duprès du 26 floréal an III.*

3. On trouve dans le dossier Landrieux (Archives de la Guerre), la note ci-dessous de la main du citoyen Deltel : « Deltel recom-

des conséquences que pouvaient entraîner les réclamations
soulevées contre sa réintégration, et Landrieux lui écrivit à
cette occasion :

« Je ne suis pas étonné, citoyen représentant, de ce que
vous m'avez fait l'amitié de me dire ; je me suis toujours
attendu à voir Murat, Wattier et deux ou trois autres se
récrier contre ma réintégration. Je me suis attendu à les
voir remuer le corps entier pour mendier des suffrages pour
eux et des dénonciations contre moi. Je me suis attendu à
ces épithètes usées de scélérat, d'intrigant, etc ; celle d'*igno-*
rant m'a un peu surpris ; j'imagine que c'est parce qu'elle
ne flatte pas ma vanité.

« Je ne récriminerai pas : c'est au-dessous de moi. Tant
pis pour les représentants qui se laissent tromper : ils ont
signé que Murat était un honnête homme, c'est leur affaire.
Je dois au respect que j'ai pour les membres de la représentation nationale de croire que lorsque la vérité toute nue
se présentera devant eux, ils abandonneront la gageure.

« Si je voulais, j'irais aujourd'hui prendre le commandement du corps et, me servant de l'autorité que la loi me
donne, je ferais faire le procès aux fripons et aux dilapidateurs qui infectent encore le régiment. Je ferais cesser les
plaintes, en établissant un ordre permanent et durable, que
ceux qui osent m'appeler *ignorant* n'ont jamais su faire
naître.

« Mais, je suis attaqué ; je dois, avant tout, me défendre,

mande à son collègue Aubry, membre du Comité de Salut public,
la réintégration de Landrieux.

« La proposition qui en a été faite au Comité de Salut public par
la Commission, a été remise au citoyen Aubry par Désirat.

« Deltel prie son collègue de faire expédier le plus promptement
possible *ce citoyen qui souffre injustement depuis très long-*
temps.

« Il a prouvé sa capacité militaire par des certificats, par des plans
et des cartes.

« Il a été blessé à l'attaque d'Orchies, à la tête d'une colonne qu'il
a commandée avec honneur.

« Il n'a jamais été battu et ses ruses lui ont toujours réussi au-
delà des espérances des généraux.

« Deltel prie Aubry de faire examiner si, après sa réintégration,
cet officier ne se trouverait pas dans l'ordre d'avancement par
ancienneté. »

et pour cela il faut que je sache ce qu'on me reproche, outre l'*ignorance*. — Vous m'avez fait l'amitié de me dire qu'il existait beaucoup de pièces contre moi, il faut que je les connaisse. De quelque protection qu'on veuille entourer mes détracteurs, il est impossible qu'on ne reconnaisse la justice de ma demande.

« Vous verrez, citoyen représentant, qu'on reculera à ma proposition. Jamais Murat n'osera se dessaisir de ces pièces qu'il a entre ses mains depuis plus d'un an ; je ne puis m'expliquer davantage là dessus.

« Je demande qu'il soit ordonné à la 9° Commission, dont le chef est le rapporteur naturel de ces sortes d'affaires, de recevoir lesdites pièces et tout ce qui pourra être argué contre moi, de m'en donner communication, de recevoir ma défense et tout ce qui y a trait, et d'en faire un prompt rapport au Comité de Salut public qui jugera.

« Je ne doute pas que les représentants protecteurs de Murat ne se réunissent à vous pour solliciter cette première décision du Comité. Ils sont justes : ils veulent que l'intrigue soit punie; ils ne peuvent se refuser au moyen que je leur propose de la démasquer, de quelque côté qu'elle se trouve. C'est le seul moyen légal, quant aux affaires militaires.

« J'ai le droit d'attendre de leur délicatesse qu'ils n'useront pas de l'influence attachée aux recommandations des représentants du peuple pour faire envisager l'attaque et la défense sous un autre point de vue que celui de la vérité. La neutralité est dans ces occasions le seul parti qu'ils aient à prendre, et j'ose croire, citoyen représentant, que c'est celui qu'ils adopteront ([1]) ».

Approuvé par Aubry, qui loua beaucoup son attitude et lui donna le conseil de prendre l'initiative de demander une enquête sur ses capacités militaires, Landrieux écrivit à Pille la lettre suivante qui parvint au commissaire précisément au moment où les Montagnards, dans leurs dernières convulsions, menaçaient la Convention :

« Je sais que quelques officiers du 21e régiment, égarés sans doute, ou nouvellement arrivés et ne me connaissant pas, ont cru qu'ayant peu de service je ne pouvais assez connaître les manœuvres et autres objets dont la connais-

---

1. Archives de la Guerre. doss. Landrieux.

sance est d'absolue nécessité pour un chef de corps. Ils on
pensé en conséquence que leur devoir était de vous adresser
leurs sollicitudes à cet égard.

« Je vous prie, citoyen, de nommer un général auprès
duquel je puisse me rendre ; il m'examinera et vous fera
son rapport ; j'ai tout lieu de croire qu'en le communiquant
à ces officiers, vous calmerez leurs inquiétudes (1). »

A l'heure où l'envahissement de la Convention et l'assassinat de Féraud rappelaient aux Parisiens effrayés les plus
mauvais jours de la Terreur, en ces sanglantes journées de
mai 1795, Landrieux qui ne pouvait rester inactif, se mit
au service des officiers chargés de réprimer l'émeute. L'adjudant-général Jouy, qui marchait sous les ordres du général
Lapoype, heureux d'avoir sous la main un officier expéri-
menté, accepta les offres de Landrieux et lui donna un poste
dans la compagnie de jeunes gens qu'il commandait. Cet
officier se plut à déclarer qu'il n'avait eu qu'à se louer « de
la manière dont Landrieux l'avait servi, et du zèle qu'il
avait mis à se rendre utile dans la journée du 3 prairial »
(22 mai) (2).

Sitôt le calme rétabli, Pille invita le Comité de Salut
public à rapporter son arrêté de réintégration et à se borner
à lever purement et simplement la suspension de Landrieux,
qui serait examiné au point de vue de son instruction militaire par le général Landremont, inspecteur général de la
cavalerie (3).

D'après la note de service transmise à ce général, Landrieux devait, au cours de cet examen, commander et exécuter les diverses manœuvres des troupes à cheval. Le général inspecteur étant absent, le 15 juin, Pille écrivit au général Menou, commandant le camp du Trou-d'Enfer sur Marly
pour lui prescrire de faire examiner Landrieux et de lui
adresser le procès-verbal de cet examen (4).

La veille, le conseil d'administration du 24ᵉ chasseurs

1. Archives de la Guerre, doss. Landrieux.

2. Mss B., folio 121 : *Certificat de l'adjudant-général Jouy*, du
camp sous Paris, Marly, 5 messidor an III.

3. Archives de la Guerre : *Arrêté du Comité de Salut public*,
en date du 19 prairial an III.

4. Archives de la Guerre, doss. Landrieux : *Lettre de Pille au
général Menou*, 27 prairial an III.

accusait réception au commissaire à la Guerre de l'arrêté pris par le Comité de Salut public le 7 juin : « Mais, ajoutait-il, à la réclamation unanime du régiment, les représentants du peuple près du camp nous ont autorisé à le refuser (Landrieux), et, s'il se présentait, nous mettrions votre lettre à exécution (¹) ».

A cette nouvelle, Landrieux écrivit d'une main fébrile à Pille pour protester contre l'attitude du conseil d'administration. « Je vous préviens, écrit-il, que j'ai remis, entre les mains du citoyen Goulhot, ma réponse à ce chef-d'œuvre d'imposture (la déclaration du 26 floréal). C'est un faux arrêté du conseil d'administration du corps. J'ai accompagné ma défense d'environ deux cents pièces que je vous prie de faire examiner le plus promptement possible, afin que le doute élevé sur ma conduite soit promptement détruit. Vous êtes trop ami de la justice pour laisser languir une affaire de cette importance (²) ».

Aubry dut intervenir de nouveau, car Menou, circonvenu par les représentants Thabaud et Letourneur (de la Manche), n'avait pris aucune décision. Enfin, Baraguey d'Hilliers, chef d'état-major de Menou, informa Aubry le

1. Archives de la Guerre, doss. Landrieux : *Lettre du conseil d'administration à Pille*.

Le registre des arrêtés des représentants du peuple près le camp sous Paris porte l'arrêté suivant :

« Considérant la lettre de la Commission de l'organisation et du mouvement des armées de terre portant injonction au citoyen Landrieux, chef de brigade du 21ᵉ chasseurs, de se présenter au dépôt de Compiègne pour y être reçu en cette qualité, et sous la date du 24 floréal ;

« Considérant que le citoyen Landrieux a eu probablement pour différer sa réception des motifs qu'il importe d'éclaircir et qu'il existe contre cet officier plusieurs dénonciations qui ont été soumises au Comité de Salut public ;

« Arrêtent provisoirement qu'il sera sursis à la réception du citoyen Landrieux en sa qualité de chef de brigade du 21ᵉ régiment de chasseurs jusqu'à ce qu'il en ait été autrement ordonné par le Comité de Salut public. »— (Archives de la Guerre : *Extrait du registre des Rep. du peuple au camp.)*

2. Archives de la Guerre, doss. Landrieux : *Lettre de Landrieux, chef de brigade, commandant le 21ᵉ chasseurs, à Pille*, le 26 prairial an III (14 juin 1794).

26 juin, qu'il avait chargé le général Montchoisy d'examiner Landrieux, mais que les représentants du peuple près le camp avaient jugé convenable de suspendre cette opération [1]. Les membres du Comité de Salut public, très étonnés de cet incident, firent aussitôt une enquête. Les représentants Thabaud et Letourneur (de la Manche) s'étaient contentés de mettre au bas de l'ordre de cette mention : « Ajourné ledit examen jusqu'à ce que le Comité de Salut public ait prononcé sur le nouveau rapport qui sera fait sur cet officier. » Aubry, se sentant joué, fit écrire par le commissaire Pille aux représentants près le camp pour leur demander quels motifs leur avaient fait ajourner l'examen [2]. Le même jour, le Comité autorisait Landrieux à rester à Paris encore une semaine pour ses affaires.

Les jours passaient ; enfin, le 1er août, Pille transmit au Comité de Salut public un nouveau rapport constatant les continuelles entraves apportées par les représentants du peuple près le camp à l'examen de Landrieux, mais, se basant sur l'envoi que lui avait fait ce chef de brigade d'essais sur les manœuvres de cavalerie et de cartes de géographie militaire, il estimait « qu'il n'était pas totalement étranger aux connaissances exigées d'un chef de corps ». Il invitait en conséquence le Comité de Salut public à réintégrer Landrieux « en l'assimilant aux chefs de brigade réintégrés avec lesquels il concourra pour un remplacement [3]. »

Un mois s'écoula sans que la question fît un pas. Landrieux, résolu à tout mettre en jeu pour arriver à une solution, fit passer copie de la déclaration du conseil d'administration du régiment à son ami Faissole qui était rentré au corps, en le priant de prendre l'initiative d'une protestation contre cette pièce. Faissole recueillit les signatures de quelques officiers et sous-officiers restés fidèles à leur ancien colonel. Ceux-ci s'empressèrent d'attester que

1. Archives de la Guerre, doss. Landrieux : *Lettre de Baraguey d'Hilliers au représentant Aubry*, du 8 messidor an III.

2. Archives de la Guerre, doss. Landrieux : *Lettre de Pille aux représentants en mission près le camp sous Paris*, 24 messidor an III.

3. Archives de la Guerre, doss. Landrieux : *Rapport de Pille au Comité de la Guerre*, 14 thermidor an III.

plusieurs des allégations de la déclaration étaient absolument contraires à la vérité et que beaucoup d'entre elles leur étaient inconnues. Ils se croyaient, en outre, en état d'affirmer qu'aucun des signataires n'avait lu ce qu'il signait « excepté ceux qui avaient *fabriqué* ce document. » D'ailleurs, parmi ces signataires, si les uns s'étaient laissé guider par la vengeance, les autres avaient cédé à la faiblesse. « Remettez, disaient-ils, toutes les pièces au commissaire des guerres qu'il convoque Landrieux, les officiers et les sous-officiers, qu'il les entende contradictoirement, qu'il dresse procès-verbal, et tout le monde convaincu se rendra à l'évidence, quelle que soit la vérité. La lutte qui divise le corps cessera (1) ».

Pille, sur les instances d'Aubry, agréa la proposition et donna les ordres nécessaires au chef d'état major de l'armée de l'intérieur. Cette fois, les représentants du peuple au camp de Marly n'osèrent renouveler leur opposition et, le 18 septembre, à 10 heures du matin, Landrieux se présenta devant le général Duvigneau qui commandait la cavalerie. On appela les officiers et les sous-officiers du 21e chasseurs ; le général les entendit séparément en présence de Landrieux, sur tous les griefs qu'avait relevés le dernier rapport au Comité de Salut public et, trois jours après, Baraguey-d'Hil-

1. Archives de la Guerre, doss. Landrieux : *Lettre des officiers et sous-officiers du 21e chasseurs aux Représentants composant le Comité de Salut public,* 10 fructidor, an III.

Cette pièce est signée par Faissolle, Guéry, Rippel, Blackwel, tous très mal notés par Murat lors de l'*examen épuratoire*. Blackwel tout particulièrement n'eut pas à souffrir seul : sa femme fut incarcérée pendant de longs mois à Arras et une délibération du district de cette ville, en date du 14 messidor an II (2 juillet 1794), citée par Lecesne (*Arras sous la Révolution,* t. II, p. 174), contient le passage suivant :

« Un membre fait le rapport de la pétition de la citoyenne Sophie Wade, anglaise, épouse du citoyen Blackwel, capitaine au 21e régiment de chasseurs à cheval, afin d'avoir une copie du procès-verbal d'après lequel elle a été mise en arrestation aux ci-devants Capucins, ou du moins une déclaration qui constate les motifs de son arrestation. L'assemblée décide de renvoyer la pétition au Conseil de la Commune et arrête qu'il fera passer ensuite à l'administration copie du procès-verbal d'arrestation de la citoyenne Sophie Wade ou une déclaration des motifs de cette arrestation, s'il en existe d'autres que sa naissance. »

j

liers adressait à Pille le procès-verbal de cette enquête contradictoire (1).

On avait prétendu que Landrieux n'avait jamais été légalement chef de brigade du 21e régiment de chasseurs à cheval et qu'en se faisant réintégrer à un poste qui ne lui avait jamais appartenu, il avait surpris la religion du Comité de Salut public. C'était une allégation absurde, et aux officiers prétendant qu'il n'avait jamais été que l'entrepreneur du corps, Landrieux répondit par la production de sa lettre de nomination signée de Xavier Audouin. « C'est à Pille d'apprécier », dit le général.

Landrieux, arguait-on, n'a pas formé ce corps, il n'a jamais rien fait pour lui, Murat était le seul des chefs qui entendit son métier et c'est par les soins de cet officier seul que les deux premiers escadrons ont été mis en campagne. Sur ce second chef d'accusation les opinions des officiers étaient partagées ; néanmoins ils admettaient en général que Landrieux avait fait quelque chose pour le 21e. Il fut reconnu que la majorité des signataires « n'avaient signé cet article que parce qu'il était signé par les autres ». Landrieux prouva par la production de quelques papiers, notamment une lettre de Murat, qu'il s'occupait de la remonte et de l'équipement des chasseurs. Duvigneau reconnut le bien fondé des observations de Landrieux. « Ceci n'ôte rien au mérite du chef d'escadron Murat qui, par son intelligence et son zèle, a pu bien servir le régiment. »

On avait encore reproché à Landrieux de n'avoir pris aucune mesure pour la conservation des effets et des chevaux des hommes morts ou malades à l'armée : tout avait été dilapidé par le fait de son insouciance. Sur cette question, les officiers montrèrent quelque incertitude : là encore on avait signé par esprit d'imitation. Le chef d'escadron Beauregard, arrivé au corps quelque temps après la destitution de Landrieux, déclarait avoir trouvé « les chasseurs nus en presque totalité et de très mauvais chevaux ». Landrieux opposa aux premiers les certificats qu'il s'était fait signer en l'an II et répondit à Beauregard qu'aux avant-

---

1. Archives de la Guerre, doss. Landrieux : *Lettre de Baraguey d'Hilliers à Pille, en date du cinquième jour complémentaire de l'an III.*

postes il était difficile de se procurer des effets. Tout en constatant la justesse des observations du chef de brigade et la réalité des efforts qu'il avait faits pour inviter les chasseurs à soigner leur équipement et leurs chevaux, Duvigneau laissa entendre qu'on aurait peut-être pu surveiller davantage l'exécution de ses ordres.

D'après le quatrième grief, Landrieux, qui était avant la Révolution « intendant de maison », ne pouvait avoir des connaissances militaires. Les officiers se bornèrent à alléguer qu'ils n'avaient jamais vu Landrieux commander le régiment. C'était faire la partie belle à l'ancien commandant du poste de Pont-à-Marque. Après avoir démontré, par les qualifications de son contrat de mariage, qu'il n'appartenait pas à la domesticité, il mit, sous les yeux du général enquêteur, un certain nombre de certificats rappelant ses faits d'armes au Nord. Le plus curieux était celui du général Durre :

« Je soussigné ci-devant général de brigade commandant la 12ᵉ brigade de l'armée du Nord, certifie et atteste à tous ceux à qui il appartiendra :

« Que le citoyen Jean Landrieux, chef de brigade suspendu du 21ᵉ régiment de chasseurs à cheval, ayant servi sous mes ordres dans ma division, s'y est distingué par son intelligence et son infatigable activité en réunissant le commandement temporaire des places de Hesdin et Montreuil, aux soins indispensables qu'exigeait la réorganisation de son régiment auquel il a donné en très peu de temps une nouvelle existence, et qu'il a commandé avec honneur depuis le mois d'avril 1793 jusqu'au 30 septembre de la même année, époque à laquelle il a quitté ma division, pour aller commander son régiment parti pour Pont-à-Marque, dans la 1ʳᵉ division de cavalerie de l'armée du Nord ;

« Qu'il est hors de doute que, sans ses travaux et ceux du chef d'escadron Taillefer, actuellement adjudant-général, ce régiment n'existerait plus ;

« Que j'ai reconnu en lui un bon officier de troupes légères ; ayant essayé avec lui la petite guerre dans les gorges de Hesdin, pour rendre moins neufs les escadrons qu'il envoyait à l'armée, et que je n'ai aucune plainte à faire contre son régiment, qui s'est toujours comporté avec décence, soit qu'il fut commandé par le chef de brigade Landrieux, soit en son absence par le chef d'escadron Taillefer.

« Certifié à Amiens, ce 20 prairial, 2ᵉ année de la République une et indivisible.

« JOSEPH DURRE (¹). »

Les talents militaires du chef de brigade, observa Duvigneau, n'étant pas connus des officiers, c'était, de leur part, préjuger que d'avancer de pareilles allégations. Or, les pièces que Landrieux venait de produire étaient à son honneur et ses mémoires et ses cartes prouvaient qu'il n'était pas sans connaissances militaires.

Avait-il été terroriste puisqu'il avait contribué à des arrestations et s'était emparé des chevaux des gens qu'il avait fait arrêter ? Les officiers déclarèrent à l'unanimité qu'ils ne savaient absolument rien sur cette question. Mais Landrieux reconnut sans ambages, qu'il avait exécuté les ordres du représentant Dumont et reçu de lui des chevaux à titre de gratification, ce qui ne l'avait pas empêché de payer un cheval provenant d'un adjudant-général révoqué. « Pas de preuves, » déclare le général.

Enfin, si l'on admettait le sixième chef d'accusation, Landrieux aurait reçu de fortes sommes du département du Pas-de-Calais pour acheter de bons chevaux et il n'aurait acquis que des rosses pour s'attribuer le bénéfice fait sur ces marchés. Ici encore, les officiers battirent en retraite et reconnurent n'avoir pas de preuves, tout en déclarant que Landrieux avait été coupable de négligence ou d'insouciance en recevant des chevaux qui ne valaient pas le prix payé. Landrieux exhiba un arrêté des représentants du peuple en mission dans le Pas-de-Calais, daté de Douai le 2 juin 1793, qui autorisait le département à faire pour le

---

1. Le certificat qui figure au Mss B., folio 120, porte cette annotation :

« Vu au Comité de surveillance révolutionnaire du 3ᵉ arrondissement de la ville d'Amiens, le 21 prairial, deuxième année de la République une indivisible, impérissable et de la mort des Tyrans, pour passer à la maison d'arrêt des Capettes.

MILMY, VALLOIS, MALIVOIRE, JACQUET, LANOY.

Le général Durre, comme beaucoup de généraux de cette époque, Lenglentier notamment, s'était trouvé dans la misère après sa réforme. En floréal an III, il écrivait d'Amiens une lettre éplorée à André Dumont (*Compte rendu à ses commettants*, p. 364).

16ᵉ chasseurs des achats de chevaux au prix maximum de 700 livres. Il prouva, par une lettre du commissaire nommé pour la livraison des chevaux, qui l'invitait à venir en prendre cinquante à Arras, qu'il n'avait jamais eu l'argent en mains. Quant à la qualité des chevaux, on était alors bien obligé de prendre ce qu'on trouvait, on n'avait pas le temps de choisir. Le général estima que le sixième grief n'était pas fondé (¹).

« Il m'a paru, conclut le général Duvigneau, dans son rapport, que les dénonciations portées contre Landrieux ont été dirigées contre lui pour des motifs différents les uns des autres, c'est-à-dire : dans les uns par haine que l'on a voulu généraliser ; dans les autres, par le désir prononcé de conserver un chef digne de l'estime de tous, un brave militaire aussi pur qu'il a bien servi, le citoyen Duprès. Je dis par le désir de conserver ce chef, parce qu'en se rétractant de ce qu'ils ont signé, plusieurs ont déclaré qu'on leur avait présenté cette dénonciation comme seul moyen de conserver le citoyen Duprès, chef de brigade actuel. Par ce que j'ai appris et ce que j'ai vu moi-même, j'ai reconnu qu'il existe dans le régiment deux partis opposés dont les haines seraient bientôt rallumées, si le citoyen Landrieux était rapproché du régiment, ce qui alors ne manquerait pas d'occasionner des troubles dans ce corps, et de détruire la discipline et l'ordre qui y règne par les soins du chef actuel ; en conséquence, je pense qu'il n'est pas admissible que Landrieux soit réintégré dans ce régiment, mais j'estime qu'il peut être réintégré à la suite de tel régiment de troupes à cheval, qu'il plaira au gouvernement de lui assigner. »

Cette pièce fut soumise à l'approbation des représentants du peuple près du camp, qui lui donnèrent leur visa, ainsi que le général de division Montchoisy (²).

Duprès, mis au courant des résultats de l'enquête contradictoire, fit une démarche suprême auprès du représentant Letourneur (de la Manche), dont l'intervention lui avait été si utile pour gagner du temps. Le 22 septembre, il lui écrivit:

---

1. Archives de la Guerre, doss. Landrieux : *Procès-verbal de l'enquête contradictoire.*
2. Archives de la Guerre, doss. Landrieux.

« Citoyen représentant,

« Le citoyen Landrieux vient, enfin, malgré la répugnance
que les représentants et les généraux avaient à lui accorder
sa demande, d'être admis à la justification des griefs allégués
contre lui. Quel que puisse être le résultat de cette démarche,
je ne puis croire qu'on pense jamais à déplacer du commandement un vieux militaire parvenu au grade qu'il occupe par la seule recommandation de ses longs services et
de ses actions, un chef à qui tout le corps se fait un devoir
de déclarer qu'il doit la bonne organisation dont il jouit ;
qui l'a conduit pendant deux campagnes dans le sentier de
l'honneur, pour le remplacer par un homme qui, quand il
serait pleinement justifié, ne peut certes avoir les mêmes
titres que moi pour prétendre à commander le corps.

« Je sais que le citoyen Landrieux, qui oppose la plus active finesse à la franchise dont je fais profession (¹), va ruser
de nouveau, et les propos de ses agents qui s'applaudissent
déjà de sa prétendue rentrée prochaine m'apprennent la
conduite qu'il va tenir.

« Comme il a vu que tous les chefs du corps s'opposaient
à ce qu'il revint au corps, il a feint d'entrer dans leurs vues,
il leur a même confié qu'il ne voulait qu'être pla·é, mais
dans tout autre régiment que le 21ᵉ, afin de détruire la
prévention qui existait contre lui, et le faire admettre à se
justifier.

« Maintenant que son but est rempli, il insiste, dit-on, à
prétendre au commandement du corps, et se dispose à faire
valoir des moyens qui viendront échouer contre la loi qui
met à la suite les officiers réintégrés. Il ne s'étayera pas
sans doute de sa première réintégration qui a été rapportée ;
et qui, d'ailleurs, était fondée sur l'interprétation perfide
d'une lettre contre laquelle j'ai réclamé avec indignation (²).

« Comme cette affaire va être de nouveau soumise au
Comité, je viens réclamer *la parole que vous m'avez*

---

1. On peut apprécier cette *franchise* en comparant les lettres
que Duprès écrivait à Landrieux et celles qu'il adressait au Ministère et aux Représentants du peuple.

2. Voir la lettre de Duprès à Landrieux, p.125, et celle de Duprès
au Comité de Salut public.

donnée, que jamais il ne rentrerait au corps, et que s'il était réintégré, on le placerait ailleurs qu'au 21e et dans le cas, où contre toute attente, où par faveur particulière, vous dérogeriez à la loi sur les officiers réintégrés, je me recommande à la bienveillance que vous avez bien voulu jusqu'ici m'accorder ; car il serait impossible, il serait nuisible au bien du service, à l'intérêt du corps, que nous y restassions ensemble. J'ose donc espérer que vous ferez valoir, en outre, toutes les raisons dont nous vous avons déjà entretenus. C'est cette bienveillance dont je m'honorerai toujours de recevoir des marques, qui m'engage aujourd'hui à recourir à votre justice (1). »

Le 28 septembre 1795, le Comité de Salut public mit enfin un terme à la longue attente de Landrieux. Il reconnut dénués de fondements tous les reproches qui avaient été avancés contre ce chef de brigade, mais se rangeant à l'avis des généraux et des représentants du peuple sur les inconvénients que présentait sa rentrée au 21e chasseurs, les membres siégeant à la séance du 28 septembre 1794, estimèrent qu'il convenait de prononcer sa réintégration à la suite d'un régiment de cavalerie. Cependant une difficulté subsistait. Au cours de cette interminable série de rapports et d'arrêtés contradictoires était intervenue la loi du 13 prairial (1er juin) qui contrariait le vœu des représentants du peuple et des généraux. Comme il n'existait pas en ce moment de place de chef de brigade de cavalerie vacante, on ne pouvait réintégrer Landrieux en activité et avec solde qu'à la première vacance. Toutefois, comme les lois sont en général faites pour être tournées, et qu'il y avait trop de légistes dans le Comité pour qu'on fût obligé de chercher longtemps un moyen d'éluder la susdite loi du 13 prairial, on estima que Landrieux se trouvait dans un cas particulier qui l'empêchait d'être frappé par elle. La suspension de sa réintégration n'avait été que provisoire et l'arrêté du 7 juin précédent disait expressément que cet état de chose ne durerait que jusqu'à sa justification. Il fallait donc considérer Landrieux justifié comme réintégré à la date du 6 mai (2). Rapportant, séance tenante, son arrêté de suspen-

1. Archives de la Guerre, doss. du 21e chasseurs.
2. Archives de la Guerre, doss. Landrieux : *Rapport de Pille au Comité de Salut public*, 6 vendémiaire an IV.

sion, et sur l'avis de Pille, le Comité de Salut public nomma Landrieux chef de brigade aux hussards des Alpes, régiment qui n'avait pas encore d'existence légale et dont le chef n'avait qu'un brevet de lieutenant ([1]).

Cambacérès, Merlin de Douai, Letourneur de la Manche, Eschassériaux, Thibaudeau signèrent au registre, le 17 octobre 1795, cet arrêté qui mettait fin aux dissensions survenues dans le Comité au sujet de cette affaire.

Les événements du 13 vendémiaire, que Landrieux raconte dans l'avant-propos de ses mémoires, retardèrent l'exécution de cet arrêté, qui eut lieu seulement le 17 octobre. Landrieux, rassuré par Aubry et André Dumont sur la décision prise à son égard, ne s'occupait plus que de se faire donner des chevaux en remplacement des quatre qu'on lui avait pris à Amiens, lors de sa destitution. C'est ainsi qu'au Comité où il était allé solliciter Delmas et Barras, étant assis à côté de Menou consigné, il vit pour la première fois le général Bonaparte, peu d'instants avant la canonade qui balaya la rue de Richelieu ([2]).

Le 3 brumaire an IV (25 octobre 1795) Pille remettait en mains propres à Landrieux l'avis officiel de sa nomination aux hussards des Alpes.

Au citoyen Landrieux, chef de brigade du 13e régiment de hussards (hussards des Alpes).

« D'après le rapport que lui avait fait la Commission, le Comité de Salut public a arrêté le 25 du mois dernier, citoyen, que vous seriez envoyé comme chef de brigade au régiment des hussards des Alpes, dont le chef, le citoyen Etoquigny, n'a pas été admis.

« *Le commissaire,*
« PILLE ([3]). »

1. Archives de la Guerre, doss. Landrieux : *Arrêté de réintégration à dater du 17 floréal an III et nomination aux hussards des Alpes* (13e régiment de hussards).
2. *Mémoires*, t. 1, p. 29.
3. Mss B., folio 75.

V

La joie de se voir enfin réintégré après tant de traverses, de sollicitations vaines et de déceptions de la dernière heure, n'éblouit pas Landrieux. Résolu de tout faire pour éviter une nouvelle chute, de laquelle il lui serait peut-être impossible de se relever, il écouta avec soumission les instructions secrètes du Comité de Salut public, de qui il reçut l'ordre de correspondre avec le ministre de la police générale de la République « pour tout ce qui paraîtrait être de quelque conséquence (¹). »

Le 13ᵉ hussards, en effet, n'était pas un régiment ordinaire, et, à proprement parler, il ne s'agissait pas d'un simple commandement, mais d'une réorganisation compliquée d'une épuration, telles qu'on pouvait les attendre du créateur des hussards-braconniers. Quand Landrieux s'était informé au sujet de son régiment à la Commission d'organisation des armées ou dans ses conversations avec Lacuée qui lui promit tout son concours (²), on lui avait appris que ce corps avait été formé en vertu d'arrêtés du représentant Cassanier, en date des 12 et 17 pluviôse an III, par la réunion d'éléments empruntés à des corps de création plus

1. Mss B., folio 123 : *Lettre de Landrieux au ministre de la Police générale de la République*.

2. Archives de la Guerre, *Correspondance de l'armée d'Italie :* Lettre de Landrieux, chef de brigade du 13ᵉ régiment de hussards, ci-devant formateur des braconniers, au représentant du peuple Lacuée, en date du 22 germinal an IV (11 avril 1794). « Lacuée, dit Forneron (*Histoire générale des émigrés pendant la Révolution française*, I, p. 175), a montré sa valeur, non seulement comme manieur d'armée, mais aussi comme adversaire impitoyable des fournisseurs véreux. »

ancienne : hussards organisés au dépôt de Vienne, en thermidor an II, par ordre d'Albitte et de Laporte ; hussards des Alpes, dragons de la montagne, guides à cheval de l'armée des Alpes (¹). Rien de plus hétérogène, lui disait-on, que l'esprit qui animait les soldats du 13ᵉ hussards. Le général Walther (²), au moment de la création, avait été en secret autorisé à laisser s'y glisser, sans paraître s'en apercevoir, tous les jeunes gens de la région à qui il prendrait fantaisie de solliciter leur admission. La plupart avaient cruellement souffert pendant le fameux siège de Lyon soulevé sous Précy, contre les armées révolutionnaires : il n'en était pas un dont quelque parent n'eut, après la défaite, payé de son sang son dévouement à la cause royale, quand l'échafaud fauchait les têtes à *Commune-Affranchie*. Aussi la mesure était-elle, au point de vue de la sûreté générale, pleine de sagesse puisqu'elle débarrassait le pays d'une jeunesse remuante, facile à entraîner dans de nouvelles aventures, en même temps que son rassemblement dans un corps facilitait une surveillance bien plus incomplète alors qu'ils étaient disséminés dans toute la contrée, en Provence et en Dauphiné. Walther avait complètement réussi, merveilleusement secondé d'ailleurs à ce point de vue par le chef provisoire du corps qui, bien qu'il ne fut point dans les secrets du général et des représentants, amena au 13ᵉ hussards beaucoup de muscadins avec lesquels il était très lié (³). Ce Guérin ne disait rien qui vaille au Comité de la guerre qui refusait de l'admettre au grade qu'il occupait (⁴) ; on le peignit à Landrieux sous les pires couleurs : c'était, disait-on, le fils ignorant d'un huissier de village de Normandie, dilapidateur des caisses de son régiment qu'il

1. Archives de la Guerre, doss. du 13ᵉ hussards.

2. Les notes de Walther lui furent communiquées aux bureaux de la Guerre, Mss B., folio 130, pièce citée. — Archives de la Guerre, (Cartons de l'armée d'Italie) : *Lettre à Lacuée* — et dossier du 13ᵉ hussards.

3. Mss B., folio 123 : *Lettre de Landrieux au ministre de la Police générale de la République.* — Mss B., folio 130 : *Lettre de Landrieux au ministre de la Guerre, Brignolles,* 24 germinal an IV.

4. Archives de la Guerre, doss. Landrieux : *Rapport au Comité de Salut public, du 6 vendémiaire an IV* (28 septembre 1795)

considérait comme sa propriété, bien qu'il ne fut encore
réellement breveté que lieutenant (¹), et on engagea Landrieux à se préparer à lui enlever le commandement de
haute lutte. En réalité, ce portrait, quoiqu'en ait écrit
Landrieux dans ses *Mémoires*, était fort injuste (²).

René-Florimond-François Guérin d'Etoquigny était né à
Dieppe le 28 avril 1762, non d'un petit huissier, mais de maître
Denis-Louis Guérin, avocat au Parlement et notaire royal
en cette ville. Comme Landrieux, il avait fait d'excellentes
études et suivi les cours de l'école du génie. De 1778 à 1783,
il avait servi dans les régiments provinciaux sur la lettre
d'attache de M. de Puget, commandant le bataillon de garnison de Chartres, laquelle contenait promesse du second
emploi vacant. Après cinq ans de service, le peu d'activité
des corps provinciaux, les entraves qu'apportaient à l'avancement les nouvelles ordonnances, le décidèrent à entrer
dans le corps des ingénieurs du roi. En 1788, il obtenait du
duc de Valentinois, colonel des Cravates, son agrément
pour un emploi dans son régiment. En 1791, lors de sa
nomination de sous-lieutenant au 8ᵉ dragons, il comptait
quatorze mois de service effectif dans la garde nationale du
district de Saint-Germain-des-Prés (³). Jusqu'à la formation
du 13ᵉ hussards, son avancement fut plutôt lent, mais rien
n'autorise, en présence de douze ans de services effectifs, à
en attribuer la cause à son ignorance du métier militaire.
S'il n'avait pas les connaissances et les talents d'organisateur de Landrieux, s'il avait été dupe des canailleries des
fournisseurs de chevaux, acceptant de confiance leurs rosses
les plus galeuses, s'il laissait ses quartiers-maîtres et son
conseil d'administration s'enrichir au détriment de ses
hussards, si enfin on attribuait à ses mœurs trop grecques
la faveur dont il jouissait auprès de Stengel — affirmation
dont il faut laisser toute la responsabilité au seul Landrieux,
car ce pourrait bien n'être qu'une calomnie des clubs aixois(⁴),

1. Archives de la Guerre, doss. Landrieux : *Rapport du 6 vendémiaire an IV* (28 septembre 1795).

2. *Mémoires*, 1, p. 31.

3. Archives de la Guerre : *Etats de service du général vicomte
Guérin d'Etoquigny*.

4. Mss B., folio 123, pièce citée, folio 130 : *Lettre de Landrieux
au ministre de la Guerre. — Mémoires*, 1, p. 31. Quand le

— il convient de lui rendre cette justice qu'il ne fit rien, au moins ouvertement, pour disputer au colonel le commandement d'un corps qu'il dirigeait depuis de longs mois et sur lequel il pouvait s'imaginer avoir des droits, ayant en poche une commission provisoire. Loin de répondre au cartel de Landrieux, il s'enfuit dès son arrivée ([1]).

Parti de Paris à la fin de brumaire, Landrieux franchit trop lentement à son gré les cent quatre-vingts lieues qui le séparaient d'Aix où Guérin avait, d'étape en étape, ramené ses hussards partout redoutés pour leurs incartades ([2]). Le colonel arriva au corps en frimaire, au lendemain d'une échauffourée qui mit un terme au séjour du régiment à Aix. Fréron, représentant du peuple, en mission dans les Bouches-du-Rhône, se refusa à conserver plus longtemps un pareil élé-

19 nivôse an V, Guérin devint chef de brigade du 25ᵉ chasseurs, c'est Landrieux, chef d'état-major de la cavalerie, qui contresigna son brevet pour l'enregistrer. Guérin mourut lieutenant-général le 28 avril 1831. De baron, comme le qualifie Landrieux dans ses *Mémoires*, I, 31, il était devenu vicomte. (Archives de la Guerre, doss. Guérin d'Etoquigny.)

1. « A mon arrivée au corps le commandant disparut. Il n'était apparemment pas disposé à me disputer le commandement les armes à la main. Il me suffit de lui en faire la proposition. Je ne l'ai jamais vu. » (Mss B., folio 123, lettre citée).

2. Guérin avait fait son possible pour dompter ses hussards. Au lendemain de l'expulsion du détachement qu'il avait envoyé au Puy, il écrivait le 29 mai 1795 à la Commission de la Guerre :

« Je viens d'être instruit du retour du détachement du régiment qui avait été envoyé au Puy sur l'ordre de la Commission. Ce retour est motivé, dit-on, sur l'incivisme des hussards qui composent ledit détachement. Cette nouvelle m'a d'autant plus affecté, citoyens, que je ne cesse de prêcher à ceux qui sont sous mes ordres l'amour de la discipline, celui de leur pays et l'obéissance la plus parfaite aux lois et aux autorités qui en sont l'organe.

« J'espère, citoyens, que vous êtes trop justes pour ne pas sentir que la position des chefs de corps et celle des officiers qui sont employés dans l'intérieur est affreuse ; et que le pays que nous habitons est en proie à deux factions également hideuses. Les uns sont les factieux du règne de Robespierre, et les autres sont les égorgeurs qui prétendent sauver le Gouvernement en foulant au pied les lois sacrées de l'humanité et en se livrant à la violation de toutes les conventions sociales. Au reste, citoyens, ce n'est pas le moment de faire des observations politiques sur le but

ment de discordes dans sa juridiction. Il fallut, le lendemain, partir pour Nîmes (¹).

L'impression première était d'ailleurs déplorable. Ce n'était pas un régiment, c'était, comme Landrieux l'écrira plus tard à Lacuée, « un assemblage d'hommes vivant aux dépens de la République, sans discipline, sans lois, ne connaissant aucun principe de subordination, sans comptabilité, sans registre, connus seulement par leurs excès dans les villes et les campagnes dont ils étaient le fléau et par leurs sentiments inciviques (²). » Il y avait là des massacreurs à gages de tous les partis (³). Les officiers ne valaient pas mieux que la troupe; Walther en avait prévenu le Comité de Salut public. Il parut cependant à Landrieux que ce général eut pu prendre soin de faire choix d'un bon quartier-maître (⁴).

Instruit par les ennuis que lui avaient causés les frasques de Soibinet et ses propres négligences, Landrieux porta une attention extrême à toutes les questions de comptabilité. Il suppléa au défaut de registres par une enquête dans laquelle les faits suivants furent établis en bonne forme. Depuis la création du régiment, les hussards n'avaient reçu que des acomptes sur des revues partielles ou générales. De toute part, de prétendus payeurs de détachement avaient touché .

que se proposent les deux partis ; le mien est de vous prouver que je serai toujours étranger à tout ce qui n'est pas de mon métier et que j'emploierai tout pour convaincre ceux qui sont sous mes ordres, qu'obéir et se battre est l'unique emploi.

« C'est un exemple que je n'ai cessé de donner depuis le principe de la Révolution et duquel je ne m'écarterai jamais. (Archives de la Guerre, doss. du 13ᵉ hussards).

1. Archives de la Guerre: *Correspondance générale, armée d'Italie, — Lettre à Lacuée.*

2. Ces sentiments se retrouvaient dans d'autres régiments. Dans une lettre du 22 mars 1796, Schérer rapporte que la 70ᵉ demi-brigade avait mis des crêpes à ses drapeaux pour l'anniversaire de la mort du roi. (Archives de la Guerre: *Correspondance générale, armée d'Italie*).

3. Archives de la Guerre : *Lettre de Guérin à la Commission d'organisation datée de Vienne 10 prairial an III* (29 mai 1795.) Il s'y intitule chef de brigade.

4. Mss B., folio 130 : *Lettre de Landrieux au ministre de la Guerre, datée de Brignoles, 24 germinal an IV* (13 avril 1796).

Il était impossible . d'obtenir des données assez positives pour régler le passé, les agents ayant quitté le corps à diverses époques, mais sans rendre de comptes.

L'habillement, l'équipement, le harnachement étaient dans un désordre égal. Rien en magasin, rien dans les porte-manteaux. Les hussards n'avaient que ce qui couvrait leur corps. Les uns étaient habillés de neuf complètement ; les autres n'avaient que le gilet et le dolman avec des pantalons étrangers à l'uniforme, car on avait pris dans divers magasins des effets confectionnés pour d'autres troupes. Il n'y avait pas une seule culotte hongroise (1). Souvent les hommes n'avaient du hussard que la moustache (2). Le contrôle général du corps n'existait pas, et c'était parler grec aux capitaines que de leur demander les registres des compagnies. Landrieux dut donc établir ces livres pour la première fois (3).

Dans les écuries, au lieu de 900 bons chevaux, qui y existaient en pluviôse de l'année précédente, Landrieux ne trouva que 350 haridelles ruinées et galeuses, car « les mulets ou plutôt les charognes de l'entrepreneur général des transports Cerfbeer » avaient infecté toutes les écuries du Midi. Ceux de ces chevaux qui avaient fait la campagne des Alpes. où les hussards étaient réservés au facile service de la correspondance, étaient tous sans exception garrottés d'une manière hideuse. Mal soignés par suite de l'ignorance excessive des officiers et des hussards, le pus avait jusqu'au coude tracé des fusées et des cloques sur leurs jarrets (4). Les chevaux, qui n'avaient pas quitté le dépôt, étaient dans un pire état, s'il était possible. Cependant les hussards ne les fatiguaient point par le surmenage. Ces hommes n'avaient reçu aucune instruction et beaucoup montaient à cheval « comme des garçons meuniers » (5). Landrieux crut trouver la cause du mauvais état de la cavalerie du dépôt dans l'opulence toute récente du capitaine qui le commandait, il exprima quelque envie d'envoyer cet officier au conseil

1. Mss B., folio 130 : *Lettre citée.*
2. *Mémoires*, I, p. 30.
3. Mss B., folio 130.
4. *Idem.*
5. *Mémoires*, I, p. 31.

de guerre, mais il dut renoncer à cette satisfaction, faute
d'éléments suffisants pour établir sa culpabilité (1).

S'il en faut croire Landrieux, en se faisant expulser d'Aix,
le but secret des hussards était d'obtenir que ce corps fut
envoyé plus au nord, à Tarascon ou à Vienne. Résolu à ne
point leur donner satisfaction, il les mena à Nîmes, d'où le
général Hacquin l'envoya, par Uzès et Saint-Gilles, à Montpellier (2). Partout sur la route les hussards se signalèrent
par leurs querelles entre royalistes et terroristes, et par les
sévices qu'ils infligeaient à telle ou telle coterie des habitants. La surveillance était difficile, presque impossible.
Landrieux ne pouvant compter que sur un très petit nombre
d'officiers. Le chef d'escadron Gauthrin était un homme à
peu près nul, que le premier venu conduisait à sa guise (3).
Bon officier, c'est-à-dire sachant son métier, il pactisait facilement avec les tapageurs, bien qu'étranger à leurs cote-
ries, car il était de Troyes (4); d'autres, les capitaines Rodrigue (5) et Juniac (6) ainsi que le lieutenant Triboust (7),
militaires de profession, se multipliaient en vain. Le reste
se dérobait autant qu'il le pouvait aux charges du service et il
en fut ainsi jusqu'à la dissolution du corps (8). Le 10 pluviôse
an IV (30 janvier 1796), pendant leur séjour à Montpellier,
Landrieux et Gauthrin écrivirent au Directoire pour se
plaindre que l'arrêté qui suspendait toute nomination d'officiers rendait leur tâche impossible (9). Ils faisaient valoir

1. Mss B., folio 130 : *Lettre citée*.
2. Archives de la Guerre : *Lettre à Lacuée*.
3. Mss. B., folio 123.
4. Archives de la Guerre, doss. du 13e hussards.
5. Le capitaine Dominique Rodrigue était né à Dammartin-la-
Montagne.
6. Le capitaine Jacques Begougne de Juniac était de Limoges ; il
sortait de la gendarmerie.
7. Le lieutenant Triboust, de Bouville (Jura), venait de l'armée
régulière où il servait depuis 1770.
8. Le procès-verbal de licenciement constate que, sur 32 officiers
inscrits aux contrôles, 9 ne sont pas présents. Un capitaine
est toujours malade et si âgé qu'on ne l'a jamais vu au corps ;
quatre officiers sont absents sans permission et seraient « rempla-
cés sans des influences » ; un sous-lieutenant s'est procuré des
billets d'hôpital pour ne pas marcher à l'ennemi.
9. Archives de la Guerre, doss. du 13e hussards. — Archives

que, sur 36 officiers nécessaires au corps, il n'en existait que
25 et suppliaient le Directoire de leur accorder un colla-
borateur de plus. « Une seule place de chef d'escadron ne
peut entraver vos travaux : aussi vous demandons-nous de
nommer Vilars qui est au corps depuis son origine (1) ».

Dès son arrivée à Montpellier, Landrieux put s'apercevoir que la troupe en général n'y était pas aimée et que
son régiment en particulier était vu d'un très mauvais
œil. Ce séjour lui parut dès lors aussi dangereux pour ses
hussards que celui d'Aix, mais il sollicita vainement du
général Hacquin l'ordre de déplacer son corps (2). Dans
l'intérêt d'une réorganisation devenue urgente et indispensable, le colonel du 13e hussards demandait l'envoi de son
régiment à Castres, où il prendrait mieux ses hommes en
mains. Il avait conquis à sa thèse l'adjudant-général de
Hacquin, mais celui-ci ne voulut point admettre la justesse
de ses raisons (3). Il fallut attendre les événements. Ils ne
tardèrent point à se produire.

Quelques provocations au théâtre trouvèrent les hussards
assez calmes. Landrieux commençait à se féliciter de leurs
progrès dans la voie de la subordination et de la discipline,
quand, à la suite d'une rixe fortuite entre un soldat de
ligne et un hussard, les habitants du faubourg du
Courreau, fermes soutiens des idées républicaines comme
ceux du plan de l'Ollivier des idées royalistes, s'insurgent,
s'arment, fondent sur les hussards, résistent aux exhorta-
tions de la municipalité, tout en acclamant Landrieux. Cette
dernière phase de la bagarre indigna le colonel. Il suffisait
de ces cris effrénés, alliés à ce prétendu dévouement des
insurgés à sa personne, pour renouveler les malheurs
qu'il avait éprouvés au 21e chasseurs, et rendre sa présence au corps impossible. Il écrivit en termes fort nets au

nationales, AF III*, registre 126 : *Répertoire de la Correspondance du ministère de la Guerre,* folio 240.

1. Vilars était lyonnais ; il servit en Hollande, puis dans le régiment de Maillebois.

2. Mss B., folio 122 : *Copie de ma lettre au département de
l'Hérault, le 13 pluviôse an IV* (2 février 1796), *quand je pris
sur moi de quitter cette ville malgré les ordres du général
Hacquin.*

3. Mss B., folio 122, pièce citée.

département et prit avec énergie le parti de ses hussards :

« Comment se fait-il qu'un régiment qui revient de l'armée se trouve ici provoqué, insulté, maltraité, assiégé enfin depuis ce matin dans son quartier ?

« Le fer dont la République a armé nos bras doit-il enfin sortir du fourreau pour punir cette audace ? Le sang impur d'un factieux doit-il salir un républicain ? Non. Mais les hussards défendront leur vie injustement attaquée. Une consigne sévère les retient au quartier. Je les tiens enfermés par les seuls liens de la subordination ; je dois les retenir, car l'anarchie est dans le faubourg et tout autour d'eux. Mais je vous en préviens, citoyens administrateurs, ces liens extraordinaires de la discipline militaire sont prêts à se rompre dans mes mains.

« C'est dans les vôtres, citoyens, que sont déposées les forces de la prudence : vous allez en faire usage, sans doute, mais avant tout, et pour que vos efforts ne portent pas à faux, connaissez tout ce qui s'est passé. Une infinité de faits, recueillis avec soin et déposés au corps, nous ont prouvé sans réplique qu'on ne chercha pas originairement à égorger le corps ; qu'on voulait seulement le renvoyer de Montpellier ; qu'en conséquence on cherchait à lui faire commettre des fautes ; on poussa même l'impudence jusqu'à habiller de mauvais figurants en hussards. Vous savez, citoyens, que ce fait est notoire par la punition qu'a subie l'un de ces hommes ainsi travestis. Cette ruse grossière réclame plus de mise ; les malveillants déconcertés n'ont pas eu d'autre ressource que de soulever un faubourg qui, dans tous les temps, par sa légéreté, fut le bras droit des intrigues et des séditieux.

« Il est prouvé, citoyens, que Montpellier est à présent le refuge de tous les brigands que la rigueur des autorités constituées ou des commissaires du gouvernement a chassés de chez eux. Ce refuge provisoire est mal assuré tant qu'il y aura de la troupe à Montpellier : d'un autre côté les jeunes gens de la réquisition ont tremblé en nous voyant arriver. Les égoïstes qui n'aiment pas à loger les officiers et l'intérêt, le dirai-je, qu'on a de crier contre les royalistes pour ne pas en être soupçonné soi-même, tout a concouru à amener directement ou indirectement ce qui se passe aujourd'hui, et vous remarquerez avec moi, citoyens, que le Courreau, avec sa légèreté ordinaire, s'est laissé

k

soulever par des royalistes et qu'effréné patriote ce faubourg croit défendre la cause de la liberté.

« Les mesures que la municipalité a prises depuis ce matin ont été fort sages sans doute et très pénibles pour elle. Mais, citoyens, il est midi, et huit heures d'essais inutiles ont dû prouver que la sagesse séparée de la force réussit difficilement dans une insurrection du Midi. Je n'ai point d'intérêt à flatter les habitants du Courreau ; je dis qu'ils font insurrection. De quels droits prétendent-ils faire la police dans mon régiment, et surtout à coups de fusil ? Je ne suis pas républicain à leur manière. Je cours après les timides patriotes purs ; je n'en suis jamais rassuré, mais je déclare que la confiance, dont le patriotisme fusillant du Courreau a voulu me gratifier, me déshonorerait si je n'y répondais ; elle me fait horreur ; je n'en veux pas, et je refuse avec indignation de prendre le commandement que ces hordes viennent de m'offrir. Il est temps, citoyens, de prendre des mesures énergiques ; il est de la dernière urgence d'empêcher les hussards de venger le sang de leurs camarades odieusement assassinés et dont les corps sont encore sur la place du quartier.

« Je vous requiers de mettre sur-le-champ toute la garnison à ma disposition. Je me charge de tout et je réponds qu'il n'y aura pas une goutte de sang versé. Je veux profiter de la bonne volonté que le peuple du faubourg me témoigne, je lui en imposerai s'il le faut par mes véritables intentions, je viendrai à bout de garnir la place du quartier et les rues qui vont vers Mèze, avec la garnison, et je sortirai de la ville avec mes hussards que je conduirai à Pézenas ; là j'attendrai les ordres du général en chef ; le commissaire des guerres Roch, ou les circonstances, me donneront une route.

« Ce sera à vous, citoyens, après mon départ, à prendre envers les coupables le parti que votre amour pour le bien public vous dictera. (¹) »

La crainte de trouver en Gauthrin un Murat avait aveuglé Landrieux sur la réalité des équipées de ses hussards (²).

---

1. Mss B., folio 122, pièce citée.
2. Mss B., folio 1   : *Lettre au ministre de la Guerre.*

Ils ne se bornaient pas à agacer les républicains de Montpellier par la vue de leurs tresses en cadenettes réactrices ;
ils avaient des premiers chanté *Le Réveil du Peuple*, chant
de ralliement du parti royaliste reformé, auquel précisément
le commissaire des guerres Roch venait d'ajouter ce sixième
couplet.

> Hâtez-vous de punir le crime
> Ne souffrez pas que l'intrigant
> Puisse désigner sa victime
> Ni faire périr l'innocent.
> Il ne faut pas qu'une cabale
> Vienne remplacer les tyrans ;
> Parlons vengeance nationale
> Et non vengeance de brigands (1).

Au sortir du spectacle, ils poursuivaient et maltraitaient
les républicains. A diverses reprises, la municipalité avait
représenté au général de brigade Tesson, qu'au point où en
était arrivée l'irritation, tout était à craindre et qu'avec les
torts que s'était donnés le régiment, il fallait l'éloigner
« puisque l'on ne pouvait pas faire partir la population de
la ville (2). » Landrieux trouva donc en elle les dispositions
les plus conformes à son désir. Il dirigea son régiment sur
Pézenas sans pouvoir, cependant, éviter une nouvelle bagarre
entre un escadron et une patrouille municipale (3).

Il ne devait pas séjourner longtemps à Pézenas où il laissa
un dépôt, car il obtint enfin l'autorisation d'emmener le reste
de son régiment à Castres. Le pays castrais n'était pas royaliste : la Terreur, malgré l'échafaud obligatoire, y avait relativement passé sans violence. Landrieux, dont le frère était
juge de paix à Lavaur depuis la chute des Montagnards (4),
n'ignorait point cette situation. Il savait même, sans doute,
que sa troupe serait bien accueillie, car la municipalité

1. Duval Jouve, *Montpellier pendant la Révolution*, p. 452.
2. *Idem*, p. 285.
3. *Idem*, p. 285. Cet historien rapporte que malgré la lettre de
Landrieux, le département blâma la municipalité d'avoir obtenu
le départ des hussards « sans son intervention. »
4. Archives de la Guerre, doss. Landrieux : *Certificat de rature
délivré par la municipalité de Lavaur*, 5 germinal an III.

manquant d'éléments pour reconstituer une force armée
que les brigandages dans les campagnes castraises rendaient
indispensables, serait enchantée de fêter, en échange des
services qu'ils allaient lui rendre, des officiers bien élevés,
gens d'éducation et de bonnes manières, assez rares à une
époque où le militaire gradé manquait le plus souvent de
savoir vivre. La jeunesse de Castres, les anciens dragons
du Tarn prodiguèrent, en effet, aux hussards une hospi-
talité aimable [1]. L'arrestation et le supplice d'un brigand
célèbre du nom de Valenciennes furent le prix de leurs
efforts combinés et quand les hussards reprirent la route
du Languedoc et de la Provence, ce fut munis de
certificats qui rendaient hommage à la bonne conduite des
chefs et de la majeure partie du régiment [2].

L'ordre de rappel au Languedoc inquiétait Landrieux dès
la fin de pluviôse an IV. Il voulut s'en expliquer avec le
ministre de la Police générale et lui adressa une lettre pour
lui exposer ses craintes. Depuis quelque temps, il s'aper-
cevait que les officiers, les sous-officiers et même quelques
hussards du corps, qui, à leur retour de l'armée des Alpes,
n'avaient ni argent, ni butin, se livraient à des dépenses
considérables. On donnait de grands repas dans les divers
cantonnements où se trouvaient des détachements du corps.
On payait comptant et en beaux écus sonnants traitants et
aubergistes. Les observateurs de Landrieux lui rapportaient
tous que tout cet or était semé dans les rangs de ses hus-

1. Anacharsis Combes, *Histoire de la ville de Castres et de
ses environs pendant la Révolution française*, p. 180, 181, 183.
C'est pendant ce séjour à Castres que, le 7 ventôse, Landrieux
écrivit au ministère de la Guerre pour demander si les magasins
civils ne pourraient pas verser de l'avoine dans les magasins militaires (Archives nationales. AF iii', registre 227 : *Répertoire
de la Correspondance du ministère de la Guerre*, folio 288).

2. Ce certificat contient quelques restrictions. « Néanmoins en
plusieurs circonstances leurs efforts ont été inutiles envers certains hussards, dont l'inconduite a obligé l'administration municipale à se porter tantôt dans des auberges, tantôt dans diverses
rues bien avant dans la nuit pour rétablir l'ordre et la tranquillité
publique violemment troublées par leurs écarts, trop souvent
fruit de l'ivresse, ainsi qu'il résulte de plusieurs procès-verbaux
déposés aux archives de l'administration municipale. » (Mss B.,
folio 127.)

sards par un sous-lieutenant nommé Clesler, fils du payeur
de l'armée à Dreux. Le colonel avait alors fait séduire par
son secrétaire, beau garçon, propre à ses besognes, la mai-
tresse de Clesler, et il en avait obtenu la confidence qu'on
sollicitait Stengel pour que le corps fut envoyé à Tournon
ou à Vienne. De riches Lyonnais, les Pichat, s'étaient chargés
d'enlever le consentement du général. Avec l'arrivée du
régiment devait coïncider un soulèvement général à Lyon,
dans la Bresse et le Bugey. Claudius, ami intime de Clesler,
servait d'intermédiaire et venait souvent le voir en poste [1].

« Hier matin, ajoutait Landrieux après avoir raconté
tous ces faits, j'assemblai tous les officiers, les adjudants et
les maréchaux-des-logis. Je leur dis fort nettement que si la
plupart d'entre eux avaient eu l'adresse de cacher au général
Walther leurs anciennes fredaines et leur façon de penser
actuelle, ils n'avaient pas échappé aux informations que
j'avais prises. Je leur montrai là-dessus les ordres que
j'avais du gouvernement de casser et emprisonner tout ce
qui serait suspect d'être d'un parti opposé au régime actuel.
J'ajoutai que je savais bien des choses depuis, mais que je
regardais tout cela comme l'effet de l'effervescence des têtes
du Midi ; que même j'en augurais bien en leur faveur, que
des gens turbulents et brouillons n'étaient jamais cachés
devant l'ennemi ; je leur présentai en même temps une
lettre du général Beaumont qui me prévient que sous peu
je recevrai l'ordre de me rendre à l'armée. Je terminai en
leur disant que j'espérais que leur conduite jusqu'au moment du départ ne me forcerait pas à en laisser une ving-
taine dans les prisons de Toulouse, où j'aurais soin d'envoyer les factieux qui seraient bientôt jugés et punis. Je
leur promis en même temps que si je ne recevais aucun avis
secret contre eux, il n'y aurait personne de maltraité et que
j'oublierais tout. Ils me remercièrent tous fort affectueuse-
ment, à ce qu'il me parut...

« Ce n'est pas que je croie, citoyen ministre, que je puisse
rien faire de bon de ce corps. Je suis convaincu qu'en passant le Var pour arriver à Nice, sur 1,500 hommes que j'ai
il ne m'en restera pas 500... Je ne manquerai cependant pas
de leur faire toutes les caresses imaginables. Si, une fois,

1. Mss B., folio 123.

je les tiens à Nice, il ne sera plus en leur pouvoir de m'é-chapper (¹). »

Le 7 ventôse (25 février), le ministre Merlin de Douai remerciait Landrieux de son rapport ; il lui annonçait qu'il avait demandé au commissaire du gouvernement du département des Bouches-du-Rhône de l'instruire de la conduite du ci-devant commandant Guérin (²).

Quatorze jours plus tard, Stengel lui ordonnait de rassembler ses détachements et de se rendre à Aix où le commissaire des guerres passerait ses chevaux en revue (³). Le 18 mars (28 nivôse), Landrieux écrivait aux citoyens officiers municipaux de la ville de Montpellier la très curieuse lettre qu'on va lire :

« Citoyens,

« Une foule d'intrigants, disséminés sur toute la surface de la République, cherche à étendre un système désorganisateur ; vous éprouvâtes vous-mêmes, il y a peu de jours, les effets de leurs efforts clandestins. Ce n'est pas seulement dans les villes qu'ils essaient de mettre le trouble : les régiments, cette partie essentielle de la force publique, sont travaillés avec autant de soin que de perfidie; nos frères d'armes, peu accoutumés, peu aguerris à ces sortes d'embûches politiques, s'y laissent prendre facilement ; et comment leur loyauté ne serait-elle pas surprise? Les malveillants ne se trouvent-ils pas souvent être leurs camarades ? Car, n'en doutons pas, les ennemis de la chose publique se sont glissés partout.

« Vous avez connu ma conduite, citoyens, elle ne vous a pas paru tortueuse ; sans cesse avec vous dans le péril, vous m'avez vu vous aider d'un côté à ramener vos concitoyens égarés, de l'autre contenir d'une main ferme un régiment justement irrité.

1. Mss B., folio 123.
2. Mss B., folio 124. « Continuez, concluait Merlin, vos informations avec le même zèle sur les autres individus que vous m'annoncez, et comptez que je vous seconderai de tout mon pouvoir; je ne saurais que me féliciter d'avoir concouru à donner à la République un appui aussi fidèle. »
3. Mss B., folio 125. C'est l'ordre de Beaumont, en date du 12 ventôse, prescrivant la mise en route pour le 24.

« Je l'emmenai malgré moi loin de ces murs où sa présence contenait le crime, et où, peut-être, il a été regretté quand on a enfin connu les desseins des pervers.

« L'implacable malveillance nous suivit dans notre retraite : elle a cherché à me punir d'avoir fait le bien ; elle a profité du morcellement du corps pour insinuer à la partie que j'ai laissée à Pézenas, que je n'étais pas l'ami du régiment, puisque je jouissais de la confiance des habitants de Montpellier ; on a débité des propos absurdes que des soldats crédules ont presque adoptés ; on a cherché à me faire perdre leur confiance ; on a enfin assuré que je vous avais dit que j'étais un nouveau Robert, chef de brigands, et que le corps était presque entièrement royaliste.

« Ces propos ont été entendus par des officiers qui ont plus ou moins d'intérêt à les accréditer ; l'ambition de certains, une discipline gênante pour d'autres ; la crainte qui poursuit les anciennes dilapidations, tout a été adroitement saisi par l'agent désorganisateur ; une rumeur générale me fit connaître, à mon arrivée à Pézenas, que ma troupe avait été travaillée et je ne fus pas longtemps sans en être instruit.

« C'est en m'adressant à vous, citoyens, que je prétends déconcerter cette machination nouvelle ; un témoignage de votre part détruira tous les projets que les ennemis de la République peuvent avoir formés sur la désunion du régiment, et ramènera autour du chef ceux qu'on a essayé d'en écarter.

« Salut et fraternité,

« LANDRIEUX (1). »

Landrieux obtint de l'administration municipale de Montpellier une délibération conforme à ses désirs.

« Considérant, y lit-on, qu'il n'y a que la malveillance et la méchanceté qui aient pu prêter au citoyen Landrieux, commandant du 13e régiment de hussards, les propos relatés dans sa pétition.

« Considérant que l'administration n'a eu qu'à se louer dans toutes les occasions du zèle du pétitionnaire pour la chose publique et qu'il l'a puissamment secondée pour apai-

1. Mss B., folio 126.

ser les diverses rixes survenues entre le régiment qu'il commande et les citoyens de cette commune.

« Déclare qu'il est absolument faux que le pétitionnaire ait tenu ni dans la séance ni en particulier à aucun membre de l'administration l'infâme propos qu'on lui a prêté, qu'il n'est même pas venu à la connaissance de l'administration qu'il l'ait tenu à aucun citoyen, qu'au contraire il a tâché d'excuser auprès de l'administration les membres de son corps.

« Déclare en outre qu'elle saisit avec empressement l'occasion que lui fournit le pétitionnaire de rendre hautement justice à son civisme et à ses qualités morales, ainsi qu'à ses talents militaires et à son amour pour le bien public(¹).»

Le même jour où il lançait cet appel à la commission municipale, Landrieux, accompagné du capitaine Juniac, se présentait chez le général Marc Beaumont, commandant en second la cavalerie de l'armée d'Italie. Marc Beaumont le reçut fort sèchement, lui reprocha en termes sévères de n'avoir pas encore obéi aux premiers ordres qui lui avaient été expédiés et de n'avoir pas ramené enfin tout son effectif de Castres à Pézenas. Landrieux, sans se déconcerter, pria Beaumont de l'autoriser à lui remettre des observations écrites. Juniac et lui y protestaient qu'à Pézenas on manquait de tout tandis qu'à Castres et à Albi on avait tout en abondance. A les entendre il eut même fallu y envoyer l'escadron détaché à Nîmes. « Je crois, général, écrivait Marc Beaumont à Stengel en lui racontant cette visite, qu'il n'y a qu'une raison qui pourrait vous engager à réunir le régiment dans cette partie, c'est que les chevaux sont absolument galeux et qu'il sera bien difficile de s'en servir dans cette campagne. J'attendrai vos ordres pour faire venir de Castres à Pézenas la partie du régiment qui y est, attendu que je puis m'en passer pour l'organisation (²). » Et Marc Beaumont ajoutait en post-scriptum: «Le citoyen Landrieux est tel qu'on nous l'a dépeint; *il paraît avoir quelques*

---

1. Mss B., folio 126 : *Délibération du 29 ventôse an IV.*
2. Mss. B., folio 133. On lit dans cette lettre ce curieux passage : « Je dois faire l'inspection à midi sur le terrain, mais je crains d'être obligé de la remettre à demain à cause de la pluie qui tombe fort et qui n'a pas l'air de vouloir cesser. »

moyens et est surtout très adroit : Juniac m'a confirmé ce que Gauthrin vous avait mandé (¹). »

Pendant le séjour des hussards à Béziers, le sous-lieutenant Clesler avait couronné ses équipées par une algarade à la municipalité. Un mandat d'amener avait aussitôt été lancé contre lui, mais il sut se faire délivrer un billet d'hôpital par le capitaine Vilars son ami. Il en profita pour fuir et le régiment en fut définitivement débarrassé (²). Combien Landrieux eut voulu qu'il en fut de même d'autres de ses officiers, sous-officiers ou hussards. Durant la route vers Nice, il fut obligé de marcher en arrière-garde pour réprimer le brigandage ; à chaque entrée dans une ville, au lieu de prendre le repos qui lui était bien dû, il lui fallait, avec l'aide d'une forte garde d'hommes dont la fidélité ne lui était point suspecte, veiller à empêcher les désordres (³). « Il n'y a pas une ville, un bourg, un village, écrivait-il au ministre de la Guerre, où il ne se trouve un bon nombre de ce que vous appelez à Paris des réacteurs ou égorgeurs, ce que ici on nomme honnêtes gens. Ces honnêtes gens se tutoient avec la troupe ou la troupe se mêle avec eux, et il était rare que la nuit il n'y eut quelque assassinat de commis par nos hussards, à l'instigation de ces honnêtes gens qui se servaient de ces passagers pour se venger de leurs ennemis.

« J'ose vous dire, citoyen ministre, que la faction des patriotes n'est pas plus pure dans ces contrées à l'égard des égorgeurs, que celle des royalistes, et les unes et les autres savent bien à quels hussards elles doivent s'adresser. Et puis, au jour, il fallait calmer l'affaire, car pour la recherche du coupable, c'était peine inutile, et même très souvent dangereuse. Je me suis toujours rallié aux autorités constituées, et il arrivait souvent de là qu'on prescrivait l'ordonnance, le berger se ralliant au loup.

« Dans ces temps malheureux, citoyen ministre, il ne dépend pas toujours d'un chef, quelque habile qu'il fût, de métamorphoser un mauvais corps en un bon. C'est encore

---

1. L'original de cette lettre fut annoté par Landrieux dans un moment de mauvaise humeur. Le *paraît avoir quelques moyens* le mit hors de lui.

2. Mss B., folio 128.

3. *Idem*.

plus difficile dans le Midi de la France qu'au Nord où l'on trouve de véritables citadelles et des places fortes ; là on peut être sévère ; ici, il faut être adroit pour faire marcher la chose tant bien que mal, au risque d'être égorgé à chaque heure du jour (¹). »

Landrieux avait réussi à Montpellier, réussi à Nîmes, il ne fut pas partout aussi heureux, et cependant l'ordre du jour qui prescrivait aux commandants de compagnie de préparer pour le remettre au chef de brigade, le 21 germinal, l'état des déserteurs, était explicite.

« Cet état contenant les noms, surnoms et lieu de naissance, sera remis le jour même par le chef de brigade au capitaine-rapporteur du conseil militaire, afin que les déserteurs de la cause que nous défendons soient condamnés aux fers. Les hussards sont prévenus que ces condamnations seront envoyées avec soin dans les lieux de naissance des déserteurs, afin que leurs biens présents et à venir soient saisis jusqu'à parfait remboursement des effets qu'ils peuvent avoir emportés, ainsi que des frais du conseil militaire.

« Leur personne sera poursuivie partout, et en quel endroit que pourront aller se cacher ces brigands ? Ignore-t-on que dans ce moment il existe partout des commissaires du gouvernement qui font arrêter jusque dans les montagnes tous ceux qui ont déserté ou qui n'ont pas encore joint les drapeaux ?

« Si quelqu'un était encore tenté de déserter, ce que le chef de brigade ne croit pas, qu'il réfléchisse qu'il ne peut reparaître de la vie dans son pays ; la condamnation aux fers une fois arrivée chez lui, on le prendra dans vingt ans comme aujourd'hui pour lui faire subir son jugement : qu'il sache que sa famille peut être vexée, tourmentée et rendue malheureuse à cause de lui ; qu'il apprenne enfin que les lois militaires vont être exécutées avec plus de sévérité que jamais.

« On a rapporté aux chefs du corps que plusieurs hussards avaient déserté parce qu'ils n'étaient pas montés ou habillés.

« L'état de nudité des hussards afflige infiniment les

1. Mss B., folio 130.

chefs ; ils ont fait tous leurs efforts pour équiper le régiment, l'ordre de marcher à Nice a tout suspendu pour un moment ; aussitôt arrivés, ce travail va être repris avec la plus grande activité, et sous très peu de jours les hussards auront tout ce qui leur est dû à cet égard.

« Il est venu aussi à notre connaissance que quelques malintentionnés, qui voudraient la destruction de tous les corps, ont persuadé aux hussards qu'on allait les incorporer dans l'infanterie.

« Le chef de brigade donne un démenti formel à ceux qui ont osé tenir ce propos. Le corps a été consolidé par sa nouvelle organisation, et sa conservation est due à la bonne conduite qu'il a tenue à l'armée la campagne dernière, il a la réputation qu'il s'est acquise et qu'il s'agit de soutenir cette année.

« Il est bien maladroit de déserter quand on craint d'entrer dans l'infanterie ; c'est un moyen sûr d'y aller quand on sera arrêté, si par hasard on n'est pas conduit aux fers.

« D'ailleurs le chef de brigade prévient les hussards qu'il est défendu aux corps à cheval de faire des recrues. Où donc aller après avoir déserté ? (¹) »

Or, le 20 germinal 1796, malgré cet avis comminatoire, les faits les plus regrettables signalèrent le séjour à Aix des hussards. Vers les huit heures du soir, la municipalité, sur le qui-vive depuis les meurtres commis au début du mois (²), était informée qu'une foule d'hommes armés de sabres et revêtus de l'uniforme des hussards, venaient de se porter à la maison du cafetier Féraud, située sur le Cours et l'avaient assaillie à coups de pierre. Elle s'empressa, avec la garde de police, d'aller au secours de la maison attaquée. On y trouva, à demi-morte de peur, une malheureuse femme qui put raconter la scène, une fois remise de son émotion. « Ayant entendu un bruit extraordinaire à sa porte, dit le procès-verbal, elle avait engagé un des citoyens qui soupaient dans sa maison à monter au second étage, à l'effet de reconnaître les personnes qui hurlaient avec tant de fureur et les inviter à la paix, au silence, à la retraite. Ce citoyen,

1. Mss B., folio 131.
2. Roux Alphéran, *Les rues d'Aix*.

ayant aperçu des personnages revêtus de l'uniforme de
hussards, est descendu sans pouvoir obtenir des séditieux
ce qu'il avait pourtant le droit d'en attendre. La citoyenne
Bailly s'est alors décidée à leur demander, sans ouvrir
cependant la porte, quelles étaient leurs prétentions et
à qui ils en voulaient :

« C'est au citoyen Féraud que nous voulons parler,
« ont-ils dit, ouvrez-nous. » Cette femme leur a répliqué :
« Retirez-vous ; le citoyen Féraud n'est plus dans la
« maison. » Peu satisfaits de cette réponse, les mêmes individus ont redoublé leurs instances, accompagnées de menaces, et ne se sont retirés qu'après avoir brisé à coup de
pierre toutes les vitres des fenêtres qui donnent sur le
Cours. » (¹)

Pour rassurer la femme Bailly, les administrateurs lui
laissèrent une garde pour sa sûreté personnelle durant la
nuit ; mais à leur retour à la maison commune, les municipaux
y trouvèrent un autre cafetier, le citoyen Gérard, chez qui
s'étaient passées des scènes identiques. Son café avait été
soudain envahi par six ou huit hussards, vomissant mille
injures, se menaçant mutuellement de coups de sabre,
jouant les gens qui se battent et criant tour à tour : « Coquin, laisse-moi aller. — Bougre, tu n'échapperas pas. »
Pour finir la fête ces tapageurs soufflèrent la lampe, cassè-
rent tous les carreaux, puis prirent la fuite en chantant à
gorge déployée « l'air homicide et prohibé du *Réveil du
Peuple.* »

Un des municipaux se décida alors à révéler à ses collègues le rapport qu'un de ses amis lui avait fait dans la
soirée. Des hussards, causant en groupe avec quelques
muscadins, avaient dit à ces derniers: « Ne sortez pas
demain. Venez le soir à la comédie ; nous y chanterons ensemble le *Réveil du Peuple,* nous agirons ensuite. »

Toutes ces voies de fait n'étaient que le prélude de scènes
plus regrettables qui se produisirent dans la même nuit. Le
sieur Pécoult, honnête et paisible citoyen, rentrait dans sa
maison, sur les onze heures du soir, lorsqu'il fut assailli par
des hommes dont il ne put reconnaître ni la figure ni le

---

1. Mss B., folio 29. *Extrait du registre des délibérations de
l'administration municipale d'Aix.*

genre d'habillement et qui, après lui avoir porté plusieurs coups de sabre, se sauvèrent, le croyant mort, et disant : « *Il en a son compte.* »

Les renseignements que l'administration avait reçus jusque là, l'engageant à prendre les mesures nécessaires pour maintenir la tranquillité publique, soit durant le reste de la nuit, soit pour la journée du lendemain 21 germinal, des patrouilles furent commandées, et on les multiplia autant que possible.

La matinée du 21 avait été assez paisible ; mais à trois heures de relevée, une patrouille passant sur le Cours fut arrêtée devant la statue de la Liberté par un officier du 13e régiment de hussards, qui s'adressant au peloton lui dit : « Vous avez parmi vous un déserteur de mon corps ; je vous le consigne à l'effet qu'il soit arrêté quand il aura fini son service. » Une pareille invitation, parfaitement conforme au code militaire, déplut sans doute à quelques officiers qui étaient présents, et notamment au chef d'escadron Gauthrin. Ils s'approchèrent du peloton et, à l'aide de quelques individus à cadenettes, tentèrent d'enlever l'accusé de désertion.

Les gardes nationaux qui formaient le peloton résistèrent, et, par leur fermeté, empêchèrent l'enlèvement. Parmi les individus à cadenettes, on distinguait surtout un audacieux qui, du geste et de la parole, enhardissait les hussards et les provoquait à la rébellion ouverte. C'est sur lui que se dirigea la force publique, comme étant le principal auteur des désordres. On l'enleva à bras le corps et on le porta au corps de garde. Dans ce débat violent, le hussard reçut un coup de baïonnette dans le dos dont il mourut peu après, malgré les soins que lui fit donner l'administration municipale. C'est à ce moment qu'un rassemblement de ces mêmes hussards excités par quelques-uns de leurs officiers s'avança, à grands pas et en ordre, pour attaquer le poste de la maison commune(¹).

« J'accourus, dit Landrieux. Je hasardai un commandement qui ne fut pas écouté. J'allai chercher le poste qui était à ma porte et, à mon arrivée, il me quitta et se réunit aux rebelles. Je courus à la municipalité, où la patrouille

1. Mss B., folio 29.

avait fait retraite et que le régiment voulait attaquer ; la
confiance des officiers municipaux fut telle qu'ils me donnèrent deux cents hommes et trois pièces de canon que je
fis charger à mitraille. Cependant le régiment avançait en
assez bon ordre par deux rues. Je fis pointer et je marchai
avec quatre hommes en avant dans l'une des rues. Au lieu
de crier : « Qui Vive ! », j'appelai l'adjudant Cardier que je vis
à la tête de la colonne qui venait par cette rue ; il vint à
moi et je lui ordonnai, sous peine de la vie, de faire faire
halte. Je criai en même temps aux canonniers de faire
feu sans s'inquiéter de moi, si le régiment faisait un pas en
avant. Il s'arrêta net. Je rappelai Cardier et lui ordonnai
de m'amener tous les officiers, il obéit : ils arrivèrent. J'en
arrêtai quatre que je remis à ma nouvelle troupe comme
otages. Moitié crainte de mon air résolu, moitié persuasion,
ils se laissèrent faire, Cardier ramena les hussards au
quartier où je les consignai jusqu'au lendemain, hier, à
l'heure du départ, et la consigne tint.

« A l'autre rue, le commissaire Pélissier, ex-député, fit
mine de faire feu, et la troupe recula. Cardier eut le temps
d'y courir et d'expliquer ce qui s'était passé à l'autre colonne. (1) »

Une proclamation fut faite pour ordonner la fermeture
de tous les lieux publics, tels que les auberges et les cafés ;
on enjoignit à tous les citoyens de se retirer dans leurs
domiciles respectifs, et aux militaires de rentrer dans leurs
logements, sous peine d'être arrêtés comme perturbateurs ;
des patrouilles multipliées furent mises sur pied. Un certain nombre d'officiers, malgré ces injonctions, se diri-
gèrent cependant vers le logement de leur chef de brigade
à qui ils eurent l'audace de demander compte de sa conduite. Pour toute réponse, Landrieux en arrêta deux et ne
les relâcha que le lendemain au moment du départ (2).

Le désordre une fois apaisé, la garde nationale rentra
dans ses postes et les chefs de corps furent invités à se rendre au conseil ; il fut impossible à l'administration municipale de dissimuler au chef du 13e régiment de hussards
combien l'insubordination qui régnait dans son régiment
était alarmante. Landrieux ne put à son tour leur déguiser

1. Mss B., folio 130, pièce citée.
2. Mss B., folio 128.

les craintes dont il était pénétré. En conséquence, l'administration, convaincue du peu d'influence que ce chef pourrait conserver sur ses officiers, malgré ses efforts multipliés, soit pour prévenir, soit pour arrêter l'émeute, délibéra d'envoyer sur-le-champ un gendarme d'ordonnance au citoyen Puge, général divisionnaire à Marseille, pour l'inviter à se rendre, s'il lui était possible, avant le jour dans la commune d'Aix pour y prendre par lui-même connaissance de ces délits, et en faire punir les auteurs quand ils seraient parfaitement connus [1]. Elle-même rédigea sur-le-champ une proclamation invitant les citoyens à dénoncer à l'officier public les complices des désordres de la journée [2].

« La vigilance de l'administration, continue le procès-verbal, ne devait pas se borner là ; il lui était impérieusement commandé par la justice et l'honneur, de prendre des renseignements précis sur le nom et le grade de chaque officier, sous-officier ou hussard qui ont paru à la tête de l'émeute ; il est résulté de ceux qu'elle a reçus, que le chef d'escadron, qui a été reconnu pour l'un des principaux acteurs et meneurs, est appelé Gauthrin ; que parmi les hussards qui l'entouraient sur le Cours, Blanc, lieutenant et quartier-maître, Dagoreau, sous-lieutenant, Viar, chirurgien-major et Cardier, adjudant, ont été les plus actifs à le seconder, — qu'à la tête des hussards qui venaient attaquer le poste de la maison commune, se trouvaient les nommés Préjaly, brigadier, Toussaint, maréchal-des-logis, Lachaise, hussard, Donnat, hussards, Nache, maréchal-des-logis et Sauthau, maréchal-des-logis [3] ».

Tandis que la municipalité rédigeait ce procès-verbal, Landrieux écrivait au ministre de la Police générale et réclamait avec douleur le licenciement du corps dans lequel il avait, une année durant, mis ses espérances :

« Le masque est entièrement levé, citoyen ministre, s'écriait-il. Ce régiment ne vaut rien, absolument rien. Le soupçon de notre marche à l'ennemi fait tout déserter, ainsi que je l'avais prévu ! Je n'ai plus ici que 800 hommes. J'ai tout tenté pour en faire quelque chose.

1. Mss B., folio 29.
2. Roux-Alphéran, *Evénements de* 1787 *à* 1811, p. 425, Mss. (Communication de M. H. Guillibert.)
3. Mss B., folio 29.

« Le Comité de Salut public me chargea de cette pénible besogne sur la connaissance des succès que j'avais obtenus avec les hussards-braconniers : mais il est des limites que toute l'adresse et l'intelligence humaines ne peuvent franchir; il n'y a aucune ressource ; il faut que cette troupe soit incorporée.

« J'avoue que ma pauvreté m'a longtemps fait envisager cette mesure avec peine et qu'elle n'a pas peu contribué à me faire redoubler de soins pour mettre ce corps en état de servir. Mais, dussé-je ne pas être placé dans un autre régiment, dussé-je être abandonné par la République, il faut lever le voile et déclarer positivement que le 13ᵉ régiment de hussards est incapable d'être de quelque utilité; il est presque nu : et je me suis bien gardé de faire confectionner ses habits dont le drap a été mis à ma disposition par l'ordonnateur Perot à Montpellier ; ne vaut-il pas mieux habiller ces hommes à l'uniforme du régiment dans lequel ils seront incorporés. J'ai économisé cette dépense. Il y a deux cents chevaux qui ne se sont pas refaits à cause du mauvais passage des contrées ; ils ne sont pas en état de rester quinze jours à l'armée. A quatre ou cinq officiers près, parmi lesquels je me fais un devoir de nommer les capitaines Rodrigue, Triboust et Juniac, le reste est d'une ignorance absolue, et d'un très mauvais esprit (1). »

Peut-être Landrieux trouva-t-il quelque consolation dans la considération que lui témoigna la municipalité d'Aix en lui adressant la lettre suivante :

« Les mouvements séditieux qui ont eu lieu hier dans notre commune vous ont fourni l'occasion de manifester une seconde fois et votre amour ardent pour la liberté, et votre attachement inviolable pour ceux qui la défendent. Aussi, l'administration municipale se fait-elle un devoir de rendre hommage à la conduite énergique que vous avez tenue ; en vous ralliant auprès d'elle, vous avez bien mérité de la chose publique : vous nous avez rendu les témoins des mesures que vous avez prises pour dissiper l'attroupement, et nous avons dû y applaudir, puisque, secondant nos efforts, vous n'avez pas craint d'attaquer les malveillants. Votre activité et votre courage ont déjoué leurs complots et ont ramené la tranquillité publique. Ce sentiment doit vous

1. Mss B., folio 128.

dédommager des amertumes que vous devez éprouver souvent. Nous avons jugé, dans le cours des événements, les hommes qui composent votre régiment et nous avons connu ce que vous avez à souffrir ; nous vous distinguerons toujours d'eux et nous n'oublierons rien pour les démasquer. Le gouvernement, à qui nous nous adressons, connaîtra bientôt votre conduite patriotique et ne manquera pas de vous rendre justice ([1]). »

Il s'agissait, en effet, pour le malheureux colonel, de passer à la suite, sans attendre trop longtemps un commandement ; mais après les événements de l'avant-veille, il n'y avait pas à songer à réorganiser : la dissolution s'imposait. Landrieux, la mort dans l'âme, écrivit à Lacuée :

« J'ai écrit trois fois au ministre de la Guerre. Je ne sais ce que sont devenues mes lettres ([2]) : si elles ont été interceptées, je cours risque d'être assassiné. Le ministre Merlin m'a seul répondu.

« Dans cette détresse je me rappelle que vous me promîtes soutien. Le bien public exige impérieusement que le 13e régiment de hussards soit licencié ou incorporé ; il ne peut, d'ailleurs, être d'aucune utilité ; cette troupe, à demi-nue, quoiqu'ayant reçu, depuis un an qu'elle a d'existence, plus d'équipement qu'il n'en faut pour quatre corps, sait à peine marcher par deux. Jamais ils n'avaient eu de livrets. Les commandants des compagnies n'ont jamais eu de registres ; le quartier-maître, que j'ai chassé pour vol, n'a jamais pu rendre aucun compte ; point de registre de caisse. Le vin, le jeu, les femmes, voilà ce qu'on connaît au corps. Il est le même que le 12 pluviôse an III, jour de sa création. Vous trouverez aux bureaux de la Guerre, dans les cartons qui concerne ce corps, les mêmes notes que celles que je vous donne. Elles sont de la main du général Walther qui l'organisa à regret ([3]).

1. Mss B., folio 129. L'administration municipale d'Aix rédigea en effet, le 30 germinal, une adresse au Conseil des Cinq-Cents pour lui annoncer les meurtres et les discordes advenus pendant le mois. — Roux Alphéran, *Événements de 1787 à 1811*, (Mss. déjà cité et communiqué par M. H. Guillibert.)

2. Ces lettres ne se trouvent pas en effet dans les Archives du ministère.

3. Ces notes sont dans le dossier du *13e hussards,* Archives de la Guerre.

« Il n'y a que 200 chevaux au corps ; quoiqu'ils soient très maigres, ils feraient beaucoup de bien à un régiment qui en aurait soin et dont les officiers feraient leur devoir.

« Ici c'est impossible. L'officier supérieur, le subordonné vont se griser au cabaret ensemble ; j'ai tout tenté : punitions, moyens particuliers, discours, encouragements, rien n'y fait.

« C'est à vous, citoyen représentant, que je m'adresse pour faire entendre au ministre qu'il faut absolument qu'on incorpore les hussards dans d'autres régiments. Ils sont nus et sans armes ; il vaut mieux les habiller après l'incorporation qu'avant, aussi ai-je cessé tout travail à cet égard.

« Qu'on me mette à la suite d'un autre corps, où mon travail puisse être utile : voilà tout ce que je demande.

« J. LANDRIEUX. »

« Mon adresse sera à Nice, armée d'Italie (¹). »

Après l'esclandre d'Aix, Landrieux jugea prudent de ne pas se mettre à la tête de son régiment. Il le suivit à demi-journée de distance, ramassant les traînards et faisant la police des routes. A Brignoles, où le 13ᵉ hussards arriva le 24 germinal, la municipalité instruite des événements de l'avant-veille et peu soucieuse de s'exposer de nouveau aux désordres inséparables, semble-t-il, dans cette ville du passage des troupes (²), s'empressa de venir au devant du colonel des hussards qui, d'accord avec elle, fit bivouaquer son régiment hors Brignoles. Landrieux put enfin prendre le temps d'écrire au ministre de la Guerre :

« J'avoue, citoyen ministre, que j'ai longtemps cherché à disculper le régiment, et surtout après ses leçons san-

---

1. En marge, on lit : Note du ministre. « *Donner des ordres prompts pour faire rejoindre au plutôt* (sic) *le 13ᵉ régiment de hussards à l'armée d'Italie, ensuite le licencier et le refondre.* » Puis, d'une autre écriture : *Exécuté,* (Archives de la Guerre. Correspondance générale : *Armée des Alpes et d'Italie,* 1796, Cart. V. 8/19.)

2. Communication de M. C. Auzivizier, chargé du dépouillement des archives de Brignoles. — Le registre des délibérations de l'assemblée muncipale de 1796 manque à ces archives.

glantes de Montpellier, d'Aix et de Castres ; j'ai été long-temps persuadé que ces communes avaient tort. Mais aujourd'hui toute la commune de Brignoles me certifie des choses exécrables. Je vois des épouses en deuil, des enfants pleurant leur père et prêts à sonner le tocsin à l'arrivée d'un régiment de cannibales. Une liste qu'on me présente me rappelle que j'ai constamment vu les individus qu'elle désigne à la tête de tous les rassemblements, de toutes les rixes, et comptés toujours soi-disant par hasard ; je suis certain, citoyen ministre, que tel, que je prenais pour un homme calomnié, se trouve un monstre abreuvé du sang de ses concitoyens, un émigré, un prêtre, un moine, un égor-geur de Marseille, de Tarascon, d'Aix ou de Lyon. Je ne puis enfin résister à l'évidence. Ces gens-là m'ont donc regardé comme utile en quelque sorte à leurs desseins, puisqu'ils ne m'ont pas vingt fois égorgé. Je me rappelle, en rougissant de honte, que j'ai longtemps été leur dupe. Et comment ne l'aurais-je pas été ? J'arrive comme une bombe dans un corps qui m'est inconnu ! Je suis seul. Je ne con-nais personne dans le pays qui puisse m'éclairer. Peut-être me suis-je défié de ceux qui eussent pu m'instruire ?

« Un nommé Guérin, que Walther avait mis à la tête de ce corps, et qui n'a pas eu le courage de m'attendre, s'est retiré auprès des généraux Stengel et Beaumont, ses protec-teurs, pour tourner peut-être en ridicule les observations que j'aurais pu faire à ces généraux qui commandent la cavalerie de l'armée des Alpes. J'ai été instruit de cette particularité assez à temps pour ne pas faire de bévue dangereuse. Je ne leur ai jamais écrit que sur des objets relatifs au service et au mouvement.

« Dans quatre jours nous serons à Nice. Sur quinze cents hommes que j'avais au départ, il ne m'en reste que huit cents. Je suis persuadé qu'au Pont-du-Var, je n'en aurai pas moitié : ils désertent par bandes. J'en ai prévenu le citoyen ministre de la police générale, et les yeux des commissaires du gouvernement à Lyon, à Aix et à Mont-pellier sont ouverts sur ces déserteurs.

« Je ne vous propose rien sur ce qui me restera, citoyen ministre, votre sagesse sait le parti qu'il convient de pren-dre (1). »

1. Mss B., folio 130,

Landrieux arriva à Nice le 18 avril. Le gros de l'armée
était déjà en Italie où la brigade Cervoni avait reçu le
baptême du feu le 10, à Voltri, et où Rampon, refoulé dans
Montenotte, venait de s'immortaliser (¹). La cavalerie
seule, d'un usage difficile dans les gorges et sur les côtes,
demeurait en arrière, massée dans les Alpes-Maritimes,
sous le commandement de Stengel et de Kilmaine (²).

A Nice, en effet, Landrieux retrouva l'ancien général en
chef de l'armée du Nord qui n'avait pas tardé, en 1793, à
passer des avant-postes dans la prison du Luxembourg à
Paris, où le royalisme qui faisait, disait-on, le fond de son
caractère d'Irlandais (³) trouva de l'écho parmi les suspects
décimés par les prétendues conspirations des prisons.
Kilmaine fit à Landrieux le meilleur accueil et lui promit,
quand le 13e husssards serait licencié, de le faire réemployer
sans perte de temps.

Le séjour à Nice fut de brève durée (20 et 21 avril).
« Les tripots y étaient nombreux et il s'y jouait des sommes
importantes » (⁴); Landrieux fut donc heureux de voir la

---

1. M. Eugène Trolard, dans son livre : *De Montenotte au pont
d'Arcole*, tranche la question controversée du serment de Rampon
en s'appuyant sur le récit de Landrieux (*Mémoires*, I, p. 43 et 109)
qu'il qualifie improprement de général. Or le 11 avril, jour du combat de Montenotte, Landrieux se trouvait à Aix-en-Provence, en
route pour rejoindre l'armée d'Italie. Ce n'est donc pas un témoin
oculaire.

2. Pour tout ce qui concerne Kilmaine, voir l'ouvrage en préparation par l'auteur de cette introduction : *Le Général Kilmaine*.

3. Dans une lettre du 3 juin 1793, un représentant du peuple
écrivait de lui au Comité de Salut public : « Il est Irlandais. Le
républicanisme ne se fixe pas dans ces têtes-là. » (Legros, *La
Révolution telle qu'elle est*, p. 36.)

4. Trolard, *De Montenotte au pont d'Arcole*, p. 42. Les renseignements de M. Trolard sont pleinement confirmés par le document
inédit suivant qui contient, en outre, de curieux détails sur la situation de l'armée d'Italie. Daubermesnil, membre du Conseil des
Cinq-Cents, écrivait le 10 germinal an IV à Carnot :

« Je crois devoir vous faire part de ce qu'on m'écrit de l'armée
d'Italie. Je ne l'ai pas lu sans verser des larmes ; je réponds de la
véracité, de la droiture de celui qui m'écrit, il a bien fait ses
preuves, et deux ans et demi de captivité chez nos ennemis lui ont
rendu la liberté plus chère ; voici ses propres termes :

« *L'armée va bien mal, point de pain, point de viande, point*

cavalerie prendre l'horrible route de la Corniche, où un premier escadron était déjà passé le 5 avril (¹). Il y avait là avec Stengel, Kilmaine et Marc Beaumont, 6,000 hussards, chasseurs ou dragons (²). Le 22 avril, le 13ᵉ hussards arriva à Menton ; le 23 il était à San-Remo, le 24 à Diano. A Oneille la cavalerie se divisa ; partie continua à longer la côte ; partie abandonna la Corniche pour rejoindre Sérurier qui avait ordre d'entrer par Orméa vers Ceva.

« *d'argent et enfin tous nus,* voilà comme nous sommes tous,
« attendu que les administrateurs en tous genres se promènent à
« cheval *tout le jour et insultent à la misère du soldat;* je ne
« puis pas croire que le gouvernement ne prenne des moyens pour
« réprimer ces abus ; on voyait, ce carnaval passé, dans les bals
« bourgeois, tous ces muscadins jouer l'or à pleins chapeaux (ce
« que j'avance je l'ai vu moi-même), tandis que nos chevaux sont
« sans fourrage et que nos soldats sont réduits au quart de pain
« dans les montagnes et bien souvent réduits à 5 ou 6 onces de
« châtaignes ; je crois que c'est assez pour vous donner une idée
« de nos affreuses privations ; cependant ne désespérons pas, etc... »
« Au nom de la patrie, de l'humanité, *remédiez à ces cruels
abus,* réprimez le luxe des fauteurs et immoral des vampires de
la République; faites donner du pain à ces braves gens, ce qui
vous est d'autant plus facile, à cette armée, que par un état *qui
m'a été communiqué, il y a du blé pour nourrir soixante mille
hommes pendant trois ans et au-delà.* » (Archives nationales,
AF ɪɪɪ, 185, doss. 849.)
Faipoult, ministre de France à Gênes, qui passait par Nice à la
même époque, fournit au Directoire des renseignements identiques.
(Archives nationales, AF ɪɪɪ, 185.)
1. Le brigadier Schaffart, de Schlestadt, tomba dans la mer avec
son cheval à Saint-Maurice. Un hussard, le nommé Langlois, de
Niort, fut tué par les paysans à Orméa: deux autres furent tués
dans une rixe à Céva, le 11 avril. (Archives de la Guerre, doss.
du 13ᵉ hussards : *Procès-verbal d'incorporation du 13ᵉ hussards dans les 1ᵉʳ et 7ᵉ hussards.*)
2. Dans son ouvrage intitulé : *De Montenotte au pont d'Arcole,* M. Trolard, énumérant les régiments de cavalerie composant
les divisions Stengel et Kilmaine, au début de la campagne,
d'après la *Correspondance de Napoléon,* a cru devoir ajouter
que Landrieux commandait le 7ᵉ hussards. Or, à cette époque,
Landrieux commandait le 13ᵉ hussards que cet historien a omis
dans son énumération. Ce n'est seulement qu'après Lodi qu'il devenait colonel à la suite du 7ᵉ hussards commandé par le colonel
Payen.

Le 13° hussards, moins favorisé que le 13° chasseurs qui chargea à Mondovi sous la conduite de Stengel et de Roise, ne fut employé qu'à des besognes secondaires, ce qui n'empêcha pas Landrieux d'être blessé, dès le début de la campagne, aux environs de Céva (1).

A Fombio, le 8 mai, il reçut une nouvelle blessure, un coup de baïonnette à la jambe (2), dans les combats de cavalerie qui se livraient aux environs de Malleo et jusqu'à Codogno, où il faillit être enlevé, le soir, tous les postes français dormant au lieu de se garder. « Nous avions fini de souper, raconte-il, le général Laharpe, le commissaire des guerres Lavergne, l'aide-de-camp Lahoz et moi, et l'on s'endormait à table, avec le comte de Lamberti, notre hôte, lorsqu'un canonnier ivre vint nous demander assez insolemment ce que nous avions ait de la pièce de 5 placée à la porte. Nous crûmes que son état d'ivresse l'avait empêché de la voir. Il était minuit et la nuit très noire. Lahoz le mit à la porte. Un instant après, un volontaire vint nous dire, de la part de Dupuis, chef de brigade de la 32°, que l'ennemi était dans la ville et très mêlé avec la 32° (3). Nous fûmes à l'instant à cheval et nous courûmes vers Dupuis. Nous étions sept, y compris les ordonnances. Une fusillade nous accueillit, nous la fîmes cesser en criant : « France ! » Nous ne savions pas trop où nous étions. Dans le même instant, une paillasse que Dupuis fit allumer nous fit voir dans cette place qui est immense un corps d'environ 300 Autrichiens à gauche, qui se collaient contre le mur de l'église et la demi-brigade de près de 4,000 hommes, rangée assez confusément le long des boutiques à droite. Point de feu de bivouac. Sitôt que Dupuis se trouva éclairé et qu'il eut quelques hommes en ligne, il marcha sur le détachement qui mit bas les armes. C'étaient des pontonniers. Nous cherchions le général Laharpe autour de nous ; il n'y était pas. Son aide-de-camp l'appelait ; il était tombé mort dans la rue, entre nous sept, de la fusillade dont j'ai parlé,

---

1. Archives de la Guerre, doss. du 13° hussards : *Procès-verbal d'incroporation*.

2. Mss B., folio 27 : *Certificat de blessures délivré par le conseil d'administration du 13° hussards*.

3. Sur Dupuis, voir Trolard : *De Montenotte au pont d'Arcole*, p. 20 à 22, et *De Rivoli à Marengo et à Solferino*, I, p. 195.

et nous n'avions rien eu. En courant dans l'obscurité, nous ne l'avions ni vu, ni entendu tomber. »

Le surlendemain, Landrieux commanda ses hussards à l'attaque de Pizzighitone, place assez forte sur la rive gauche de l'Adda, pendant que se livrait la bataille de Lodi (¹) ; là il eut un cheval tué sous lui et fut légèrement blessé à l'aisselle gauche (²), mais cette victoire assurait la Lombardie à l'armée française, le plus beau pays de la terre, comme dit la lettre d'un officier. « Les statues d'or et d'argent qui abondent dans les églises sont allées se fondre dans nos trésors. Notre armée abonde de tout. Le soldat ne connaît plus le pain de munition. Les chevaux valent trois louis (³). » Trois louis un cheval ! En France, Landrieux avait payé huit mille livres en assignats une seringue pour les chevaux du 13ᵉ hussards (⁴).

Après Lodi, le chef de brigade se consacra entièrement aux travaux préparatoires du licenciement de son corps, car l'ordre était arrivé de Paris de réorganiser le régiment. Kilmaine le fit charger de cette mission délicate et obtint de Bonaparte la promesse pour Landrieux du grade d'adjudant-général. Il l'informa du résultat de ses démarches par une lettre datée de Lodi le 8 floréal (27 avril 1796) :

« Vous savez, mon cher Landrieux, que l'opération du licenciement d'une troupe est une chose assez difficile. Le général en chef ne veut ni ne peut se confier à Beaumont qui n'y entendrait rien, ou qui ferait quelque gaucherie.

1. Le journal *le Gil Blas* du 24 avril 1892 s'est étonné que la bataille de Lodi figurât sur l'étendard du 13ᵉ hussards. Il prétend que ce régiment était licencié avant Lodi et donne comme preuve l'arrêté du Directoire du 2 floréal an IV (21 avril 1796), mais cet arrêté, ne pouvant être exécuté en Italie au moment où il était signé à Paris, n'empêcha pas le 13ᵉ hussards, sous le commandement de Landrieux, de prendre une part active aux combats autour de Lodi. Son licenciement n'eut lieu, comme on le verra plus loin, que le 18 mai.

2. Mss B., folio 27, pièce citée.

3. Archives de la Guerre, *Correspondance générale de l'armée d'Italie.* La lettre est du 28 floréal an IV (15 mai 1796.)

4. Mss B., folio 130, pièce citée. « J'ai souvent aussi été contrarié par les assignats dont on ne veut en aucune façon en ce pays. Une seringue pour les chevaux a coûté 8,000 livres, et vous savez, citoyen ministre, que les assignats nous sont donnés au pair. »

Quant à Roise qu'on veut faire adjudant-général, il ne s'en tirerait jamais. Il n'y a donc que vous qui puissiez faire cette besogne d'une manière satisfaisante ; j'en ai parlé au général en chef qui m'a chargé de vous en donner l'ordre. Ainsi, n'ayez plus d'inquiétude sur les jalousies que vous paraissez craindre. Je suis chargé également de vous annoncer que vous resterez avec nous en qualité de chef de l'état-major général de la cavalerie, et qu'en attendant vous pouvez choisir du 1er ou du 7e régiment de hussards à commander. Pour votre tranquillité, prenez le 7e, le premier étant composé d'Allemands et de Français qui se disputent sans cesse. Ce corps, d'ailleurs, n'est pas bon. On n'en est pas content. Le 7e a un chef de brigade, mais on lui prépare l'ordre de rentrer en France, et puis ce n'est qu'en attendant que le Directoire ait envoyé son refus d'élever Roise au grade d'adjudant-général, ce qui ne peut manquer puisqu'il n'est que capitaine.

« Beaumont extravague avec cet homme. Le général en chef ne l'a demandé que pour le contenter, bien certain qu'il sera refusé ; car, s'il l'avait bien voulu, il l'aurait nommé lui-même.

« Je vous donne tous ces détails pour vous mettre le cœur au ventre ; prenez tels moyens qu'il vous conviendra, mais dépêchez cet ouvrage et faites en sorte que tout le monde soit content.

« Vous pouvez y servir vos amis et les bons sujets. Ci-joint l'ordre que je vous annonce.

« Je vous salue de cœur,

« KILMAINE (¹). »

L'ordre annoncé, daté du même jour, charge Landrieux de procéder sur-le-champ au licenciement de son régiment. Vingt-cinq hommes des mieux faits, des plus sages, des mieux montés et équipés seront choisis tout spécialement par lui pour être envoyés, sous le commandement d'un maréchal-des-logis et de deux brigadiers, au quartier général. Ces hommes étaient destinés à former le noyau du corps des guides de Bonaparte. Le reste du régiment devait être

____

1. Mss B., folio 136.

« divisé en deux parties égales, hommes et chevaux » ; une partie envoyée au 1er hussards cantonné à Malleo et la seconde au 7e campé à Lovresco (1).

Bien que le travail fut interrompu par l'entrée à Milan (où Landrieux fut un des signataires du procès-verbal de pesée des 21 millions qui constituèrent la rançon du Milanais), conformément aux ordres donnés, le 18 mai, le général Kilmaine, assisté du commissaire des guerres Roux, se rendit au bivouac sous Lodi et procéda à l'incorporation. L'effectif du 13e hussards comportait alors : un état-major de 32 officiers inscrits au contrôle, car il y avait des emplois vacants ; 148 sous-officiers et hussards montés ; 216 hommes non montés dont seulement 20 présents et les autres dans les dépôts à Nice, Toulon et Castres (2). Il y avait 235 chevaux : 148 à l'armée et le reste malades dans les dépôts. Les 25 hommes destinés aux guides furent d'abord prélevés ; puis 169 hommes et 105 chevaux furent dirigés sur le 1er hussards et 170 hommes et 105 chevaux sur le 7e régiment (3).

Au lendemain de la dissolution du 13e hussards, Lan-

1. Mss B., folio 137.

2. Depuis les revues passées en France, l'effectif s'était diminué de 23 hommes par désertion, meurtre, ou morts au champ de bataille.

3. Archives de la Guerre, doss. du 13e hussards : *Procès-verbal d'incorporation du 13e hussards dans les 1er et 7e hussards.* — M. Eugène Trolard, dans son dernier livre *De Rivoli à Solférino*, 1, page 144, s'est absolument trompé sur tout ce qui regarde le 13e hussards. Cela paraîtra peut-être surprenant, d'autant plus que cet auteur cite à chaque page les *Archives de la guerre*, les *Archives nationales*, etc., et, par là, tend à faire croire qu'il s'est livré à des recherches approfondies ; M. Trolard avait cependant à sa disposition les pièces justificatives (Mss B.) des *Mémoires* de Landrieux, qui auraient suffi à l'éclairer s'il leur avait accordé plus qu'un examen superficiel. Mais, pour des raisons totalement étrangères à l'Histoire, cet auteur, par une incohérence inexplicable, a cru devoir vilipender Landrieux dans son nouvel ouvrage, tandis que dans le précédent (*De Montenotte au pont d'Arcole*, pages 39, 160, 161, 221, 223, 383, 387, 430), il s'appuyait au contraire avec quelque complaisance sur la haute valeur de cet écrivain militaire qu'il a découvert... après le général Koch, la *Revue du Cercle militaire* et M. Eugène Asse.

drieux devenait colonel à la suite du 7e hussards et rentrait
à Milan, d'où il dut fuir la révolte des habitants indignés
du vol du mont-de-piété, que Bonaparte avait fait transporter à Gênes.

On lit dans les *Mémoires* de Landrieux un récit très détaillé et très pittoresque des évènements de Milan et de Pavie auxquels il assista à son retour de Lodi, au moment où il donnait tout son temps à l'organisation du bureau des affaires secrètes (¹).

Jusque là, chaque général s'était tiré tant bien que mal du service des renseignements, employant des espions qu'il payait suivant les circonstances : aussi n'y avait-il aucune régularité dans les informations. Depuis le début de la campagne, Bonaparte se montrait très mécontent de cette organisation défectueuse et parlait de la rétablir sur un pied différent. Kilmaine, qu'il en voulut charger, lui indiqua Landrieux comme l'homme de ces besognes. Saliceti lui en fit également l'éloge sur la recommandation de Pelissier (²).

Le général en chef résolut de s'attacher un officier si ferme et si adroit. Il lui fit force promesses et s'ouvrit à lui de ce qu'il attendait de son intelligence (³). Il fallait établir des correspondances sûres, non seulement dans l'armée ennemie, mais à Naples, à Rome, à Florence, à Turin, à Venise, à Vienne et à Paris. « Les travaux de ce bureau secret, dit Landrieux, n'avaient aucune espèce de rapport, Paris excepté, avec les opinions républicaines ou les opi-

1. *Mémoires*, I, p. 63-72.

2. *Mémoires*, I, p. 107. C'est ce Pélissier qui avait vu Landrieux réprimer l'émeute du 13ᵉ hussards à Aix en Provence.

3. Landrieux affirme que Bonaparte promit de lui faire rembourser les 90,000 francs qui restaient dus sur la formation des Hussards-braconniers et dont il n'a jamais perdu le douloureux souvenir.

nions royalistes. Il fallait seulement savoir ce qui se passait autour du Directoire à cet égard, à quel parti tenaient les officiers et les chefs de corps que les Directeurs, à chaque mouvement de bascule, nous envoyaient à Milan (¹) ». Il fallait savoir ce qu'étaient et ce que faisaient tous les généraux, surveiller leurs exactions et leurs pillages, en un mot, faire la police secrète en même temps que diriger une savante organisation d'espionnage contre l'ennemi. Avec un bureau bien organisé, Bonaparte comptait avoir dans sa main tout le personnel militaire et politique de l'époque, et il l'eut en effet. Sur ce point, les affirmations de Landrieux, qui, isolées, pourraient passer pour suspectes, sont prouvées par les constatations de l'Histoire.

Une fois à la tête du bureau secret, Landrieux travailla à se faire décharger du commandement du 7e hussards, dont le colonel blessé lui laissait tout le poids. Le 27 mai, c'est lui qui amena à Bonaparte, installé au couvent de Sainte-Euphémie, les deux envoyés du provéditeur général de Vérone : Rocco San Fermo et Benedetti del Bene qui y signèrent les conventions qui permirent plus tard le soulèvement de la Terre-Ferme (²). Bonaparte en fit rédiger le texte par Landrieux qui, les signatures échangées, ramena les négociateurs à leur auberge, non sans leur dauber dessus (³). Kilmaine feignit de croire, pour être désagréable à Bonaparte, que Landrieux avait été le véritable inventeur de ce contrat léonin ; car il était déjà en plein désaccord avec le général en chef et le querellait ferme. Beaulieu venait d'occuper Peschiera par ruse, et Kilmaine, chargé de repousser son avant-garde, réclamait d'urgence les renforts de troupes d'infanterie que le général en chef avait promis de joindre à ses cavaliers. Il dut néanmoins livrer bataille avec sa seule cavalerie : 1,200 hommes du 1er et du 7e hussards. Ce furent une série de charges dans l'une desquelles

1. *Mémoires*, I, p. 108.
2. *Mémoires*, I, p. 74. Voici l'ordre de Kilmaine : « Vous voudrez bien, citoyen, vous rendre sur-le-champ à l'auberge del Gambara, à Brescia, où vous trouverez deux députés de la ville de Vérone qui se rendent près du général Bonaparte ; vous les accompagnerez dans leur voiture et vous reviendrez avec eux. » (Mss. B, folio 138.)
3. *Mémoires*, I, p. 77.

Landrieux eut son cheval tué au moment où son général
abattait à ses pieds d'un coup de sabre le célèbre Liptai. Le
lendemain de ce combat (29 mai) Landrieux perdit un
deuxième cheval à Borghetto. Il était de grand'garde, près
d'une vieille église ruinée qui servait de grange, sur le
chemin de Valleggio à Castel-Novo. Depuis deux jours,
constamment en éveil, il n'avait pas eu un moment de
repos. Les hussards sommeillaient couchés sur le foin.
Ayant attaché son cheval au portail de l'église, il grimpa
dans le campanile où il s'endormit d'un si profond som-
meil qu'il se réveilla sous la garde d'un factionnaire autrichien. Qu'était donc devenu son régiment ? Enfin la
fusillade lui apprit l'approche des Français qui le déli-
vrèrent. Restait à se monter. Un grenadier lui céda
pour douze livres un cheval dont il n'avait que faire
et il répara si bien le ridicule de son aventure de la nuit,
pendant la journée du 30, qu'à la tête des éclaireurs il reçut
un coup de feu au genou droit et un autre à l'aisselle
gauche. Le soir, ses blessures pansées à la hâte, il éprouva
un autre inconvénient de la guerre, dont il devait se ressen-
tir longtemps. Un obus éclata à peu de distance de lui et
les terres soulevées l'aveuglèrent (1). Un an plus tard, il
n'était pas remis. Le plus dangereux fut, d'ailleurs, sa
blessure à la jambe qui avait fort méchante mine et l'obligea à se faire transporter à Goito, où Kilmaine lui donna
l'ordre de rester avec quelques hussards (2). Comme Sérurier lui demandait ce qu'il faisait dans cette ville, qui ne
lui paraissait pas propre à devenir le siège du commandement de la partie du Mantouan qui est à la droite du Mincio, poste que Bonaparte avait confié au colonel blessé,
Landrieux lui écrivit pour le mettre au courant de la situation.

« Il suffit, citoyen, répondit Sérurier, que le général Kil-

1. Mss. B, folio 239 : Certificat de Kilmaine, en date du 4 nivôse
an V.

2. L'ordre est du 12 prairial (31 mai). « Il correspondra, y lisait-
on, pour les objets relatifs au service avec le général Sérurier,
établi à la Favorita, et quant à la partie politique et à tous les
détails relatifs au gouvernement important qui lui est confié, il
continuera à entretenir les relations les plus intimes et les plus
exactes avec le général Kilmaine. »

maine ait prononcé sur le lieu que vous pouvez habiter dans le Mantouan pour que je me fasse un devoir d'être du même avis ; d'ailleurs, citoyen, quand je pourrai vous être de quelque utilité, vous pourrez disposer de moi.

« J'apprends avec peine que vous avez la jambe fracassée ; ne négligez rien pour votre prompt rétablissement.

« Vous êtes bien bon de prendre intérêt à ce qui me regarde : la saison, j'espère, me fera grâce.

« Je vous souhaite un prompt rétablissement. »

Sérurier marchait alors sur Mantoue, cette *bicoque* que Bonaparte comptait enlever en quelques heures et qui résista de si longs mois. Landrieux, à Goito, ne perdait point son temps. Il suivait ses travaux du bureau secret et entre temps s'occupait de sériciculture. Son récit vaut la citation comme type des occupations variées auxquelles est apte le soldat français :

« Il n'était pas resté un seul habitant à Goito en sorte qu'on ne pouvait s'y procurer les choses les plus nécessaires.

« J'envoyai quelques hussards faire des découvertes. Ils revinrent comme la colombe de Noé. Nul habitant dans les villages voisins. Le lendemain, on poussa jusqu'à Gazzoldo, même résultat. Le Mantouan n'était plus qu'une immense solitude.

« C'était la saison des vers à soie et ces insectes abandonnés menaçaient le pays d'une infection générale. Kilmaine, à qui j'en donnai avis, et qui commandait à Roverbella, et Sérurier, m'envoyèrent un bataillon de Gascons et de Languedociens qui, au fait de l'éducation de ces vers, se répandirent dans ces campagnes inhabitées et soignèrent ce qui restait avec une attention et une bonhomie incroyable, c'était à qui ferait mieux. Les cocons furent vendus à Gênes ; le prix en fut distribué au bataillon.

« Tous les habitants avaient passé en masse sur le territoire des Vénitiens. Ceux-ci les y avaient poussés en calomniant nos troupes de la manière la plus atroce. Ils avaient fait accroire aux Mantouans qu'à défaut de viande nos soldats mangeaient les enfants. Cette assertion, toute ridicule et toute incroyable qu'elle était, se trouva être de la dernière

1. Mss. B, folio 240.

exactitude dans l'imagination de ce peuple. Les bons Mantouans avaient emmené leurs bestiaux qu'ils furent ensuite forcés de vendre, presque pour rien, aux avides Vénitiens pour pouvoir vivre eux-mêmes dans cette terre étrangère. Ils virent enfin qu'on les avait trompés, et ils rentraient ruinés dans leurs foyers. Vivante, auteur de ce conte, possesseur d'un odieux monopole, revendait très cher à l'armée ce qu'il avait fait acheter par des personnes de Terre-Ferme aux Mantouans effrayés (¹).

« Il rentra sans doute une partie de ces bestiaux dans le Mantouan, car tous n'avaient pas été vendus, mais les animaux, fatigués par la fuite, par le jeûne et par le retour, furent attaqués, en rentrant, par une épizootie affreuse. On manquait de gens pour les enterrer. Si l'on veut se faire un tableau de la désolation du Mantouan à cette époque, on n'a qu'à lire la description que donne Virgile de la peste des bestiaux des campagnes de la Norique : c'était à peu près la même chose dans ce pays. »

Le 8 juin, le colonel Payen reprenant son poste à la tête du 7ᵉ hussards, Kilmaine fit attacher Landrieux à son état-major, l'état-major général de la cavalerie. Il demeurait, cependant, simple chef de brigade malgré l'inconvénient qu'il y avait pour le bon ordre et la discipline à confier à un colonel une fonction qui le faisait commander à des généraux.

Le bureau secret fonctionnait déjà si activement et avec tant d'ordre, que ses agents, Mantouans pour la plupart, très adroits, assez vrais et pas chers, s'étaient répandus sous prétexte de commerce dans toutes les villes vénitiennes, autrichiennes et sardes. Il y en avait jusque dans l'armée ennemie, à Rome, à Naples, à Gênes, à Trente.

Le 21 juin, Landrieux transmit à Bonaparte l'avis de la nomination de Wurmser comme commandant d'une armée destinée à l'Italie et qui se formait dans le Tyrol. Le 25,

---

1. Vivante était un fournisseur international, juif de race, commandité par les principaux sénateurs. Il faisait, s'il faut en croire Landrieux, un peu d'espionnage dans les deux camps. Comment refuser à un fournisseur des renseignements sur la quantité de fourrage, par exemple, dont un corps aura besoin, voire même des états de situation ? Kilmaine eut le cœur de les lui refuser.

un nouvel avis prévenait le général en chef, qui attendait
à Vérone dans une inaction complète que Mantoue, épuisée
par la famine, capitulât, que 12,000 hommes se rassemblaient à Palma-Nova. « C'est un gobe-mouche ; je lui retirerai le bureau ! » s'exclama Bonaparte qui se confiait
surtout à son service personnel d'espionnage et qu'abu-
sait la vieille et rouée princesse Palestrina. Le chef du bureau secret renouvela bientôt après l'alarme. — « C'est encore du Landrieux ! dit Bonaparte que querellèrent Sérurier
et Kilmaine, vous allez sans doute vous hâter de *faire une
circonvallation*. — Je vais la faire faire, dut-elle vous être
aussi inutile que celle de Saint-Georges ! » répondit Kilmaine
avait été très fort blâmé pour cette construction, faite sur le
conseil de Landrieux, à qui un de ses agents les plus ha-
biles, le père Ambrosio, avait remis une très ancienne gra-
vure du siège de 1629 sur laquelle le faubourg Saint-
Georges était indiqué comme fortifié par derrière d'un
mur circulaire flanqué de tours ([1]). Le prudent Kilmaine
confia l'exécution de ce travail au chef de bataillon du
génie Samson, malgré la désapprobation du général en chef
qui fut trop heureux d'y trouver un moyen de défense
sauveur lors du combat d'Anguillari. Bonaparte, malgré
ses sarcasmes, savait que Landrieux était, de par ses travaux antérieurs, assez compétent en génie pour le venir
consulter à Goito, le surlendemain du jour où le chef de
brigade lui avait proposé d'aller à Mantoue demander à
Canto d'Yrles de laisser sortir de la place assiégée les
illustrations scientifiques qui étaient la gloire de son
Université ; cette fois, il s'agissait d'une ruse de Murat
que le général en chef annonçait au Directoire le 12 juillet
en ces termes pompeux : « Je médite un coup hardi ; les
bateaux, les habits autrichiens, les batteries incendiaires,
tout sera prêt le 28 (16 juillet). Les opérations ultérieures
dépendront entièrement de la réussite de ce coup de main
qui, comme ceux de cette nature, dépend absolument du
bonheur d'un chien ou d'une oie ([2]) ». L'échec fut complet
et la ruse était de celles qui réussissent du premier coup ou
jamais. Landrieux en avait jugé ainsi.

1. Ce plan est dans le Mss. B.
2. *Correspondance de Napoléon Ier.*

Mais l'ennemi approchait et il fallait se préparer à la résistance. Landrieux s'occupait de replier ses dépôts de cavalerie le long du Pô. « Ils seront en route six minutes après l'ordre reçu, écrivait-il à Kilmaine. Je demeurerai parce que je ne veux pas vous quitter dans ce moment critique. On se battra, et je veux y être, et avec vous, comme au camp de César en frimaire an II (¹). » Sa haine contre les Vénitiens s'augmentait de toute l'incrédulité de Bonaparte. « Ce sont eux et leurs partisans, écrivait-il le 29 juillet à Sérurier, qui ont tenu le général en chef dans cette malheureuse sécurité qui m'a fait traiter d'alarmiste lorsque j'ai fait passer les avis qui me venaient de Vienne même et dernièrement du Frioul et du Palais Rouge. Nous allons sans doute céder pour un moment à la tempête : nous reculerons probablement sous deux ou trois jours pour nous rallier. Mais, je vous jure, général, qu'autorisé ou non, si je recommande quelques troupes, comme j'ai le droit de l'espérer, je brûle tout partout où je porterai mes pas dans la Terre-Ferme. Je châtierai d'une façon terrible ces prétendus républicains, ces malveillants, ces juifs, ces traîtres : il leur faut une leçon pour leur apprendre que leur sublime politique n'est pas un secret pour vous et que la première nation du monde ne se laisse pas jouer par des brigands. Je vous supplie de communiquer ma lettre et les trois rapports au général en chef. Le général Kilmaine me mande de Ronco que ses affaires ne vont merveilleusement pas bien. J'ai ici près des deux tiers de la cavalerie en chevaux blessés. Je dispose tout au départ vers le Piémont (²). »

Le soir, Vignolles et Murat (³) vinrent lui demander à

---

1. En frimaire an II, Landrieux n'était pas au camp de César, il était dans les prisons d'Abbeville. Quant à Kilmaine il était suspendu de ses fonctions depuis le 4 août 1793 et il ne reprit ses fonctions que le 13 juin 1795. Pendant ce temps-là il avait été incarcéré, puis il était tombé malade.

2. Mss. B, folio 171.

3. Landrieux avait en effet retrouvé en Italie son ancien chef d'escadron du 21ᵉ chasseurs. Murat, après avoir longtemps lutté contre la réintégration de Landrieux, avait entrepris de réclamer tardivement contre la nomination de Duprès qu'il jugeait attentatoire à ses droits. Ses réclamations au bureau de la cavalerie,

coucher et il leur céda son lit. « Murat avait un air de satisfaction extraordinaire. Ils étaient descendus d'une très
belle voiture anglaise que Murat me dit avoir confisquée
sur le consul anglais à Livourne d'où ils venaient. Il me
pria de la lui garder quelques jours pour lui donner le
temps de la vendre. Il ne voulait pas la mener à Milan,
crainte que Bonaparte ne se l'appropriât. Vignolles me dit
qu'ils avaient eu tous à l'état-major 60.000 francs chacun
environ, provenant des dettes des négociants livournais
envers les Anglais que Collot, qui avait été chargé de ces
recherches, les avait forcés à payer et que, ensuite, il en
avait fait le partage ». (1)

Landrieux n'eut pas le temps de jalouser la bonne fortune
de son terrible adversaire du Nord. A 7 heures du matin,
il reçut de Kilmaine l'ordre d'évacuer ses dépôts sur Borgoforte. A 8 heures, tous étaient en route, mais il lui fallait
vider les magasins considérables de Goito. Toute la journée
il achemina des voitures chargées de draps ou de toiles vers
le Milanais. Les troupes ne cessaient de passer dans le plus
grand désordre. Vers 5 heures, madame Bonaparte arriva
accompagné de l'ordonnateur en chef Lambert. Partout le
tocsin sonnait.

vaines d'abord, furent enfin accueillies quand il sollicita, en invoquant des précédents, sa nomination de chef de brigade à la suite.
Au 13 vendémiaire, il s'était attaché à la personne de Bonaparte
allant chercher l'artillerie aux Sablons (*Mémoires de Napoléon :
guerre d'Italie*, chap. III). Il fallait désormais compter avec lui.
Le 13 pluviôse an IV (2 février 1796), il obtint, malgré l'avis contraire du chef de bureau de la cavalerie, de prendre le rang de
chef de brigade à compter du 28 brumaire 1793, mais le Directoire décida qu'il continuerait les fonctions de chef d'escadron au
21e chasseurs sans pouvoir se prévaloir de son rang d'ancienneté dans le grade de chef de brigade que lorsqu'il serait porté à
un emploi titulaire à la première vacance. Le 11 ventôse an IV
(1er mars 1796) il devenait l'aide-de-camp de Bonaparte qui l'avait
demandé au Directoire et il le suivit en Italie où il fut fait général
de brigade le 21 floréal (10 mai 1796).

1. *Mémoires*, Mss A., folio 212, note. Landrieux ajoute : « Bonaparte
appelait cela des enfantillages. Il se gardait bien d'en parler au
Directoire auquel il écrivait, le 2 thermidor, qu'il avait mis toutes
les dilapidations sous la responsabilité personnelle du citoyen
Belville, consul de France à Livourne. »

Au point du jour, le 31 juillet, Bonaparte et Berthier descendirent de cheval. Tandis qu'ils dormaient deux heures sur le lit du chef de brigade, Berruyer lui expliqua la situation : l'ennemi était dans Vérone ; sous peu d'heures on serait attaqué ; l'ordre était donné de lever le siège de Mantoue.

Landrieux fit noyer dans le fleuve les 900 milliers de poudre entassés au château d'Arco, chavirer le pont de Goito, et se battant comme un enragé, disputant le terrain pied à pied, rejoignit Kilmaine à Castiglione le 1ᵉʳ août. La journée fut encore chaude et, le soir à Montechiaro, Bonaparte l'accueillit par des reproches de ne pas s'être fait tuer. La querelle entre les généraux dans la petite grange où se tenait le conseil est une des pages les plus curieuses des *Mémoires* de Landrieux (1). « Je m'en lave les mains. Je m'en vais, » dit enfin Bonaparte. Augereau, qui savait aussi bien se battre que piller, prit le commandement et ne s'occupa plus que de « f..... une fameuse danse à l'ennemi (2). » Landrieux commanda le centre de la cavalerie durant la journée mémorable de Castiglione (3) et le lendemain, au lieu de prendre part à la poursuite de l'ennemi, avec

---

.1. M. Eugène Trolard, qui a étudié les *Mémoires* de Landrieux avec trop de précipitation sans doute, ne s'est pas aperçu que le récit de Masséna, ou plutôt du général Koch, qu'il cite (*De Montenotte au pont d'Arcole*, p. 433), est littéralement copié dans les *Mémoires* de Landrieux. C'est donc avec l'aide de Landrieux que M. Trolard porte un des coups les mieux dirigés au récit de Thiers.

2. *Mémoires*, III.

3. M. Eugène Trolard dit, dans son nouvel ouvrage *De Rivoli à Solferino*, que Landrieux commanda rarement le 7ᵉ hussards. Il ne fait pas attention que cet officier était colonel à la suite et que ses fonctions d'adjudant-général l'appelèrent ensuite à l'état-major. Dans le même ouvrage, M. Trolard écrit que « Landrieux ne prit part à aucune des grandes batailles. » Il résulterait de cette affirmation que Castiglione n'est pas une grande bataille, mais M. Trolard s'est refuté d'avance dans *De Montenotte au Pont d'Arcole* (p. 424), où il écrit que « Bonaparte donna le commandement du pays mantouan à l'adjudant-général Landrieux qui, blessé d'un coup de pistolet à la cuisse près de Rivoli, ne pouvait faire campagne. » Le malheur veut que Landrieux, à l'époque où il a reçu ce coup de pistolet, n'était pas adjudant-général. M. Trolard ferait peut-être bien de mettre d'accord entre eux ses deux volumes.

400 cavaliers, il fut chargé par Augereau d'aller reconnaître les positions occupées par l'ennemi à la droite de l'armée. Il y employa plusieurs journées, terrifia le gouverneur d'Azzola qui l'avait obligé à rentrer dans sa ville par la brèche, fut soigné des fièvres par le médecin du duc de Parme, qui le guérit avec son précieux quinquina (¹). Le 9, son expédition était finie et Kilmaine l'entretenait des dépôts à établir en Lombardie et aussi de ses propres intérêts :

Codogno, le 22 thermidor, l'an IV (9 août 1796).

« Je vous ai attendu toute la matinée, mon cher Landrieux, d'abord pour arranger les affaires des dépôts qu'il faudrait mettre ici, à Casale et à Malleo pour la commodité des fourrages, et écrire au général Sahuguet, commandant de la Lombardie, pour le prévenir de leur arrivée dans son commandement, et faire revenir de Milan les dépôts du 7ᵉ et du 20ᵉ qui y sont allés de Plaisance. Secondement, j'avais besoin immédiat des mille écus de Milan pour les envoyer sur-le-champ à Paris, avec d'autre argent, par le moyen d'Auzou, ne voulant absolument garder ici qu'une cinquantaine de sequins ; je vous prie de me dire tout de suite où je pourrais les prendre, ou si je dois les envoyer chercher par mon aide-de-camp ; vous aimez comme moi que les choses aillent rondement. Ainsi expédions.

« Je vous embrasse.

« Ecrivez-moi tout de suite et dites-moi ce qu'il faut que je fasse pour vous et pour moi : les quatre mille de Mantoue resteront pour nos affaires du moment (²). »

Augereau avait repris Vérone. Kilmaine conservait ses quartiers à Brescia. C'est de là que le 30 août il adressait à Landrieux l'espion Nicolini, porteur de la lettre suivante :

Brescia, 13 fructidor, l'an IV de la République (30 août 1796).

« Je vous envoie, mon cher Landrieux, Nicolini qui vous donnera tous les renseignements nécessaires et qui vous ac-

1. Le récit de la maladie de Landrieux chez le duc de Parme est un des plus curieux des fragments annexés aux *Mémoires*.
2. Mss. B, folio 193.

compagnera à Casal-Moro et à Carpenedoli. Je le charge
de m'apporter à Vérone ce qui me regarde : il faut aussi
satisfaire son camarade et lui.

« KILMAINE.

« Je vous embrasse et vous souhaite du bonheur.
« Mille pour vous, de même pour moi et le reste au chef (¹).

Bonaparte voulait, en effet, jouer un tour à son lieutenant Masséna, en faisant enlever par Landrieux les trésors
déposés par ce général à Casalmoro et Carpenedoli. Berthier lui en avait expédié l'ordre, trop explicite au gré de
Landrieux, qui préférait agir de son chef et avoir l'apparence de rechercher un trésor sans propriétaire. Il s'agissait de
316,077 francs récoltés en Piémont par Masséna.

Le 10 septembre, Kilmaine donnait à Landrieux le commandement de Vérone où venaient le trouver les remercie-
ments de Pol Franceschi dont il avait facilité la fuite (²). A

1. Mss. B, folio 202.
2. Voici la curieuse lettre de P.-Pol Franceschi tirée du Mss. B,
folio 207 :

« Goito, le 25 fructidor an IV de la République.

« Citoyen commandant,
« Je suis en sûreté, enfin je suis libre. Je sais bien que je dois
tout à votre humanité, dont je m'en rappellerai à jamais. L'aristocratie doit pâlir à l'aspect d'un Landrieux et tous ses efforts
pour poursuivre les bons patriotes retomberont sur elle-même :
du moins ce doit être le vœu de tous les honnêtes gens. Vous par-
donnerez, citoyen, si j'ai conduit l'ordonnance jusqu'ici ; l'envie
de vous remettre d'abord le cheval m'a fait prendre ce parti-là. Sur
la route de Vérone à Goito j'ai demandé du quartier général, et
personne n'en sait rien de sûr. Je compte pourtant de m'arrêter
ici, en attendant le cheval que mon frère vous aura fourni, et à son
arrivée, j'irai joindre ou le général en chef ou le citoyen Chasse-
loup, chef de brigade du génie. Ayez la bonté de faire remettre
promptement cette lettre à l'ami Mauber, dans laquelle il y en a
une autre pour mon frère. Enfin, agréez que je vous renouvelle
les sentiments de mon éternelle reconnaissance, avec laquelle je
suis tout à vous. Salut et fraternité, très affectionné.

« PIERRE-POL FRANCESCHI. »
On lit dans une lettre de Talleyrand au citoyen Testi, ministre

peine installé, il eut à déployer la plus grande énergie pour réduire le gouvernement vénitien. Armant quatre cents convalescents qui faisaient la boulangerie au fort Saint-Félix, il tint bon avec 148 hussards contre une division autrichienne qui pensait enlever la ville tandis qu'on se battait à Anguillari. Il mourut 87 hommes dans le corps à corps, mais Bonaparte fit féliciter Landrieux par le général Gauthier. « Vous avez défendu la ville avec trop de courage et de succès pour qu'il puisse vous remplacer de sitôt : il m'a chargé aussi de vous demander les noms des commandants et autres officiers des 400 hommes avec lesquels vous avez eu l'audace de tenir tête aux 7.000 Tudesques qui ont escaladé Vérone. Wurmser, quoique enfermé dans Mantoue, est encore redoutable (1). »

Berthier lui écrivit également, mais pour lui donner encore une mission scabreuse. Bonaparte n'oubliait pas qu'Augereau avait vaincu malgré lui à Castiglione. Qu'adviendrait-il si le glorieux et vaniteux soudard jasait à son habitude ? Il fallait pouvoir le contraindre à brider sa langue. Bonaparte, instruit par un rapport du bureau secret, en l'absence de Landrieux, que son lieutenant avait fait argent de quelques 160 chevaux pris sur l'ennemi, fit procéder à une enquête tapageuse dans laquelle douze témoins furent interrogés (2).

Le 19 novembre, Landrieux fut autorisé à reprendre le commandement des dépôts du Mantouan, Bonaparte, dont le quartier général était à Roverbella, tenant à l'avoir sous sa main, car la campagne d'hiver semblait d'une haute importance pour l'avenir de l'occupation française. On était

---

des relations extérieures de la République cisalpine (30 brumaire an VI), cette chaude recommandation en faveur de P.-Pol Franceschi : « Le citoyen Pol Franceschi, ex-député de Bassano, se réfugie dans la République cisalpine. Ce citoyen vous paraîtra mériter, par ses sacrifices et son zèle, une part distinguée dans la protection et dans les secours que trouveront sur votre territoire les Vénitiens réfugiés. Le gouvernement français, citoyen ministre, apprendra avec intérêt l'accueil favorable qu'aura reçu le citoyen Pol Franceschi. » (Affaires étrangères. Venise, corresp., vol. 253, p. 274, fol. 507).

1. Mss B, folio 211.

2. M. Eugène Trolard, qui a mis en lumière la haute valeur des *Mémoires de Landrieux*, une des sources les plus neuves

au lendemain de Saint-Georges et d'Arcole et il fallait songer à préparer l'avenir. Saliceti vivait à Venise où il passa l'hiver en plein travail d'organisation du parti jacobin (¹). Après avoir quitté ses fonctions de représentant du peuple en mission à l'armée d'Italie, il s'était rendu dans cette ville, peut-être à l'instigation de Bonaparte lui-même, et n'avait pas tardé à se mettre en relations avec les membres de la *Loggia de Liberi Muratori.* La franc-maçonnerie s'était introduite à Venise où elle avait ouvert cette loge en 1785 ; c'est là, comme dans beaucoup d'autres villes d'Italie, que la Révolution française avait trouvé ses adeptes les plus ardents et les plus zélés propangandistes de ses principes, en même temps que les armées de la République française recrutaient parmi les membres de ces sociétés secrètes des auxiliaires dévoués et militants qui préparaient le terrain aux conquêtes de Bonaparte (²).

L'œuvre de Saliceti fut reprise par Landrieux au cours d'un voyage qu'il fit secrètement, en brumaire, à Venise, avec Salvatori, membre très actif au *Comité* dit *de police de la Lombardie* (³). Il y resta une décade, s'occupant d'affilier, en une association ou club, les partisans des idées nouvelles, afin de préparer les esprits, par leur propagande, à un changement de gouvernement (⁴).

et les plus piquantes auxquelles il ait puisé les récits de son très curieux ouvrage *De Montenotte au Pont d'Arcole,* a soigneusement relevé tout ce qui, dans ces *Mémoires,* a trait aux exactions des généraux français en Italie. (Voir notamment p. 160).

1. Laporte, *Souvenir d'un émigré,* p. 19.

2. *Raccolta cronologico ragionata,* p. 14 et 15.

3. Salvatori était un des personnages les plus influents du Comité de police de la Lombardie, rédacteur de *l'Amico delle legge,* organe des jacobins milanais. C'est à lui que fut confiée la fabrication de la fausse proclamation de Battaglia ; il avait une réputation très douteuse et un agent secret qui, de Gênes, renseignait le ministre des Affaires étrangères,le qualifie de « coquin connu en Italie et en France par mille voleries infâmes longtemps avant la Révolution et qui, sous le règne du terrorisme, s'était couvert de sang. » (Affaires étrangères, Gênes, vol. CLXX, pièce 173 fol. 301.) Salvatori fut disgracié plus tard, et, selon Botta, poussé par la misère, il se noya dans la Seine « terminant par le désespoir une vie écoulée sans honneur. » (Botta *Histoire d'Italie,* II, p. 356.)

4. *Mémoires,* I, p. 214. — Mss B, folio 512 : *Copie du procès-*

Les travaux du bureaux secret ne dispensaient pas Landrieux de ses devoirs de chef des dépôts du Mantouan. Le 26 novembre, il écrivait à Kilmaine :

« Lahoz, arrivé ce matin avec un ordre du général en chef, m'a demandé ce que j'avais fait des *chaloupes canonnières*. Comme il y a mis un ton peu convenable, je lui ai répondu que je n'avais d'interpellation à recevoir sur mon service que de mon supérieur immédiat : il est devenu plus poli, et dans le fond, c'est un bon Allemand (¹).

« Il m'a prévenu que, sur une lettre de Beaumont qui disait ne les avoir pas vues hier, on avait fait un tapage infernal et que Murat avait même demandé l'ordre de venir m'arrêter. Quant à celui-là, je le crois volontiers. Cet homme ne peut croire que je lui aie pardonné toutes les sottises du Nord.

« Peste ! Comme on est leste à l'état-major général ! C'est inouï. Le général en chef n'est pourtant pas ce qu'on appelle un *bonhomme* ; il s'en faut.

« Et où Beaumont, votre subordonné, a-t-il appris qu'il devait écrire sur le service à d'autres qu'à vous ? Quelle pétaudière que tout cela ! Jamais je n'ai vu servir de cette manière. Si cela dure, je vais demander à servir dans une autre armée.

« Je ne fais pas attention, mon général, que je vous insulte presque, j'aurais dû dire, mon général, que vous seul me consolez d'être le camarade de tous ces gens-là (²). »

---

verbal de la séance du Comité diplomatique et de police générale de la Lombardie et des pays conquis, 13 ventôse, an V.

1. Lahoz n'était ni Allemand comme le dit Landrieux, ni Milanais, comme l'affirme M. Trolard (*De Rivoli à Solferino*, I, p. 58.) Il était Suisse comme Laharpe auprès de qui il fit ses débuts. « C'était alors dans ces deux généraux, dit Botta, le même amour pour la liberté, la même horreur pour le pillage. » Plus tard, Lahoz se tourna contre la France, indigné à la vue des rapines et des excès commis en Italie par ses prétendus libérateurs. Chassé de son commandement du Rubicon où Hulin avait reçu l'ordre de l'arrêter, il passa au service de l'Autriche et fut blessé à mort au siège d'Ancône, dans des conditions qui font peu d'honneur à son ancien camarade Pino. (Botta, *Histoire d'Italie*, IV, p. 225.)

2. Mss. B, folio 235.

Ces gens-là, ce n'était pas seulement Murat, c'était Chabot, si ignorant de l'orthographe qu'il écrivait « *la dige* » et le « *Minciaux.* » Chabran, l'ex-frère ignorantin qui fut retraité lieutenant-général en 1829 (¹), Serviez qui lui dut sa réforme (²), Couthaud qu'il traite volontiers de bandit et auquel il vit avec bonheur fendre l'oreille. Il n'a d'indul-

1. Joseph Chabran, né en 1763 à Cavaillon (Vaucluse), fut protégé par Ricard et Robespierre. Dans ses *Mémoires* Landrieux dit à tort qu'il était prêtre défroqué ; en réalité il n'était qu'instituteur public, doctrinaire, non prêtre, ainsi qu'il le dit lui-même sur la notice individuelle réclamée par le ministre de la Guerre et dans laquelle on lit : « J'ai professé huit ans dans les collèges nationaux sous la dénomination de doctrinaire. Quoique revêtu du *vestitu* ridicule de prêtre, je n'ai jamais imaginé de le devenir, pas même à me faire tonsurer, ayant toujours envisagé par principe la profession sacerdotale comme le comble de l'absurdité. La Révolution naissante, je l'embrassai avec ardeur ; je devins soldat, etc. » Malgré ses goûts de pillage, Bonaparte semble avoir fait assez de cas de Chabran. On lit dans les registres de Berthier, 15 vendémiaire an VI : « Vous ferez connaître au général Masséna qu'il m'est impossible de donner l'ordre au général Chabran de se rendre à sa division. J'ai besoin de répandre un peu dans chaque division un excellent esprit et la bravoure des anciens officiers de l'armée d'Italie. » Le rapport que Clarke adressait le 30 frimaire an V au Directoire, comprend un tableau des officiers généraux de l'armée d'Italie avec des notes fournies par le général en chef, et Chabran est un de ceux qui sont mentionnés « comme aimant beaucoup l'argent. »

2. Emmanuel Serviez, né à Saint-Gervais (Tarn), le 27 février 1755, appartenait à l'ancienne armée, où il servit comme sous-lieutenant, lieutenant et capitaine. Il fit, en 1792-1793, les campagnes de Belgique et de Hollande. Général de brigade le 29 août 1793, à l'armée du Rhin, suspendu lors du blocus de Landau, réintégré après un an de suspension, il fut envoyé à l'armée d'Italie où il assista à plusieurs affaires dans les Etats vénitiens, enleva Gardone à l'ennemi, commanda la retraite des Trente sous Joubert et rentra sans pertes dans les lignes de Castelnovo. Réformé en ventôse an V, il devint, en l'an IX, préfet des Basses-Pyrénées et député du corps législatif en l'an X. Le rapport de Clarke ne lui est pas favorable. Il constate, d'après les notes de Bonaparte, que ce général ne veut pas se battre, qu'il veut rester sur les derrières, qu'il est peu zélé mais avide, qu'il a des correspondances avec des journalistes de Paris, opposés à la Révolution. (Archives nationales, AF iii, 291.)

gence que pour Beaurevoir, Barthélemy Schwansteger de
Fachenhofen, Vedel et Lahoz à qui il semble avoir voué
une affection réelle, malgré les violences de leur caractère
respectif.

Son véritable, son seul ami, c'était Kilmaine. D'un caractère difficile et froid à l'excès, ce général avait été conquis
par la souplesse et la gaîté de Landrieux. Il était maladif
et paresseux ; son attaché, sans jamais s'en prévaloir, expédiait toute la besogne, veillait à ce que rien dans le service
ne souffrit des incommodités du chef. Cette situation était
connue à l'état-major du général en chef où l'on ne les
séparait point l'un de l'autre.

Il put de la sorte se rendre indispensable durant l'hiver
de 1796-1797, pendant lequel Kilmaine fut contraint à un service actif, auquel sa santé ruinée le rendait peu propre.
Malgré les fièvres qu'il domptait avec force prises du précieux quinquina du duc de Parme, Landrieux le seconda de
son mieux, et, quand le général en chef se décida à marcher
sur Vienne, au début de mars 1797, Landrieux et Kilmaine
étaient tout indiqués pour des postes sédentaires (¹).

Depuis dix mois, le bureau secret apportait un soin
spécial à réunir en un faisceau solide de preuves tous les
griefs de l'armée contre Venise.

Il reprochait aux Vénitiens, d'une part, les assassinats des
soldats isolés dans les campagnes, d'autre part, les exactions
commises dans les villages par de prétendus soldats français
qui n'étaient autres que des sujets de Venise déguisés en
hussards (²).

1. Les dépôts de Lombardie, et surtout ceux du Mantouan,
étaient pleins de fiévreux qui n'arrivaient point à se rétablir. Un
rapport du 7 mai 1796 explique ainsi ces épidémies : « Les campagnes de guerre en Italie enlèvent ordinairement par les maladies
une prodigieuse quantité d'hommes dans les armées françaises. En
parcourant à dessein et dans plusieurs sens le Piémont et la Lombardie, j'ai souvent fait cette réflexion. J'ai vu que la culture du
riz et les amas d'eaux croupissantes destinées à l'irrigation des
prairies artificielles infestaient tellement l'atmosphère que les
habitants du pays étaient presque toujours attaqués chaque année
de fièvres opiniâtres qui ne cessaient ordinairement qu'après les
récoltes du riz et lorsqu'on rendait à l'eau la liberté de son cours.
(Archives de la guerre. Correspondance générale. Armée d'Italie.)

2. *Mémoires*, I, chap. v.

Depuis l'entrée de Beaulieu à Peschiera, Bonaparte, que Thiers juge à tort avoir toujours été sincère vis-à-vis de Venise ([1]), n'avait eu qu'un souci : tirer de la convention de Sainte-Euphémie les plus grands avantages possibles. Cet arrangement stipulait que « le cas arrivant que l'une des puissances belligérantes se soit emparée d'une place de guerre quelconque, les Vénitiens ouvriraient sur-le-champ toutes les autres places de Terre-Ferme à l'autre puissance qui pourrait y mettre garnison. »

La ruse de Beaulieu permettait à Bonaparte, le traité à la main, d'introduire ses soldats dans toutes les places. Il n'en proposait pas moins, le 7 juin 1796, au Directoire, de « tirer cinq ou six millions de Venise en indemnité du combat de Borghetto, » livré pour reprendre Peschiera, et il ajoutait : « Si vous avez des intentions plus prononcées, je crois qu'il faudrait continuer ce sujet de brouillerie, m'instruire de ce que vous voulez faire, et attendre le moment favorable, que je saisirai suivant les circonstances, car il ne faut pas avoir à faire à tout le monde à la fois ([2]). »

Le Directoire acceptait volontiers la pensée « d'emprunter », mais recommandait de ne pas « avancer » la rupture. Cependant, à diverses reprises, il pressa Bonaparte « d'entamer les opérations politiques concernant Venise, »... « de frapper Venise des mesures dont une sage circonspection avait fait différer l'exécution. »

Après Castiglione, on avait cru toucher au but. « L'on ne fera rien de tous ces gens-là si Mantoue n'est pas pris », écrivait le général en chef. Le Directoire, acceptant cette

1. A. Thiers, *Histoire de la Révolution française*, t. IX, p. 73. M. Bonnal de Ganges, dans son livre *Chute d'une République-Venise* (qui semblerait être une traduction, tant les idées émises sont empreintes d'un patriotisme vénitien très accentué), a parfaitement saisi l'invariable politique de Bonaparte. On aura maintes fois à citer cet ouvrage pour en discuter les appréciations et en rectifier certaines assertions. M. Bonnal a complètement renversé tout le système de Thiers, fidèlement emprunté par cet historien au comte Daru (*Histoire de la République de Venise*).

2. Malgré son désir de nier la duplicité de la politique de Bonaparte, sinon celle du Directoire, le comte Daru est obligé de confesser qu'il y a là une « préméditation d'hostilités. » (*Histoire de la République de Venise*, IX. Observations du comte Tiepolo et réponses, p. 554.)

opinion, mandait à son tour, qu'il est « utile de réserver jusqu'à la prise de Mantoue le traitement que l'inimitié de Venise mérite de notre part. »

A la fin de février 1797, en refusant de conclure avec la France une alliance offensive et défensive qui eut sans doute amené sa chute sous une autre forme, Venise facilitait contre elle tous les complots (¹). Bonaparte avait depuis deux mois confié le commandement de la Lombardie à Kilmaine et les travaux du bureau secret avaient pour centre Milan, future capitale de la Cisalpine, qui donnait à toute l'Italie le signal du réveil des idées d'unité nationale.

Landrieux affirme, — et c'est là la thèse de ses longs *Mémoires*, — que le bureau secret fut chargé de préparer, de concert avec les comités de Milan, l'insurrection des villes de Terre-Ferme. Il n'allègue, sur ce point, aucun autre document formel que la délibération du 9 mars 1797 (²), mais toutes les vraisemblances se rallient autour de la version, en apparence romanesque, qu'il donne de l'effondrement de la puissance vénitienne. *Les Trophées des armées françaises depuis 1792 jusqu'en 1815* ont admis cette mission, telle que Landrieux l'expose (³) : « On a pu remarquer dans le cours de cet ouvrage, lit-on dans cette célèbre publication, que le Sénat de Venise eut toujours la secrète intention de seconder les efforts de l'Autriche contre la France. Parmi les moyens employés par Bonaparte pour déjouer ses projets, celui de susciter une insurrection contre le gou-

---

1. C'est le 20 février que Querini écrivait au Directoire : « De faux rapports dictés sans doute par la plus coupable malveillance avaient fait naître au général en chef Bonaparte des soupçons et des doutes sur les intentions des Bergamasques envers les troupes françaises. D'après cette opinion sinistre et peu méritée, on s'est conduit vis-à-vis de la ville de Bergame et ses habitants au moment que les mêmes troupes y sont entrées comme s'il s'agissait des ennemis de la République française. » (Archives nationales AF ɪɪɪ, 89, dos. 382). — En réalité ce n'était pas les Bergamasques qui se plaignaient, c'étaient les autorités vénitiennes qui n'étaient plus maîtresses chez elles.

2. *Mémoires* I, p. 201.

3. *Les trophées des armées françaises, depuis 1792 jusqu'en 1815*. Paris, 1819-1820, p. 191. D'après Quéard, cet ouvrage aurait été rédigé par P.-V. Tissot, membre de l'Académie française, qui en a tout au moins écrit l'introduction.

vernement aristocratique, fut reconnu pour le plus infaillible et prouva qu'il l'était en effet. Non seulement il ôtait au Sénat la possibilité de secourir nos ennemis, mais encore il le mettait lui-même dans la nécessité de veiller à sa propre conservation. Les opérations insurrectionnelles furent confiées à l'adjudant-général Andrieux, militaire intrépide et négociateur habile (¹). Il sut profiter adroitement de la division des esprits, et se les attacher par le prestige de la gloire et l'enthousiasme de la liberté. Bergame fut choisi pour être le foyer de la révolte (⁴). » Une brochure, publiée à Milan en 1797, sous l'inspiration de Bonaparte, avec ce titre significatif : *Lettre d'un Français, qui voyage en Italie, à un de ses amis, à Paris, sur les affaires de Venise et sur la motion d'ordre faite par Dumolard au Conseil des Cinq-Cents, le 5 messidor* (²), et que l'on doit considérer comme un document officieux, nous fournit des données certaines sur la *combinazione* du général en chef.

Bergame et Brescia, y lit-on, y fabriquaient les fausses nouvelles signées *Nota manus, Bona manus*, destinées à faire circuler en Italie, en Allemagne et en Suisse le détail des prétendus revers des Français. Tous les podestats de Terre-Ferme s'employaient à armer les paysans prêts à égorger les conquérants s'ils battaient en retraite (³). Quant à l'attitude du Sénat et de Bonaparte, le récit de la conversation qui eut lieu à Goritz, entre Pesaro, envoyé vers le général en chef au lendemain du soulèvement de Bergame, et Bonaparte, est des plus curieux :

« Il était aisé de voir, y raconte-t-on, que M. Pesaro

1. C'est encore une fois le nom de Landrieux estropié. Celui-ci en conçut une mauvaise humeur qui s'est plusieurs fois épanché dans ses *Mémoires*. « Cet éloge ronflant, dit-il, n'a été mis là que pour orner la période. L'art des négociations n'exclut pas l'intrépidité sans doute ; mais ces qualités ne sont pas toujours réunies : La seconde n'est pas nécessaire à la première et comme elle n'y ajoute rien et que même elle peut lui nuire, je la regarde ici comme une véritable cheville. »

2. A Milan, chez Louis Veradini, rue Sainte-Radegonde, 1 vol. in-12 de 32 pages. (Exemplaire des Archives des Affaires étrangères. Venise, Corresp. reg. 255.)

3. *Lettre d'un Français*, p. 7.

était venu pour ne rien conclure, et qu'en provoquant, surtout par la nature de ses demandes, des refus inévitables,
il voulait réserver à son Sénat des prétextes de ne reculer
ni sur les armements ni sur les hostilités. C'est alors que
Bonaparte, le saisissant par le bras, lui dit ces paroles
remarquables : « Il n'y a plus de milieu désormais : si vous
prenez le parti des armes, la république de Venise, ou
l'armée d'Italie est perdue. Ainsi songez bien au parti que
vous allez prendre; n'exposez pas le lion valétudinaire de
Saint-Marc contre la fortune d'une armée *qui trouverait
même dans ses dépôts, et parmi ses blessés, de quoi tra-
verser vos lagunes* (¹). »

Cette phrase est la reconnaissance et l'aveu de « l'Entreprise des Convalescents » imaginée par Landrieux qui n'a
probablement pas eu connaissance de cette curieuse brochure qu'il aurait infailliblement citée. Sans prendre cette
phrase à la lettre, sans croire que l'organisation de l'armée
d'opération recrutée dans les dépôts fut un plan de Bonaparte, il faut admettre que les instructions de Landrieux
pouvaient tendre à soulever la Terre-Ferme, car cette mesure s'imposait politiquement avant toute paix avec l'Au-

---

1. *Lettre d'un Français*, p. 16. Dans la réalité, Bonaparte
n'eut point ces visions prophétiques, faciles à formuler en belles
phrases une fois les événements accomplis. S'il en faut croire sa lettre
au Directoire du 24 mars, il se montra excessivement prudent. «J'ai
dit à M. Pesaro que le Directoire exécutif n'oubliait pas que la
République de Venise était l'ancienne alliée de la France; que
nous avions un désir bien formé de la protéger de tout notre pouvoir ; j'ai demandé seulement d'éviter l'effusion du sang et de ne
pas faire un crime aux citoyens vénitiens qui avaient plus d'incli-
nation pour l'armée française que pour l'armée impériale; que
nous ne soutenions pas les insurgés, qu'au contraire je favorise-
rais les démarches que ferait le gouvernement; mais que je croyais
que, comme ils avaient envoyé un courrier au Directoire exécutif,
il serait bon peut-être d'en attendre le retour parce que je croyais
que la seule intervention de la France dans ces affaires pourrait
ramener les esprits sans avoir besoin de recourir aux armes.
Nous nous sommes quittés bons amis; il m'a paru fort content.
Le grand point dans tout ceci est de gagner du temps. Je vous
prie pour ma règle de me donner une instruction détaillée. »
C'était inviter le Directoire à participer à la responsabilité d'une
décision.

triche. La République française, ne cédant jamais par
traité les territoires qu'elle avait conquis, ne pouvait rien
conclure avec l'Empereur qui réclamait les Pays-Bas, sans
lui offrir une compensation. Prendre cette compensation
en Italie dans les provinces où flottait notre drapeau,
c'était aliéner nos conquêtes. Il fallait donc signer la paix
au détriment du seul voisin qui eut négligé de contracter
alliance avec la République française. L'historien Botta,
qui suivait alors l'armée en qualité de médecin, a accueilli
cette version [1]; mais Landrieux va plus loin. Il prétend, en
reconnaissant toutefois que Berthier ne lui en a jamais fait
l'aveu, qu'au moment où Bonaparte s'enfonçait dans le
Tyrol, l'accord était déjà conclu entre le général en chef de
l'armée d'Italie et le cabinet autrichien au détriment de
l'existence de la République de Venise. Il expose ce système,
qu'il emprunte, d'ailleurs, à un ouvrage anonyme, publié en
Italie à la fin de l'an V, et l'appuie de raisons stratégiques
tirées de l'attitude des généraux Kerpen et Laudhon qui ne
se préoccupèrent point d'entraver les communications de
Bonaparte avec l'Italie, alors qu'ils auraient pu l'enfermer
complètement dans le Tyrol.

Cela ne nuit pas à cette autre démonstration qui lui est
non moins chère, que Venise tramait les plus noirs complots contre l'armée française, dont l'esprit conquérant et
démocratisant, pour employer l'expression du comte Tiepolo, épouvantait le Sénat et les inquisiteurs [2]. Bref, il y
eut dans les deux camps français et vénitiens le désir très
marqué de se débarrasser de l'autre parti. Venise se
cachait derrière ses paysans valériens et ses généraux indépendants, comme l'armée française derrière les clubs jacobins et les loges maçonniques.

1. Botta, *Histoire d'Italte*, II, p. 344. — « Buonaparte, dit Botta,
avait créé à Milan un comité secret composé, en grande partie, des
républicains italiens de cette époque, et dont le but était d'exciter
des révolutions dans la Terre-Ferme vénitienne. Plusieurs Français en faisaient partie dans la même intention. On remarquait
parmi eux un certain Landrieux, chef d'état-major de la cavalerie.
Il avait été choisi par le comité pour agent principal des soulèvements à opérer dans l'Etat de Venise » (II, p. 329).
2. Daru, *Histoire de la République de Venise*, t. IX. — Observations du comte Tiepolo et réponses, p. 450.

En lisant attentivement les *Mémoires* de Landrieux et en les rapprochant des documents qui seront donnés au cours de cette étude, on pourra se former une opinion sur la véritable conduite de Bonaparte. On jugera alors si le général en chef a simplement mis à profit la conquête de la Terre-Ferme exécutée par les convalescents à la suite d'intrigues ourdies à son insu par Landrieux, ou si c'est à lui qu'appartient l'impulsion première et cette machiavélique préparation de la chute de la République de Venise (¹). Ce qui demeurera indiscutable, c'est l'extrême habileté avec laquelle Bonaparte se garda de toute immixtion ostensible, qui, en cas d'insuccès, eut pu le perdre aux yeux du Directoire.

Pour cela, il lui fallait, comme le disent les *Trophées*, un homme habile, d'un caractère particulier, dans une situation spéciale; il crut le rencontrer en Landrieux, qui se

---

1. M. Bonnal de Ganges, dans *Chute d'une République*, bien qu'il n'ait pas connu les *Mémoires de Landrieux*, est très affirmatif sur cette deuxième hypothèse. « Maître d'agir en Italie à sa volonté, dit-il en parlant de Bonaparte, malgré les instructions de Carnot et grâce à son projet de transporter là où il commandait le sort et les destinées de la France, Bonaparte se tourna contre Venise pendant l'armistice de Judenburg. Ses émissaires politiques et militaires ayant préparé les esprits depuis dix mois, il ordonna les révolutions de Bergame, Brescia et Créma. Malgré les protestations du Sénat, il imposa à ses généraux de leur prêter appui, méritant ainsi que les provéditeurs signalassent au pays *la sua esecranda e turpe perfidia...* L'auteur de cette belle conception diplomatique (les dédommagements à offrir à l'Autriche) c'est Bonaparte seul. » p. VI. VII. — Graham, *Histoire des campagnes d'Allemagne, d'Italie, etc.,pendant les années 1796-1797*, trad. française, t. II, p. 69, édition de 1817, attribue au contraire cette conception au Directoire. Le comte Tiepolo (op. cit.) invoque dans le même sens ce passage d'une lettre du ministre des relations extérieures à Clarke (4 novembre 1796) : « Vous connaissez les torts réels et graves de Venise à notre égard. Des personnes qui connaissent le pays prétendent que tous les Etats de Terre Ferme, principalement les Brescians, les Bergamasques et les Véronais, sont révoltés de l'orgueil des nobles vénitiens et disposés à s'armer pour la liberté. Admis dans la République lombarde ou devenus ses alliés, ils lui donneraient une force nouvelle. Je vous demande vos observations sur les obstacles ou les facilités que peut présenter l'exécution de ce projet. »

trouvait suffisamment couvert par sa position auprès de
Kilmaine pour pouvoir prendre, sans ordres trop explicites,
les initiatives que commanderaient les circonstances.

Landrieux, attaché à l'état-major de Kilmaine, avait
suivi ce général à Milan, où il logeait au palais Borromée.
Bonaparte envoya, le 6 mars, Berthier pour sonder ces deux
officiers et les amener à entrer dans ses vues. Ceux-ci com-
prirent tout de suite ce qu'on voulait d'eux et l'entente fut
bientôt faite. C'était sur Landrieux que Berthier comptait le
plus, non seulement pour l'intelligence de la situation, mais
aussi pour stimuler le tempérament un peu morbide de son
chef et marcher de sa propre initiative. Avant de le quitter
le chef d'état-major général de l'armée d'Italie signa cette
nomination d'une forme assez bizarre et rédigée par Landrieux lui-même.

Sur la demande du général divisionnaire Kilmaine,
commandant en chef la cavalerie de l'armée,

De l'ordre du général en chef.

Le chef de brigade Landrieux est autorisé à continuer
provisoirement les fonctions de chef de l'état-major de la
cavalerie de l'armée en attendant que le ministre de la
Guerre ait confirmé sa nomination; il choisira deux officiers surnuméraires pour faire auprès de lui les fonctions
d'adjoints et soumettra son choix à l'approbation du
général en chef.

Le général divisionaire, chef de l'état-major de l'armée,

Alex. BERTHIER [1].

Quartier général de Milan, 17 ventôse an V.

Mais ce que Landrieux attendait du ministre de la
Guerre, c'était moins la confirmation de ses fonctions de
chef d'état-major et du titre d'adjudant-général que le
grade de général de brigade que Kilmaine demandait pour
lui directement à Paris sans passer par le général en chef
de l'armée d'Italie. C'était peut-être là l'exécution d'une convention dont la lettre de Berthier serait un des indices.

1. Mss. B, folio

Voici la lettre de Kilmaine :

Au quartier général de Milan, le 14 ventôse, 5ᵉ année de la République française une et indivisible.

Kilmaine, général divisionnaire, commandant la Lombardie et la cavalerie de l'armée,

Au Directoire exécutif.

Citoyens Directeurs,

Le chef de brigade Landrieux, chef de l'état-major de la cavalerie de l'armée, vous demande à être nommé adjudant-général. Moins modeste que ce bon officier, je vous demanderais pour lui le grade de général de brigade dû à son ancienneté et à ses talents, si je ne craignais que la cavalerie ne fut privée du meilleur chef d'état-major que j'aie pu encore trouver. Cette considération ne m'arrêterait cependant pas, si je ne savais qu'il refuserait ce grade.

Je désire, citoyens, que le peu que je viens de vous dire de ce républicain vous détermine à lui accorder un titre qui est entièrement au-dessous de sa capacité.

Salut et respect ([1]).

Landrieux ne se trouvait pas encore suffisamment couvert et il avait promis à Berthier que l'on n'écrirait rien qui pût compromettre le général en chef et révéler ses ordres secrets. Après conversation avec Kilmaine, il fut entendu entre eux que Landrieux lui écrirait pour lui proposer l'entreprise, comme de sa propre initiative, et que, lui, Kilmaine, l'approuverait. Avant de se coucher, Landrieux rédigea la lettre suivante :

« Quand je vous quittai hier, mon accès commençait ; il dure à peu près encore, ainsi que vous allez le voir ; je n'ai cependant pas perdu mon temps sur ma chaise longue, si toutefois ce n'est pas le tuer que de faire un rêve, si beau qu'il soit.

---

1. Archives nationales AF ɪɪɪ, 192, doss. 888. — Mention de cette lettre est inscrite au *Répertoire de la correspondance du ministère de la Guerre, 29 ventôse an V*, p. 103. — Archives nationales AF ɪɪɪ, reg. 239. « Le général Kilmaine, y lit-on, demande que Landrieux, chef d'état-major de la cavalerie, soit promu au grade de général de brigade. »

« Ecoutez d'abord ce petit préliminaire :

« Tout compté, vos petits profits sur les cocons vendus à Gênes et vos économies ne peuvent guère s'élever qu'à environ 50,000 livres ; si toutefois vous n'avez rien perdu au jeu, ainsi que vous me le disiez avant-hier. Pardon, si je remue ainsi le fond du sac. Je suis sûr que vous n'avez plus que 36,000 livres environ, y compris ce que vous avez envoyé par Auzou à madame Kilmaine.

« Moi qui ne joue pas et qui ne donne rien aux femmes, j'ai en tout 13,500 livres en or, provenant de mes appointements et de ma petite part dans le tran-tran des cocons. Je n'ai que cela au monde. Je l'ai même montré à Murat qui ne me croyait pas si riche ! Je lui ai même offert de lui en prêter, car j'ai oublié son ancienne ingratitude. Vignolles répondit pour lui qu'il n'en avait pas besoin, ayant eu pour sa part 63,000 livres à Livourne. Vous savez que Legoult m'a fait banqueroute.

« Vous seriez plus à votre aise, sans doute, ainsi que moi, après avoir risqué mille fois notre vie au Nord et ici devant l'ennemi, et après avoir passé si souvent tout près de la guillotine, si vous n'aviez essuyé votre longue détention révolutionnaire à Paris, comme moi à Amiens, et si les bureaux de la Guerre ne m'avaient fait le tort le plus injuste de 90,000 livres, ainsi que vous le savez.

« On s'est bien battu jusqu'à présent en Italie, parce que toutes les armées de France nous ont été envoyées les unes après les autres, et j'attribue cet entêtement du Directoire à tout envoyer se fondre entre nos mains, aux sottises que le parti opposé ne cesse de répandre sur nous et aux pronostics sinistres et usagers de Paris sur les armées. Mais il ne reste au Directoire que l'armée de Moreau et quelque chose au Nord et sur les côtes.

« Ce que nous avons ici en hommes sera bientôt dissipé par le mauvais air, les combats et les assassinats, et, avec l'insuffisance du Directoire, nous n'avons pas six mois à tenir ce pays-ci.

« Vous et moi, général, serons obligés de nous faire décroter à la porte du Luxembourg, à côté des brillantes voitures de ceux qui ont fait fortune ici. Nous passerons pour des imbéciles ; eux auront seuls de l'esprit, ils seront réemployés comme des gens en crédit, et nous, point ; fort heureux même si, dans les grands dîners qu'ils seront en état de donner, ils ne nous accusent pas d'avoir pillé plus qu'eux et de n'avoir su garder nos richesses.

« J'écrirais tout autrement à tout autre qui connaîtrait moins son monde que vous.

« Vous restez commandant des pays conquis ; vous êtes le maître : quoique vous n'ayez presque pas de troupes, vous pouvez beaucoup, car malgré la malveillance générale qui entoure les Français, nous pouvons rassembler bon nombre d'amis. Je dis amis, ce mot est impropre, puisque j'y comprends tous les mauvais sujets prétendus patriotes et autres qu'on a placés dans les administrations du pays, qui seraient tous pendus si nous étions chassés de l'Italie, et qui prendront tous l'arme au bras pour nous y maintenir.

« Comment faire pour frapper quelque grand coup, amener quelque grande aventure, rendre quelque grand service à l'Etat, et peut-être à l'armée, et sortir de notre détresse civile, militaire et pécuniaire.

« Voici mon rêve :

« J'imaginais qu'en vous rappelant toutes les preuves que je vous ai données, lors de mon premier et mon second commandant du Mantouan, les assassinats commis par le Salodians et autres montagnards de Saint-Marc, sur les soldats français, aux environs de Castiglione, de Carpenedolo et d'Azzola, en vous remettant sous les yeux la méchanceté de Priuli à Vérone, le jour de l'affaire d'Anguillari ; en vous faisant relire les divers rapports secrets de ce mois sur ce qui paraît couver dans ces vallées, et surtout celui que je vous remis hier, vous restiez convaincu comme moi que s'il arrivait quelque méchef à notre armée de la Brenta, de la Piave et du Tagliamento, les paysans qu'on nomme Valériens inonderaient l'Italie et s'arrangeraient de manière à ce que nul de nous ne pût apporter en France la nouvelle du massacre général des Français. Vous ne vous rendiez, cependant, à la force de mes raisons qu'après m'avoir plusieurs fois qualifié d'alarmiste, ancien nom que vous me donnâtes au Nord, nom que j'aime parce qu'il prouve que je veille ; et puis, il vaut mieux voir sombre que ne pas voir du tout.

« Voici l'arrangement que nous faisions pour nous tirer de là.

« J'envoyais des espions à Bergame et à Brescia, à Salo et

à Vérone, à Vicence et à Padoue, pour savoir s'il s'y trouvait assez de gens de tête pour se soulever contre un gouvernement détestable et généralement détesté dans toute la Terre-Ferme et les y pousser.

« Vous me disiez sur cet article que le soulèvement aurait lieu au premier signal à cause de la pesanteur du gouvernement olygarchique, mais que le Sénat, renommé par son ancienne finesse, ne manquerait pas de le tourner à son avantage, en y mêlant sur-le-champ quantité d'affidés : qu'il aurait un prétexte plausible pour armer, qu'on accuserait d'avoir fomenté la rébellion ; qu'on ferait pendre les insurgés de bonne foi, ou qu'ils seraient mis en défaveur ou égorgés par les affidés et que le reste se réunirait à l'armement pour nous tomber sur les bras, et qu'alors j'aurais accéléré notre malheur, en voulant l'éviter.

« Mais je vous répliquai qu'au moyen de la princesse Albani, mon hôtesse, jolie femme et rien de plus, je ferais croire au résident Foscarini, fort amoureux d'elle et à Ottolini, son parent, gouverneur de Bergame, que nous étions dévoués au Sénat, que nous menacerions même hautement les rebelles et les Français, qui par notre ordre secret ou par un dévouement patriotique les auraient secourus, que nous ne cesserions de voir Foscarini jusqu'à ce que nous n'aurions plus besoin de lui, que je l'amuserais par des propositions de médiation, et que, cependant, Porro me fournirait tout ce qui serait nécessaire pour mettre 3 ou 4000 hommes des dépôts de Monza, de Lodi et de Crémone en état de marcher ; que nous avions des armes à Lodi, que j'arriverais à la tête de ces troupes et de la garde milanaise, et des Lombards et des Polonais, à Bergame et à Brescia, justement à l'instant où les insurgés en seraient aux mains avec l'armement vénitien quelconque ; qu'en leur montrant quelques lettres que j'aurais le secret de tirer de Foscarini, je désarmerais les deux partis de gré ou de force, quand même ils seraient soutenus par des Tyroliens comme l'annonçaient les avis secrets, et même par des généraux autrichiens ; que, cependant, je dirais à l'oreille de ceux des insurgés, dont je serais sûr, de se purger des gens suspects et de garder leurs armes, que je me lierais avec eux par des traités secrets ; que je me ferais donner de la même manière le commandement général de toutes leurs forces ; qu'ils me fourniraient l'argent nécessaire, et qu'avec

de l'ordre et de l'économie, il nous resterait assez pour
vivre tranquilles en France ; qu'il s'agissait seulement de
leur faire lever le bouclier de façon qu'ils ne pussent plus
reculer, pour en tirer tout ce qui nous serait nécessaire et
à nos troupes, que si nous avions du pire, il faudrait que
vous eussiez soin, même sans cela, de m'envoyer, soi disant
pour m'aider, quelques généraux amis du général en chef,
pour endosser avec moi une partie du désaveu, s'il avait
lieu, ce qui était impossible, le Sénat d'à présent n'étant
qu'un composé de canailles qui n'avaient que de la mor-
gue, de l'insolence et pas le sens commun. Je vous dis, enfin,
que vous me connaissiez, que j'étais incapable de vous
compromettre ; qu'en dernière analyse je prendrais tout
sur moi; *je vous aurais désobéi*, et je vous promettais, en
cas de malheur, de me casser la tête en vous disculpant :
qu'au reste je ne manquerais pas de moyens (dussé-je en
inventer si la preuve véritable des crimes du Sénat à notre
égard était perdue) pour prouver à l'Europe la justice de
notre entreprise.

« Persuadé par la force de mes raisons et surtout par la
nécessité urgente de prendre un parti vigoureux, pour détourner le péril pressant, je rêvai encore que vous me don-
niez carte blanche ; j'en fus si enchanté, général, que ce
papier fit subitement cesser ma fièvre. Je me suis retrouvé
tout à l'heure sur mon canapé, tout en sueur, haletant
comme si j'avais fait dix lieues en plein midi. J'ai cherché
ma carte blanche et je vois avec chagrin que ce n'était
qu'une illusion. Ma fièvre est revenue. J'en suis là : il n'y a
qu'un moyen de la chasser tout à fait, c'est d'approuver
mon plan.

« Je suis avec respect votre subordonné.

« LANDRIEUX. »

Landrieux remit cette lettre à Kilmaine sur les midi et
obtint de lui que, sur le cahier où avaient été copiés tous les
rapports concernant les méfaits des Vénitiens, le général
commandant la Lombardie écrivit de sa main l'ordre
suivant :

---

1. Mss. B, folio 249. — Le texte cité ici est celui des papiers de
Landrieux. La copie fournie dans les *Mémoires* est un peu diffé-
rente de rédaction.

« M'étant fait représenter tous les rapports qui ont eu lieu sur les Vénitiens, depuis l'entrée de l'armée française sur le territoire de cette république jusqu'à ce jour, ensemble le traité de Sainte-Euphémie, j'ai été convaincu que le gouvernement n'était pas de bonne foi, qu'il nous avait toujours trompés, et notamment aujourd'hui en levant des troupes, malgré les stipulations expresses dudit traité.

« Il est ordonné en conséquence à tous les généraux et autres commandants qui sont sous mes ordres, de redoubler de surveillance, de se regarder comme en état de guerre avec la république de Venise, et de se tenir prêts à exécuter les ordres qui leur seront donnés, soit par moi, soi par mes adjudants-généraux (¹). »

Muni de cet ordre adressé aux adjudants-généraux, le chef du bureau secret ne perdit pas son temps. Depuis son arrivée à Milan, il avait été en butte aux obséquieuses politesses de Foscarini, résident de la république de Venise. Chez la princesse Albani, il avait, le 7 pluviôse (26 janvier), déjeuné avec Ottolini, Foscarini, Morandi et autres personnages de la suite du gouverneur de Bergame (²). Madame Albani lui avait fait force caresses, lui disant qu'elle savait qu'il n'était pas riche, que Kilmaine avait besoin d'argent en lui promettant que le Sénat serait reconnaissant. Landrieux ne l'accepterait-il pas « comme caution » pour Kilmaine et pour lui?

En même temps que Porro, président du comité de police, et Salvatori, rédacteur de l'*Amico delle Lege*, lui assuraient les moyens d'appuyer les soulèvements de la Terre-Ferme, Landrieux feignit de se rendre, enfin, aux avances de la princesse Albani et la pressa de le mettre en rapport avec un confident d'Ottolini. Il avait, disait-il, de sérieuses révélations à faire à ce haut personnage pour qu'il les transmit

---

1. *Mémoires*, I, p. 127.

2. Voir notamment, au chapitre v des *Mémoires*, un rapport à Kilmaine. Il est étrange que M. Trolard qui, dans *De Montenotte au Pont d'Arcole*, avait accepté sans critique toutes les assertions de Landrieux, même quand il ne parle que par ouï-dire, ait si mal lu ce chapitre, que, dans son nouvel ouvrage *De Rivoli à Solferino*, il ait cru devoir s'étonner de relations toutes naturelles, et nettement avouées à plusieurs reprises.

au Sénat de Venise ([1]). La princesse donna dans le piège, et voici dans quels termes, le 10 mars 1797, un nommé Stefani, secrétaire du provéditeur Ottolini, lui rendait compte de son voyage à Milan ([2]) :

« En exécution des ordres dont vous m'avez honoré, à 22 heures du 9 courant, j'arrivai à Milan où, après avoir pris un court repos à l'auberge de San Marco, pourvu d'une cocarde française pour éviter les dangers, j'allai promener dans la rue de la Porta Romana, en demandant, sans affectation de recherche, où était le palais Albani. Aux coups de la vingt-quatrième heure, la porte étant ouverte, j'y entrai, comme un de ses familiers, m'enquérant auprès de quelques domestiques assis en cercle dans une vaste cour

1. Landrieux est très net dans ses *Mémoires* sur ce point :
« Outre les avis secrets qu'Ottolini avait reçus de divers habitants, dit-il, *je lui en avais fait passer un moi-même par le canal de Madame Albani*. Cela étonnera peut-être. C'était pourtant là le moyen sur lequel je comptais le plus ; il était infaillible. J'avais en même temps fait avertir Faivre par Couthaud de se tenir sur ses gardes et d'empêcher qu'Ottolini n'augmentât ses forces. Je devais donc faire mouvoir Ottolini pour que Faivre prît ses manœuvres inusitées pour des hostilités, pour qu'ils s'atta quassent sans s'entendre, ou tout au moins pour que cette mésin- elligence enhardît les conjurés. Et c'est ce qui arriva. Cette pré- tendue confidence me servit en même temps. Voilà de la diploma- tie toute pure : *an dolus an virtus !* » (*Mémoires*, I, 244).

2. M. Trolard, dans *De Rivoli à Marengo et à Solferino*, ana- lyse ce document d'une manière inexacte. Nous noterons seulement ici quelques inexactitudes de nature à modifier la portée du texte : Stefani raconte qu'il s'est rendu au palais Albani *sans affecta- tion de recherche*. M. Trolard écrit que Stefani *se fit conduire* au palais Albani. — M. Trolard paraît confondre Landrieux et Serpieri en un même personnage. Convaincu que Landrieux vou- lait trahir et se faire payer sa trahison, il donne à la question argent une importance qu'elle n'a absolument pas dans le récit de Stefani. Enfin, alors que Stefani indique parfaitement sa mé- fiance, son instinctive crainte d'avoir été berné, M. Trolard admet l'accord sincère du prétendu traître et de l'agent d'Ottolini. Tel n'est pas l'avis du compilateur de la *Raccolta cronologico-ragio- nata* (II, p. 86) : « Ce Landrieux, s'exclame-t-il, qui *feignit* avec le secrétaire d'Ottolini de vouloir éventer la révolte des Etats véni- tiens... On voit la foi que méritaient les flatteuses paroles de ce nouveau Sinon. »

de monsieur l'avocat. A peine eus-je prononcé ce nom qu'un d'eux qui, je crois, était prévenu, me conduisit par un escalier secret dans un appartement situé tout en haut du palais. Il me laissa dans une chambre servant de bibliothèque, où du feu et des flambeaux étaient allumés, en m'assurant que la personne demandée arriverait sous peu d'instants. En effet, l'avocat Serpieri ne fut pas un quart-d'heure à paraître. Le fixant rapidement de la tête aux pieds, je trouvai en lui toutes les indications que Votre Excellence m'avait fournies pour éviter une méprise. Lui-même, il me demanda le premier si je venais d'arriver de Bergame. Je lui répondis affirmativement et pleinement assuré que c'était la personne indiquée, je lui déclarai que j'étais commissionné par Son Excellence le représentant de Bergame pour apprendre de l'officier français indiqué, aux termes de ses offres, les machinations préparées pour révolutionner l'Etat Vénitien.

« Après un court dialogue sur ce sujet, que je dirigeai spécialement à rechercher le mobile qui pouvait pousser à une aussi bonne action le Français, m'étudiant aussi découvrirà quels motifs faisaient agir ce Serpieri, Romain de nation et sans rapport avec notre bienheureux gouvernement vénitien, je ne pus en obtenir que des assurances sur le caractère honnête du Français, la pureté de ses intentions qu'il m'attestait personnellement. Il me laissa cependant entrevoir que l'espérance d'un généreux cadeau n'était pas la dernière raison qui le poussait. Je ne perdis pas l'occasion de le confirmer dans cette voie et de l'encourager dans l'intrigue commencée (¹). Il me demanda ensuite si j'avais choisi un logement, et apprenant que j'étais descendu à l'auberge de San-Marco, il s'en montra mécontent et s'efforça

---

1. Voici, à titre de curiosité d'*infidélité* d'analyse, la version de M. Trolard :

« Stefani ayant demandé à l'avocat pour quel motif il faisait des révélations aussi graves, Serpieri répondit que *c'était dans l'espoir d'obtenir de la République de Venise une récompense considérable, dont il entendait d'ailleurs être assuré dès à présent.* Le secrétaire d'Ottolini n'ayant point qualité pour prendre des engagements de cette nature, et considérant sa mission *ad referendum* comme suspendue jusqu'à réception d'ordres précis, fit mine de partir. » (*De Rivoli à Solferino,* p. 145-146.)

de me persuader de la quitter sur-le-champ, car il m'avait
préparé un logement dans cette maison Albani, une chambre convenable dans l'appartement même où nous nous
trouvions et qu'il me montra aussitôt.

« J'hésitai quelque temps, réfléchissant qu'en des temps
si sombres et avec la mauvaise foi bien connue des Français, il était dangereux pour moi de me livrer entièrement
à eux. Toutefois, l'idée de n'apporter qu'un mince préjudice au service de l'Etat me résolut au sacrifice possible de
ma personne.

« Je volai sur-le-champ à l'auberge pour enlever mes
bagages que j'y avais laissés et pour prendre congé habile-
ment. Il me fallait surtout éviter, puisqu'à mon arrivée je
m'étais inscrit sur les listes de police, les soupçons qui
règnent à Milan en maîtres si puissants. Je cachai donc
mon départ sous le couvert d'une aventure galante qui
m'avait attiré dans cette ville.

« Je retournai chez Serpieri, avec les mêmes précautions
que précédemment, et, peu d'instants après mon arrivée, se
présenta l'officier français Landrieux, chef de l'état-major
général de la cavalerie, logé également au palais Albani. La
physionomie et l'ensemble de sa personne n'offrait rien de
remarquable ni en bien ni en mal ; petit de taille, mince,
marqué de la petite vérole, les cheveux noirs, un peu chauve,
les yeux vifs mais larmoyants par suite d'une forte inflam-
mation ; il portait deux petites moustaches. Il était revêtu
de son uniforme. Il parlait mal l'italien. A peine lui fis-je
indiquer par Serpieri l'objet de ma venue, qu'il se mit à
m'assurer de l'honnêteté de son caractère, de l'aversion qu'il
avait conçue pour les révolutions, se vantant d'en avoir
empêché une en Espagne, comme il veut le faire dans les
États vénitiens. Son mobile en cette occasion est l'honneur
de la nation française foulé aux pieds par le général en chef
Bonaparte, le Directoire et les Assemblées, qu'il peint sous
les plus noires couleurs, les qualifiant de la manière la plus
triviale. C'était le sentiment des bienfaits que l'armée française recevait de l'amitié constante de la république vénitienne ; c'était un sentiment d'humanité et enfin le désir de
la paix qu'il calcule faite en un mois avec la maison d'Autriche, quand la révolution sera empêchée dans les États
vénitiens, tandis qu'au cas contraire il ne voit plus de limites
à l'ambition de Bonaparte trop désireux de la souveraineté

de l'Italie et plus de terrain de conciliation avec l'Autriche.

« A ce discours peu favorable à la République française et à son général en chef, j'eus soin de protester qu'il m'était défendu d'écouter des propositions qui pourraient en quelque façon compromettre la bonne harmonie entre Venise et le gouvernement français. Je crus cette protestation nécessaire pour l'arrêter et lui enlever tout espoir de pouvoir me mêler à des intrigues politiques contraire aux instructions de Votre Excellence, à l'intérêt de l'Etat et à ma sécurité personnelle.

« Alors, il me déclara que la révolution des États vénitiens était l'œuvre d'un club révolutionnaire de Milan, dont le chef était le citoyen Porro et les membres de nombreux sujets de Venise dont il m'indiqua les noms comme ci-après, que les Français n'y avaient aucune part directe, mais qu'une fois le mouvement couronné de quelque succès, ils ne s'abstiendraient pas de lui prêter ouvertement secours et que son indication sauvait à la fois Venise de la ruine totale, la France d'un acte infâme et l'Europe de la continuation de la guerre.

« Après avoir loué son zèle et l'honnêteté de ses sentiments, je lui représentai la gloire dont il allait se couvrir, la gratitude de la Sérénissime République et la récompense généreuse qu'il en obtiendrait infailliblement. Il se montra peu sensible à mes avances et me répondit qu'il n'ambitionnait aucune récompense, qu'il faudrait taire son nom jusqu'à ce que l'armée française eut repassé les Alpes pour rentrer en France. Alors les Vénitiens pourraient donner libre cours à leurs sentiments pour lui.

« Par choix du club de Milan, continua Landrieux, je
« dois être le directeur du mouvement révolutionnaire. En
« conséquence toutes les trames ourdies me sont soumises; je
« connais les noms des conjurés, leurs ramifications et leurs
« forces. C'est à Brescia que tout doit éclater pour s'étendre
« ensuite à Bergame et à Crema. Les réunions du club se
« tiennent à deux milles de la ville et la nuit. Il y vient plus
« de deux cents affiliés de toutes les classes de la société. Les
« chefs sont les Lecchi, les Gambara, Becalossi, de Brescia;
« Alessandri, Caleppio, Adelasio, de Bergame et tant d'autres
« dont je vous fournirai la liste. Chez les paysans des vallées,
« on a envoyé des émissaires semer de l'argent, prêcher le
« soulèvement et propager les idées nouvelles. Ils doivent

« former une armée qui s'assurera tout à coup de la personne
« du gouverneur et qui, bloquant les quartiers garnis de peu
« eu de troupes, rendra l'entreprise immanquable. Les chefs
« et les émissaires sont tous munis d'un certificat qui les qua-
« lifie d'employés au service de l'armée française. En voici un
« exemplaire. Observez qu'en haut de la feuille l'extrémité
« est repliée et qu'il y a un signe qui est la seule différence
« entre les vrais certificats des personnes réellement atta-
« chées à l'armée et ceux des Vénitiens rebelles. Cette pièce
« a pour double but de se reconnaître réciproquement entre
« eux et de se faire respecter si parfois le gouvernement
« tentait quelques arrestations. La trame n'est pas encore
« à terme : dans huit ou dix jours elle le sera, mais avant
« mouvement, il doit y avoir une réunion des chefs dans le
« Brescian. Attendez ici. Je vous fournirai logement, garde,
« certificat comme à une personne appartenant au gou-
« vernement français. Demain vous aurez tous les noms
« des conjurés, leurs desseins les plus cachés, que vous
« communiquerez au jour le jour pour aller plus vite au
« provéditeur vénitien à Brescia par un messager fidèle
« pour éviter les indiscrétions à Milan et à Brescia. En
« attendant il ne faut faire d'arrestations d'aucune sorte, car
« il en pourrait résulter un désaccord de mesures parmi les
« révolutionnaires qui retarderait l'explosion sans en em-
« pêcher l'effet. Je vous avertirai du jour de la réunion gé-
« nérale et c'est à ce moment qu'il faudra les surprendre
« tous avec la force armée et éventer ainsi cette machi-
« nation diabolique. »

« Pour essayer de mieux connaître par moi-même cette
affaire et de me faire une opinion personnelle, je fis diverses
questions à Landrieux qui me confirma tout ce que j'ai
déjà rapporté. Comme je lui demandais quelles étaient les
dispositions de Vérone, de Vicence et des autres villes de
l'Etat, il m'avoua que les mesures n'y étaient pas encore
prises, mais qu'à peine le pays en deçà du Mincio soulevé,
le club songerait à révolutionner le reste et que ce serait
plus facile. Nulle part les adhérents ne manquent, quoique
pas si nombreux et si puissants que ceux d'en deçà du
Mincio. Si l'on empêche, croit-il, l'explosion de Brescia,
tout péril ultérieur sera conjuré.

« J'en vins ensuite à lui faire remarquer qu'avant de me
fixer à Milan, comme il le désirait, j'avais le devoir de

rendre compte personnellement à Votre Excellence de ma mission et devais m'entendre avec Elle pour m'assurer au moins deux fidèles piétons qui iraient et viendraient de Brescia à Milan (¹). Peut-être pourrait-on donner à une autre personne sûre la charge d'aller à Milan sous le prétexte de l'achat quotidien des chandelles, s'il voulait bien en donner l'autorisation.

« Il se décida avec difficulté à permettre mon prompt départ, mais il voulait à toute force que je fisse retour par Brescia et Bergame pour mettre au courant de tout le provéditeur extraordinaire qui en informerait aussitôt le Sénat.

« Constant dans l'obéissance que je dois à Votre Excellence, je protestai que je ne ferais rien sans retourner prendre vos ordres. Je l'assurai que le provéditeur extraordinaire et les inquisiteurs seraient, sans aucun doute, immédiatement et scrupuleusement avisés de l'affaire. Je lui demandai en outre de me délivrer sur-le-champ un passeport de retour et des ordres pour des chevaux de poste, afin de repartir en toute hâte, dès le jour, pour Bergame.

« L'heure tardive rendait difficile la délivrance de ces pièces, mais il m'accompagna et de fait me les obtint très vite. Chemin faisant, il me prévint que pour cet objet il faudrait qu'il me présentât au général Kilmaine qui étant donnés l'heure et mon empressement à partir, voudrait savoir qui j'étais. Il m'engagea, en pareil cas, à répondre que j'étais marchand de chevaux.

« J'objectai que cette affirmation pourrait m'embarrasser avec le général qui facilement entrerait en conversation avec moi sur des matières que j'ignorais. Il m'assura alors que je n'avais rien à craindre dans sa compagnie et laissa entendre, à certains indices, que Kilmaine était pour quelque chose dans la démarche qu'il faisait pour empêcher la révolution des Etats vénitiens. Nous allâmes ensemble au palais qu'habitait l'archiduc et qu'occupe maintenant le général. Nous ne le vîmes pas, il était au théâtre.

« En revenant au palais Albani, nous eûmes, Landrieux et moi, une conversation sur divers sujets politiques et militaires. Il blâma infiniment la conduite des gouverne-

---

1. Ce sont là sans doute les deux fidèles « soldats à pied » qui, d'après M. Trolard, devaient porter les dépêches de Stefani à Ottolini et *vice versa*. (*Loc. cit.*, p. 149.)

ments, désapprouva le désarmement complet de l'Etat vénitien et la confiance de notre République dans la nation française, toujours ennemie de la nation italienne. Il observa que la faiblesse de la France, la défiance de Bonaparte vis-à-vis du Directoire, l'ensemble de leurs intérêts exigeaient une prompte paix avec l'Autriche et l'évacuation de l'Italie. Il ajouta que tout dépendait de l'avortement de la criminelle révolution des Etats vénitiens. Il insista vivement pour que je revinsse promptement à Milan, car il désirait avoir affaire à moi plutôt qu'à d'autres. J'écrivis mon nom sur son calepin et, arrivés au palais Albani, je pris congé de Landrieux et l'avocat de Serpieri. Je me couchai pour quatre heures dans l'appartement qui m'avait été désigné et où je fus servi par un domestique de la maison.

« Je passai le reste de la nuit dans la continuelle défiance de tout ce que j'avais vu et entendu, me demandant si je n'avais pas servi d'instrument ou de victime à quelque criminelle machination, et tourmenté à la pensée des difficultés de la situation de la République. Enfin, au jour, je me mettais en route le plus rapidement possible (1). »

Au moment où Landrieux causait avec tant d'abandon hypocrite avec Stefani, et lui dévoilait le plan d'une conspiration qui devait éclater dans une huitaine à Brescia, pour s'étendre ensuite à Bergame, il faisait travailler l'esprit du peuple de cette dernière ville par un aventurier

---

1. Tel est le document que M. Trolard juge de nature à assurer la condamnation de Landrieux aux yeux de l'Histoire. Le comte Daru, historien, dont la science se doublait de l'expérience de l'homme politique, n'interprétait point de la sorte ce document. Il ne s'y est pas trompé et a peint Stefani, *d'après son rapport même*, comme abouché, non à un traître, mais à un agent fort habile du Comité de police de Milan. « On trompa, répète-t-il dans sa réponse aux observations du comte Tiepolo, on trompa à Milan un espion du podestat de Bergame et on lui donna de faux avis. » (Daru, *Histoire de la République de Venise*, t. IX, p. 252). — Un historien vénitien, Samuel Romanin, dont M. Trolard a consulté l'œuvre écrite d'après les archives, déclare de la manière la plus formelle qu'il est impossible de croire que Landrieux fut sincère vis-à-vis des Vénitiens, qu'il songeât à trahir les intérêts de sa patrie, et il n'hésite pas à qualifier toute sa conduite *d'intrigue perfide*. (*Storia documentata di Venezia*, t. X, p. 12.) M. Trolard ne cite pas d'autres documents que ceux donnés par Samuel Romanin, mais il ne les cite pas tous.

de bas étage que lui avait procuré l'adjudant-général Couthaud. Cet individu, nommé Lhermite, condamné aux ga-
lères en France, et que Landrieux eut à poursuivre plus
tard pour d'autres délits, provoquait une effervescence, sous
prétexte qu'on avait intercepté un courrier porteur d'une
lettre d'Ottolini demandant aux inquisiteurs d'Etat l'ordre
d'incarcérer une liste très nombreuse de prétendus révoltés.
L'émeute éclata à Bergame le 11 mars, et le 12, Ottolini
était obligé de fuir. Faivre, qui commandait la garnison
française, observa la neutralité qui lui était ordonnée. C'en
était assez pour assurer le succès des insurgés ; à Venise,
on ne s'y trompa pas, et les premières colères visèrent ce
malheureux officier qui n'avait rien compris aux évènements
qui s'étaient passés sous ses yeux. Le résident de Venise à
Milan, Foscarini, eut au contraire recours à Landrieux
pour obtenir « l'ordre de faire rentrer les choses dans l'état
où elles étaient avant l'insurrection. » Kilmaine le désarma
en enjoignant à son chef d'état-major de se rendre à Bergame pour y informer sur la conduite de la garnison française.

Landrieux montra même à Foscarini une lettre que Kilmaine avait écrite à Faivre, mais qu'on avait eu soin de ne
pas lui envoyer et qu'on inséra tout simplement dans la
gazette *L'Antica Stafetta di Schaffusa* (1). Aussi, Botta se
demandait-il si cette lettre était authentique ou supposée.

Le rapport de Landrieux à Kilmaine, complaisamment
contresigné par la nouvelle municipalité, issue du mouvement insurrectionnel, attestait qu'aucun Français n'avait
pris part à cette révolte. Les Bergamasques avaient agi
d'eux-mêmes et la garnison française n'avait armé que par
ignorance du but auquel tendait l'émeute et par désir de
maintenir l'ordre à tout événement.

1. On trouve cette lettre dans le numéro 34 du lundi 20 mars 1797.
Foscarini en parle dans une lettre lue au Sénat de Venise le
18 mars. *Raccolta*, etc., t. II, p. 23, notes). —Ce numéro de l'*Antica Stafetta di Schaffusa* se trouve dans le Mss. B. Dans cette
lettre, Kilmaine disait au commandant des troupes françaises à
Bergame qu'il avait appris indirectement qu'il y avait eu dans sa
ville des mouvements dont la direction lui était inconnue, ainsi que
leurs causes ; il était surpris de n'en n'avoir reçu aucunes nouvelles par lui, ce qui lui faisait croire que cela n'intéressait pas
les Français. Quels que pussent être les événements futurs, il lui

Battaglia ne se montra pas moins naïf que Foscarini. Averti par Ottolini du mouvement qui se préparait, invité à se défier du commandant français à Brescia du concours duquel il se jugeait assuré, c'est à Bonaparte qu'il s'adressa pour lui demander une batterie d'artillerie pour soumettre les rebelles. Bonaparte profita de cette demande pour réitérer au Sénat son désir de vivre en bonne amitié avec lui, mais aussi son intention formelle de ne pas consentir que « sous prétexte de conspiration, l'on jeta sous les plombs du palais de Saint-Marc tous ceux qui ne sont pas ennemis déclarés de l'armée française. » Le 17, au soir, Brescia se soulevait sous la direction du comte Lecchi, grand organisateur des jacobins de la province. Battaglia, effrayé, ordonna aux troupes de rentrer dans leurs quartiers et se livra à la discrétion des insurgés. Parmi les chefs de cette insurection, que rendait difficile le vénitianisme du commandant de la garnison française Girard, se trouvait le capitaine Picot, que la *Correspondance de Napoléon* qualifie d'agent secret du général Bonaparte et qui, en réalité, appartenait au bureau des renseignements du grand état-major. Sans doute, dans le soulèvement de Brescia, il était l'homme de Berthier, le contrôleur désigné par le confident de Bonaparte, comme Lecchi était celui de Kilmaine et par conséquent celui de Landrieux. Aussitôt Nicolini lui adressait la lettre suivante :

« Monsieur le général, notre père : Tout le monde est soulevé dans Brescia ; nous comptons sur vos secours, et

défendait sous sa responsabilité capitale d'y prendre aucune part, à moins que ces querelles intestines n'eussent pour but caché d'attaquer le château ou la garnison de la ville. « Si dans les dissensions qui ont eu lieu, concluait-il, vous aviez eu le malheur de faire quelque démarche qui put compromettre la neutralité qui existe entre les deux Républiques, je vous préviens que je vous désavouerai formellement et vous ferai punir, pour avoir agi dans cette circonstance, et contre les intentions du général en chef et contrairement aux instructions que vous avez reçues de moi. Tenez-moi instruit, jour par jour, de ce que l'on dit se passer à Bergame ! » Foscarini fut ravi. Il envoya la lettre, que lui avait montrée l'adjudant de Kilmaine, au Sénat où elle fut lue le 18 mars (*Raccolta cronologico-ragionata*, II, p. 23, notes).

comptez sur nous. Le Comité m'a chargé de vous offrir 550,000 livres dont 300,000 pour le général Kilmaine et 250,000 pour vous. C'est encore très peu de chose d'une fois : on souscrira cet engagement quand vous viendrez de Minghetto avec vos troupes que le général Coulon (Colomb) vous rassemble à présent (¹) ».

Crema suivit bientôt l'exemple de Bergame et de Brescia, mais ici l'insurrection fut ouvertement dirigée par les Fran-

1. Mss. B., folio 80 : *Note pour l'ambassadeur d'Autriche.* — Ce document est difficilement conciliable avec la pièce suivante :

« *Au général Kilmaine,*

Je tiens à votre disposition, mon général, la somme de quatre cent mille livres, monnoye de Milan, en un bon de pareille somme signé Nicolini, autorisé par le gouvernement de Brescia qui doit l'acquitter à ma présentation ou en votre quittance. — Milan, le 5 mars, an Iᵉʳ de la République italienne (1797).

    « NICOLINI.   LANDRIEUX.

« Je donne pouvoir au citoyen Landrieux de recevoir pour moi la susdite somme de quatre cent mille livres, monnoye de Milan, ledit m'ayant fourni 200,000 livres monnoye de France pour l'acquit dudit bon de Nicolini. — Nice, ce 13 messidor an V de la République française, une et indivisible.

           « KILMAINE. »

« A cette date du 5 mars, dit à ce propos M. Trolard, la révolution de Brescia n'était pas encore faite, mais Landrieux avait promis de la soutenir, et le gouvernement *futur* s'obligerait à payer, après le succès, le prix stipulé de cet appui. »

M. Trolard conclut de cette pièce (Mss B, fol. 565), que Kilmaine, sur les 320,000 livres de Brescia, avait touché 200,000 livres et Landrieux 120,000. Il est d'autre part absolument certain que Kilmaine n'était pas, le 13 messidor, à *Nice*, mais à *Gênes*. En outre, si l'on comprend le gouvernement brescian appelant, dès les premières heures du mouvement, Landrieux à son secours, la signature Nicolini, le 5 mars, ne représentait pas une très grande garantie.

Enfin, il résulte de tous les documents, que Brescia n'a jamais payé le premier sol du billet Nicolini, car M. Trolard est seul à affirmer que le bon fut touché vers le 15 messidor. Où ? Par qui ? M. Trolard ne pourrait le dire. Landrieux, s'il en avait fait l'avance à Kilmaine, avec des espèces que l'on ne lui connaît pas au début du soulèvement de la Terre-Ferme, en eut été pour son argent.

o

çais qui demandèrent au capitaine Contarini à entrer dans
la place et lui déclarèrent ensuite ne pouvoir refuser de
déférer au vœu de la population.

Venise put protester sans conteste contre la violation de sa
neutralité et du droit des gens. Lallement, ministre de France
près la sérénissime République, reçut les doléances du Sénat que Querini fut chargé de notifier à Paris. Lallement
déclara que les instructions qu'il recevait de son gouvernement étaient absolument contraires aux actes qu'on reprochait à l'armée française et produisit à l'appui de ses
affirmations une dépêche intime de Bonaparte, que Pesaro
et les inquisiteurs jugèrent rédigée par anticipation en
prévision des réclamations que le gouvernement de Venise
ne pouvait manquer d'élever.

Lallement, sans perdre de temps, adressait à Paris au
ministre des Relations extérieures, Charles Delacroix, le
récit suivant :

« Mercredi dernier, M. Ottolini est arrivé à Venise et le
même jour le Sénat m'a communiqué officiellement un
rapport dont j'ai l'honneur de vous remettre ci-joint la copie.

« Vous y verrez, citoyen, qu'on accuse le commandant
français d'avoir forcé les députés de Bergame à signer le
prétendu vœu du peuple pour la liberté et chassé le podestat. En conséquence, le Sénat a dépêché sur-le-champ le
courrier Nullo à Paris et a dépêché au général en chef
M. Pesaro lui-même, accompagné d'un sage de Terre-Ferme
et d'un officier qui sont partis hier au soir. J'ai moi-même
instruit le général de la démarche du gouvernement et de
ses dispositions, et je me suis appliqué à découvrir par la
voix publique la vérité d'un fait dont les circonstances
me paraissent peu probables. Voici ce que j'ai pu re-
cueillir :

« Les Bergamasques et les Brescians sont depuis longtemps fort mécontents de leur gouvernement ; l'entrée des
Français en Lombardie leur a donné l'idée de s'y soustraire;
l'incertitude des évènements les retenait encore. Nos victoires et la prise de Mantoue les ont encouragés : ils ont mis
moins d'attention à se cacher. M. Ottolini, anti-français et
lâche instrument de la tyrannie des inquisiteurs d'Etat, a
commencé à les vexer sur le moindre prétexte d'opinion
favorable à nos principes. Des emprisonnements, des arrestations, des disparitions même, des réprimandes publiques

pour de simples discours, ont exaspéré les esprits. Il s'est formé un comité révolutionnaire secret. On a expédié à Milan trois députés pour demander secours et réunion à la Lombardie. On dit que le commandant de la province leur a répondu qu'il ne pouvait pas les aider ouvertement: qu'ils aient à bien consulter le vœu général de leurs concitoyens et à agir d'eux-mêmes, sauf à les protéger si les circonstances l'exigent.

« Les députés, revenus à Bergame, y ont tenu diverses assemblées. Ottolini les a découverts. Il a déguisé son valet de chambre en paysan et l'a expédié en courrier à Venise, porter aux inquisiteurs une liste très nombreuse des prétendus révoltés et qui comprenait tous les principaux personnages de la ville. On a été prévenu de cette mesure ; on l'a dénoncée au commandant français comme une nouvelle trahison d'Ottolini ; quatre hussards ont été détachés à la poursuite du courrier et lui ont enlevé ses dépêches. Elles ont été lues au comité. La liste de proscription a indigné. On s'est prononcé ! Les uns voulaient tuer Ottolini, les autres l'envoyer aux fers à Milan : enfin, les plus modérés l'ont emporté. On lui a signifié de sortir de la ville et le Comité s'est emparé de l'administration. On ne dit pas quelle part active le commandant français a prise à ces résolutions. On dit seulement qu'ignorant l'effet de cette explosion et pouvant même supposer qu'elle fut dirigée contre nous, il a pris des mesures militaires de sûreté qui peut-être ont autorisé une partie des rapports d'Ottolini.

« Au reste, citoyen, nous sommes à la veille d'une crise dont peut dépendre le sort de cette République. Brescia et Crema commencent à remuer. Le reste de la Terre-Ferme n'est pas plus tranquille. Une fermentation sourde se manifeste depuis plusieurs jours ici. On est mécontent du gouvernement ; on le méprise et je suis assuré que sous peu j'aurai des choses très intéressantes à vous dire.

« En attendant, comme les événements peuvent se succéder rapidement, je vous prie, citoyen, de me donner des instructions dans le cas où le feu de la révolte s'approcherait de ma résidence, pour régler ma conduite vis-à-vis du gouvernement (1). »

1. Archives des Affaires étrangères. Venise, Corresp. 1797, vol. 255, pièce 42, folios 91 et suivants.

Tandis que Lallement attendait des ordres du Directoire, Landrieux, par une manœuvre habile, s'était fait nommer général en chef des troupes insurgées de Terre-Ferme et s'était fait agréer par Foscarini, résident de Venise à Milan, comme *Médiateur* entre la République et les villes soulevées. Il eut soin, à tout évènement, d'en informer Augereau qui pouvait être utile à ses projets.

Milan, 30 ventôse an V (20 mars 1797).

« Mon général,

« Les malheureux Vénitiens, écrasés sous le joug du despotisme, n'attendaient que l'arrivée des Français ou la déclaration de l'indépendance de la Lombardie pour s'en débarasser. Divers bruits de paix les alarmaient, *ils s'adressèrent à moi ; je leur donnai des conseils, et ils sont libres.* Ils m'ont nommé général en chef de leurs troupes ; leur reconnaissance, plutôt que mes moyens, leur a fait faire cette démarche.

« Ce qu'il y a de singulier dans cet évènement, c'est que le résident de Venise à Milan m'a écrit une lettre de compliments sur cette élection, « persuadé, dit-il, que je suis « plus capable qu'un autre de m'entendre avec le gouver- « nement vénitien pour calmer les troubles et faire accor- « der aux populations ce qu'il y aura de juste dans leurs « demandes... La connaissance qu'il a de mon caractère « lui persuade que je serai plutôt le médiateur entre la « République et les mécontents, que le général des usur- « pateurs du gouvernement. »

« Le général Bonaparte fera sans doute part de cet évènement au Directoire. Au cas que ma lettre vous parvienne promptement, je vous prie de la communiquer aux Directeurs et de les assurer que les Français ne sont mêlés ni en blanc ni en noir dans cette affaire, quoique les malveillants aient fait circuler sur-le-champ de prétendues proclamations du peuple bergamasque et brescian, dans lesquelles il est dit malicieusement que les Français l'ont aidé.

« Si l'ambassadeur de Venise réclamait à Paris, il faut lui répondre que, s'il y a eu une petite affaire entre les sapeurs de la légion lombarde et la cavalerie de Battaglia, c'est que cette cavalerie les a attaqués. Voici ce fait in téressant qui met le Directoire en état de répondre à tout l'univers sur la prétendue violation de neutralité : par hasard, une centaine de sapeurs de la légion lombarde partirent de Milan, pour se rendre à Peschiera, par la route ordinaire, celle de Brescia. Battaglia était averti par ses espions d'une attaque prochaine des Bergamasques ; il envoya sur-le-champ un détachement de 100 cavaliers vénitiens pour harceler leur avant-garde ; ces cavaliers se trompèrent et prirent les Lombards (qui de leur côté ne savaient rien) pour les Bergamasques ; les Lombards attaqués se défendirent vaillamment et prirent 50 chevaux ; les autres s'enfuirent en désordre à Brescia et y semèrent l'épouvante les patriotes en profitèrent, ainsi que de l'arrivée des Bergamasques par un chemin voisin ; en deux heures tout fut fini.

« Je vous écris à la hâte, le courrier va partir. Je vous embrasse. Arrivez donc : on se bat, on triomphe et vous n'y êtes pas. »

Landrieux s'élève vivement dans ses *Mémoires* contre les récits des *Trophées des armées françaises*. A l'entendre, « les rédacteurs de cet ouvrage ont grossi leur livre avec un ramassis de contes absurdes et dignes de la risée publique. » On lit en effet dans les *Trophées* un récit fantaisiste des événements de Salo, où le comte Lecchi et quelques centaines de compagnons, soldats brescians, milanais, polonais et autres se firent naïvement massacrer et emprisonner par les habitants qui les avaient attirés sous prétexte d'une fête.

Une lettre, adressée de Milan à Paris par le citoyen Certan, et qui fut communiquée au ministre des Relations extérieures, fournit sur cette première affaire de Salo un très curieux commentaire qui vient à l'appui du récit de Landrieux :

« Sans doute, d'une part, le courrier que Venise a fait partir pour Paris vous aura donné la *version* vénitienne des griefs que cette république prétend avoir contre nous afin de se justifier autant que possible de la petite Saint-Barthélemy qui vient de se passer à Salo ; d'une autre part, nos commandants en Lombardie vous auront instruit des griefs

---

1. Cette lettre figure parmi les pièces justificatives des *Mémoires de Masséna*, II, p. 536.

bien plus vrais, d'après lesquels il est notoire que, depuis
longtemps, nous étions dupes de la puissance perfide qui
vient enfin de lever le masque de la manière la plus atroce.
On vous aura, des deux côtés, adressé et le tableau de la
conduite de Venise et le manifeste du provéditeur Battaglia,
deux pièces qui se lisent aujourd'hui dans le vingt-septième
numéro du *Courrier patriotique d'Italie*. Aussi, je croirais faire un double emploi en vous adressant à mon tour
ces vigoureux articles. Le fait est que 60 Polonais de la
légion de Dombrowsky, environ 100 Milanais, des Français
(on varie quant au nombre,) ont été massacrés dans une
ville dont on leur avait ouvert fraternellement les portes,
300 prisonniers, c'est-à-dire le reste complet des *visiteurs*
de Salo ont été envoyés à Venise. Tirera-t-on vengeance
prompte de cette atrocité ? Ou des entreprises de la plus
grande importance feront-elles différer la punition des san-
guinaires Pantalons de la Brenta ?...

« On pense ici bien juste, ce me semble, quant à l'empereur
et aux Autrichiens ; on regarde le premier comme une
vitre à travers laquelle passent, sans aucune résistance, les
couleurs de Londres et *depuis quelque temps celles de
Venise*.

« On commence à soupçonner ici la sage politique de Venise
de faire assassiner en route les courriers qui partent de la
Lombardie pour nos armées. Le général Bonaparte, dans
sa dernière lettre à son épouse, se plaint de n'avoir reçu
depuis longtemps aucune nouvelle. Elle a cependant écrit
plusieurs fois, elle a aussi chargé de lettres des particuliers
qui allaient joindre l'armée. Aucun de ces particuliers n'est
arrivé, leur mort jusqu'à présent n'est que conjecturée.
Quant aux assassinats, ils sont multipliés à faire frémir.
Quantité de Français surpris ou à leur service ou dans le
repos ont péri pendant la nuit sous le poignard des Esclavons (invisibles le jour, massacreurs nocturnes) qui étaient
à l'affût de nos malheureux soldats. Je doute que dans aucune extrémité l'Autriche usât de moyens semblables (¹). »

Le massacre de Salo fut le signal du soulèvement contre
les Français des paysans des vallées que les podestats véni-

---

1. Cet extrait fut communiqué par le ministre des Relations
extérieures au Directoire. (Archives des Affaires étrangères. Venise,
1797, vol. 255, pièce 51, folio 106).

tiens armèrent de fusils de la manufacture de Gardone (²) ;
leur tourbe s'avança menaçante jusque sous les murs de
Bergame terrifiant le chef de la garnison française, Faivre
qui, par des estafettes coup sur coup expédiées, appela
Landrieux à son aide. Le chef d'état-major de la cavalerie déploya une énergie et une présence d'esprit qui
ne se démentirent point. Chassant devant lui les paysans
comme un troupeau en déroute, il désarma ces malheureux
et les terrorisa par des proclamations féroces, promettant de
livrer aux flammes la maison de tout habitant des vallées
convaincu de posséder une arme cachée. « J'ai agi avec
justice : demain je vais mettre à feu et à sang toute la Val
Cavallina qui a osé tirer sur nous. J'ordonne à la Val Gan-
dino d'apporter, dans moins de douze heures, cent trente
mille livres pour défrayer l'armée. Ce pays n'a qu'à choisir
entre ces conditions ou sa destruction totale (¹). » Un officier
d'une fermeté à toute épreuve, le colonel Colomb, fut
chargé de la sanction de cette proclamation. A la tête d'une
colonne mobile, il parcourut les territoires montagneux du
nord du Brescian où les Valériens se croyaient à l'abri de
tout châtiment, tandis que Landrieux se promenait à la tête
d'une autre colonne dans le Bergamasque. Colomb, usant
tour à tour de vigueur et de générosité, dompta en quelques
jours les rebelles que Landrieux battit deux fois à Navé, si
bien qu'il rassura enfin les timides Bergamasques.

C'est alors qu'un nommé Recuperati, qui occupait le poste
extraordinaire de résident de Bergame près la ville de Brescia, vint en cérémonie, avec toute sa légation, les résidents et
les municipaux, apporter à Landrieux, au palais Gambaran,
un parchemin garni de rubans verts auxquels tenaient deux
sceaux de cire rouge. C'étaient les patentes de général en chef,
de médiateur et de plénipotentiaire des provinces de Terre-
Ferme. Brescia s'était jointe à Bergame pour cet objet, et
des députés des républicains de Vérone, de Vicence, de

2. *Lettre d'un Français qui voyage en Italie à un de ses
amis à Paris*, p. 7 et suivantes. Les *Mémoires* de Landrieux
sont pleins de curieux renseignements sur cette contre-insurrec-
tion. On y lit l'analyse des pièces officielles très graves trouvées
dans les papiers du général Monetti, à Carcina.
1. *Proclamation aux paysans valériens*.

Padoue, du Frioul et de l'Istrie, en qualité de plénipoten-
tiaires, y avaient mis leur adhésion.

« Je ne fus nullement gonflé de cet honneur, dit Landrieux,
j'étais cependant bien aise qu'on me mit ainsi, sans que je
l'eussse demandé et même insinué, ce qu'enfin j'aurais été
obligé de faire, en état de tout conduire sans contradiction.
Je reçus donc ces gens-là avec beaucoup de politesse et un
grand air de reconnaissance. Je fis serrer très respectueu-
sement le parchemin avec le ton le plus diplomatique
possible et la fête se continua, comme partout, par un grand
dîner au palais du gouvernement et se termina par une
assemblée au théâtre où les chansons et les violons ne me
furent pas épargnés. Ils m'envoyèrent le lendemain un
costume moitié civil, moitié militaire, que je ne voulus
jamais endosser, quoiqu'il fût très richement brodé. On se
serait moqué de moi J'aurais eu l'air d'un sixième
Directeur ! »

Pour mieux convaincre les Bergamasques de leur indépendance, Landrieux leur rédigea une Constitution dont il
ne parle pas sans quelque honneur et quelque fierté.

La confection d'une Constitution était devenue, paraît-il,
depuis 1789, une chose extrêmement simple, à laquelle
n'importe qui se trouvait apte. Le gazetier royaliste, Mallet-
Dupan, parle en ces termes de cette manie de l'époque :
« Cette épidémie de Constitutions politiques qui a succédé,
en France et en Europe, aux pantins et aux aérostats, a
résulté des prétentions encore plus que du fanatisme. Pas
un commis-marchand formé par la lecture de l'*Héloïse*,
point de maître-d'école ayant traduit dix pages de Tite-Live,
point d'artiste ayant feuilleté Rollin, pas un bel esprit
devenu publiciste en apprenant par cœur les logogriphes du
Contrat social, qui ne fasse aujourd'hui une Constitution.
Vous trouverez de ces ateliers sous la tente de tel adjudant-
général, comme dans la boutique d'un tailleur (1). »

Landrieux, dans sa vieillesse, relira avec plaisir cette
Constitution qu'il ne trouver a « pasplus mal qu'une autre, »
bien que le temps lui eût manqué pour la méditer et la

____

1. Mallet-Dupan, *Correspondance politique pour servir à
l'histoire du républicanisme français*. — Hambourg, imprim.
P.-F. Fauche, 1796, in-8°. Introduction, pages xxx et xxxi.

rédiger à son gré, avec tout le soin que comporte un pareil labeur ; sa besogne militaire ne lui en laissa pas le temps.

Le chef de la garnison française à Brescia avait montré, on s'en souvient, peu de dispositions à laisser s'accomplir la révolution qui chassa Battaglia, son intime ami. C'était un certain Girard qui n'avait de commun que le nom avec Marc Girard, l'adjoint de Landrieux (1). Kilmaine chargea d'une enquête sur la conduite de Girard, le colonel Payen, dont Landrieux disait « qu'il ne signifiait pas grand'chose comme militaire, mais qu'il était un roué du Palais-Royal, et bien propre à remplir ce genre de commission. » Le résultat des investigations de Payen fut tel qu'on remplaça en hâte Girard par le capitaine Paimparey de Chambry, l'ancien ami et subordonné de Landrieux à l'armée du Nord et que Kilmaine avait apprécié au camp de César en l'an II (2).

Ne connaissant rien du pays, pas même sa géographie, dans l'impossibilité de monter à cheval, Chambry aurait pu être un merveilleux instrument inconscient entre les mains de Landrieux, s'il n'avait été assez avisé pour vouloir comprendre ce qu'on attendait de lui. Il distingua tout de suite les contradictions qu'il y avait entre les instructions écrites du général Balland, sous les ordres duquel il était directement placé, et les discrètes invitations de Landrieux. Celui-ci dut lui témoigner une confiance spéciale en s'appuyant sur leurs anciennes relations. Balland, bon homme mais étourdi, lui dit-il, n'était pas dans les confidences du géné-en chef dont on pouvait révéler les secrets à un homme aussi sûr que Chambry, et Landrieux lui exposa le plan du soulèvement de la Terre-Ferme en termes un peu vagues, mais qui suffirent à enthousiasmer ce capitaine : « Ce n'est qu'ici qu'on fait vraiment la guerre, s'écria le futur aide-de-camp du roi Murat, ailleurs on n'apprend qu'à aller au feu, ici on apprend à devenir un vrai général. » Landrieux

1. Le rapprochement des deux personnages est une pure erreur de M. Trolard, qui confond ailleurs également l'adjudant-général Pascalis avec l'adjudant Pascal. Le rapport de Clarke disait de Pascalis : *Aime ses aises ; homme de lettres, n'est pas militaire.*

2. Chambry, demeuré en disgrâce jusqu'au 24 messidor an III (12 juillet 1795), venait d'arriver en Italie.

lui prêta six cents francs pour se l'attacher davantage, il
eut pu lui remettre une plus forte somme, mais, s'il l'eût fait,
Chambry se serait méfié d'une largesse. Dès lors, on trouva
en lui un aide tout dévoué et autrement intelligent que le
brave Faivre(¹). On dut aussi déplacer ce vieux soldat qu'on
ne jugeait pas assez délié pour les circonstances, mais, désireux de lui dorer la pilule, Landrieux le convainquit aisément qu'il était indispensable à Como où l'on allait se battre
avec l'avant-garde autrichienne. Védel, le futur vaincu de
Baylen, fut au contraire appelé de Como et rendit les plus
grands services à Bergame pendant toute cette période (²).

Des négociations avec le général Maffei et des pourpar-
lers avec le général Monetti permirent d'attendre des
renforts d'autant plus indispensables que Landrieux n'a-
vait que 1,500 hommes en état de porter les armes. Aussi,
se préoccupait-il de ne pas rompre avec la princesse Albani
et avec Foscarini, estimant, comme Bonaparte, qu'il était
de toute urgence de gagner du temps (³). Par ce moyen,

---

1. « Chambry, disait Landrieux dans un de ses rapports à
Balland, est un homme de mérite qui fait honneur à votre discernement dans le choix que vous avez fait de lui, et celui-là ne se
laissera éblouir ni par les sequins ni par les contes bleus. »

2. Vedel réussit à maintenir le calme dans le Bergamasque, ce
qui se compliquait du soin de répandre certaines nouvelles dans
Bergame. « Vous y ajouterez, lui écrivait une fois Landrieux, ce
que vous croirez nécessaire, mais arrangez-vous cependant de telle
manière qu'on ne puisse jamais dire à Bergame que nous avons
fait des contes et que nos nouvelles n'étaient pas plus vraies que
les bulletins qu'on fabrique à Milan pour les Parisiens. » Et il lui
recommandait, en cas d'insuccès, de faire bonne contenance et
comme Montluc, malade et délaissé à Sienne, de se pincer les joues
pour avoir l'air bien portant et satisfait.

3. Voici une lettre de la princesse Albani, de laquelle il résulte
que le 25 germinal (14 avril) les relations entre Kilmaine, Landrieux
et Foscarini se continuaient encore :

« Milan, 25 germinal, 7 heures du soir.

« Par M. Girard, j'ai reçu votre lettre à laquelle je ne puis me
dispenser de répondre deux mots à la hâte, pour vous remercier
du souvenir que vous avez de ma personne, et vous remercier du
détail que vous me donnez, sur ce qui vous est arrivé jusqu'à cette
heure ; mais je vous assure que les nouvelles que vous me donnez
ne sont nullement de mon goût, moi qui aime la paix et la tran-

il permit à Lahoz et au colonel Augros ([1]) de le rejoindre
au moment où il allait porter secours au capitaine Cruchet
que Monetti avait cerné dans Gardane. On massacra quelques milliers de paysans entre les mains desquels on
trouva la fameuse proclamation de Battaglia qui était
sans doute passée par les soins de Salvatori dans les
bagages de quelqu'un de leurs chefs et qui servit de nouveau motif à griefs.

Durant les journées suivantes, Maffei fut battu comme
l'avait été Monetti. Landrieux eut toutefois quelque peine
à dégager Lahoz qui s'était jeté comme un fou sur les Vénitiens. La fougue excessive de ce général, qui voulait tout
dévaster, tout incendier, qui avait organisé une compagnie
de brûleurs polonais, quitte à renvoyer ensuite à Landrieux
le soin de payer la facture des torches, inquiétait fort le
chef d'état-major de la cavalerie ([2]). Celui-ci estimait que le

quillité, à un point difficile à vous exprimer ; et par conséquent je
crains que toutes ces affaires ne troublent la bonne nouvelle d'une
prochaine paix qui redonnerait le calme à l'Europe entière. Je
viens d'envoyer votre lettre, mais peut-être que la personne en
question (*Foscarini*) saura une partie de ce que vous me deman-
dez, étant que votre lettre est en date du 17, et je sais qu'il a été
quelques fois chez le général, etc... J'envoie ma lettre à votre adjudant qui va repartir cette nuit. Je l'ai prié de mes compliments et
de l'incluse que vous me renverrez. »

THERESIA-CASATI ALBANI.

1. Le colonel Augros, né à Chalon-sur-Saône en 1751, appartenait à l'ancienne armée. Après avoir fait toutes les campagnes
d'Italie jusqu'en 1797, il fut réformé en 1800 et retraité en 1815.
Il était chevalier de la Légion d'honneur depuis 1804.

2. Voici la lettre d'envoi de cette facture :

LIBERTÉ. *La République ou la mort.* EGALITÉ.

Brescia, le 23 germinal an V de la R. F. U. I. et an 1 de la liberté lombarde.

Teulié, adjudant-général de la légion lombarde,
au général Landrieux.

« Le général La Hoz me charge, citoyen, de vous envoyer le
compte de celui qui a fourni les torches dont on s'est servi dans les
différentes expéditions. Vous voudrez bien, général, le faire payer.

« Salut et fraternité. TEULIÉ, adjudant-général. »

La facture des fournitures de Giampietro Borgetti, de Brescia
(Mss B, fol. 401-402), est de la même date (12 avril 1797) et s'élève
à L. 180,11.

feu ne profite à personne et qu'on punissait bien plus sévèrement les paysans en s'attaquant à leur bourse. En conséquence, il demanda à Kilmaine un général dont la voix put contrebalancer celle de Lahoz au conseil. Il aurait désiré Saint-Hilaire, mais ce général, récemment opéré, ne pouvait monter à cheval, et ce fut Chabran qui se prépara à partir avec un renfort de près de 2,000 hommes.

Chabran, nommé depuis peu général de brigade, était l'homme de confiance de Masséna et de Berthier. En l'envoyant à Landrieux, Kilmaine avait trouvé utile de mêler à une entreprise aussi délicate un homme qu'il avait tout intérêt à mettre de leur côté, mais il n'avait pas prévu les instincts pillards de cet officier et surtout ceux de son entourage [1]. Le bruit commençait, en effet, à se répandre que, si la besogne était immense, elle avait des compensations, et l'on voyait arriver une quantité de gens comme pour prendre part au butin. L'adjudant-général Couthaud vint entre autres rejoindre Landrieux qui, pour toutes sortes de raisons, se hâta de le congédier. « Je me lave les mains de tout cela, écrivait Landrieux à Kilmaine. Je suis las de ce métier de banquier. Prenez, je vous prie, dans votre sagesse, les moyens de me débarrasser du soin de contenter ces gens à sacs d'argent [2]. »

1. Dès son arrivée à Brescia, Chabran fit sommer la municipalité de lui payer 40,000 livres pour le prêt de sa troupe qui, disait-il, était dû depuis six mois, alors qu'elle était soldée presque à la veille du départ de Milan. Landrieux le prit sur le fait, le menaca de l'incarcérer au fort, puis lui pardonna une fois qu'il eut tout avoué, en ayant soin de prévenir Kilmaine pour qu'il put faire saisir les espèces à leur entrée à Milan où le père de la femme qui vivait avec Chabran les apportait dans une voiture jaune attelée de deux chevaux noirs. « Voilà, disait Landrieux à Kilmaine dans une circonstance analogue, un de nos généraux, qui obéira comme un fantassin, parce qu'il a fait une sottise qui le met hors d'état de faire l'entendu. »

2. *Mémoires*, chapitre XXXI. « Comment, dit encore Landrieux, a-t-on pu nommer cet antique prêtre janséniste et jésuite adjudant-général ? » Couthaud n'avait jamais été prêtre. Son père, conseiller du roi, substitut au parlement de Besançon, le fit engager au sortir du collège en 1761 et il servit tour à tour sans solde dans les grenadiers de Lorraine, dans l'artillerie et dans la légion de Soubise

Il ne s'agissait pas en effet de piller, mais de se battre, et Landrieux se bornait à promettre le sac de Salo, but de l'expédition.

Malgré les difficultés de la marche sur cette ville, difficultés accrues par l'inondation que les paysans avaient provoquée en ouvrant les écluses de la Chiese à Gavardo, la colonne emporta Salo sans coup férir, car la ville, soigneusement pillée par les Vénitiens commandés par le gégéral Fioravanti, était absolument déserte (²). Les Français n'y trouvèrent, en effet, que quelques prisonniers et des religieuses mourant de peur dans leur couvent et que la soldatesque vénitienne avait odieusement maltraitées, la veille, tout comme elle eut fait en pays ennemi.

La lâcheté du général Fioravanti, qui avait disparu en un clin d'œil avec toute son armée, permit à Landrieux de se porter au sud pour venir en aide à Gourgonnier, qu'il avait placé au poste avancé d'Azzola, où celui-ci se défendait comme un lion à la tête d'une poignée d'hommes contre plus de 1,500 paysans révoltés. « Je vous écris, général, disait ce

jusqu'au jour où l'insuffisance de ses ressources le contraignit à rentrer en Franche-Comté. A la mort de son père, il se mit à cultiver un petit domaine, adhéra résolument aux idées nouvelles, puis s'engagea comme capitaine dans la légion des Alpes où il servit jusqu'à son départ pour la Corse. Le représentant du peuple Lacombe-Saint-Michel l'envoya en France chercher des secours pour la division d'occupation qui manquait de tout. Il traversa deux fois la flotte anglaise, accomplit sa mission au gré des représentants du peuple, prit part à la discussion de la capitulation de Bastia et fut envoyé servir en Belgique. C'est d'Anvers, qu'invité à fournir des renseignements sur sa personne au ministère, il répondait : « Quelque opinion que je puisse avoir sur mon compte, je ne me sens pas en état de remplir l'accolade « capacité.» Je laisse à ceux qui me connaissent le soin de juger ma capacité. Je désire qu'elle soit telle que je puisse rendre à ma patrie les services les plus utiles pour sa prospérité et pour sa gloire. » Au moment où il servait auprès de Kilmaine, il était réformé depuis le 28 ventôse et ne fut remis en activité que le 17 pluviôse an VII.

L'année suivante, on fit de lui un membre du directoire de l'hospice militaire de Liège. Retraité en 1811, il demanda à reprendre du service en 1815. Il ne put obtenir son admission aux Invalides. (Archives de la Guerre, doss. Couthaud).

2. Cela n'empêcha pas les Vénitiens de prétendre que les Français avaient pillé la ville.

doyen des hussards français, écrasé de fatigue et couché sur la paille et vive la France ! J'y périrai plutôt que d'y lâcher pied, des ordres, des ordres et Azzola n'existera plus ! »

Gourgonnier avait alors *soixante-dix ans* (¹). Après trente-huit ans de service dans l'administration des finances, retraité avec une pension de 2,000 livres, il était parti pour l'armée des Pyrénées où sa conduite héroïque lui avait valu le grade de chef d'escadron (²). Sa sobriété, sa vigilance et ses gronderies perpétuelles qui, dit Landrieux, « étaient des leçons pour les gens à belle culotte collée sur la cuisse », lui avaient aliéné les merveilleux du 1er hussards, qui intriguaient auprès de Bonaparte pour le faire mettre à la réforme. Le général en chef, cédant à leurs intrigues, avait enjoint à Berthier de mettre ce brave militaire à la retraite, le 20 vendémiaire an V. Mais Gourgonnier réussit à rester au service jusqu'au 27 germinal an VI. Les éloges de Landrieux vengent cet infatigable soldat de la confusion que la *Correspondance de Bonaparte* semble établir entre lui et « des gens qui n'aimant pas le sabre sont malades à la veille d'une affaire (³). »

Las de tenir tête aux forces bien supérieures de Laudhon sur les frontières du Tyrol, peut-être aussi désireux de guerroyer d'une façon plus lucrative dans une contrée dont on escomptait le butin, le général Chevalier (⁴), et peu après le

---

1. Gourgonnier n'était pourtant pas le doyen des hussards français, comme paraît le croire Landrieux. Le 16 avril 1797, Bonaparte écrivait au Directoire : « Je vous envoie par un capitaine de hussards, qui a *quatre-vingts ans* plusieurs drapeaux pris à l'ennemi. » Le capitaine s'appelait Yantzen. Bien que pensionné pour blessures graves en 1794, il était resté au régiment. Lors de sa mission à Paris, il avait exactement quatre-vingt-cinq ans, soixante ans de service et vingt campagnes. (Abbé Staub, *Histoire de tous les régiments de hussards*, Fontenay-le-Comte, 1867).

2. Archives de la Guerre, doss. Gourgonnier.

3. Archives de la Guerre, registre de Berthier.

4. Le général Chevalier était né à Paris le 9 octobre 1740. Il s'était engagé aux gardes françaises à quinze ans et mourut maréchal-de-camp en 1814. Il avait eu quatre frères tous morts au champ d'honneur sous Louis XV et Louis XVI. Son fils fut tué à la bataille du Mincio à la tête du 31e chasseurs (Archives de la Guerre, doss. Chevalier).

général Serviez, opéraient une retraite calculée dont Kilmaine s'aperçut à temps pour arrêter le premier avec ses 1,500 hommes à Castel-Novo et lui donner l'ordre de résister aux troupes vénitiennes qui opéraient de ce côté. Chevalier n'eut rien de plus pressé que de désarmer les paysans et de vider la caisse du comte Morandi, chef de ce village, ce qui fut l'objet d'une plainte motivée, mais assez ironique de Landrieux à Kilmaine.

Les événements qui venaient d'éclater à Vérone le 17 avril 1797, le lundi de Pâques, exigèrent la concentration de l'armée d'opérations devant cette place, pour tirer un châtiment éclatant de la félonie de Giovanelli.

Ces événements se trouvent longuement racontés par Landrieux dans ses *Mémoires* (1). L'effroyable massacre des Français, le siège et la capitulation de Vérone, ainsi que le châtiment infligé à la ville coupable, sont l'objet de plusieurs chapitres très documentés, selon la louable habitude du narrateur. Ce serait faire double emploi que d'exposer ici les faits, même en les analysant, ce qui non seulement déflorerait l'intérêt qui s'attache à l'œuvre de l'auteur, mais qui, pis est, en donnerait une idée incomplète. Laissant de côté le récit des événements, il importe de s'occuper uniquement du rôle personnel que Landrieux y a joué, de ses allégations à l'égard de Bonaparte et de l'incident grave du mont-de-piété.

Landrieux apprit les événements de Vérone par une lettre de la comtesse Pelegrini qui lui reprochait son indolence et celle de Kilmaine. Le reproche n'était pas très fondé. Landrieux, en effet, avait été prévenu par ses agents de la fermentation sourde qui travaillait la population de cette ville. Prévoyant une catastrophe, il s'était empressé d'avertir le général Balland qui ne tint malheureusement aucun compte de ces avis.

Les opérations du siège une fois commencées, Landrieux n'a qu'un rôle tout à fait secondaire : il n'est plus en effet que le chef d'état-major du général Kilmaine qui commande en chef. Il dut s'effacer même devant le général Balland, gouverneur de Vérone, qui revendiqua l'honneur de commander les troupes reprenant possession de la ville amenée à capituler.

1. *Mémoires*, t. II.

Son rôle, au contraire, est important lors des négociations préliminaires de la capitulation, pendant lesquelles il se trouve en contact avec le provéditeur Giovanelli et les diplomates vénitiens (¹). Puis il redevient lui-même, dès l'entrée des troupes, en se voyant chargé de l'enquête spéciale sur les causes de l'insurrection. C'est ce qui donne un intérêt particulier à la thèse que Landrieux prétend établir dans ses *Mémoires*, sur le rôle de Bonaparte dans les évènements de Vérone.

Par des rapprochements terribles, Landrieux en est arrivé, — et il n'était pas le seul à l'armée d'Italie, — à cette conviction, qui fut celle de presque tous les Vénitiens, que Giovanelli était vendu à Bonaparte et que ce fut le général en chef de l'armée d'Italie qui suscita les *Pâques Véronaises* (²). Bonaparte, on le devine, n'avait point l'intention de faire assassiner deux ou trois mille Français pour s'assurer un droit plus positif contre le Sénat de Venise, mais il avait rêvé de faire insulter Balland et sa garnison d'une manière assez forte pour en arguer aux yeux de l'Europe; Giovanelli ne put contenir les quatre-vingt mille paysans qu'il avait ameutés, ou par une odieuse duplicité qui ne serait point chose étonnante chez un Véntien, il aurait voulu jusqu'au bout conserver, à tout événement, le crédit dont il jouissait auprès du Sénat. Cette dernière hypothèse explique la fuite de Giovanelli après la capitulation de

1. C'est ce rôle qui lui permit de recevoir un don de 150,000 fr. de la ville de Vérone pour le remercier de l'avoir préservée du pillage. Peu importait qu'il y eut, en effet, devant Vérone six généraux qui lui fussent supérieurs en grade, comme le remarque M. Eugène Trolard (*De Montenotte au Pont d'Arcole*, p. 384) adjudant-général et chef d'état-major de la cavalerie de l'armée, Landrieux avait de plus l'oreille du général en chef Kilmaine. Quant à l'incident Chabran, il résulte des rapports de Landrieux à Kilmaine que ce général était *sous ses ordres* au moment où il aurait tenté de lui enjoindre de marcher. Un adjudant-général, chef d'état-major de la cavalerie, ne pouvait renoncer à ses prérogatives. Landrieux s'estimait l'égal de Chabran.

2. Landrieux prétend que Giovanelli toucha 124,000 francs de Berthier. « Après la prise de Vérone, dit-il, Rocco San Fermo fut enfermé au château Saint-Félix et toute l'armée sut que cet ordre avait été lancé à la demande de Giovanelli, alors tout puissant à l'état-major général. » (*Mémoires*, I, p. 215.)

Vérone pour se mettre à l'abri des premiers effets de la fureur des Français (¹). Landrieux remarque, à l'appui de cette thèse, que la colère de Bonaparte, lors du massacre, ne l'empêcha pas de conférer plus tard à Giovanelli une des plus hautes dignités du royaume d'Italie (²) ; que les peines prononcées par le conseil de guerre, après un premier acquittement scandaleux, contre Giovanelli, Erizzo et Contarini, ne furent prononcées que par contumace et qu'il n'y eut qu'un très petit nombre d'exécutions, comme si on ne se fut point soucié d'approfondir la question des responsabilités.

Landrieux raconte dans ses *Mémoires* que, pour sa part, il ne se soucia point d'être mêlé à un acte quelconque de répression (³), or, cette discrétion pût paraître à Bonaparte comme l'indice que sa politique secrète avait été devinée; et les papiers de Landrieux contiennent plus d'un document analogue à cette lettre anonyme qu'il reçut le 1er floréal, au point du jour, par un porteur inconnu, et dans laquelle Kilmaine et lui reconnurent la main de Madame Pelegrini :

« *A Monsieur Landrieux,*

« Avouez à présent, monsieur le général, que j'ai été bien mal apprise que de me mêler des affaires des Français avec des chefs aussi indolents que vous et M. Kilmaine. Tout ce que je vais vous dire à présent et bien pour la dernière fois, c'est que vous rendrez compte un jour à la Providence, s'il y en a une pour vous, du crime affreux que vous venez

---

1. « Bonaparte ne nous avait pas confié que ce misérable fut à ses ordres, car ni moi, ni Kilmaine, ni Lucotte ne l'aurions ménagé. » *Mémoires,* I, 103.
2. Dans leur lettre du 12 mai 1797, les représentants des villes de Terre-Ferme se font l'écho de cette nouvelle.
3. « Ce contre-ordre, écrivait-il à Lahoz le 11 floréal (30 avril), me décharge des fonctions terribles d'accusateur public contre les prisonniers d'Etat dont la citadelle et les prisons de la ville sont encombrées. Tu sais que j'étais déjà désigné. *Je ne les aurais pas ménagé, ces assassins,* et je me serais encore fait de nombreux ennemis. » Et, dans un rapport à Balland il exposait que, « pour des raisons particulières, » le général Kilmaine avait jugé à propos « de prendre les ordres précis du général en chef en lui en voyant une liste des juges et des prévenus. »(Rapport du 12 floréal)

de laisser commettre, tandis qu'il était si aisé, à vous ainsi qu'à Bonaparte, à qui j'en ai écrit il y quelques huit jours, par un exprès, qui m'est revenu sans réponse, de prévenir l'indigne meurtre de plus de trois mille Français très innocents. »

Ce qui était d'ailleurs plus grave encore que la lettre de Madame Pelegrini, c'étaient les commentaires qu'y ajoutaient divers rapports de Landrieux à Kilmaine. Le même jour, 1er floréal, quelques heures après avoir envoyé par un courrier ce premier avis anonyme à Kilmaine, Landrieux lui transmettait plusieurs rapports qu'il recevait de Vérone et il ajoutait :

« Je n'ai aucune réflexion à vous présenter sur cet horrible désastre. Général, arrivez ; réunissons les rapports et le conseil militaire jugera les misérables que l'on pourra saisir. De quelle utilité a pu être à Venise cet immense assassinat ? Le provéditeur général Giovanelli le trahirait-il en lui mettant cet égorgement sur le dos ?... Ce malheur avancera nos affaires où je me tromperais fort, et cependant je donnerais un de mes bras pour qu'il ne fut pas arrivé. Giovanelli trahit Venise. Le Sénat n'est pas un composé d'imbéciles et ils savent bien que deux mille Français ne sont pas tous les Français et que ce qui reste doit les chasser sans miséricorde. Le Sénat ne l'a donc pas ordonné. Ce crime n'a été commis que pour rendre le nom de Venise odieux à tout l'univers, parce que ce crime est inutile et ne peut en aucune façon avancer les affaires du Sénat. Mais qui est-ce qui aurait pu engager Giovanelli à le faire commettre ? Ce n'est ni vous, ni moi, qui est-ce donc ? »

Dans le postscriptum de son rapport du soir, six heures, Landrieux rendait compte à Kilmaine d'une querelle entre Balland et Lahoz qui leur avait mis l'épée à la main. Lahoz reprochait en termes insolents à Balland son ineptie, pour ne point dire sa trahison.

« Balland nous a dit tout net qu'il avait vu une lettre de Bonaparte, signée Berthier, entre les mains de Giovanelli, par laquelle il était recommandé à ce Vénitien de bien vivre avec lui, Balland. C'était à la vérité tout ce que le provéditeur général lui avait fait lire de cette lettre et, d'après cela, il n'avait pas dû refuser les invitations à des diners et des conversations.

« Lahoz lui a dit aussitôt qu'il en avait menti, qu'il était

impossible que le général en chef, ni le général Berthier
eussent correspondance avec un brigand connu de tout le
monde pour un forcené et qui se disait hautement l'ennemi
juré des Français.

« J'ai été bien étonné, général, de cette assertion de Balland. Je la crois vraie puisqu'il la met en avant : Balland
est très borné, mais c'est bien la créature la plus honnête
du monde. Je présume que pour l'endormir, ce misérable
Giovanelli aura fabriqué cette lettre.

« Cependant, si cette lettre n'était pas supposée ? Qu'en
dites-vous, général ? Giovanelli serait-il un agent de Bonaparte ? Qu'aurait-il promis au général en chef ? Se serait-il
engagé avec lui à détruire le Sénat, en le montrant à l'Europe comme une bande d'égorgeurs ? Il est possible aussi
que le provéditeur ait promis une agression pure et simple,
une insulte grave, une attaque ordinaire contre les Français
qui amènerait leur expulsion de Vérone et qu'ensuite il
n'ait pu contenir la populace débridée : qu'en dites-vous,
général ? Le stratagème de se faire insulter pour avoir droit
de punir n'entre pas dans mon code des ruses de guerre.
Cependant cela se voit quelquefois. Nous avons soulevé la
Terre-Ferme et nous l'avons soutenue dans sa rébellion,
c'est vrai, mais c'était au moment où le Sénat la soulevait
lui même contre nous. Notre ruse est bonne. Il n'y a pas de
publiciste qui, bien instruit des faits, ne nous donne raison.
Mais assassiner de malheureux blessés, dans leur lit, ne
peut être que le fait d'une populace soulevée, ivre et qui
ne connaît plus ni gouvernement, ni loi, ni aucune espèce
de subordination, et il m'est impossible, à moi, de croire
que Giovanelli, si méchant, si atroce qu"il soit, tel qu'on
me l'a dépeint enfin, ait prévu tout ce qui pouvait arriver. »

Non content de cela, dans un rapport daté du milieu de
la nuit, il énumérait six pièces de la plus haute importance dont il gardait copie, « crainte, ajoutait Landrieux,
qu'elles ne s'égarent chez vous, général, il faudrait les
confier au président Porro, qui les fera copier sur-le-champ
et les enverra, en nous gardant les originaux, aux journalistes de Bâle, de Schaffouse et de Milan. Nous aurons sans
doute d'autres actes à joindre, surtout lorsqu'étant arrivé
ici, vous aurez saisi le conseil militaire de cet affreux procès, dont le sujet n'a qu'un exemple dans le passé : les Vé-

pres Siciliennes. Encore celles-ci, quoique bien horribles, avaient-elles un but, celui de purger la Sicile des Français. Dieu veuille, pour l'honneur de la France, qu'on n'en imagine pas un aussi pour ce fait épouvantable. Ce serait une bien faible excuse pour nous, *si nous étions réduits un jour à dire que nous n'étions pas commandés par un Français !* »

Ainsi donc, Landrieux, sous une forme insidieuse dans ses rapports à son chef immédiat, mais beaucoup plus affirmative dans ses *Mémoires*, porte définitivement contre Bonaparte la lourde accusation qu'on vient de lire.

Les historiens français sont muets ou à peu près sur cette page sanglante de l'histoire de l'occupation française en Italie. Les collecteurs de la *Correspondance de Napoléon* ont par oubli, ou par ordre, laissé de côté tout ce qui a rapport aux « Pâques Véronaises », ainsi que l'a constaté M. Bonnal de Ganges ([1]). Quant aux historiens italiens et en particulier les rédacteurs de l'*Archivio storico Veronese* que combat M. Eugène Trolard, ils ont professé que Bonaparte était l'instigateur de l'insurrection. M. Eugène Trolard oppose à ce système les arguments suivants : le général en chef n'avait pas d'influence sur le capucin Coloredo, sur les comtes Nogarola, Emilei et les autres patriciens véronais ; Bonaparte n'avait pas besoin pour son plan de campagne d'une insurrection à Vérone puisqu'à ce moment même il signait les préliminaires de la paix. Il n'en avait pas besoin davantage pour prendre Venise qui était sacrifiée depuis longtemps dans l'esprit du Directoire. Enfin, si cette insurrection était l'œuvre de Bonaparte, comment aurait-elle eu pour chef les plus hauts représentants de Venise à Vérone ([2]) ? Ces arguments de M. Trolard paraîtront au lecteur attentif et instruit par ce qui a été exposé plus haut absolument insuffisants. Il eut mieux fait par exemple d'expliquer pour quelles raisons Bonaparte, en créant un

1. Bonnal de Ganges, *Chute d'une République*, p. 172. « Un capitaine du nom de Pico, écrit M. Bonnal, avait été chargé par Bonaparte d'agir à Vérone à tout prix, » p. 141. M. Bonnal n'indique pas la source de ses renseignements.

2. Eugène Trolard, *De Montenotte au Pont d'Arcole*, p. 378. — Le chapitre *Vérone* est un des plus intéressants et des plus documentés de cet ouvrage.

nouveau Sénat à Venise, Sénat composé de trente membres privilégiés et choisis avec soin, inscrivit le nom de Giovanelli comme l'un des plus influents de la République; pour quelles raisons encore Napoléon, empereur des Français et roi d'Italie, éleva ce même Giovanelli à l'une des plus hautes dignités de ce royaume; pourquoi Erizzo jouit aussi d'une faveur égale.

Enfin, qu'on examine l'importance du châtiment infligé à Vérone, qu'on le compare à celui infligé à d'autres villes moins coupables, à Pavie par exemple, et l'on sera surpris de voir l'inégalité de la justice du vainqueur (1). Ici, point de pillage, point de sac, point de représailles, mais simplement une forte contribution nullement disproportionnée avec les richesses de la ville. Qu'on examine encore la mise en scène (2) du pardon accordé par le général en chef, et l'on sera surpris de voir que tout s'est réduit à quelques exécutions d'agents pour ainsi dire secondaires, pour quatre cents victimes, et à une contribution de un million huit cent mille francs.

Kilmaine nomma, d'abord, une commission pour s'assurer de tous les fonds publics appartenant au gouvernement de Venise et en faire la répartition entre les victimes de l'insurrection et l'armée proportionnellement au dommage subi. Mais cette commission, qui se composait des commissaires des guerres Deltenre et Bouquet, de l'inspecteur d'artillerie Boyer et d'un citoyen Chabran, parent du général de ce nom, fut deux jours après dissoute *parce que ses membres ne méritaient pas tous une entière confiance*. Il fut même assez difficile de faire rendre gorge aux commissaires qui avaient déjà touché de l'argent et notamment au commissaire des guerres Bouquet qui prétendait retenir 24,000 livres pour perte de ses équipages, puis il réduisit ses prétentions

---

1. Le mont-de-piété de Vérone ne fut cependant pas rendu. Le 30 floréal (19 mai 1797), Bonaparte écrivait de Mombello à Berthier :

« J'ai ordonné que tous les monts-de-piété soient restitués aux villes hormis Vérone. J'apprends cependant que cette opération n'est point encore exécutée. Je vous prie de donner l'ordre pour qu'elle n'éprouve point de retard. »

2. Eugène Trolard, *De Montenotte au Pont d'Arcole*, p. 372 et suivantes.

à 4,800 livres et ne céda que devant la menace du conseil de guerre (¹).

Le commissaire des guerres Bouquet joue un rôle assez important dans certaine accusation de Bonaparte contre Landrieux, pour qu'il soit utile de faire connaître brièvement le personnage.

Jean-Charles Bouquet était né à Reims, le 24 juillet 1772; il s'engagea dans le premier bataillon des volontaires de la Marne, en 1791, et fit campagne à l'armée du Nord (²). C'est alors qu'il se distingua en venant, le 15 août 1792, à la barre de l'Assemblée nationale, porter solennellement une dénonciation contre Lafayette : il eut les honneurs de la séance et l'Assemblée ordonna au ministre de la Guerre de le placer avantageusement (³). Quelques jours après, il était en conséquence nommé secrétaire d'état-major (⁴). L'année suivante, on le retrouve en Vendée, tour à tour sous-lieutenant au 109ᵉ régiment et commissaire des guerres pour l'armée de l'Ouest. Il avait été nommé à ce dernier poste par le fameux Carrier, à qui il adressait de Bourgneuf, le 20 ventôse an II (10 mars 1794), cette curieuse lettre.

« Tu l'avais bien dit que les faux patriotes sont aussi lâches qu'insolents, et c'est ce que j'apprends aujourd'hui de la part de quelques aboyeurs nantais : quand tu étais présent, jamais ils ne faisaient quelque chose sans te consulter dans les matières mêmes les plus faciles ; aujourd'hui que tu es absent c'est à qui montera sur des échasses pour singer l'austérité républicaine et insulter à ceux qui, comme

1. Landrieux réclama énergiquement : « Voulez-vous donc m'obliger à vous faire arrêter ? Qu'est-ce que ce compte de pertes ? A-t-il été approuvé par le général Kilmaine ? La caisse fiscale vous doit-elle quelque chose à cet égard ? Rapportez-y ces 4,800 livres et que cela finisse enfin. Votre avidité trouble tous nos comptes. Je n'ai plus confiance en vous... »

2. Archives de la Guerre, doss. Bouquet : *Etat de services*. Les parents de Bouquet étaient négociants. En 1791, il travaillait la botanique et les mathématiques.

3. *Moniteur*, séance du soir du 15 août 1792. Bouquet reprochait à Lafayette sa conduite à Grisvelle où il avait failli sacrifier le bataillon de la Côte-d'Or, sa tentative d'enlèvement du trésor, ses propos à Sedan contre les fauteurs du 10 août.

4. La nomination est du 18 septembre 1792.

toi, ont contribué à sauver Nantes du sort bien mérité des villes de Lyon et Toulon.

« Je suis toujours à Bourgneuf où tu m'as envoyé pour ramasser des grains (¹), et mes expéditions dans le genre ont beaucoup surpassé mon attente; mais je ne puis pas te dissimuler que toute autre armée me plairait davantage que celle de la Vendée; tu m'as déjà donné, en me nommant commissaire des guerres, quelques témoignages de ton affection; un autre titre te serait acquis à ma reconnaissance sans bornes si, en obtenant pour moi la confirmation du ministre auquel j'ai envoyé toutes mes pièces, tu obtenais mon changement dans une autre armée, soit si tu veux en me rapprochant de toi ou en me recommandant à quelques-uns de tes chauds amis. Quelque soit ta décision sur cet objet, décision que je présume heureuse parce que je te connais, je te demande un mot de réponse. Si je suis fâché de ton éloignement, je m'en console quand je pense que tu vas te montrer *féroce* au milieu de l'orage qui gronde sur la tête de quelques républicains connus; déterre pour ainsi dire toutes les traces criminelles des contre-révolutionnaires, continue de dire la vérité toute entière à la Convention nationale et ne souffre pas que des imbéciles s'endorment en disant qu'il n'y a plus que mille brigands dans la Vendée. Ces imposteurs qui veulent s'établir une réputation factice

---

1. Voici l'ordre donné à Bouquet par Carrier :

« Au nom de la République Française une et indivisible.

« Les Représentants du Peuple à l'armée de l'Ouest,
« Déclarent rebelle à l'autorité nationale tout individu, quelle que soit sa place et quel que soit l'emploi, qui mettra des entraves à l'exécution de l'arrêté du représentant du peuple du 19 frimaire, relatif à l'enlèvement de six mille tonneaux de grains à Bourgneuf, ordonnent à la force armée d'arrêter et de courir sus en cas de résistance, mettent à cet effet la force publique à la réquisition du citoyen Bouquet, commissaire des guerres, ordonnent à celle-ci de lui obéir, requièrent expressément le citoyen Bouquet de donner au représentant du peuple les noms, prénoms, qualités et demeure des individus qui ont résisté à l'exécution dudit arrêté, sous les peines de droit.

« *Le Représentant du Peuple,*
« CARRIER. »

(Archives de la Guerre, doss. Bouquet.)

à l'aide de mensonges méritent d'être punis sévèrement (¹). »

Ce bel enthousiasme pour Carrier ne survécut pas à thermidor. En vendémiaire an III, Merlin de Thionville montait à la tribune de la Convention pour donner lecture d'une lettre que Bouquet venait de lui adresser de Nantes :

« Lis et frémis d'horreur : dis à la Convention nationale que je viens de dénoncer à tes collègues du Comité de Salut public l'adjudant-général Lefaivre, qui a eu la féroce inhumanité de faire noyer de sang-froid *des femmes et des enfants à la mamelle* au mépris d'un arrêté des corps constitués, je t'envoie copie des pièces dont les originaux sont entre mes mains ; ta haine connue pour ces infâmes généraux me persuade que tu ne négligeras rien pour faire arrêter de suite ce cannibale, qui commande à Paimbœuf, et qui revient des eaux de Bourbonne, où il a obtenu de se faire guérir d'une épaule qu'il s'était foulée, non pas au service de la République, comme il l'a peut-être fait accroire, mais en faisant une chute au sortir d'un repas (²). »

Les pièces, qui accompagnaient la dénonciation de Bousquet et desquelles il résultait que Lefaivre avait fait jeter à l'eau six petits enfants de six à huit ans, trois de deux mois, plusieurs femmes et des vieillards infirmes, excitèrent au plus haut point l'indignation de la Convention, et quand Merlin de Thionville exprima le regret qu'on ne put inventer de nouveaux supplices pour « ces cannibales », Goupilleau demanda la mise hors la loi de Lefaivre. Merlin s'opposa à cette proposition. « Croyez, citoyens, s'écria-t-il, qu'un adjudant-général ne se serait pas permis de pareilles atrocités, s'il n'avait eu derrière lui *des hommes puissants qui l'ont fait agir.* Je demande l'arrestation de Lefaivre et sa traduction au tribunal révolutionnaire ; *il fera connaître à quels atroces tyrans on voulait livrer notre patrie.* — Je retire ma proposition, reprit Goupilleau, et j'appuie celle de Merlin (³). »

André Dumont, dont on connaît déjà le caractère, inter-

---

1. Archives de la Guerre, doss. Bouquet.
2. *Moniteur*. Lefaivre fut acquitté parce qu'il avait commis ces crimes sans intention contre-révolutionnaire. (Campardon, *Le Tribunal révolutionnaire de Paris*, II, p. 128.)
3. *Moniteur*, réimpress. XII, p. 226 et suiv.

vint au moment où la Convention venait de décréter que le tribunal révolutionnaire s'occuperait, toute affaire cessante, de juger les membres du comité révolutionnaire de Nantes, prévenus d'être les principaux auteurs des atrocités commises dans le département. Il eut soin de faire porter le poids de l'accusation sur Carrier qu'il désigna en ces termes aux colères de la nation : « Puisque le moment est venu où la Convention veut rendre justice à tout le monde, où tous les coupables sont égaux devant la loi, il faut les frapper tous indistinctement. La Convention n'ignore pas que les premières atrocités commises à Nantes sont l'ouvrage d'individus qui ne sont pas loin d'elle. Il faut que le tribunal révolutionnaire poursuive tous ces assassins, sans exception ; il faut que le peuple voie frapper les coupables partout où ils se trouvent ; il faut que le tribunal instruise sans délai contre le comité révolutionnaire de Nantes, et qu'il fasse justice de tous les ministres qui ont commandé les crimes qui ont été commis dans ce pays ; car il ne faut pas nous le dissimuler, citoyens, *si une autorité supérieure n'avait pas commandé tous ces forfaits, on ne les eût pas commis.*

« Ne souffrons pas que le système de ces hommes se continue plus longtemps, car ce serait assurer à ces ministres, à ces buveurs de sang, l'impunité de leurs crimes. Je demande que le tribunal révolutionnaire poursuive sans délai l'affaire du comité révolutionnaire de Nantes, *ainsi que tous ceux qui se trouveraient impliqués dans la même affaire,* sauf à l'accusateur public à instruire le Comité de sûreté générale des progrès de l'instruction, afin qu'il puisse présenter à la Convention les mesures que la justice exigera ([1]). »

La proposition de Dumont fut immédiatement adoptée.

Le piquant de l'affaire, c'est que les documents produits contre Lefaivre par Bouquet avaient été soigneusement réunis dès nivôse an II, c'est-à-dire deux mois avant la lettre dans laquelle il engageait Carrier à se montrer *féroce* ([2]). Plus tard, dans les notes que Bouquet rédigea pour sa défense sur son passé militaire et administratif, il

---

1. *Moniteur.*
2. L'ordre de Pierre Macé était du 5 nivôse.

écrivait : « A Nantes, ceux qui se disaient patriotes exclu-
sifs et qui ne faisaient leurs preuves que par des assassinats me taxaient du titre de modéré et quelquefois de
royaliste parce que je les combattais, parce que j'ai souvent arraché à leur fureur des victimes humaines et des
villages entiers condamnés à l'incendie..... Ces travaux
n'étaient pas sans danger dans un pays où j'eus longtemps
ma tête à défendre des *fureurs* de Carrier, des fusillades
de l'ex-général Scévola Sabatier libre, dont je provoquai la
destitution, du général Canclaux et du noyeur Lefaivre (¹). »

De la Vendée, Bouquet fut envoyé à l'armée d'Italie.
Chargé de l'administration générale, lors du blocus de
Mantoue, il mérita les éloges de Kilmaine pour son activité comme il avait jadis mérité ceux du général Haxo au
camp de Machecoul (²). Ce fut à lui que l'ordonnateur Leroux confia le soin d'approvisionner Mantoue sur le pied
de guerre (³). Mais à Vérone, le commissaire des guerres ne
se conduisit pas précisément de façon à mériter des éloges,
tant s'en faut. On a vu avec quelle âpreté il cherchait à conserver les sommes qu'il avait cru pouvoir s'approprier ; dans
l'affaire du mont-de-piété, sa conduite ne fut pas moins
suspecte (⁴). Au témoignage de l'émigré Laporte, témoin ocu-

1. Archives de la Guerre, doss. Bouquet : *Mémoire justificatif
du 2 floréal an VII.*

2. Archives de la Guerre, doss. Bouquet : *Lettre de Kilmaine* du
27 floréal an VII.

3. Archives de la Guerre, doss. Bouquet : *Mémoire justificatif
du 2 floréal an VII.*

4. Dans l'*Étude sur la correspondance de Bonaparte*, Landrieux prend dans une certaine mesure la défense de Bouquet :
il ignorait que celui-ci s'était joint à ses accusateurs en décembre 1798. Ailleurs il accuse nettement Bouquet et Chabran d'avoir
pillé pour environ 20,000 livres d'argenterie dans le mont-de-
piété de Vérone le soir du départ de Kilmaine et extorqué
25,000 ducats à la municipalité. Sans Salvatori, il les faisait
passer en conseil de guerre. Du moins enveloppa-t-il avec la garde
de la ville la maison de Bouquet où il trouva les complices en train
de se partager le butin. Il les obligea à faire restituer à la municipalité (Mss B, folio 82 : *Notes générales et particulières.*) —
Botta, après avoir constaté qu'on entra au mont-de-piété de Vérone « à coups de hache et les sacs à la main » regrette que Bouquet ait échappé au châtiment qu'il méritait (Op. cit. II, 403-404.)

laire, on voit que « là plus que partout, on avait volé, et
on volait sans nulle pudeur. Je me trouvai pendant trois
ou quatre jours avec plusieurs employés dont Rochejean,
agent des contributions publiques, était un des moins scru-
puleux. Je n'oublierai de longtemps à quel point des hommes, probablement nés honnêtes, se montraient familia-
risés avec l'esprit de spoliation et d'immoralité. « Ce que
« ces malheureux sont condamnés à donner, qu'importe,
« disait-on, qu'il en entre un peu plus, un peu moins dans
« les coffres du pays! » Je n'entendais parler que d'escro-
queries et encore je ne compte pas pour telles les galeries
de tableaux mises en réquisition, quoiqu'elles ne fussent
nullement des propriétés publiques (¹). »

A l'entrée des troupes, le général Balland avait mis une
garde au mont-de-piété, mais comme il avait oublié de
porter ce poste sur ses registres, cette garde ne fut pas
maintenue. Kilmaine, prévenu de cet état de choses par la
municipalité qui redoutait, disait-elle « qu'il ne s'y passa
des choses peu honnêtes », visita le mont-de-piété, accompagné de Landrieux et des commissaires des guerres Deltenre et Bouquet, y organisa une garde et décida qu'une
commission serait chargée de dresser état des dépôts et de
la caisse et de faire en outre remise des gages de peu de valeur aux pauvres, partisans des Français. La municipalité
remercia Landrieux des promptes mesures prises pour la
sûreté du mont-de-piété. « Il serait difficile de mieux prouver au conseil, disait-elle, combien les généraux français
ont à cœur de mettre à l'abri de tout évènement ce qui
appartient au pauvre peuple. Les clefs ne nous ont pas encore été remises, aussitôt que nous les aurons, comptez sur
nos soins à les bien garder (²). » Les clefs ne furent rendues
par la commission après apposition des scellés, que sur
une deuxième intervention de Kilmaine, mais alors il ne
restait plus au mont-de-piété que les petits dépôts. Les
principaux voleurs n'eurent plus qu'un souci : s'éloigner de
la ville (³).

1. Laporte, *Souvenirs d'un émigré* (1797-1800). Paris, 1843,
p. 98.

2. Lettre de la municipalité de Vérone à Landrieux, le 12 floréal an V.

3. Eugène Trolard, *De Montenotte au Pont d'Arcole*, p. 382.

Landrieux tenait Lahoz, en expédition sur Padoue et Vicence, au courant de ce qui se passait à Vérone. « Ici, mon cher ami, chacun veut faire fortune et veut la faire grosse. C'est bien pis qu'à Brescia et je t'avoue que les affaires vont mal. Notre municipalité se dégoûte et ce matin elle m'a proposé sa démission. L'ordonnateur Blanchon, à qui j'ai refusé la gratification, parce qu'il n'y a aucun droit, et une demande extravagante de 400 livres pour indemnité de prétendues pertes, a trouvé le moyen de faire charger le petit Bouquet d'aller inventorier et mettre le scellé sur les monts-de-piété de Vicence, de Padoue et de Legnago (¹). Il a trompé le général Kilmaine. Nous n'avons aucun droit de nous mêler de ces établissements. Ces perquisitions de notre part sont honteuses. Ces villes n'ont pas été prises d'assaut. Je crains que cet enfant, qui est aussi âpre qu'un homme fait, ne fasse des sottises, pour lui, pour Blanchon, et pour toute l'armée. Il serait désespérant que ces provinces, qui nous montrent tant de bonne volonté, eussent à se plaindre. Tâche de le surveiller et avertis Victor qui sera bientôt à Padoue. Je ne voudrais pas qu'en cas de faute, on en fît trop de bruit, parce que ce bruit fait du mal à tout le monde..... »

Bouquet, que Clarke, dans son rapport au Directoire, représentait comme ayant de l'activité et des talents, mais en ayant soin d'ajouter « on doute de sa probité » (²), commit la faute que prévoyait Landrieux et fut dénoncé par le général Victor. Accusé d'avoir volé des bijoux et des effets précieux dans les monts-de-piété de Padoue et de Vicence, Bonaparte donna l'ordre de l'arrêter.

1. Bouquet était le camarade de Picton, neveu de Landrieux. Ses fonctions l'avaient rapproché de Landrieux avec qui il logeait au palais des Gouverneurs depuis le 26 avril (Trolard, *De Montenotte au Pont d'Arcole*, p. 359 et 360, d'après le *Diario della revoluzione de 1797*. Mss. de la Bibliothèque municipale de Vérone).

2. Bouquet n'était pas une exception. Dans ce même rapport, sur huit commissaires ordonnateurs il en est cité deux *sans probité* et un *peu délicat;* sur cinquante-quatre commissaires des guerres ou faisant fonctions, vingt et un sont portés comme jouissant d'une *probité nulle ou douteuse,* un est noté comme *fripon* et un autre comme *brocanteur.* (Archives nationales AF iii, 72, doss, 291.) Landrieux a consacré un chapitre entier à ses démêlés avec les commissaires et les fournisseurs.

« Je vous préviens, général, écrivait Berthier à Victor, que, d'après le compte que vous avez rendu du vol fait au mont-de-piété par le commissaire des guerres Bouquet, chargé par le général Kilmaine d'y apposer les scellés, le général en chef a donné des ordres pour que ce commissaire des guerres soit arrêté partout où il se trouvera, et traduit devant un conseil de guerre pour y être jugé conformément aux lois et d'après le délit dont il s'est rendu coupable. »

En même temps, Bonaparte écrivait à Berthier, de Mombello, le 13 prairial an V (1er juin 1797) :

« Vous donnerez l'ordre, citoyen général, au général Lanusse, de verser dans la caisse du payeur, à Milan, les 60,000 livres qu'il a prises dans la caisse du payeur à Chiusa, et ordonnerez au général Augereau de faire remettre dans les mains du payeur à Vérone les bijoux et autres objets précieux qui ont été trouvés chez le commissaire des guerres Bouquet [1]. »

Traduit en Conseil de guerre, Bouquet fit appel à ses protecteurs et à ses amis. Kilmaine, entre autres, prit son parti avec une extrême vigueur. « Soyez persuadé, lui écrivait-il, que je ne négligerai rien pour que votre innocence ait les moyens de se montrer. Des personnes qui vous connaissent particulièrement s'étonnent de ce que parmi les hommes qui vous poursuivent, il y en a à qui on aurait le droit de faire les reproches les mieux fondés de vol et de pillage. Ces mêmes amis sont pourvus de papiers qui prouvent le brigandage de vos persécuteurs ; ils comptent les envoyer au Directoire et, si l'on vous met en jugement, il faudra bien y en mettre beaucoup d'autres ou dire pourquoi, à moins qu'il ne soit prouvé qu'il y ait à cette armée des voleurs privilégiés [2]. » Bouquet fut néanmoins condamné à cinq ans de fers. Il écrivit de nouveau à Kilmaine pour lui faire part de son désespoir. Celui-ci lui répondit aussitôt le 3 juillet :

« Vous avez bien fait de plaider votre cause par le silence du mépris pour vos soi-disant juges. Ce sont des bourreaux qui vous ont sacrifié.

« Je croirais vous faire injure, mon cher Bouquet, si je

1. *Correspondance inédite, officielle et confidentielle de Napoléon Bonaparte*, III, p. 115 et 116.
2. Archives de la Guerre, doss. Bouquet : *Lettre de Kilmaine* du 27 floréal an V (16 mai 1797).

pensais que vous ayez seulement l'intention d'attenter à vos jours après avoir souffert jusqu'ici avec tant de constance et de résignation, après les avoir exposés tant de fois sous mes yeux lorsque je commandais les hussards de Lauzun.

« Le succès de vos persécuteurs ne sera pas de longue durée; ils rougiront d'avoir employé des moyens aussi affreux pour s'enrichir de votre malheur et mériter l'impunité.

« Je verrai de nouveau le général en chef ; il ne peut être plus longtemps sourd à la voix de la vérité, il vous connaît particulièrement; il sait que vous n'avez fait qu'exécuter les ordres que je vous ai donnés, il vous rendra justice, je vous en donne d'avance l'assurance positive (¹). »

Cette fois, Bonaparte comprit. Le 10 janvier 1798, le conseil de revision de la Lombardie cassait l'arrêt et le 13 août le deuxième conseil de guerre, présidé par le général Fiorella, acquittait Bouquet (²).

Souffrant d'une ophtalmie très rebelle, il se retira à Reims, son pays natal, où le bureau de police déclarait le 18 frimaire an VII que « l'opinion publique est fortement contre lui. A la vérité il a été acquitté, mais on persiste à le croire coupable et à le regarder comme dilapidateur de la fortune publique. Ce qui semble autoriser les soupçons, c'est qu'on assure qu'il n'avait rien avant la Révolution et qu'il possède actuellement des propriétés considérables. » L'émigré Laporte partage absolument l'opinion de la population de Reims et il ajoute : « Comment ne pas gémir de l'impunité d'un des principaux spoliateurs de ce dépôt public (le mont-de-piété de Vérone), homme parfaitement connu pour tel et qui s'était soustrait facilement à la peine de cinq années de fers, qu'on lui avait infligée (³). »

Son congé de santé expiré, Bouquet ne cessa de demander du service, adressant mémoire sur mémoire au ministre, pour sa justification, attribuant à l'animosité politique les préventions de ses concitoyens et invoquant à tout propos les témoignages des généraux Kilmaine, Sérurier, Dallemagne et Dumas. En nivôse an VII (décembre 1798), il im-

---

1. Archives de la Guerre, doss. Bouquet : *Lettre de Kilmaine* du 15 messidor an V (3 juillet 1797).
2. Archives de la Guerre, doss. Bouquet.
3. Laporte, *Souvenirs d'un émigré*, p. 53.

plorait un emploi en Egypte où à l'armée de l'Ouest. « J'ai
écrit, disait-il à Bonaparte, que dans mon affaire malheureuse
j'avais été poussé par un mouvement puissant et étranger.
Kilmaine est mort, je respecte sa mémoire ; je vous ai affirmé
que je n'avais cédé qu'à une autorisation supposée de vous.
Cette assertion vous a paru douteuse parce que vous hésitez
à croire qu'il ait existé à l'armée d'Italie un homme assez
audacieux pour contrefaire votre signature. Cette vérité,
dont vous pouviez vous convaincre d'un seul mot, est incontestable. Aujourd'hui le ministre de la Guerre fait enfin
poursuivre Landrieux pour le crime de faux. Si j'avais une
existence assurée ou la force nécessaire à un simple soldat,
je ne chercherais pas à fixer votre attention sur des faits passés, je laisserai au temps le soin de me venger en révélant les
causes secrètes et honteuses des poursuites et des calomnies
dirigées contre moi. Ces causes sont bien clairement expri-
mées dans ma correspondance avec Kilmaine. Mais j'ai besoin d'une place pour exister et faire exister mon oncle.
J'en appelle à Bonaparte, juste et impartial, me croit-il incapable de servir un gouvernement ferme et stable qui ne
mettra pas le pillage au nombre de ses premières ressources,
qui ne regardera pas comme ses plus fidèles agents ceux qui
pour une poignée d'or, aussitôt dissipée qu'acquise, lui sa-
crifiaient sans pudeur tout ce qu'il y avait d'honnête. Je
veux, à tel prix que ce soit, vous faire oublier une grande
faute. Serez-vous implacable à mon égard. Ordonnez que je
sois envoyé en Egypte ou dans le fond de la Vendée où j'ai
nourri au milieu des plus grands dangers, pendant trois
années consécutives, une partie de l'armée opposée aux brigands, de manière à mériter les attestations honorables
consignées dans les certificats ci-joints ([1]). »

Mis en réforme en l'an VII, à la fin de son congé de convalescence, Bouquet demandait, en 1811, d'être employé à
l'armée d'Espagne ([2]) et en 1813 il implorait de nouveau du
ministre Lacuée, comte de Cessac, un emploi quelconque,
invoquant son titre d'ancien élève de Brienne, condisciple
de Sa Majesté ([3]).

1. Archives de la Guerre, doss. Bouquet.
2. Archives de la Guerre, doss. Bouquet : *Lettre du 8 juillet 1811.*
3. En réalité, Bouquet avait eu un oncle professeur à Brienne. Il

« Le général en chef Bonaparte a su dans le temps et
les inspecteurs généraux Denniée et Villemanzi savent que,
dans l'année la plus pénible de ma vie, où des calomniateurs
m'accablèrent de torts apparents dans une affaire qu'on doit
regarder comme une affaire d'Etat oubliée, je n'ai jamais
eu qu'un seul tort réel, celui d'un dévouement et d'une reconnaissance trop aveugles pour le général Kilmaine qui
m'avait servi de père dans son commandement de l'armée
du Nord, dont je ne pouvais trahir le secret et qui me retint
malgré moi dans les provinces vénitiennes qu'il gouvernait
et que je traversai pour me rendre près l'ordonnateur général en chef Villemanzi (¹). »

Vers le même temps, il écrivait à l'empereur :

« Sire, vous aimiez beaucoup mon oncle à Brienne. Il est mort
et avec lui toutes mes ressources. Votre décret du 14 novembre 1810, qui a supprimé le traitement de réforme de ceux
qui n'avaient pas les années de service voulues pour la solde
de retraite, a achevé mon malheur.

« Telle est la position d'un ancien commissaire des
guerres calomnié.

« Sa Majesté, si elle me faisait la grâce de m'admettre un
instant en sa présence ou celle de son grand maréchal, ver-
rait que je suis toujours à 42 ans (comme elle m'appelait
avec bonté en Italie) un enfant gâté de la révolution, toujours prêt à renouveler à Napoléon les preuves d'activité et
de dévouement dont il m'a récompensé à Mantoue et à
Peschiera.

« Souffrirez-vous, Sire, que celui qui a été le compagnon
chéri de votre enfance, languisse dans l'oisiveté et périsse
dans le besoin qui mine à la longue les âmes les plus énergiques.

« Le préfet de mon département, le baron de Jessaint, a
demandé pour moi une sous-préfecture ou une place de
secrétaire général de préfecture. Daignez me l'accorder ou
tout autre emploi (²). »

Napoléon ne l'employa pas, mais il lui accorda une pen-

eut été très embarrassé de faire preuve des quartiers de noblesse
nécessaires pour y être admis.

1. Archives de la Guerre, doss. Bouquet : *Lettre du comte de
Cessac,* 1ᵉʳ février 1813.

2. Archives de la Guerre, doss. Bouquet.

sion de 2.400 francs sur sa cassette, pension qui fut de fait supprimée à la Restauration (¹).

Il est donc doublement étonnant que dans le *Mémorial de Sainte-Hélène* on trouve ce passage :

« Lors de la reddition de Vérone, le mont-de-piété de cette ville, riche d'environ sept à huit millions, fut dépouillé. Le commissaire des guerres Bouquet et un colonel de hussards Landrieux, accusés de cette dilapidation, furent arrêtés. Cette dilapidation portait un caractère d'autant plus révoltant qu'elle était accrue par une série de crimes nécessaires pour la cacher, et qu'elle s'exerçait sur la classe des indigents et des pauvres. Tout ce qui put être retrouvé dans les maisons des prévenus fut restitué aux propriétaires, dont la perte néanmoins resta considérable (²). »

En ce qui concerne Bouquet, cette déclaration se concilie mal avec la revision du procès de celui-ci suivie d'un acquittement par ordre et avec la pension due à la magnificence impériale. Quant à l'accusation inattendue et injustifiée portée contre Landrieux, elle peut s'expliquer (³), mais non être excusée, que par le fait d'une rancune *in extremis* en prévision de révélations possibles.

Au moment même, en effet, où Bouquet opérait à Padoue et à Vicence, Lahoz, que Landrieux engageait, le 10 floréal (29 avril), à se tenir prêt à « sauter » dans Venise, l'avisait que Lefèvre lui transmettait l'ordre verbal de Bonaparte de rester où il était. Landrieux éprouva le plus vif mécontentement de cette intervention du général en chef, il ne sut même pas se maîtriser quand Bonhomme de Commeyras, son co-organisateur des comités de Milan (⁴), vint enjoindre à Kilmaine d'en rester là de ses opérations, « Bonaparte entendant faire lui-même le peu qui restait. »

Kilmaine, et surtout son chef d'état-major Landrieux,

1. Archives de la Guerre, doss. Bouquet. — Bouquet vivait encore en 1854 et sollicitait de Napoléon III son entrée aux Invalides.

2. *Mémorial de Sainte-Hélène*, édition Barbezat, 1830, IX, 182. — Le texte des *Dictées* est un peu différent et contient moins d'erreurs.

3. Bonhomme de Commeyras, avocat au Parlement de Paris, avait été un des membres du comité de législation établi par Louis XVI, en 1787, pour préparer la réforme des lois pénales. En 1797, il était résident de France chez les Grisons.

avaient donc tiré les marrons du feu pour Bonaparte qui,
principalement au début de sa carrière, trouvait très commode de profiter du travail de gens qu'il mettait bientôt
à l'écart quand il ne les reléguait pas dans une sorte d'exil,
ou ne les rendait pas suspects, voire même coupables,
aux yeux de ses courtisans d'abord et du pays ensuite.

Sous l'effet de la colère, Landrieux perdant toute sa présence d'esprit, laissa échapper quelques phrases qui trahissaient les extraordinaires ambitions qu'avaient fait
naître en son esprit ses succès de conspirateur, d'organisateur et de général. Tout enflé de ses patentes de général en
chef, médiateur et plénipotentiaire des provinces de la Terre-
Ferme, du costume richement brodé qu'il n'avait pas encore
osé endosser, il pensa qu'il lui était facile de s'établir
souverain dans ce pays. Qui l'eût empêché de traiter avec
l'Autriche aussi bien que Bonaparte et qu'importait au
Directoire qu'il y eut une République cisalpine fondée par
la France, ou une Fédération italienne avec un directeur
français. Landrieux s'épancha imprudemment peut-être dans
le sein de Porro et de Commeyras. « Les principaux généraux
français, tels que Augereau, Masséna, Kilmaine, Sérurier,
n'aimaient pas Bonaparte. De l'argent à Masséna (¹), un
coup d'encensoir et de l'argent à Augereau (²), de bonnes
raisons à Kilmaine et Sérurier ainsi qu'à Joubert, un grade
de plus à Guyeux, quelques écus à l'aide de camp de Dallemagne, m'eussent attaché ces braves qui, sans me servir
peut-être directement, m'auraient au moins laissé faire. Les
citadelles de Bergame, Brescia et Peschiera m'auraient répondu des entêtés, à commencer par le général en chef et
quelques-uns de son état-major » (³).

Les « rêves » de Landrieux furent combattus par ses

1. « Masséna aime beaucoup l'argent, » lit-on dans les notes fournies par Bonaparte à Clarke. (*Lettre au Directoire*. Milan, 30 frimaire an V. Archives nationales, AF III, 72. Direct. 291.)

2. « Augereau *aime beaucoup l'argent*, » lit-on dans le document
précité. Les autres généraux classés sous cette rubrique sont :
Murat, Lannes, Vial et Chabran. Pour Lannes, on lit cette va-
riante : « *et s'en est beaucoup procuré ;* » et pour Vial, cette autre :
« *et s'en est procuré par des moyens que la probité ne peut
approuver.* » (Archives nationales, AF III, 72, doss. 291.)

3. *Mémoires*, I, p. 367.

confidents qui, il est fort humain de le penser, s'empressèrent de s'assurer les bonnes grâces de Bonaparte, en lui
faisant part des extravagantes divagations du colonel de
hussards. Ces singulières révélations confirmèrent le général en chef, par tempérament jaloux et soupçonneux, dans
l'intention qu'il avait d'éloigner de la Vénétie Landrieux et
son chef, le général Kilmaine qui, non seulement, savaient
beaucoup trop de choses, mais qui, pis est, se permettaient
d'avoir des idées personnelles. Landrieux avait eu, cependant, le soin, au lendemain de l'entrée à Vérone, de renoncer à son généralat de la Terre-Ferme. « L'orgueilleuse
Venise, disait-il au peuple bergamasque, est près de sa
chute : je puis donc vous annoncer la liberté. » Mais Bonaparte n'ignorait pas probablement que Landrieux redevien-
drait facilement généralissime, s'il lui en prenait fantaisie.

Kilmaine, parti de Vérone à réception de l'ordre que lui
avait apporté Commeyras, était reçu le 15 floréal (4 mai) par
Bonaparte (¹). « J'ai vu le général en chef, écrivait-il le lendemain à Landrieux ; il est très satisfait de notre besogne
dont, dit-il, vous lui donnerez les détails tout à votre aise...
Il ajoute qu'il veut amuser les Vénitiens de Venise jusqu'au traité définitif avec l'Autriche. Il va, en attendant, y
mettre un gouvernement de sénateurs à lui et chasser ce
grand conseil qui s'est déguisé en municipalité. Je lui ai dit
qu'il ferait bien de vous laisser cette besogne, dont vous
vous tireriez, sans contredit, mieux que lui ; que vous iriez
avec Lahoz et sa brigade que vous aviez renforcée dans
cette vue. Il paraît qu'il a des raisons spéciales et de finances personnelles pour se charger lui-même de cette
façon, et je le crois. Et je n'ai pas insisté... » Kilmaine avait
ajouté une menace à mots couverts : « Je lui ai dit que vous
vous refusiez net à vous charger de l'instruction contre les
détenus de Vérone (²). »

Bonaparte fit écrire à Landrieux de préparer les provinces de Terre-Ferme à leur annexion à l'Autriche. Il semble

1. Kilmaine était le 14 floréal (3 mai) à Brescia. Avant son départ de Vérone, il avait songé un moment à régler les dettes de
Louis XVIII qui ne s'élevaient guère qu'à 200,000 francs. Kilmaine
était, au fond, royaliste, et peut-être désireux de ménager l'avenir.
2. Lettre du 16 floréal an V (5 mai).

au contraire, que Landrieux ait travaillé les Véronais dans
un sens absolument opposé au désir du général en chef.
« Avec Bonaparte, écrivait-il à Kilmaine, il faut toujours
être en état de prouver la conduite qu'on a tenue et de justifier ses actions et ses opinions. C'est votre avis et le mien.
Soyez parfaitement tranquille sur mes registres. J'ai pourvu
non seulement par les faits, mais aussi par l'ordre qui
règne dans toutes les parties dont nous avons été chargés,
à ce qu'on ne puisse jamais nous assimiler à Masséna, à
Augereau, ni nous forcer comme eux à nous taire. La lutte
commencera quand on voudra. Je suis prêt. Si l'homme
nous eût été moins connu, nous aurions peut-être été pris
sur quelque négligence (¹). »

Deux jours après cette lettre, le 17 mai, Augereau arrivait à Vérone « comme une bombe », et dépêchait l'ordonnateur
Aubernon à Landrieux pour lui signifier « qu'il n'avait rien
eu *et qu'il fallait lui faire sa part* ». Pour toute réponse,
Landrieux confia Aubernon à la garde de quatre hommes.
Chabran se chargea d'aller démontrer à Augereau qu'en
prenant ce ton il s'exposait à se faire enlever et transporter à la forteresse de Milan, Kilmaine ayant laissé Landrieux en son lieu et place. Augereau se radoucit, reconnut
qu'il n'avait point d'ordre de commandement, mais affirma
qu'il venait prendre possession des places de Vérone et de
Vicence et qu'il attendait incessamment ses lettres de service (²).

Landrieux, dès lors, n'avait plus qu'à partir pour Milan,
où le rappelait une lettre pressante de Kilmaine réclamant le travail sur la cavalerie qu'avait demandé Bonaparte. Le général en chef se montrait d'autant plus
impatient que des mécontents desservaient Landrieux
auprès de lui. Le 10 prairial (29 mai) on en trouve la trace
dans la correspondance de Bonaparte. « Vous ordonnerez
au général Kilmaine de partir sur-le-champ pour prendre le
commandement du Bolonais, du Véronais et d'Ancône. Il
prendra du général Sahuguet toutes les instructions nécessaires. Comme les affaires de Rome se brouillent tous les
jours davantage, je désire que ce général parte dans cinq

1. Lettre du 27 floréal.
2. Lettre du 30 floréal.

ou six jours ; vous lui ferez connaitre le désir que j'ai de voir le citoyen Landrieux à un régiment de cavalerie ou à un dépôt pour qu'il n'ait pas avec lui cet officier, sur lequel il y a quelques préventions (¹). »

Kilmaine se chargea de dissiper les préventions de Bonaparte et de le forcer à connaitre le rôle réel de Landrieux. Aussi, à son arrivée à Milan, le chef d'état-major de la cavalerie fut-il reçu par le général en chef qui lui fit le meilleur accueil, car il avait un service à réclamer de lui. Bernadotte avait arrêté à Trieste le comte d'Antraigues, attaché à la légation de Russie à Venise, mais en réalité un des principaux agents de Louis XVIII (²). Ce personnage

1. Voici le début de cette lettre : « J'avais d'abord pensé d'envoyer le général Kilmaine à Marseille, mais le désir qu'il m'a manifesté d'être de l'expédition d'Angleterre si elle avait lieu, joint à celui que j'ai moi-même d'avoir à l'armée un général aussi distingué, si la guerre se renouvelait, m'ont décidé à choisir le général Sahuguet. Vous voudrez bien en prévenir le général Kilmaine et envoyer un courrier au général Sahuguet pour qu'il se prépare à partir sur-le-champ pour Marseille. » M. Trolard, qui n'a certainement pas feuilleté les registres de Berthier, a cru que Kilmaine se rendait à Marseille, lors de son voyage à Nice avec Landrieux. En réalité, ce voyage n'avait d'autre but que la mise en sûreté de ses papiers. Sahuguet avait pris possession de son commandement et Kilmaine ne quitta définitivement Milan qu'après le 21 juillet pour se rendre à Paris (Léonce Pingaud, *Un agent secret sous la Révolution et l'Empire : le comte d'Antraigues*, p. 182).

2. M. Trolard a commis de nombreuses erreurs au sujet de d'Antraigues (*De Rivoli à Marengo et à Solferino*, I, p. 215).

« *Une des clauses de la convention passée avec le gouvernement de Venise*, au moment où les troupes françaises prirent possession de cette ville, était qu'il serait procédé à l'arrestation de d'Antraigues, espion au service des émigrés, dont il a été déjà parlé, à propos du départ de Monsieur, de Vérone. D'Antraigues réussit à s'échapper et *se réfugia à Monza, près Milan*, où il provoqua *des troubles qui furent réprimés avec une extrême énergie par le général Leclerc*, alors en villégiature avec sa jeune femme chez Bonaparte, à Mombello. D'Antraigues vivait à Venise avec la Saint-Huberty, *qu'il faisait passer pour sa femme ;* il habitait sur le grand canal l'hôtel de l'Ecu-de-France (*albergo di Scudo di Francia*), où descendait Monsieur quand il se rendait à Venise.

« *La police saisit chez d'Antraigues de nombreux papiers qu'il*

avait été arrêté sur l'ordre exprès de Bonaparte qui non seulement était parfaitement au courant de ses intrigues, mais qui avait été en outre prévenu par le ministre Lallement que d'Antraigues possédait des papiers fort compromettants, entre autres le compte rendu d'une conversation qu'il aurait eue avec Montgaillard, autre agent des émigrés. Cette conversation roulait sur les entrevues que Montgaillard prétendait avoir eues avec les généraux Pichegru et Bonaparte pour les amener à la cause royaliste. C'était Montgaillard lui-même qui, jouant un double rôle, en avait informé le ministre de France à Venise (¹). Que ce document fut vrai ou non, il importait à Bonaparte de ne pas se laisser compromettre et même, le cas échéant, de porter un coup terrible au général Pichegru qui lui apparaissait comme un rival dangereux. Bonaparte s'était donc fait amener le prisonnier de Trieste à Milan, l'avait gardé une nuit entière à Mombello où il obtint de lui ce qu'il en désirait, c'est-à-dire une rédaction nouvelle de la conversation avec Montgaillard, qu'il put communiquer au Directoire sans danger pour lui et au grand détriment de Pichegru (²).

---

avait oubliés sans doute dans la précipitation de sa fuite, et que Bonaparte fit parvenir au Directoire. On sait que celui-ci y trouva les preuves du complot royaliste préparé par Pichegru, et des menées auxquelles se livrait Monsieur à Vérone, en dépit des assurances contraires qu'il avait données au Sénat de Venise. La police mit aussi la main sur des lettres écrites à d'Antraigues par Mallet du Pan et *dont le sénateur Querini avait fait établir les copies pour les inquisiteurs d'Etat.* Quelques-unes de ces lettres concernaient Boissy d'Anglas et *Carnot*. Bonaparte furieux, de certaines allégations contenues dans cette correspondance et des articles que Mallet du Pan, réfugié à Berne, adressait à *la Quotidienne* à propos de l'abdication du Sénat de Venise, manda près de lui, à Mombello, Haller, administrateur général des finances de l'armée d'Italie, et patricien bernois, et le mit en demeure d'obtenir de ses amis l'expulsion de Mallet. » Il est regrettable que M. Trolard n'indique pas les sources auxquelles il a puisé ce récit fantaisiste dont le livre circonstancié bien qu'insuffisamment documenté de M. Pingaud fait pleinement justice.

1. Léonce Pingaud, *Un agent secret sous la Révolution et l'Empire : le comte d'Antraigues*, p. 151.

2. C'est la version de Fauche Borel (*Mémoires*). M. Pingaud l'a discutée d'une façon qui l'accrédite solidement, au moyen d'un *Mémoire* de l'abbé du Montet.

L'entretien qu'il avait eu avec son prisonnier lui avait prouvé l'urgence de se débarrasser de lui, avant que la nécessité d'une défense ne l'obligeât à parler. C'est dans ces conditions que Bonaparte faisait appel à Landrieux, pour l'aider à jouer la petite comédie suivante : d'Antraigues, ayant composé avec Bonaparte (¹), devait simuler le prisonnier d'Etat entêté dans sa résistance, tonnant contre son persécuteur, rôle qu'il joua en effet admirablement et qu'il évoqua dans son rapport au chargé d'affaires Mordwinoff (²). Bonaparte, de son côté, paraissait céder aux exigences du respect de la légalité, se gardant bien d'envoyer trop tôt au Directoire les pièces du portefeuille de d'Antraigues. Quant à Landrieux, ayant parfaitement compris une partie du service que Bonaparte attendait de lui, il rédigeait le procès-verbal d'un interrogatoire préparé d'avance, innocentant d'Antraigues de tout délit d'émigration, seul point qui put obliger Bonaparte à retenir son prisonnier. Ainsi qu'il le raconte lui-même, Landrieux présenta à la signature de d'Antraigues la pièce suivante (³) :

« L'an cinquième de la République française et le treize prairial, en vertu des ordres du général en chef de l'armée de la République française en Italie, à moi communiqués

1. Léonce Pingaud, *Un agent secret*, etc., p. 163.
2. Ce rapport se trouve aux Archives des Affaires étrangères. France. Bourbons. 1790-1802, 47 E, vol. 634 (274 *g*), fol. 126 à 144.
3. Voici le récit de cet interrogatoire par d'Antraigues, emprunté au *Rapport à M. Mordwinoff :* « Le soir même (1ᵉʳ juin), je vis entrer dans mon cachot un adjudant-général de l'état-major, suivi d'un officier ; ils furent introduits par le commandant de la citadelle. Cet adjudant me dit être chargé de me faire un interrogatoire et, cela dit, il renvoya le commandant du fort, s'assied auprès de ma table et son officier se disposa à lui servir de greffier. Je m'attendais que les interrogatoires auraient pour objet la conversation que j'avais eue avec M. Bonaparte et qu'on y parlerait d'un portefeuille, de prétendus papiers qu'on y aurait, disait-on, trouvés, et de la conspiration de M. Pichegru. A mon grand étonnement, cet interrogatoire, plus que superficiel, se borna à ce qui est relaté dans l'extrait qui m'en fut donné. On ne fit aucune objection à mes réponses : on riait en les écrivant et, l'interrogatoire fini, lorsque je voulus parler de mon portefeuille, on me signifia que toutes les questions à me faire étaient faites, qu'on n'avait aucune autre réponse à recevoir, et on se retira. »

par le général Kilmaine, commandant en chef la Lombardie et la cavalerie de l'armée, je, Jean Landrieux, adjudant-général, chef d'état-major de la cavalerie de l'armée, me suis transporté au château de Milan, pour y faire à monsieur Emanuel-Henry-Louis-Alexandre de Launay, comte d'Antraigues, les questions suivantes :

« *D.* — En quel temps avez-vous quitté la France ?

« *R.* — En février mil sept cent quatre-vingt-dix, par congé délibéré de l'Assemblée nationale, sous la présidence de l'évêque d'Autun, portant d'une manière illimitée que je pourrais aller en Suisse pour y pourvoir au rétablissement de ma santé.

« *D.* — Avez-vous eu connaissance des décrets de la Convention ou législature qui annulaient ces sortes de congés ?

« *R.* — J'ai eu connaissance des décrets qui rappelaient les Français qui avaient quitté leur pays. J'écrivis en 1791 au chancelier pour lui demander une prolongation. Je n'ai pas reçu de réponse.

« *D.* — A quelles occupations vous êtes-vous livré dans les pays que vous avez choisi pour domicile depuis votre départ de France jusqu'à présent?

« *R.* — Je me suis occupé en Suisse, canton de Berne, pendant environ un an, à différents ouvrages de morale et de politique qui ont été imprimés. J'ai passé ensuite environ un mois à Turin, où je me suis occupé d'objets de curiosité. J'ai ensuite vécu deux ans et demie dans les bailliages suisses italiens, m'occupant des mêmes travaux qu'à Berne. Depuis, je suis entré au service de l'impératrice de Russie en qualité d'attaché à la légation de Russie auprès de la République de Venise. Je suis parti de cette ville, le 16 mai, à la suite du ministre de Russie avec toute la légation, qui en sortit à l'arrivée des Français, munis d'un passe-port du ministre français à Venise. Nous fûmes respectés jusqu'à Trieste, et nous y passions pour aller à Laubach à cause des mauvais chemins. Nous fûmes arrêtés là par ordre du général Bernadotte qui laissa aller le ministre et me fit conduire au quartier général.

« Après cette réponse, ledit M. d'Antraigues m'a montré un passe-port pour le ministre de Russie à Venise valable pour lui et les personnes attachées à la légation.

« Audit passe-port, signé Villetard pour le ministre de France et pour copie conforme Duchet, commandant de place de Trieste, était annexé un certificat de Monsieur Mordwinoff, ministre plénipotentiaire de Russie à Venise, portant que M. d'Antraigues est attaché à la légation. Ledit certificat est en date du 15 décembre 1795.

« Je lui ai demandé si dans les intervalles de ces occupations dont il a parlé, dans divers cantons de Suisse ou ailleurs, il n'avait pas porté les armes contre la République française ?

« *R.* — Non.

« *D.* — S'il n'a jamais excité par ses écrits ou par ses paroles les Français émigrés à prendre les armes contre la République française ?

« *R.* — Non. J'ai persisté dans les sentiments que j'ai manifestés pendant que j'étais membre de l'Assemblée nationale.

« *D.* — S'il n'a jamais cherché à exciter les Français non émigrés à quitter la France pour s'armer contre elle ?

« *R.* — Non. J'ai persisté dans les principes que j'ai manifestés aux États-Généraux.

« *D.* — Enfin, s'il n'a jamais fait partie de rassemblements qui ont lieu en divers endroits sous le nom d'armée de Condé ou autres ?

« *R.* — Non (1). »

Cet interrogatoire, que les *Mémoires* de Landrieux datent à tort du 20 prairial 8 juin (2), ne suffisant pas à Bonaparte, il fit interroger de nouveau d'Antraigues le 7 juin par l'adjudant-général Couthaud, et le prisonnier fit des réponses tendant à bien mettre en valeur son caractère de diplomate protégé

1. Le texte de cet interrogatoire figure parmi les papiers de d'Antraigues. (Archives des Affaires étrangères. France. Bourbons. 1790-1802-47 E, n° 634 (274 *g*), fol. 150-151.)

2. L'analyse qu'en donne Landrieux répondrait plus exactement à l'interrogatoire dirigé par Couthaud, mais l'entretien entre les deux personnages est absolument conforme au caractère du fougueux conspirateur. L'erreur de Landrieux a sans doute pour cause la signature qu'il dut apposer sur la copie de l'interrogatoire fait par Couthaud « en vertu des ordres du général Kilmaine », et consistant dans « les trois questions prescrites par le général en chef conformément à une lettre du même jour du général Berthier. » (Archives nationales, AF III 44, Justice : Conspiration du 18 fructidor.)

par le droit des gens. Mais le 23 juin, un courrier de d'Antraigues fut arrêté à Como, porteur de diverses pièces qui
ravivèrent la colère de Bonaparte. Landrieux en essuya
le contre coup, car le général en chef ayant vainement
réclamé un petit portefeuille saisi sur ce courrier par la
police de Porro, s'imagina que Landrieux le dissimulait
dans un but hostile et lui fit annoncer, le 26, quinze jours
d'arrêts (¹). Kilmaine se chargea de tout expliquer, mais la
réparation que lui accorda sur-le-champ Bonaparte ne
désarma pas Landrieux qui estimait sans doute mériter
plus d'égards. Le succès de la révolution qu'il venait d'organiser victorieusement à Gênes, sous la responsabilité
de Couthaud, n'était pas fait pour lui donner une
petite opinion de ses capacités de roué; le 19 prairial
(7 juin) il avait obtenu, ainsi que Kilmaine, une véritable
victoire sur Bonaparte en l'obligeant à rétracter son ordre
à l'armée et l'ordre subséquent de Berthier de reverser les
gratifications et bonnes-mains touchées pendant la campagne de Terre-Ferme (²), à la suite d'une lettre dans
laquelle Kilmaine lui faisait savoir qu'on ne rendrait rien.
« Je me plains à vous, général, terminait Kilmaine dans

1. Bonaparte écrivait à Berthier :

« Vous voudrez bien, citoyen général, vous faire remettre par
le chef de brigade Landrieux les lettres interceptées sur un courrier que M. Dautraigues envoyait, dont une était adressée au
représentant du peuple Boissy-d'Anglas, et que celui-ci a remise à
l'administration de la police de la Lombardie.

« Vous voudrez bien lui donner en outre l'ordre de se rendre en
prison pour n'avoir pas fait parvenir sur-le-champ ces papiers ; il
les a depuis deux jours. »

2. Voici la lettre de Bonaparte à Berthier :

« Vous voudrez bien, général, vous faire rendre compte de l'argent qui vous a été donné, en forme de gratifications, aux généraux
de division, généraux de brigade, aides-de-camp qui se sont
trouvés à l'affaire de Vérone.

« Vous ordonnerez et tiendrez la main, sur votre responsabilité, à
ce que les généraux et officiers de l'état-major qui auraient reçu en
gratifications plus que la paye de quinze jours de traitement, soient
tenus de verser le reste sur-le-champ dans la caisse du payeur de
la division et de vous en donner le reçu.

« Vous voudrez bien également ordonner qu'il soit accordé
quinze jours de traitement pour tous les officiers qui se sont

cette lettre d'une hardiesse vraiment incroyable surtout de la part de l'indolent Kilmaine, si l'on n'avait comme point de comparaison la lettre à Bouquet du 27 floréal (¹), je me plains à vous de ce que vous avez demandé directement à l'adjudant-général Landrieux le compte de ce que son bureau a reçu et dépensé pendant l'expédition qu'il a conduite. Il a obéi et je l'ai mis aux arrêts pour lui rappeler l'ordonnance qui ne permet pas de correspondre avec vous sans mon attache. Je devais le lui ordonner de votre part. La hiérarchie a été méconnue. Je ne la violerai pas, général, en vous priant de faire passer au ministre de la Guerre et au gouvernement le mémoire que je lui adresse avec tout ce que contient ma présente lettre. Permettez, en même temps, que je sollicite mon changement d'armée. »

trouvés à la prise de Verone, et qui n'ont pas touché de gratifications. »

BONAPARTE.

« En conséquence de l'ordre du général en chef ci-dessus :

« Il est ordonné à tous généraux de division, de brigade, adjudants-généraux, aides-de-camp et autres, de rendre compte au chef de l'état-major général, au plus tard dans une décade :

« 1° De l'argent qu'ils ont reçu en forme de gratifications ou de toute autre manière, à l'affaire de Vérone.

« 2° Tout général, officier de l'état-major ou autre, qui après avoir fait sa déclaration, se trouvera avoir reçu plus que la valeur de son traitement de quinze jours, sera tenu de verser l'excédent dans la caisse du payeur de la division, et d'en envoyer le reçu à l'état-major général.

« 3° Tout officier de l'état-major ou autre qui, quoique s'étant trouvé à l'expédition de Vérone, n'aura pas eu de gratification ou perçu d'argent de quelqu'autre manière, aura droit à une gratification de la valeur de son traitement de quinze jours, et, pour en être payé, il sera tenu d'adresser au chef de l'état-major une attestation de son conseil d'administration portant qu'il s'est trouvé réellement à l'affaire de Vérone. Quant aux officiers de l'état-major, il suffira qu'ils produisent un certificat du général qui commandait l'expédition. Ces formalités remplies, il sera donné des ordres pour que les officiers soient payés de cette gratification par les payeurs de leurs divisions. »

ALEXANDRE BERTHIER.

2. On sait que Landrieux était à Vérone quand Kilmaine écrivait cette lettre de Milan.

Le 28 prairial, Landrieux adressait à Berthier, par la voie hiérarchique, le compte détaillé de son bureau, et quarante-huit heures après, le chef de l'état-major général lui en accusait réception dans les termes suivants :

« J'ai reçu, citoyen, avec votre lettre du 28 prairial courant, le compte de ce que votre bureau a reçu et dépensé pendant que vous commandiez la colonne contre les Vénitiens. Je vais les remettre au général en chef (¹).

Mais, le 1ᵉʳ messidor, il réclamait des pièces justificatives :

« En conséquence des ordres du général en chef, le chef de brigade Landrieux me fera passer de suite les pièces justificatives du compte qu'il m'a remis, l'emploi de l'argent qu'il a reçu, soit à Bergame, Brescia ou Vérone (²). »

Landrieux envoya aussitôt 47 pièces : notes, certificats ou quittances avec un état. Il eut la malice d'y joindre, à titre de document historique, l'état des fractions de corps qui avaient pris part aux expéditions en Terre-Ferme, au total, y compris la division Lahoz, les Comasques de Crema et les troupes en garnison : 13,010 hommes.

S'il en faut croire les *Mémoires* et les papiers de Landrieux, il aurait joué un rôle capital, bien qu'occulte, dans les événements de la Révolution de Gênes. A vrai dire, tout ne semble pas également véridique dans son récit de ces événements (³), mais il n'en est pas très différemment des récits des autres acteurs qui ont tous essayé de se donner le rôle capital, et la vérité ressortirait seulement de la confrontation réfléchie des diverses narrations (⁴).

<hr>

1. Mss. B, folio 76.

2. Mss. B, folio 592.

3. Landrieux a raconté plusieurs fois, et avec de fortes variantes, les événements de Gênes. Du vivant de Kilmaine, il rédigea un premier récit (Mss. B., folio 532); il y faisait remonter son rôle à la fin de floréal, ce qui est inadmissible. Dans les *Mémoires*, ce sont les rôles de Kilmaine et de Bonaparte qui sont exagérés. Le récit du Mss B (folio 532), qu'on trouvera au tome III des *Mémoires*, contient de très curieux détails.

4. Les diverses narrations des événements survenus à Gênes, de mai à juin 1797, sont en première ligne la *correspondance* du ministre Faipoult, résident de France à Gênes, avec le ministre des Relations extérieures qui se trouve aux Archives des Affaires étrangères (*Gênes, correspondance de Faipoult, an V,* vol. CLXXII) et la *Relation de la Révolution de Gênes* (Gênes, 1797... in-18 de

La chute du gouvernement aristocratique, à Gênes pas plus qu'à Venise, ne fut un accident imprévu. Dès le 24 germinal (13 avril 1797), l'agent secret qui de Gênes renseignait le ministre des Affaires étrangères sur les affaires d'Italie, lui écrivait : « L'aristocratie gênoise est persuadée que son sort sera décidé en même temps que celui de l'aristocratie vénitienne. Elle est dans la plus grande inquiétude... Ce qui augmente les craintes du gouvernement, ce sont les avis qu'il reçoit de son ministre à Paris. Celui-ci l'a prévenu qu'on a des projets sur Gênes et qu'il est essentiel de prendre des mesures de défense ([1]). » Un mois plus tard (6 mai), mêmes constatations : « Les aristocrates croient que la République de Gênes est menacée de sa destruction et prétendent que les Français y travaillent assez ouvertement ([2]). »

Quelques jours après, le mouvement commençait le 29 floréal (18 mai), tandis que Landrieux était encore à Vérone. Les jacobins gênois ne purent suivre en aucune façon son impulsion, mais au début de prairial les désordres s'accentuèrent, la rébellion prit davantage d'intensité. Soutenus par beaucoup de Lombards arborant leur cocarde tricolore et quelques Français portant les couleurs nationales, les patriotes parcourent la ville en chantant le *Ca ira* auquel répondaient les cris de : *Viva Maria! Viva il nostro principe! morte a i Francesi!* que poussaient les charbonniers et les portefaix du port, armés par les soins du gouvernement ([3]). Les patriotes durent se réfugier au Môle. C'est au lendemain de cette journée (3 prairial), que Lan-

92 pages. Cette brochure est signée à la fin des initiales d'Emile Poussielgue, secrétaire de la légation, et les pièces justificatives ont été visées par le ministre Faipoult. (Il existe à la Bibliothèque nationale K, 994, deux exemplaires de cette brochure, non coupés et qui n'ont par conséquent jamais été lus.)

Enfin viennent les relations des journaux de l'époque et les récits des historiens contemporains comme Botta, *Histoire de l'Italie*, etc.

1. Archives des Affaires étrangères, Gênes, vol. CLXXII, fol. 472.

2. Idem, fol. 483.

3. *Relation de la révolution de Gênes*, par E. Poussielgue, broch. déjà citée. Faipoult, en adressant au ministre Talleyrand un exemplaire de cette brochure, l'informait qu'il l'avait fait rédiger

drieux reçut à Milan, sous les auspices de Porro, la visite des députés de la ville de Gênes qui venaient lui demander de les faire secourir par Bonaparte, à qui il les engagea à s'adresser directement. La situation était très délicate en effet. Clarke, que le Directoire avait envoyé au général en chef pour le surveiller, n'approuvait point toutes les intrigues de nature à grandir l'importance de la Cisalpine et Faipoult montrait à Gênes beaucoup de faiblesse ou de modération maladroite. Bonaparte reçut donc les délégués de très haut. En présence de son état-major et de Clarke, il les traita de perturbateurs et les somma de quitter sous vingt-quatre heures le sol de la Lombardie [1]. Le comité de police devenait leur seul refuge. Ils traitèrent avec Landrieux [2] et dès le 6 prairial (24 mai), le bruit courait à Gênes qu'un détachement de la légion lombarde, informé de ce qui se passait, marchait sur cette ville. Il était déjà à Tortone, lorsque Faipoult, qui au lendemain des troubles avait osé réclamer la mise en liberté des Français incarcérés, fit enjoindre au général Goret d'arrêter ces Lombards [3]. Ce détachement était sorti de Milan à l'aide d'une signature extorquée à Couthaud par l'adresse de Galdi. Landrieux passa ces quelques journées dans une véritable fièvre. Il jouait sa vie, assuré d'être fusillé s'il échouait et si son intervention était découverte. Il eut même un moment de découragement, envoya sa fille et sa femme chez une amie de Kilmaine [4], y cacha ses papiers et 120,000 livres d'or et se tint prêt avec 40,000 livres d'or sous sa ceinture à passer en Autriche si les circonstances l'imposaient. De Gênes, Faipoult envoyait des lettres désespérées, semant l'alarme au quartier général au moment même où les troupes amassées à Tortone menaçaient l'oligarchie récalcitrante qui « rebelle à nos

et imprimer pour détruire les racontars des journaux *mal renseignés* par leurs correspondants d'Italie et qu'à cet effet il expédiait à Paris un grand nombre d'exemplaires de cette *relation...* officielle.

1. Mss. B, folio 532.

2. Landrieux se fit assurer deux millions outre les frais qu'on rembourserait au Comité de police de Porro.

3. Archives des Affaires Etrangères. Gênes, vol. CLXXII, fol. 153.

4. Mss, B, folio 532. — La fille de Landrieux avait alors quatre mois environ.

représentations pacifiques, obéit encore une fois à la crainte (¹). » Gênes, affranchie de son doge et de ses sénateurs, envoya ses députés traiter avec Bonaparte, et le 26 prairial, devant le ministre de France revenu en triomphateur, on brûla le livre d'or. Landrieux pouvait être fier de son œuvre et il commençait à l'avouer à demi quand bientôt une nouvelle l'atterra. Couthaud venait d'être arrêté pour avoir signé le laissez-passer de la troupe lombarde. Galdi avait subi le même sort. Si la colère de Bonaparte eût été plus qu'une satisfaction donnée à Clarke et à la pusillanimité du Directoire (²), Landrieux eût été bien exposé. Heureusement pour lui, Galdi sut se taire et Couthaud ne pouvait rien dire. Ce fut lui qui fut la vraie victime. Bien que ses états de service n'en parlent pas, il fut destitué (³). Et l'on trouva dans sa maison de campagne 500,000 livres, produit de sa campagne de Terre-Ferme. Quant à Galdi, l'incident n'entrava pas sa carrière : il fut plus tard ambassadeur de la Cisalpine à la Haye.

Le travail sur la cavalerie était enfin terminé et remis à Bonaparte. Il avait pour cause le désir du général en chef de purger les 22 régiments de gens utiles peut-être pendant les campagnes, mais dangereux durant une paix qui pouvait être longue. Landrieux s'était, affirme-t-il, entouré de tous les documents nécessaires. Il s'abstint d'apporter dans son examen des titres des officiers à l'avancement ou à la réforme aucune prévention personnelle. Parmi eux se trouvaient cependant des ennemis à lui, l'un surtout général de brigade de cavalerie. « Plusieurs de ses camarades voulaient qu'il sautât, et le général en chef, qui alors n'avait nul attachement pour lui, le leur avait abandonné. Mais Kilmaine, m'ayant fait remarquer que j'avais eu personnellement à m'en plaindre au Nord, malgré les services que je lui avais

1. Archives des Affaires étrangères. Gênes, vol. CLXXII, folios 157-158.

2. Il faut voir les précautions que le rapport au Directoire exécutif en thermidor an V, emploie pour motiver l'intervention de Bonaparte à Gênes. (Archives des Affaires étrangères. Gênes, vol. CLXXII, folios 188-189.)

3. D'après ses *états de services*, Couthaud ne servait plus depuis plusieurs mois.

rendus, je ne pouvais laisser imaginer que je l'avais écrasé par esprit de vengeance et pour le punir de son ingratitude. Je m'abstins de parler de lui. J'eus assurément très grand tort. Cet homme, qui avait été ingrat et perfide à mon égard, fut ingrat et perfide envers Bonaparte qui pourtant ne le regardait que comme une bête et une brute. C'est Murat dont je parle (¹). » De ce que dit Landrieux de Murat, on peut rapprocher ce passage du rapport que Clarke envoyait au ministre sur les officiers de l'armée d'Italie, d'après les notes du général en chef : « Murat, y est-il dit, est brave, conduit bien un régiment de cavalerie, fait bien une reconnaissance. Léger, a besoin de se former. N'a été brave que deux fois. Aime l'argent, d'après le sentiment de ses camarades et de quelques autres (²). »

Quand Landrieux remit à Bonaparte son travail, le général en chef feignit de l'approuver sans le lire, comme pour lui en laisser aux yeux des nombreux assistants la pleine et entière responsabilité (³). L'adjudant-général jugea le procédé de fort mauvais goût : ce fut bien pis quand, les imprimés sous les yeux, il constata que Bonaparte annonçait les nominations et que lui, Landrieux, prévenait les officiers réformés que leur démission était acceptée.

1. *Mémoires*, chapitre i, 1.
2. Archives nationales, A F iii, 72, doss. 291.
3. Le rédacteur de la *Revue du cercle militaire* qui étudia en 1889 les *Mémoires* de Jean Landrieux paraît sceptique à ce récit. « Voilà certes, dit-il, un trait qui ressemble bien peu à Bonaparte. Les historiens nous ont, en effet, transmis le souvenir d'un Napoléon veillant par lui-même, avec une constante sollicitude, aux plus petits détails concernant ses armées, et parfaitement incapable de parapher, sans la lire, une pièce de cette importance. » Il y aurait lieu d'objecter que Bonaparte n'était pas Napoléon et qu'en outre, puisqu'il lui fallait réduire d'un cinquième l'effectif de ses officiers, il avait le plus grand intérêt à ne mécontenter personne et à satisfaire chacun. En approuvant sans le lire le travail de Landrieux, il en laissait la responsabilité à l'officier chargé du bureau secret, en qui on pouvait voir l'instrument d'un autre pouvoir que le sien. Il n'y avait nullement là « un hommage particulièrement délicat rendu à la haute compétence du général Landrieux, » mais un calcul analogue à celui qui avait porté Bonaparte à laisser Augereau prendre la responsabilité du combat de Castiglione. Landrieux l'interpréta ainsi.

« Pas un de ceux qui venaient de recevoir de l'avancement
ne s'avisa de venir me remercier. Ils allèrent tous chez le
général en chef qui parlait seul dans leur brevet. Ainsi ce
travail énorme ne me fit à moi aucun ami et donna environ
900 créatures à Bonaparte. Quant à ceux qui furent grati-
fiés en mon nom seul du petit format, qui contenait une imposture au premier chef, ils allèrent se plaindre à leurs
colonels et à leurs conseils d'administration, en protestant
qu'ils n'avaient jamais songé à demander leur démission,
que c'était un tour de quelque malveillant, et l'on se garda
bien de dire que l'état-major de la cavalerie les avait avec
soin consultés et n'avait agi que d'après leurs réponses.
Pour s'en défaire, on les renvoyait aux généraux qui, de leur
côté, pour faire voir qu'ils étaient bien à la cour de Mombello, ne manquèrent pas de dire qu'ils ne devaient leur disgrâce qu'à moi seul : ils y étaient à dîner quand j'avais
présenté le travail et Bonaparte l'avait signé sans le regarder. Quelques-uns, je dois le dire, refusèrent de donner cet
éclaircissement déloyal.

« Ce ne fut plus dans toute l'armée qu'un bruit épouvantable contre moi. Je fus obligé de défendre ma vie deux fois
dans un jour. A la loge, on s'écartait de moi. Quatre cartels
à la main, j'allai chez le général. Kilmaine, que ce misérable
machiavélisme rendait muet, m'y accompagna. Je demandai
un congé de six mois. Bonaparte me dit que j'étais un enfant
de répondre à ces provocations, qu'il ne voulait pas que je
quitasse l'armée et qu'il ferait fusiller le premier qui oserait
m'insulter (1). »

C'est dans ce même entretien que Bonaparte, comme négligemment, réclama l'ordre du jour imprimé du 19 prairial.
Cette demande inquiéta fort Kilmaine et Landrieux. Cet
ordre du jour accordait une gratification de quinze jours de
traitement à tous les officiers qui s'étaient trouvés à la prise
de Vérone : c'était donc comme un aveu indirect des opérations de Kilmaine et de Landrieux en Terre-Ferme. Le livrer
à Bonaparte, c'était lui donner toute licence de les désavouer
quand il lui en prendrait fantaisie; ils se résolurent donc à
mettre ce document et d'autres pièces concernant leurs opé-

1. *Mémoires*, chap. LI.

rations en sûreté. On les cacha d'abord chez une amie de Kilmaine, la Nimoise qui gardait déjà ses économies, et, plus tard, de Nice, on les expédia à Lavaur chez Guillaume Landrieux : c'est cette dernière destination qui explique comment les papiers de Landrieux renferment une quantité de lettres adressées à Kilmaine et toutes les correspondances échangées entre eux.

Lahoz, qui vint les voir quelques heures après leur conversation avec Bonaparte, leur en donna incidemment l'explication : il leur raconta que Bonaparte avait appris d'Haller qu'un secrétaire de Barras, nommé Botot, était venu de de Paris escompter 600.000 francs de traites avec lesquelles Querini avait payé l'achat de la conscience du Directeur. Bonaparte s'était aussitôt demandé si le Directoire exécutif, acheté par Venise, n'allait pas le désavouer et rétablir la République vénitienne.

Kilmaine se rendit sans délai auprès de Bonaparte pour lui faire savoir qu'il avait vu clair dans son jeu et, qu'en cas de besoin, si le général en chef devenait un jour injuste à son égard ou à celui de Landrieux, les papiers mis en sûreté entre les mains de gens discrets, pourraient être apportés au Directoire et placardés à la première nouvelle de sa conduite à leur égard. Bonaparte prit assez bien la chose, mais la nuit portant conseil, il se résolut d'envoyer Murat à Paris et refusa tout congé à Landrieux. Surpris de ce revirement, l'adjudant adressa ce billet à Kilmaine :

« Je suis bien étonné, général, de ce refus de congé. J'ai eu encore aujourd'hui un accès et tout le monde dit, ainsi que Moscati, que je ne guérirai que dans mon pays natal. Si comme vous me le marquez, le général Berthier vient dîner à votre campagne aujourd'hui, ayez la bonté de lui dire que je ne puis accepter le 3ᵉ de dragons qu'ils m'ont donné. Quoiqu'il soit bien constant, selon le général en chef et selon moi, qu'il vaut mieux être colonel en pied en temps de paix que général de brigade non employé, je n'en veux pas et dans tout autre temps ce serait pour moi une récompense suffisante. Décidément les factions, suivant leur usage, vont profiter de cette paix pour se heurter plus violemment que jamais, et moi qui ai recruté la faction républicaine de tout ce que la Terre-Ferme peut avoir de patriotes, si je suis chef de brigade et si je ne suis que cela, je serai bientôt écrasé. Récompensé par un grade supérieur pour mes actions militaires et politiques, on me respectera.

« Si le général en chef s'est trompé sur ma retenue quand je lui ai dit que j'étais content, ce n'est pas ma faute. Il aurait dû juger que j'ai dû me faire beaucoup d'ennemis parmi les royalistes pour les affaires de Venise et de Gênes et dans l'armée par le travail sur la cavalerie : j'oserais même dire qu'il est impossible qu'il s'y soit trompé, mais que s'il ne fait pas à mon égard ce qui serait convenable, c'est parce qu'il veut voir auparavant ce que deviendra la bouffée qui s'élève en France contre ce que j'ai fait, et si sa bonne volonté et sa satisfaction à mon égard ont paru dans ma nomination au 3e de dragons, sa politique n'en saute pas moins aux yeux en n'en faisant pas davantage. Si vous trouvez occasion de dire tout cela au général en chef, je vous en serais bien obligé. Il vous a dit qu'il serait fâché de me voir quitter l'armée, mais à présent que tout est en ordre, je ne suis pas difficile à remplacer et surtout au moment ou sans nul doute l'armée d'Italie va être dissoute, sauf quelques leçons qui restent à donner au bout de la botte. Faute de mieux, je me rabats sur le congé que je demande pour cinq à six mois, et qui même peut entrer dans les vues du général en chef. Je pourrai ne pas lui être inutile en France et surtout dans le Midi, et je le servirai certainement par mes amis à Paris, s'il en est besoin, lorsque ma santé me permettra d'y aller.

« Et, d'un autre côté, puisqu'il ne peut, à ce qu'il paraît, me donner à présent le brevet de général de brigade, je serai, en attendant qu'il le puisse, à couvert dans mon pays et à l'abri de tout ce qui pourra arriver, parce que j'y serai en contact avec la députation des départements méridionaux que j'instruirai et qui ne nous laissera pas faire, ayant cent fois plus d'énergie que toutes les autres (1). »

Enfin, le 10 messidor (28 juin), l'intervention de Berthier obtint à Landrieux l'autorisation d'aller se soigner à Lavaur, son pays natal.

Deux jours après, ayant rendu sa caisse à l'adjudant-géné-

1. Mss. B, folio 586.

ral Boyer qui lui succédait (¹), Landrieux partit pour Gênes avec Kilmaine qui profita de ce voyage pour emmener son fourgon ; « en sorte, dit Landrieux, que j'eus l'air d'un chef de caravane et d'emporter avec moi toutes les dépouilles de l'Italie. J'avais une berline où j'étais avec mon enfant, sa mère, une nourrice, mon neveu et mon secrétaire : elle était attelée de quatre chevaux et me venait, ainsi que les chevaux, de Vérone. L'adjudant Roux, qui avait aussi une permission de convalescence, était à cheval et son domestique conduisait deux chevaux à lui. Mes quatre chevaux de selle étaient menés par mon valet de chambre. Suivait le fourgon du général Kilmaine attelé de quatre chevaux à lui et le vaguemestre de la cavalerie conduisant quatre chevaux de main que le général Kilmaine voulait vendre, ainsi que le fourgon et son attelage, à Gênes. Enfin, venait le général Kilmaine lui-même, dans sa berline à quatre chevaux, un domestique et un aide-de-camp à cheval. Total seize personnes, quatre voitures et vingt-sept chevaux. Tout ce train passait pour être à moi et cela me déplaisait beaucoup (²). »

1. Voici ce que contenait la caisse de Landrieux à cette date :

4865	Louis de France............	25	.... 121.625
556 3/4	Quatruples de Gênes.......	75	.... 41.750
575	Doubles de Parme à.......	23	..... . 13.225
209	Louis de Piémont à........	30	.... 6.270
2436	Petites pièces d'Espagne à..	5.10	.... 13.398
216	Souverains à..............	35	...... 7.560
480	Sequins hongrois à........	12	.... 5.760
63	Sequins de Florence à......	9	 567
7	Quatruples de Florence à...	18	 126
		Total..................	210.281

2. Mss. B, folio 532. — Landrieux avait d'avance pris ses précautions contre ce train qui l'ennuyait si fort ainsi qu'en témoigne la lettre adressée au général Kilmaine le 12 messidor :

« Général,

« J'ai ordonné au vaguemestre de la cavalerie de partir demain au soir avec votre fourgon et vos chevaux, au lieu de sortir avec moi de Milan, après demain matin, ainsi que vous l'aviez arrangé. Il nous attendra à Pavie. Il n'est pas nécessaire que je passe pour avoir à moi des équipages qui ne m'appartiennent pas, et c'est déjà beaucoup pour les médisants et les jaloux, que ma petite

A Gênes, il leur fut fait une réception charmante par le président et les municipaux, mais ils ne purent rien tirer de précis de leurs hôtes sur les deux envoyés qui étaient venus proposer à Landrieux de favoriser la révolution de Gênes, lui offrant pour prix de son concours deux millions et un palais. On composa pour une somme de 300,000 livres, mais aucun versement ne fut fait. Le président déclara que les noms de ces envoyés lui étaient totalement inconnus et que l'état des finances de la ville lui permettait tout juste à l'heure actuelle de mettre une felouque à la disposition de son libérateur, encore la leur fit-on payer cinq fois sa valeur.

Avant de quitter Landrieux pour rentrer à Milan, Kilmaine tint à lui remettre un certificat en bonne et due forme de ses services :

« *Kilmaine, général divisionnaire, commandant en*

bastardelle qui sera peut-être convertie en voiture..... mes deux chevaux de main, les deux étalons barbes et les hommes d'escorte qui me suivent.

« Le capitaine Barbier m'a demandé à commander l'escorte pour pouvoir aller s'amuser un jour à Gênes et je le lui ai accordé. Il faudrait partir à trois heures du matin ; je vous attendrai jusqu'à cette heure-là, sinon vous me trouverez à dîner chez le général Guyeux, à Pavie, avec le chef de brigade Mesnard du 22e qui m'y accompagne et y va joindre son corps ; si j'en étais parti, vous me trouverez à Tortone à coucher. Je pense que vous ne désapprouveriez pas ces arrangements.

« J'ai mis l'adjudant-général Boyer au fait de tout ce qui concerne ses futures fonctions auprès de vous. J'ai tiré de lui un reçu au bas de l'état de tous les papiers du bureau. Je lui cède aussi mon logement et il est fort content de moi ; il a l'air aussi brave garçon qu'il est gentil de figure.

« Le commissaire Rossignol m'avait fait une route pour Lyon ; ces gens-là font tout de travers quant on cesse d'être un instant sur leurs épaules ; il y a pourtant six jours que je lui ai fait passer mon autorisation qu'il n'avait probablement pas lue ; tout est rectifié.

« Je vous écris, mon général, parce que je prévois que la quantité de petites affaires que j'ai à arranger et les lettres à écrire à nos amis de la Terre-Ferme pour les prévenir de mon départ et établir une correspondance avec eux jusqu'à mon retour, ne me permettra pas d'aller dîner demain ni après-demain à votre campagne.» (Mss. B, folio 395.)

chef la Lombardie et la cavalerie de l'armée, certifie à qui il appartiendra que l'adjudant-général Landrieux a servi sous mes ordres pendant toute la campagne d'Italie, c'est-à-dire depuis germinal an IV jusque à la fin de messidor an V.

« *Qu'ayant été nommé adjudant-général par le général en chef sur ma demande*, il a fait les fonctions de chef de l'état-major général de la cavalerie de l'armée pendant les onze derniers mois, et qu'il s'est acquitté de cet emploi difficile avec toute l'activité et le talent qu'on pouvait désirer.

« Qu'il s'est toujours trouvé à mes côtés dans les batailles ou autres actions d'éclat de l'armée d'Italie, et qu'il s'est principalement distingué à celles de Borghetto et de Castiglione, à la dernière desquelles il commandait l'aile gauche de la cavalerie.

« Je déclare formellement que c'est à lui que je dois l'idée de fortifier Saint-George par derrière, travail qui arrêta le général Proveras et sans lequel Mantoue eût été ravitaillée et ne se fût jamais rendue.

« Je dois dire également, en l'honneur de cet officier général, que c'est à lui seul que nous devons d'avoir déjoué la conspiration des Vénitiens en germinal et prairial an V. Qu'il est le premier qui les a découverts, et qu'ayant été envoyé par moi contre eux avec carte blanche, il a su se faire une armée de neuf mille hommes, avec laquelle il battit l'ennemi en sept rencontres, et qu'enfin, par une marche savante et très adroite, il força Laudhon à rentrer dans le Tyrol, battit les Esclavons à plate couture, assiégea Vérone et la força de se rendre, et ouvrit ainsi les communications de l'armée française enfoncée en Allemagne.

« Je ne saurais trop recommander ce brave militaire, et je pense qu'il serait à désirer qu'il voulut continuer à être employé, ce qui pourrait être sans doute, en lui donnant l'avancement qu'il mérite (¹). »

Kilmaine remit aussi à Landrieux deux lettres de recommandation, l'une pour Bournonville, ministre de la Guerre, l'autre pour Merlin de Douai, ministre de la Justice, qui avait été déjà le protecteur de Landrieux et à qui il le recommandait en ces termes :

1. Mss. B, folio 75.

« Citoyen ministre,

« Les bontés que vous avez eues pour moi m'engagent à vous prier de vouloir bien être utile à l'adjudant-général Landrieux auprès du Directoire ou auprès du ministre de la Guerre. Je m'y décide d'autant plus volontiers que je connais votre attachement pour les républicains utiles, et que, d'un autre côté, je sais que vous l'avez déjà protégé. Le certificat, que je lui ai donné, n'est qu'un faible tableau des services qu'il nous a rendus. C'est un homme capable des plus grands emplois; il est peu de généraux à l'armée d'Italie qui aient son sang-froid, son intrépidité, sa prévoyance et sa justesse de mesures. Sa hardiesse et ses succès contre les Vénitiens lui ont attiré la haine de quelques ennemis de la chose publique qui se trouvent ici, et c'est pour lui en éviter de plus grands que je lui ai conseillé d'aller passer quelque temps en France, parce que le temps porte ordinairement remède à tout : il vous expliquera ce que je veux dire. Je pense que, pour encourager les patriotes qui travaillent ici, malgré des contradictions sans fin, à l'agrandissement de la Cisalpine, il faudrait que Landrieux revint de Paris avec un grade de plus. Il le mérite plus que tout autre et, d'ailleurs, cela démontrerait au moins que le gouvernement français approuve d'une manière positive tout ce qu'il a fait. Cela serait même nécessaire pour ce qui reste à républicaniser.

« Je suis bien flatté, citoyen ministre, que cette occasion m'ait procuré un moyen sûr de vous renouveler l'assurance de mes sentiments fraternels (¹). »

De Gênes à Nice, le voyage ne s'accomplit pas sans incident. Dans les eaux du Piémont, la felouque fut canonnée

---

1. « Cette lettre, dit M. Trolard (*De Rivoli à Solferino*, I, p. 166), ne fait pas honneur au général Kilmaine ; elle n'eut d'ailleurs aucun succès, soit que Merlin ait refusé de s'occuper de Landrieux, soit que le Directoire ait jugé que les maigres services rendus par Kilmaine à l'armée d'Italie ne lui donnaient pas le droit de se faire le détracteur de Bonaparte, et que ses anciennes opinions royalistes le mettaient en mauvaise posture pour parler de républicaniser, surtout avec l'aide de Landrieux, qui avait été emprisonné à Arras comme conspirateur. »
Ces lignes de M. Trolard contiennent quelques erreurs de fait.

par une tartane piémontaise (¹) et ses passagers hués par la
population de Loano. Landrieux ne manqua, après son
arrivée à Nice, de s'en plaindre au gouvernement de Gênes
dont il reçut la lettre la plus courtoise du monde : ce fut
tout ce qu'il tira des Génois, peuple peu large et peu généreux, disent les proverbes, puisqu'un Gênois est pire que
cent Juifs.

A la fin de juillet, Kilmaine arriva à son tour à Nice et les
deux amis se donnèrent, pour trois mois plus tard, rendez-
vous à Paris.

Où M. Trolard a-t-il vu que Kilmaine se soit posé en détracteur
de Bonaparte dans sa lettre à Merlin ? Kilmaine était, en 1797, un
général *arrivé*, qui avait fait les campagnes de la Révolution ; il
parlait comme tel, et avec l'autorité de sa situation. Il s'était toujours donné pour républicain, quel que fut le fond de son cœur.
Quant à Landrieux, il n'avait pas été emprisonné « comme conspirateur » et il ne fut jamais incarcéré à Arras.

1. Mss. B, folio 597.

VII

Le 4 août 1797 (17 thermidor an V), le général Merle,
commandant le département des Bouches-du-Rhône, ordonnait à toutes les brigades, sur la route d'Aix à Tarascon, de
fournir deux cavaliers d'escorte au chef d'état-major général
de la cavalerie de l'armée d'Italie, ainsi que l'avaient fait
de Nice à Aix, les généraux Grenier et Sahuguet. Cet ordre,
qui existe dans les papiers de Landrieux (¹), est le seul document relatif à son voyage d'étape en étape de Nice à Lavaur.
Il en paraît résulter que Landrieux ne put arriver que vers
la mi-août à Castres, et il est fort probable que ces longues
chevauchées par les routes poudreuses et ensoleillées du
Languedoc avaient encore aggravé la maladie d'yeux dont
il souffrait depuis si longtemps. Toutefois, avant de goûter
dans son pays natal un repos très mérité, il dut s'arrêter à
Castres, alors chef-lieu du département du Tarn, et prendre
part à la répression des troubles que causaient les compa-
pagnies dites de Jésus.
« Une jeunesse forte et virile, active et courageuse, s'était
révélée tout à coup, dit un auteur local (²). Ses membres
touchant de très près soit aux sommités de la bourgeoisie,
soit aux restes de l'aristocratie locale, renforcés par des
hommes de leur âge, mais d'un rang inférieur, qu'exaltait
le patriotisme de cité ou de quartier, étaient parvenus à
former une troupe qui ne manqua bientôt ni d'adresse col-
lective, ni de valeur personnelle. Tel fut, à Castres, le noyau
de la réaction. Les chefs, que distinguait une *ganse* blan-

1. Mss. B, folio 529 : *Ordre du général Merle.*
1. Anacharsis Combes, *Histoire de la ville de Castres et de
ses environs pendant la Révolution française,* p. 200 et suiv.

che attachée au chapeau, ne s'épargnèrent rien afin d'inspirer une confiance entière à ceux qui s'attachaient à eux, moins peut-être avec le but d'attaquer le gouvernement que dans l'intention de se défendre contre le retour du terrorisme local. C'est surtout au nom de la religion que ce concours était sollicité. A cet égard, la plupart l'accordèrent sans réserve; d'autres, fortement chauffés par de jeunes prêtres violents et exaltés, donnèrent ainsi cours à un fanatisme irréfléchi, mais qui n'était pas sans puissance. »

Les royalistes de Castres, poursuivant sans relâche leur œuvre contre-révolutionnaire avaient, pour la favoriser, un journal imprimé à Revel. La rédaction audacieuse et violente, ne manquait pas de talent et l'influence se faisait sentir sur toutes les petites localités de la Haute-Garonne et du Tarn et correspondait par cette voie avec le foyer insurrectionnel de l'Ariège. Ils s'étaient emparés de toutes les forces actives de la contrée, en organisant des compagnies de jeunes gens, auxquels les autorités civiles et militaires pouvaient seulement opposer quelques gendarmes mal armés, mal disciplinés, insuffisants d'ailleurs en nombre pour la police des routes infestées de voleurs et d'assassins (¹).

Ils en vinrent bientôt à conspirer en plein jour, dans tous les endroits publics, au vu et au su des autorités civiles impuissantes. Ils arborèrent partout des insignes séditieux, parlant ouvertement de Louis XVIII, colportant ses proclamations, annonçant son retour, vouant la République au mépris public. Les recrues s'augmentant chaque jour, chantaient partout une chanson contre-révolutionnaire composée par un des chefs et dont voici quelques couplets :

> Nous étions citoyennisés
> Depuis la tête jusqu'aux pieds ;
> Par certaine aventure,
>   Oui bien !
> Nous changeons de nature,
>
> *Vous m'entendez bien.*
>
> . . . .
> . . . .

1. A. Combes, op. cit., p. 217.

Maintenant, citoyens, *ça va*,
Et de plus en plus *ça ira*,
Non comme à l'ordinaire,
             Oui bien !
     Mais d'une autre manière,
       Vous m'entendez bien.

Le pauvre peuple souverain
Allait bientôt crever de faim ;
Grâce à la Providence,
             Oui bien !
     L'on voit tourner la chance,
       Vous m'entendez bien.

Conseil des Anciens, des Cinq-Cents,
Directoire, Départements,
Feront la cabriole,
             Oui bien !
     C'est ce qui nous console.
       Vous m'entendez bien.

Constitution de l'An trois
Et vous surtout, mauvaises lois,
Servirez de matière,
             Oui bien !
     Pour torcher le derrière,
       Vous m'entendez bien.

Les décadis et germinal,
Fructidor comme prairial,
Frimaire et pluviôse,
             Oui bien !
     S'en iront par ventôse,
       Vous m'entendez bien.

Après le règne des brigands,
Vient celui des honnêtes gens,
A bas les anarchistes !
             Oui bien !
     Qu'on fasse aux terroristes...
       Vous m'entendez bien.

       . . . .

Le 18 fructidor ne fit que rendre à Castres le parti royaliste plus violent et plus audacieux. « Vainement on lui en-

leva la connivence d'une administration ou faible ou conspiratrice, dont les membres furent tous destitués ; vainement on fit à un petit journal de Revel l'honneur de le comprendre dans la suppression des autres feuilles publiques frappées par une loi d'exception ; il n'en maintint pas moins son organisation tout à fait entière, en l'étendant peu à peu sur toute la contrée ([1]). »

Alors, la ville de Castres fut mise en état de siège. Le général Petit-Guillaume, appelé à la commander, y trouva tous les désavantages d'une population hostile, d'une autorité sans point d'appui, d'une force armée manquant d'énergie et de confiance. Le général avait en outre à soutenir, non sans de grandes difficultés, la discipline d'un régiment de hussards et conserver le caractère militaire à cette troupe, sans cesse en collision avec des bourgeois aimant les querelles, recherchant les duels et, dans les moindres rencontres, se sentant énergiquement soutenus.

C'est toujours au chroniqueur de la ville de Castres ([2]) qu'il faut recourir, pour avoir un tableau exact de la situation de cette ville au moment du retour de Landrieux et le récit des événements auquel il fut mêlé de septembre à novembre 1797. « Plusieurs anciens soldats de la levée en masse, rentrés dans leurs foyers, vivaient ensemble dans le sentiment de cette bonne camaraderie des camps rapportée à Castres, à la suite de la campagne sur Perpignan et de la dispersion de l'armée des Pyrénées-Orientales. D'abord inoffensifs, désireux de n'employer leur courage que pour la sécurité des familles, ils furent bientôt entraînés dans le mouvement contre-révolutionnaire de l'an V. Ils y formèrent plus tard un noyau considérable, surtout par la confiance qu'ils inspiraient aux classes inférieures, confondant ainsi les croyances religieuses de celles-ci avec les prétentions ou les espérances politiques des royalistes. L'action de ces jeunes gens devint bientôt agressive, surtout en présence d'un régiment de hussards et de quelques gendarmes, chargés de maintenir l'ordre dans la ville de Castres, quoique le compromettant souvent par trop de confiance en eux-mêmes et par un caractère de raideur dont

1. A. Combes, op. cit., p. 220.
2. A. Combes.

les soldats de cette époque ne savaient pas assez se défen
dre. De là, des rixes nombreuses entre eux et les bourgeois
du pays. De là, de fréquents rendez-vous donnés dans les
petits centres circonvoisins, à l'occasion des foires, des
marchés, des fêtes votives. »

C'est ainsi qu'une rixe avait déjà eu lieu à Mazamet. Des
jeunes gens de Castres, buvant dans un cabaret, prétendi-
rent avoir été troublés dans leur plaisir par des hommes
d'un détachement de gendarmerie venu là pour maintenir
la tranquillité. Après quelques paroles échangées on en
était venu aux mains. L'avantage était resté aux bourgeois
qui rentrèrent à Castres en se vantant de cette victoire avec
toute la forfanterie de leur âge.

« Les hussards de la garnison se croyant insultés dans
la personne de leurs frères d'armes, voulurent en tirer vengeance. Ils se réunirent en grand nombre et profitant d'une
occasion ménagée plutôt que fortuite, ils renouvelèrent la
scène de Mazamet, certains d'avance de l'emporter sur
leurs adversaires. Cela eut lieu, mais l'autorité militaire
voulut aller plus loin ; prévenue, elle envoya sur le lieu de
la querelle un fort détachement qui s'empara des vaincus
et en vertu d'un ordre du général Petit-Guillaume, les in-
terna, sans autre formalité, dans les prisons de la ville.

« Jacques Aussenac, commissaire du Directoire exécutif,
momentanément membre unique de l'administration municipale, fut le premier instruit de cet événement. Il écrivit de
suite au général pour se plaindre de son intervention. Il
signala la mesure prise contre plusieurs de ses administrés,
comme illégale et arbitraire. Il réclama, en conséquence,
l'élargissement immédiat des prisonniers. Le général se
transporta aussitôt à la mairie. Là se trouvait une
foule nombreuse protestant par ses cris contre les arrestations qui venaient d'être faites. Aussenac se plaça à sa tête
et, sans autre précaution : — Général, dit-il, vous avez
attenté à la liberté de mes compatriotes, il faut qu'elle leur
soit rendue, et sur l'heure... — Mais, ils troublaient l'ordre.
— D'après mes renseignements, cela est faux. Je sais, au
contraire, qu'ils avaient été entraînés dans un guet-apens.
— Guet-apens ou arrestation régulière, ils sont en prison,
ils y resteront. — Et je vous dis, moi, que dans un quart
d'heure ils seront sortis. — Eh bien ! c'est ce que nous ver-
rons ; en attendant, je vais à la caserne faire monter mes

hussards à cheval. — Et moi, je vais sonner le tocsin, rassembler tous les gens honnêtes de la cité et je vous donne rendez-vous sur le Pont-Neuf; c'est là que se résoudra la question entre l'autorité militaire, dont vous êtes le représentant, et l'autorité civile, que je personnifie... (¹) »

Devant cette déclaration énergique, le général sentit sa faiblesse. Il ne voulut pas tenter l'aventure d'un conflit à main armée. Il se contenta de protester par écrit, et les prisonniers se trouvèrent rendus, sans autres incidents, à leurs familles.

Landrieux ne donne dans ses *Mémoires* aucuns détails sur ces événements, il se contente de dire qu'il « fut assez heureux pour défendre le procureur syndic du département ». Il eut été fort curieux de connaître l'appréciation de l'ancien colonel du 13ᵉ hussards, sur la façon dont le général Petit-Guillaume s'entendait à réprimer les troubles. En revanche, il signale le courant qui commençait à souffler sur les esprits de cette vieille société qui s'était reformée à Castres, comme dans tout le Midi, suivant les habitudes de l'esprit français, esprit frondeur et pétulant, ne cachant nullement la pensée, l'exagérant parfois dans l'expression, ne s'arrêtant jamais devant la portée d'un trait, d'une épigramme, d'un quolibet à l'adresse des puissants du jour.

Il dut bien s'amuser en entendant les uns chanter les chansons qui popularisaient déjà le nom de Bonaparte, le « héros d'Italie » et les autres le dénigrer. Il dut aussi bien rire s'il entendit ce vieux gentilhomme de Castres s'écrier, en montrant une escouade de prisonniers hongrois enfermés à la caserne : « Ne croyez rien de ce qu'on vous annonce; ces hommes, c'est autant de Français déguisés que le Directoire envoie ici pour faire croire aux prétendues victoires de Buonaparte ! »

Enfin, le mouvement insurrectionnel apaisé, Landrieux put se rendre à Lavaur.

Le souvenir de ses équipées amoureuses devait y être complétement oublié; la Révolution avait enseveli dans les archives municipales la dénonciation de Perrette Gazaniol contre le clerc tonsuré. Ses compatriotes ne voyaient en lui que l'officier général, escorté d'un bon renom militaire, frère

1. A. Combes, op. cit., p. 224-225.

de Guillaume Landrieux, juge de paix estimé et commerçant honorable. Il avait, en outre, le prestige de tout homme qui a fait fortune, quels que soient les moyens qui lui ont servi pour y parvenir. Il dut lui-même faire étalage de ses écus, car tel est le propre des enrichis, et proclamer à la face du monde qu'il rapportait de ses campagnes une fortune d'au moins deux cent mille livres en monnaie sonnante (¹). Aussi, les gens à l'affût de capitaux disponibles, les agents d'affaires, les tripoteurs de toute espèce et les commerçants à bout de ressources ou en quête de commandites, s'empressèrent-ils de faire à l'officier fortuné les plus séduisantes offres pour le placement de ses capitaux.

Landrieux se laissa tenter d'abord par la pensée d'un établissement à Toulouse, il visita la propriété d'un certain Martial Chaffort ou Chaffaure, le Castelet, situé non loin de la ville, et s'il en faut croire un brouillon de mémoire qu'il rédigea plus tard pour son avocat, le citoyen Cahié, l'entente était faite dès février 1798 (²).

Divers intermédiaires s'étaient mêlés à cette négociation. Des commerçants toulousains originaires du Tarn, Gau et Capelle, chez qui Landrieux avait un fort crédit, lui proposèrent de former une association dans laquelle entrerait aussi Chaffort. En principe, ce projet lui agréa d'autant plus qu'il s'agissait d'une affaire fructueuse pouvant rapporter de très gros intérêts (³); mais obligé de partir pour Paris où il

1. C'était sa fortune avouée qui se chiffre ainsi :

Economies déclarées dans la lettre de ventôse an V....................	13.500 livres.
Reçu de Brescia....................	35.000 —
Reçu de Vérone....................	150.000 —
Total..............	198.500 livres.

Evidemment c'est là un minimum, mais il serait difficile d'établir des chiffres plus précis. Landrieux parle cependant, dans son *Compte-rendu de sa conversation avec Clarke*, de 75.000 francs qu'il aurait reçus de Bergame. Cela porterait à 273.500 livres sa fortune lors de son arrivée à Lavaur.

2. Mss. B, folio 43 : *Mémoire pour le citoyen Cahié.*

3. Le mémoire de Landrieux parle de 50 pour 100 d'intérêt pour les 30,000 livres qu'il versait à titre de prêt, mais ce chiffre vraiment usuraire est assez confusément indiqué dans un fragment à peu près lisible, rédigé au verso d'un vieux brevet. (Mss. B, folio 43, pièce citée.)

allait solliciter son remploi, Landrieux remit sa procuration à son frère Guillaume, afin qu'il put signer les actes relatifs à l'achat du Castelet, quand on serait d'accord sur la société en commandite projetée.

Au début de ventôse an VI (mars 1798), Gau rejoignit Landrieux à Paris. Il fut convenu entre eux que, l'achat du Castelet effectué, l'adjudant-général laisserait dans la maison de commerce les soixante mille francs qui restaient à son crédit, savoir : trente mille francs pour une période déterminée, à titre de commandite, et trente mille francs, à titre de prêt. Chaffort mettrait dans l'association une somme de trente mille francs provenant de la vente du Castelet; Capelle verserait vingt mille francs espèces et son industrie; Gau, dont la maison était plus importante, ne ferait apport que de son fonds. Chacun devait toucher un quart des bénéfices, les intérêts des trente mille francs prêtés prélevés avant tout règlement. Gau persuada à Landrieux d'écrire à Chaffort qu'ils étaient d'accord. C'était nécessaire : celui-ci étant d'un caractère changeant et incertain, il pourrait bien, si l'on n'enlevait son adhésion, placer ses fonds ailleurs. Landrieux s'exécuta et Chaffort lui accusa réception de sa lettre par un billet ambigu : « J'ai vu, cher ami, par ta chère lettre du 12, que vous avez terminé au sujet de la société avec l'ami Gau; j'écris à ton frère suivant le dessein de venir passer l'acte de vente quand il voudra; je suis toujours prêt à remplir mes engagements (1). » Plus tard cet échange de lettres devait fournir matière à discussion. Les aigrefins, avec qui Landrieux se trouvait en contact, réussirent, en effet, à se dérober à tous leurs engagements : Chaffort ne versa rien et Capelle pas davantage. Landrieux se plaignit de ce manque de parole, mais une bourrasque allait l'obliger à négliger quelque temps la défense de ses intérêts.

Dès son arrivée à Paris, Landrieux s'était présenté au ministère de la Guerre, muni des lettres de recommandation que lui avait données Kilmaine; un ami, qu'il avait dans les bureaux, ne lui cacha pas qu'il était plus que mal noté et qu'il ferait bien de se faire recommander aux Directeurs. Landrieux, qui n'avait pas eu à se louer de l'accueil de

---

1. Mss. B, folio 43, pièce citée.

Merlin de Douai, auprès duquel il avait été appuyé par Kilmaine (¹), s'adressa maladroitement à Lacombe-Saint-Michel, membre du Conseil des Anciens, qui avait eu jadis des démêlés avec Bonaparte au sujet des affaires de Corse (²). L'accueil ne fut pas plus favorable au ministère de la Justice, et Lacombe-Saint-Michel n'ayant pu s'empêcher de remarquer « que l'air des bureaux n'était pas bon », s'empressa de se renseigner sur les préventions qu'inspirait son protégé. Il ne tarda pas à faire savoir à Landrieux que les plus graves accusations avaient été portées contre lui, et que même l'ordre de l'arrêter avait été lancé et aurait été exécuté, s'il se fût alors trouvé à Paris (³).

L'officier ainsi ballotté et éconduit ne savait, cependant, rien de bien précis au sujet des accusations dont il était la victime. Combe, son ami, chef de la 4e division au ministère de la Guerre, l'avait informé seulement qu'il était venu d'Italie des accusations, que le ministre s'était fait donner les pièces et les gardait dans son cabinet.

Ces accusations, en quelque sorte secrètes, puisqu'elles n'étaient pas communiquées au principal intéressé, ont été révélées par la publication de la *Correspondance de Napoléon*. Bonaparte avait, en effet, écrit au Directoire, du quartier général de Milan, le 14 novembre 1797, au moment où il faisait ses adieux à l'armée d'Italie, une lettre dans laquelle on lit le passage suivant :

« Vous trouverez, ci-joint, une lettre d'Ottolini, gouverneur de Bergame, que l'on a trouvée dans les papiers des inquisiteurs de Venise. Vous y verrez qu'elle compromet

1. Merlin de Douai se borna à le renvoyer aux bureaux de la Guerre auxquels il avait transmis la lettre de Kilmaine avec une annotation purement administrative. « Accueil très plat », note Landrieux dans ses *Mémoires*.

2. On trouve dans les papiers de Landrieux un exemplaire du *Rapport sur l'île de Corse, fait à la Convention Nationale, par Lacombe Saint-Michel (1794)*. Les motifs de la querelle de Lacombe Saint-Michel et de Bonaparte sont très clairement exposés dans le livre de M. Iung, *Bonaparte et son temps*, t. II.

3. *Mémoires*, III. — Tout le récit des tribulations de Landrieux est rédigé d'après ses papiers (Mss. B, et ses *Mémoires*.) Son dossier au ministère de la Guerre ne contient à ce sujet que des allusions dans une ou deux de ses lettres.

beaucoup un adjudant-général nommé Landrieux qui, depuis longtemps, a quitté l'armée pour se rendre en France. Ce misérable, à ce qu'il paraît, excitait le Brescian et le Bergamasque à l'insurrection et en tirait de l'argent dans le même temps qu'il prévenait les inquisiteurs : il en tirait aussi de l'argent. Peut-être jugerez-vous à propos de faire un exemple de ce coquin-là ; mais, dans tous les cas, j'ai pensé qu'il fallait que vous fussiez instruits, afin qu'il ne vînt pas demander à être employé.

« J'ai destitué un nommé Girard, chef de brigade, qui a été sept ou huit mois commandant à Brescia ; il paraît, par la correspondance également prise à Venise, qu'il avait, avec le provéditeur ou gouverneur de la République de Venise, des relations d'intimité que l'intérêt de l'armée aurait dû prohiber ([1]).

« Dans quelques autres lettres trouvées également à Venise, de légers indices de soupçons planent sur des officiers, d'ailleurs, estimables. Ces malheureux inquisiteurs répandaient l'argent partout, et cherchaient, par ce moyen, à connaître et avoir des indices sur tout ([2]). »

A la même date, il adressait l'ordre suivant au général Vignolle :

« Vu les suspiscions d'espionnage que la conduite de la princesse Albani donne lieu d'avoir et ses intrigues entre des

---

1. Sur ce Girard, que M. Trolard a confondu à tort avec l'adjoint de Landrieux qui n'était pas chef de brigade (*De Rivoli à Solferino*, I, p. 166), voir les *Mémoires* où il est raconté, dans un rapport, comment Kilmaine enleva son commandement à cet officier aussitôt qu'il lui devint suspect (I, p. 153-155).

2. *Correspondance de Napoléon*, t. III, p. 588. — La lettre d'Ottolini semble avoir été mise sous les yeux de Bonaparte par Bassal et Blésimard, commissaires chargés par lui, le 16 prairial (4 juin), de rechercher aux archives de Venise les preuves des trames ourdies contre la France par l'oligarchie. Le 29 juin, Bassal déclarait ne pouvoir être que dix jours après en état de commencer l'analyse de ces documents et de mettre à l'œuvre les copistes pour les pièces les plus importantes. Blésimard, ancien capitaine des hussards-braconniers, était l'ennemi personnel de Landrieux. La commission envoya un rapport le 6 octobre 1797 d'après l'examen des archives de la Secrète.

officiers français et des puissances étrangères, il sera donné
l'ordre à ladite princesse Albani de s'éloigner des lieux occupés par l'armée française, cinq jours après signification
du présent ordre, sous peine d'être traitée comme complice
et convaincue d'espionnage (1). »

Le lendemain, d'autres suspects partageaient le sort de la
princesse Albani :

« Vous voudrez bien, écrivait encore Bonaparte à Vignolle, donner l'ordre, général, de faire conduire jusqu'à la
frontière l'avocat Serpieri et le général Kreutzer avec ordre
de s'éloigner de tous les pays occupés par l'armée française,
sous peine d'être traités comme espions (2).

« Vous ferez mettre dans les journaux :
« 1º La lettre d'Ottolini trouvée à Venise ;
« 2º Son interrogatoire par vous et ses réponses (3). »

Qu'était la lettre d'Ottolini dont parle Bonaparte et que
contenait l'interrogatoire qu'avait fait subir Vignolle à ce
même Ottolini? Rien autre chose à coup sûr que ce que
révélait déjà le rapport de Stefani, rien non plus qui ne
soit nettement avoué par Landrieux dans ses *Mémoires* (4).

Bonaparte pouvait-il croire à la trahison de Landrieux,
alors que celle-ci impliquait forcément celle de Kilmaine ?
Le lecteur appréciera, après avoir mûrement examiné la
situation. Le général en chef de l'armée d'Italie avait en tous

1. *Correspondance de Napoléon*, t. III, 443. — Dans ses *Mémoires*
Landrieux donne à l'exil de la princesse Albani des causes d'un
ordre privé.

2. M. Trolard n'a, semble-t-il, pas connu ce document qui lui eut
permis de distinguer Landrieux de Serpieri, alors que dans son
analyse du rapport de Stefani il semble les prendre pour une seule et
même personne, malgré les détails très précis fournis par Stefani
sur la nationalité de l'avocat.

3. *Correspondance de Napoléon*, t. III. — Il n'existe à la Bibliothèque nationale aucune collection de journaux italiens de 1797 ; il
paraît probable néanmoins que l'ordre de Bonaparte a été exécuté.

4. M. Eugène Trolard, qui cite la dépêche d'Ottolini au Sénat,
lue dans la séance du 12 mars 1797 et qui paraît l'avoir eue en mains
aux Archives de Venise où elle se trouve, dit-il, dans les cartons
des provéditeurs extraordinaires, n'en a pas tiré un détail, même
infime, qui ne soit conforme au texte de Stefani. Il y a donc tout
lieu d'admettre ou que M. Trolard n'a, pas plus que l'auteur de

cas intérêt à paraître croire à cette trahison et à lui donner
toutes les vraisemblances dans ses rapports au Directoire.
Depuis longtemps, il avait souci de se procurer des armes
contre le gouvernement dont il était le représentant et par
contre de ne livrer aucune arme contre lui à ce gouvernement. On a vu avec quel soin jaloux il adressait au Directoire
le compte rendu de la conversation de Pichegru avec Montgaillard, probablement après suppression, d'accord avec
d'Antraigues, des passages de ce document qui pouvaient
le compromettre (¹). On a vu avec quelle colère il réclama à
Landrieux la lettre de d'Antraigues adressée au représentant du peuple Boissy-d'Anglas. Bonaparte ne pouvait
ignorer que malgré ses protestations de dévouement et ses
offres de services, Landrieux était parti de l'armée fort mécontent ; il savait que cet officier possédait tout un arsenal
de pièces dont l'usage aurait été dangereux contre lui,
Bonaparte; sa politique lui imposait donc de parer par
avance les coups que pouvait lui porter ce mécontent chaudement appuyé auprès de Merlin de Douai et de Rewbel.

Le rôle joué par Landrieux dans le soulèvement de la
Terre-Ferme l'avait forcément mis à découvert. Bonaparte
en profita; il savait très bien à quoi s'en tenir sur les intri-
ques de Landrieux avec Ottolini ; il connaissait dès le début
le rôle que jouait l'adjudant-général et le but qu'il pour-
suivait, les documents trouvés à Venise ne lui avaient donc
rien appris et la preuve en est qu'il ne jugea jamais à propos de faire un exemple de l'ancien chef du bureau secret.
Son silence suffisait. Surtout depuis la motion d'ordre faite
en juillet, par Dumolard au Conseil des Cinq-Cents, sur la

cette introduction, pu lire la dépêche d'Ottolini, ou que cette dépêche est une copie du rapport de Stefani. Or, pour lire le rapport de Stefani, comme les lettres de Battaglia que cite aussi
M. Trolard, il n'est pas besoin de faire le voyage de Venise, on
n'a qu'à feuilleter à la Bibliothèque nationale la *Raccolta cronologico-ragionata,* qui a inséré *in extenso* tous ces documents et bien
d'autres.

1. Cette accusation portée par les mémoires de Fauche-Borel,
après Montgaillard, a paru justifiée à M. Pingaud (*Un agent
secret sous la Révolution et l'Empire,* p. 167 et suiv.). Comment s'expliquer autrement les mensonges de d'Antraigues prétendant que la *conversation* n'était pas son œuvre, alors que le texte
en est de sa main ? (Archives nationales AF iii, 44.)

politique de la France à l'égard de Venise, Bonaparte avait doublement senti le besoin de *tenir* les hommes du Directoire ; démontrer que Landrieux s'était fait l'agent d'une politique autre que la sienne, le présenter comme le défenseur des Vénitiens alors qu'il avait été l'instrument de la ruine de la République, c'était vis-à-vis du Directoire une ruse de bonne guerre. Bonaparte avait fait interroger Quérini, ex-ambassadeur de Venise à Paris, par l'adjudant-général Pascalis, au château de Milan, au sujet d'un membre du Directoire qui avait traité avec lui pour sauver Venise au moyen d'un sacrifice de huit cent mille livres d'abord, puis plus tard de six à huit millions [1]. Landrieux, prévenant Ottolini des mouvements en Terre-Ferme, ne pouvait-il pas être un agent de ce Directeur ? En tout cas, puisque Bonaparte le dénonçait, ce ne pouvait être son complice dans l'organisation de la révolte contre Venise. Or, plus que jamais le général en chef tenait à paraître avoir été étranger à la chute de la République vénitienne ; il le faisait proclamer par toute la presse dont il pouvait disposer et les écrivains qu'il subventionnait avaient pour tâche de démontrer cette contre-vérité. « Si les Français, lit-on dans la *Lettre d'un Français voyageant en Italie* [2], avaient voulu *révolutionner* l'Etat de Venise, ils l'auraient fait lorsqu'ils l'occupaient tout entier avec leur armée. La révolution alors eut été facile et sans danger ; mais ils n'étaient pas assez dépourvus de raison pour en tenter une, quand toutes leurs forces étaient employées ailleurs, dans une entreprise bien plus importante que celle-là aurait pu ruiner. C'eût été s'exposer à ne réussir ni dans l'une ni dans l'autre et livrer de plus le petit nombre de Français, alors épars dans l'Etat vénitien, aux vengeances d'un Sénat haineux, qui ne savait pas se battre, mais qui savait rassembler dix hommes contre un et assassiner. »

1. Bonnal, *Chute d'une République*, pièce justificative, n° 9. — M. Trolard, qui a mal lu ce document, a vu en Wiscowich un agent de Barras ou de son secrétaire Botot.
2. *Lettre d'un Français voyageant en Italie*, déjà citée, p.13-14. — C'est à tort que M. Trolard (*De Rivoli à Solferino*, 1, p. 12), a daté cette brochure de l'an IV. Elle est de l'an V puisqu'elle est postérieure à la chute de Venise et qu'elle répond à la motion de Dumolard.

Bonaparte n'avait-il pas à répondre aux pamphlets et aux attaques analogues à cet *appelle (sic) du peuple vénitien au peuple français* (¹) où, sous l'épigraphe « *Les crimes n'ont qu'un temps,* » on lui décochait des traits comme ceux-ci : « Nous rendrait-on responsables de l'horrible complot qui fit couler le sang français dans la ville de Vérone ? Voudrait-on nous faire expier, par un esclavage infâme, les crimes de l'atroce gouvernement qui nous tyrannisait, tandis que ses coupables agents ont été épargnés, protégés même (²) ? »

Aussi Bonaparte, en portant, dans un intérêt politique, des accusations qui frappaient par contre-coup un des généraux qui lui étaient les plus hostiles (³), se préoccupait-il peu qu'un châtiment mérité atteignit le prétendu traître. On verra même plus tard Berthier, en son nom et au nom de Bonaparte lui-même, laver Landrieux d'une grave accusation, alors qu'il lui eut été bien facile, en gardant le silence, de punir enfin, sous le couvert d'un crime moins grave, le soi-disant crime de trahison jusque là resté impuni (⁴).

Si l'on examine maintenant la pièce même qui a servi de preuve à l'accusation portée contre Landrieux, on arrive rapidement à constater l'inanité de cette preuve.

En effet, on voit d'abord un officier français soi-disant

---

1. Archives nationales, A F III, 21 A. Papiers Merlin de Douai, doss. 70 j., an VI (1797) *imprimé*, in-18 de 13 p.

2. *Ibid.*, p. 4.

3. Kilmaine était considéré comme l'ennemi de Bonaparte, et d'Antraigues, qui avait pu causer avec cet ex-baron au moment de son départ pour Paris, le 21 juillet 1797, l'indiquait comme royaliste dans l'âme, quoique mal disposé pour Louis XVIII. Un des correspondants de d'Antraigues, Vannelet, lui affirmait, en novembre 1798, qu'il avait dû la vie à Kilmaine. « Bonaparte, sans lui, vous eut mis au conseil de guerre, et ce ne fut qu'à sa résistance à se prêter à ses vues, comme président de ce conseil, que vous avez dû de n'y être pas jugé. » (Pingaud, *Un agent secret sous la Révolution et l'Empire*, p. 150.)

4. A Sainte-Hélène, Napoléon parla une fois de Landrieux : ce fut pour le mêler à une affaire où il n'avait point joué le rôle qu'il lui prêta. Quant à la prétendue trahison, loin d'y faire une allusion quelconque, il fournit sur le soulèvement de Bergame une version qui est en désaccord absolu avec cette hypothèse. « Le 13 mars, lit-on dans le *Mémorial* (IV, p. 35), l'armée française

disposé à faire des révélations à l'ennemi, qui, au lieu de se faire payer d'avance le prix d'un tel service, refuse de fixer un chiffre et, qui pis est, ne veut sa récompense qu'après que l'armée française aura repassé les Alpes, c'est-à-dire à une époque où le débiteur aura toute faculté de ne pas payer et où le créancier sera dans l'impossibilité absolue de réclamer son dû ([1]).

En second lieu, le prétendu traître n'agit pas avec tout le mystère que comportent d'ordinaire ces sortes d'affaires : il fait prévenir l'un par une tierce personne et recevoir l'autre par une seconde; bien plus, Landrieux fait ses confidences en présence de l'avocat Serpieri; il fallait qu'il fut bien sûr de la discrétion de ce dernier ou qu'il ne s'en souciât guère.

En troisième lieu, ou Landrieux était peu au courant du programme des conjurés, ce qui n'était pas admissible, ou il a sciemment abusé l'envoyé vénitien. En effet, il affirme que la première explosion aura lieu le 21 mars, à Brescia, ce qui ne peut avoir d'autre but que de détourner l'attention de Bergame, véritable foyer de l'insurrection. Il insiste pour qu'on ne prenne aucune mesure préventive de nature à donner l'éveil aux conjurés; il obtient qu'on attende l'heure de leur dernière réunion parce qu'il sera plus pratique de les prendre d'un seul coup de filet. Il se vante de connaître les moindres détails de la conspiration, mais il se garde bien d'en révéler un seul, et s'il désigne par leurs noms quelques-uns des conspirateurs. Ce sont déjà des gens tous connus pour tels par les représentants du gouvernement de Venise : *i quali erano gia noti*, ainsi que le déclarera le provéditeur extraordinaire Battaglia ([2]).

passa la Piave. Aussitôt que Pesaro en fut instruit, il expédia à Bergame l'ordre de faire arrêter et traduire devant le conseil des Dix quatorze des principaux citoyens de cette ville. C'étaient les chefs du parti patriotique; mais ceux-ci, prévenus par un commis de Venise, qui était dans leur parti, interceptèrent le courrier porteur de cet ordre, arrêtèrent le provéditeur lui-même et proclamèrent la liberté de Bergame le 14 mars. » Napoléon avait donc oublié la lettre d'Ottolini !

1. Le texte du rapport de Stefani est formel.

2. Dépêche datée de Vérone le 28 mars 1797 (*Raccolta*, II, p. 24 et suiv.). M. Trolard prétend que l'original est aux Archives de Venise, carton des provéditeurs extraordinaires (*De Rivoli à Sol-*

Où sont donc les révélations de Landrieux ?

Après cette entrevue avec le secrétaire d'Ottolini, que fait Landrieux ? Il continue à préparer le soulèvement, il rédige lui-même, en compagnie de Kilmaine, les pièces qui serviront à jouer la comédie propre à abuser le gouvernement vénitien et il fait rédiger par Salvatori cette fausse proclamation signée Battaglia qui soulèvera tant de protestations et d'indignations (1). Il la répand à profusion (2). Il continue à diriger les troupes françaises et lombardes et à les diriger sans faiblesse selon le plan bien arrêté qui devait faire tomber une à une toutes les villes de Terre-Ferme dans la révolte contre Venise et par là dans les mains de Bonaparte.

Après cette entrevue à laquelle assistait Serpieri et qui avait lieu chez la princesse Albani, au vu et au su de bien des gens, Landrieux continua à jouir de l'estime de ses collaborateurs, les membres du Comité de police de la Lombardie, les Porro, les Salvatori et autres qui applaudissaient à ses succès dans lesquels tous avaient une forte part.

Il ne s'élève contre lui qu'un seul cri de rage. C'est chez les Vénitiens, qui lui reprochent unanimement d'avoir attiré sur eux la colère de Bonaparte, d'avoir égaré la religion du Directoire par de faux rapports. Dans l'excès

ferino, I, p. 147).— M. Bonnal, qui croit à la duplicité de Landrieux, explique sa conduite postérieure par des notes de Bonaparte. Il n'y en a pas eu. Landrieux agit de sa propre initiative.

1. Elle ne compromit guère Battaglia, car Botta observe judicieusement que Bonaparte ne demanda jamais un châtiment contre le provéditeur. « Loin de là, il le combla de caresses et de bienveillance. » (*Histoire d'Italie*, II, p. 360.) Le 3 juillet, il lui écrivait qu'il saisirait l'occasion de faire quelque chose qui lui serait agréable. Bref, on finit par croire en Italie que « ce Vénitien avait favorisé les desseins du général français plus qu'il n'eut fallu pour la liberté et l'indépendance de sa patrie. » (Botta, *Histoire d'Italie*, II, p. 360.)

2. Botta dit en propres termes : « Les patriotes, les chefs de l'armés française, *et surtout Landrieux*, répandirent ce manifeste avec profusion. » (*Histoire d'Italie*, II, p. 359.)

3. Dans ses *Mémoires*, Landrieux, qui présente Lahoz et Baraguey d'Hilliers comme les hommes d'argent de Bonaparte, ne dut pas avoir la prudence de se taire toujours, et il est probable qu'il

de sa fureur, l'un d'eux le qualifie même de nouveau Sinon,
comme pour mieux attester que c'est par la ruse que
Landrieux a fait tomber les villes de la Terre-Ferme, comme
autrefois par la ruse Sinon avait assuré la chute de Troie
au moyen du fameux cheval.

Il semblera donc difficile à tout esprit désintéressé de
persister à admettre le système qui prêterait à Landrieux
l'idée d'une trahison contre l'armée française [1]. Mais ce qui
est démontré aujourd'hui ne l'était pas en 1798, et l'accusé
lui-même se fut trouvé fort embarrassé pour se défendre,
la preuve négative étant toujours la plus difficile de toutes
à établir. Il ne connaissait, en effet, ni le rapport de Stefani,
ni la lettre de Battaglia, ni la lettre du Sénat de Venise à
Bonaparte. Il est même certain qu'il n'eut jamais connaissance de l'ouvrage publié à Milan en 1800, sous le titre de

ne sut pas garder longtemps avec tous le ton réservé et même parfois zélé de sa rédaction première de la *Relation sur l'Etat de
Gênes en l'an V*. Ne s'y pose-t-il pas en fidèle de Bonaparte.
« Si j'avais eu les 600,000 livres des Gênois, j'eus tiré un autre
parti de fructidor, s'écrie-t-il, mais je n'avais que ce qu'il fallait
pour vivre et je ne voulus pas hasarder ma petite fortune. » On
trouvera au tome III des *Mémoires* ce fragment écrit antérieurement à la mort de Kilmaine. (Mss B., fol. 532.)

1. Le 8 avril 1797, on lit dans la lettre du Sénat de Venise à
Bonaparte :

« Je puis répondre avec assurance de la constante loyauté des
sentiments sincères de mon Gouvernement envers la République
française, d'après lesquels il sera aisé à Votre Excellence, douée
de la plus profonde pénétration, de reconnaître que *les imputations
aussi fausses qu'absurdes du général Landrieux ne peuvent
avoir pour objet que de répandre des soupçons sur les maximes
de loyauté bien connues du Sénat,* de ralentir par ces injustes
menaces l'ardeur et la fidélité de nos peuples de faire partager ou
rendre commune aux Français la cause des rebelles de Bergame et
de Brescia et *de chercher des prétextes pour justifier sa conduite après avoir pris, contre les instructions de son général en
chef, une part directe dans les affaires de Bergame.* J'ai une
pleine confiance que votre équité saura réprimer promptement ces
menées sourdes des commandants français tendantes à troubler
l'effet des intentions paisibles et justes des peuples fidèles à leur
gouvernement, de même que toute autre disposition dirigée à
appuyer les rebelles et à offenser les peuples sincèrement attachés
à leur gouvernement légitime. » (Archives nationales, AF III, 89,
doss. 382.)

Raccolta, et quant à l'*Histoire d'Italie* de Botta, elle ne parut qu'en 1824, à la veille de sa mort.

Le coup porté par la dénonciation de Bonaparte devait se répercuter longtemps dans le milieu gouvernemental, d'autant que Landrieux, malgré toute sa finesse et le soin qu'il prenait de se poser en admirateur du général en chef de l'armée d'Italie, devait, dès cette époque, laisser échapper certains propos malsonnants contre son dénonciateur [1]. C'était exciter contre lui les haines de tous ceux qui déjà travaillaient, peut-être inconsciemment, à faciliter à Bonaparte les voies du pouvoir que celui-ci devait transformer plus tard en souveraineté omnipotente.

Pour résister à tant d'assauts, Landrieux n'avait que l'appui de Kilmaine. Ce général, qui le secondait dans ses solicitations, finit même par obtenir du ministre de la Guerre la promesse de la nomination de Landrieux au poste d'adjudant-général à l'armée d'Angleterre qu'il commandait par intérim [2]. Mais Kilmaine ne fut pas plutôt parti prendre son commandement que les difficultés recommencèrent. Les bureaux prétendaient que les pièces déposées par Landrieux étaient suspectées par celui des Directeurs qui les avait examinées ; Schérer dut, en conséquence, faire procéder à un nouvel examen, et, s'il en faut croire les *Mémoires*, on eut

---

1. Samuel Romanin s'exprime très nettement à ce sujet : « En fait, comment pourrait-on croire que Landrieux fut sincère dans ses révélations ? Comment supposer qu'avec l'intention de favoriser par générosité, par gratitude, comme il le disait, les Vénitiens, il voulut trahir les intérêts de sa patrie et enfin mettre en péril sa propre tête ? Comment supposer loyal le langage qu'il tenait à l'égard de Bonaparte ? Nous avons déjà noté plus haut et sur la déclaration des historiens français, que Landrieux qui était un esprit très sagace avait été chargé par Bonaparte de préparer la révolution. Celle dont il avait fait craindre l'explosion à Brescia, éclata au contraire à Bergame, ville d'où l'attention fut ainsi peut-être détournée par artifice. Toute la conduite successive de Landrieux à l'égard des Vénitiens, pousse enfin à qualifier tout ce manège de pure trame perfide. » — *Storia documentata di Venezia*, t. X, p. 12 et 13.

2. Kilmaine avait quitté Milan à la fin de juillet. Le 23 décembre 1797, il était désigné pour commander la cavalerie d'Angleterre dont il devenait général en chef par intérim le 25 mars 1798. (Archives de la guerre, doss. Kilmaine. *Etats de service*.)

été tout disposé à les trouver parfaites, à la condition que
le chef de brigade sut généreusement reconnaître la peine
que devait se donner le fonctionnaire chargé de la vérifi-
cation ([1]). Impatient d'une solution, Landrieux s'adressa à
Kilmaine, qui lui répondit le 7 juin 1798 :

« Vous me surprenez, mon cher Landrieux, en me
disant qu'on fait des difficultés pour votre nomination ; le
ministre avait pourtant recommandé à son adjoint de recommander de la célérité au chef de division. Vous êtes
peut-être un peu impatient. Vous savez à merveille que tout
va lentement, et que le ministre, trouvant le Directoire occupé d'affaires générales, garde dans son portefeuille les
rapports sur les affaires particulières souvent plus de
quinze jours ([2])... »

En même temps qu'il lui adressait cette lettre ostensible,
Kilmaine ordonnait à « l'adjudant-général Landrieux » de
se rendre sur-le-champ au quartier général de Rouen ([3]). Il
désirait évidemment conférer avec lui sur la nature des pièces dont l'authenticité était contestée. Landrieux partit pour
Rouen, expliqua au général qu'on taxait de faux, avec sa
propre signature à lui. Kilmaine, général en chef de la cavalerie de l'armée d'Italie, la lettre de service que lui avait
délivrée Berthier en ventôse an V, ainsi que la copie ou l'original même de l'ordre de Bonaparte. Les allégations des
bureaux ne soutenaient pas la discussion. Cette prétendue
nécessité de vérifier les pièces ne pouvait que cacher l'intention de retarder une nomination qu'on ne se souciait point,
pour de tout autres motifs, de risquer en ce moment. Après
ces explications, Kilmaine s'empressa, au bout de trois jours,
d'ordonner à Landrieux de retourner à Paris pour conférer
avec le ministre de la Guerre ([4]). Lui-même l'ayant rejoint
quelques jours après, alla demanda à Schérer quel était
l'impertinent qui s'était permis de ne point reconnaître sa
signature ; il se déclara prêt, en même temps, à attester
l'authenticité de la signature de Berthier qui avait été donnée en sa présence. Schérer prit excuse sur les nécessités de
la politique et ne dissimula pas à Kilmaine que son protégé

1. *Mémoires*, I.
2. Mss B., folio 76.
3. Mss B., folio 50.
4. Mss B., folio 50.

n'avait aucune chance d'être réintégré « avant qu'on ne sut ce qu'il en adviendrait de l'homme d'Egypte (¹). » Kilmaine n'eut plus qu'à regagner son quartier général. Quant à Landrieux, qui n'était pas homme à se décourager et qui savait combien de luttes il lui avait fallu soutenir avec les bureaux pour reconquérir le grade de chef de brigade, il ne cessa d'assiéger le ministre de réclamations et, le 11 novembre 1798, il lui adressait la lettre explicative suivante :

« Citoyen ministre,

« Je remis, il y a plusieurs mois, à vos bureaux les titres constatant ma nomination au grade d'adjudant-général. Fort tranquille sur les doutes qui se sont élevés sur une des pièces que j'ai fournies, j'avais pris le parti d'attendre que vous eussiez pris à cet égard les éclaircissements nécessaires.

« Mais le temps s'écoule, et je ne puis rester sans *prononcé* à ce sujet. Je vous dois un historique de ces pièces ; je vous l'ai déjà donné et je vais vous le répéter en peu de mots.

« L'une, non imprimée, m'autorise, *d'après les ordres du général en chef*, à faire les fonctions d'adjudant-général, chef de l'état-major général de la cavalerie de l'armée, en attendant que le ministre ait confirmé cette nomination.

« Cette pièce positive, cette lettre d'avis, a été signée en ma présence et en celle du général Kilmaine par le général Berthier. Ainsi point de doute sur celle-là.

« Quelque temps après, je voulus recevoir mes appointements ; le payeur me demanda la copie ou l'original du général en chef qui avait motivé la pièce ci-dessus que je lui présentais.

« Je m'adressai à un secrétaire de l'état-major général, appelé Morin, dont les bureaux étaient fixés à Milan pendant que le général en chef faisait la guerre vers l'Autriche : huit à dix jours après cet officier m'apporta les pièces sur lesquelles vous avez eu quelques soupçons.

« Ces deux pièces, citoyen ministre, m'ont été remises, — heureusement pour moi — en présence de tout mon état-major et d'autres citoyens attachés à l'armée.

« Deux de ces citoyens se trouvent en ce moment à Paris : l'un, le citoyen Lhermite, inspecteur des subsistances mili-

---

1. *Mémoires*, III, chap. LII.

taires, demeure chez lui, rue Sainte-Appoline, no 26 ; l'autre,
le citoyen Girard, adjudant-adjoint aux adjudants-généraux,
a son domicile rue Nicaise, no 520.

« Avec quelques recherches, il me serait possible d'en
trouver d'autres ; mais cela vous paraîtra inutile.

« Le général Bonaparte ou Berthier pourraient donc seuls
prononcer sur la *vérité* de ces deux pièces : mais ils sont
loin, et ne reviendront probablement pas de sitôt.

« Cependant, citoyen ministre, il ne vous sera pas difficile de prononcer, si vous voulez bien observer que peu
m'importe que ces deux pièces soient les véritables, ou
qu'elles aient été supposées à la place des véritables, *qui
doivent exister quelque part, suivant l'expression de la
lettre d'avis du chef de l'état-major général.*

« Bonaparte lui-même déclarant que ce ne sont pas les
vraies, cela ne ferait rien à ma nomination, car : 1o vos
bureaux ne peuvent manquer de vous prouver que j'ai été
nommé au grade que je réclame : cette preuve doit y exister
matériellement ; 2o ils doivent vous prouver que j'en ai
exercé les fonctions avec honneur et gloire pendant toute
la campagne, dans des circonstances difficiles et où le salut
de l'armée était entre mes mains, et s'il vous restait quelques
doutes à cet égard, plus de mille pièces, que j'ai réservées
pour servir à l'histoire de la conquête de l'Italie, achève-
raient de les lever.

« Qu'un secrétaire maladroit ou perfide ait imaginé, par
quelques vues d'intérêt, de me donner des pièces de sa fabrique à la place de celles qu'il n'aurait pas trouvées, c'est ce
qui ne peut tomber sur moi, *du moment que je prouve que
je les tiens de lui, et je vous en administre la preuve
incontestable.*

« *Et certes si j'eusse eu le moindre soupçon, j'eusse
brûlé ces papiers dont je n'avais nul besoin, car ma lettre
d'avis devait me suffire.*

« Cependant, citoyen ministre, je suis à Paris sans état,
n'étant ni employé, ni réformé, ni démissionnaire. Je vous
prie de prendre un parti à mon égard [1]. »

Le parti que prit le ministre fut tout différent de celui

1. Mss B., folio 542 : *Lettre de Landrieux au ministre de la
Guerre.*

que Landrieux était en droit d'attendre. Une véritable
cabale, dont il ne connut l'existence que quelques mois plus
tard, s'était formée contre lui à l'instigation de ses propres
associés commerciaux : Capelle et Gau. Dès le 15 septembre 1798, Capelle écrivait à Gau qui était en tournée
d'affaires : « J'ai vu le citoyen Sol de Saverdun..... Vous
avez eu sans doute quelque conversation avec cet ami. Il
m'a parlé de nos associés Chaffort et Landrieux ; il nous
regrette d'être avec de pareils associés ; il pense qu'il nous
conviendrait de rompre avec Landrieux à condition qu'il
nous laissât ses fonds pendant trois ou quatre ans à 6 ou 7
pour cent par an. Il est assuré que d'après ce que j'ai appris,
c'est un homme avec lequel il est dangereux d'être lié d'intérêt ; prends des renseignements, consulte-toi avec un
homme d'affaires, vois Frégeville. Cet homme fera ce que tu
voudras, si tu sais t'y prendre, car il n'a pas la conscience
bien timorée ; c'est à toi, d'après les circonstances, à tirer bon
parti de cette affaire qui est toute à notre avantage ; ainsi
travaille la marchandise en conséquence (1). »

Député du Tarn au Conseil des Cinq-Cents, intimement
lié avec Lucien Bonaparte, le marquis de Frégeville consentit à appuyer de son influence l'intrigue de son parent
Gau. Un homme d'affaires, nommé Normand, les mit en
rapport avec Lhermite, ancien repris de justice avant la
Révolution, employé concussionnaire en Italie, où Landrieux
l'avait fait poursuivre (2) et qu'il avait eu la maladresse

---

1. Mss B., folio 530 : *Lettre du citoyen Capelle au citoyen
Gau.* (Extrait des minutes du greffe du tribunal correctionnel et
des directeurs du jury d'accusation du canton de Paris.)

1. Lhermite, avec l'appui de la signature de Couthaud, extor-
qua 135,787 livres toscanes à la municipalité de Créma, et
300.000 livres à l'évêque de cette ville dont il avait fait chauffer les
pieds pour l'aider à retrouver les clefs de sa caisse. « La plume
m'échappe des mains, s'écriait Landrieux dans son rapport à Kilmaine. Il est bien inutile que je travaille comme un forçat à concilier tant d'intérêts et à venir à bout de l'entreprise immense dont
je suis chargé, si des misérables, autorisés sans doute par la plus
coupable avidité de certains individus en place, viennent m'entraver d'une manière aussi détestable. Je demande formellement à
être rappelé, ou l'arrestation de Couthaud, de Rossignol et de
Lhermite, et le scellé sur tous leurs effets. Je fais enregistrer et
copier mot pour mot ma lettre sur les registres du gouvernement

d'indiquer à Schérer comme un témoin dont il croyait que l'audition serait favorable à ses réclamations. Gau, Capelle, Frégeville, Normand, Lhermite s'entendirent pour porter contre Landrieux plusieurs accusations de faux. Il ne s'agissait plus seulement des pièces suspectées par les bureaux de la Guerre. A les entendre, Landrieux avait contrefait des effets de commerce, avait soustrait et essayé de détruire un titre important. Le ministre de la Guerre se montrait peu soucieux de mettre en mouvement l'action publique ; Normand fut plus heureux avec le juge de paix Bihours, de la division des Ternes, qui, le 11 juin 1799, signa un mandat d'arrêt en vertu duquel Landrieux fut incarcéré à La Force.

Entre temps, Berthier était devenu ministre de la Guerre ; le prisonnier n'hésita pas à lui envoyer un ami dont les explications furent assez circonstanciées pour décider le ministre à reconnaître pour vraies les signatures incriminées par la déclaration suivante :

« Les signatures sont les miennes. D'ailleurs, les objets pour lesquels celles du général Bonaparte et les miennes sont apposées, sont des ordres qui ont été réellement donnés

provisoire de Brescia. J'ai fait partir des détachements à la poursuite de ce Lhermite. J'ai envoyé à Lugano ; j'écris à Commeyras et il fera passer une demande en extradition à Parme de ce scélérat ; il ne peut se sauver que là. Je vous prie instamment d'envoyer à Gênes et à Livourne ; quant à Nice ou Chambéry, c'est inutile, il n'ira pas là ; ce que je sais de son histoire me fait connaître la route qu'il prendra. »

Le signalement du personnage contient quelques traits curieux :

« Lhermite, dit de Villeblanche.

« Age environ quarante ans ; cheveux noirs ; yeux noirs, assez grands, ayant un mouvement horizontal ; bouche moyenne ; lèvres épaisses ; dents sales ; visage à peu près rond ; teint brun ; nez gros ; oreilles très grandes et épaisses ; souriant facilement à l'abordage. Parlant correctement italien, mais difficilement ; col très gros et court ; taille, cinq pieds deux pouces et demi : habitude générale assez monacale ; beaucoup d'esprit ; ayant habituellement avec lui un mignon de douze ans, Milanais, nommé Giovanni. »

Lhermite se réfugia en Espagne, mais il réussit ensuite à se faire recaser dans l'administration. On n'était pas difficile à cette époque.

par nous. Sans préjudice des autres inculpations qu'on peut faire au citoyen Landrieux (¹). »

Landrieux ne tarda pas à sortir de prison ; les autres délits qu'on lui imputait étant de la compétence du jury d'accusation du canton de Paris, il obtint, le 11 septembre 1799, après quatre mois de détention préventive, cette ordonnance de relaxation :

« Je soussigné, Antoine-François Gauthier, juge civil, l'un des directeurs du jury d'accusation du canton de Paris, département de la Seine, séant au palais de justice : Vu la déclaration des jurés, étant au bas de l'acte d'accusation à eux par moi présenté aujourd'hui contre Jean Landrieux, âgé de quarante-trois ans, natif de Lavaur, département du Tarn, militaire, demeurant rue Babylone, n° 716 ;

« Prévenu d'avoir commis de complicité du crime de faux en effets de commerce, et d'avoir aussi, par complicité, fait usage sciemment de pièces fausses ; plus, la tentative pour détruire un titre important, lequel titre il avait enlevé par adresse ;

« Détenu à La Force, comme maison d'arrêt du tribunal, par suite du mandat d'arrêt lancé contre lui par le juge de paix de la division des Thernes, le vingt-deux prairial dernier, laquelle déclaration à moi remise par le chef des jurés, en leur présence, porte qu'il n'y a pas lieu à ladite accusation ; ordonne que le citoyen Landrieux sera sur-le-champ relaxé et mis en liberté ; à ce faire tous geôliers, gardiens, concierges, greffiers et guichetiers, seront contraints par toutes voies, s'il n'y est détenu pour d'autres affaires ; et quoi faisant, ils en demeureront bien et valablement déchargés.

« Fait à Paris, au palais de justice, en présence des jurés, en la salle du jury, le 24 fructidor, l'an VIII de la République française une et indivisible (²). »

Landrieux, qui n'était pas d'humeur à se laisser ainsi

---

1. Mss B., folio 76. Ampliation du rapport du 5 nivôse an IX.

2. Mss B., folio 562. L'ordonnance de relaxation porte le n° 17096.

malmener, prit sa revanche et gagna contre Gau et Capelle, ses extraordinaires associés, un procès au civil (¹).

Les tribulations, qui l'assaillaient, n'étaient cependant pas près de finir, et d'autres malheurs lui étaient encore réservés. Le 11 décembre 1799, son ami et protecteur, le général Kilmaine, mourait à Paris, à la suite d'une longue et douloureuse maladie, aggravée encore par des chagrins domestiques (²). Enfin, une mort plus cruelle vint le frapper dans ses plus vives affections : le 11 janvier 1800, à deux heures du matin, sa fille unique, âgée seulement de trente-trois mois, mourait loin de lui, à Lavaur, où il l'avait laissée (³).

Landrieux, qui n'avait point cessé ses réclamations au ministère de la Guerre, n'obtenant point d'être réemployé, demanda tout au moins le payement d'activité affecté au grade d'adjudant-général depuis le 1ᵉʳ germinal an VI (21 mars 1798), date à laquelle il avait cessé de toucher ses appointements. Les bureaux rédigèrent alors un rapport dans lequel on observait d'abord que Landrieux n'avait jamais été breveté dans le grade d'adjudant-général depuis le 1ᵉʳ germinal an VI; qu'il apportait bien, il est vrai, à l'appui de sa réclamation, deux pièces qui constataient qu'il avait été employé dans ce grade à l'armée d'Italie, mais qu'elles étaient signées des généraux de cette armée et ne pouvaient, par conséquent, suffire pour donner un grade tant que le gouvernement ne s'est pas prononcé.

Pour les bureaux, le seul grade dans lequel Landrieux fut légalement connu, était celui de chef de brigade, qui lui avait été définitivement octroyé par arrêté du Directoire exécutif, en date du 25 vendémiaire an IV (17 octobre 1795).

1. Mss B., folio 530 : Annotation de la main de Landrieux. — Mss B, folio 43.

2. Kilmaine, malade depuis le début de l'année, mourut à Paris, petite rue Verte, faubourg Saint-Honoré, 1166.

3. Registre des actes de l'état civil de la commune de Lavaur : 22ᵉ jour de nivôse an VIII. Décès de Zélie-Constance-Félicité Landrieux. — Cette mort ralentit-elle les relations de Landrieux avec sa famille ? le fait est qu'en mars 1806, Eyssautier, commissaire ordonnateur à Toulouse, écrivait au ministère demandant l'adresse de Landrieux pour sa famille inquiète.

t

C'était donc dans ce grade, déclarait-on, que cet officier devait être payé, parce que, d'après les règlements en vigueur, les officiers suspendus ou destitués, qui ont obtenu leur réintégration, n'ont droit à un traitement de réforme qu'à compter du 8 nivôse an VIII (29 décembre 1799) seulement conformément à l'arrêté du 2 pluviôse (12 janvier 1800).

Et le rapporteur concluait : « Le citoyen Landrieux, accusé, détenu, doit être considéré comme ayant été suspendu de ses fonctions jusqu'au jour où il a été reconnu qu'il avait été accusé faussement. On propose, en conséquence, au ministre de décider que cet officier sera payé du traitement de réforme (et non d'activité comme le demandait Landrieux), du grade de chef de brigade, depuis le 8 nivôse an VIII (29 décembre 1799) seulement, et jusqu'à ce qu'il soit réemployé (¹). »

Le traitement de réforme d'un chef de brigade était alors de 1,500 livres, mais Lacuée ne tarda pas à le réduire à 1,200 livres (²). Ces réductions, et surtout la position de réforme, n'étaient pas du tout du goût de Landrieux, homme actif et aimant quelque peu l'argent. Pour donner cours à son activité et augmenter ses ressources, il prit à bail une assez vaste exploitation agricole, en Seine-et-Oise, où il retrouva l'illusion du commandement (³).

Il n'était pas si loin de la capitale, et surtout de la garnison de Versailles, qu'il ne lui arriva fréquemment de rencontrer quelques-uns de ses anciens compagnons d'armes, tels que Junot, aide-de-camp de Napoléon ; Paimparey de Chambry, aide-de-camp de Murat, et d'autres en activité ou en réforme, comme le fameux Scheweinsteger, plus connu sous le nom de Barthélemy, colonel du 24ᵉ chasseurs, à qui Landrieux avait rendu service, tout en risquant la colère de Bonaparte (⁴). C'est ce Barthélemy qui, s'étant vu refuser, comme beaucoup d'autres très méritants, la croix de la

---

1. Mss B, folio 76 : *Ampliation du rapport du 5 nivôse an IX.*

2. Cette réduction des traitements de réforme fut ordonnée par décret, le 26 décembre 1800.

3. Archives de la guerre, doss. Landrieux : *Note de 1806.*

4. Pendant les événements de Terre-Ferme, Barthélemy avait remplacé Vedel à Bergame.

Légion d'honneur lors des premières promotions, s'imagina de se promener dans le jardin des Tuileries, avec son uniforme percé, à la poitrine et au dos, par le coup de feu qu'il avait reçu au travers du corps, le 23 février 1797, près Trévise. Les deux trous de la veste étaient doublés de rouge, et le vieux colonel les montrait avec orgueil, en disant : « Ça, c'est ma Légion d'honneur, à moi ! (¹) ».

Les récits de guerre devaient autant l'encourager à demander à reprendre du service que les récriminations, — et l'on sait si elles étaient nombreuses, — qu'il entendait sans cesse contre le nouveau maître de la France et ses créatures (²), devaient exciter sa rancune et la changer en haine.

Murat, couvert de gloire et comblé d'argent, Murat, son ancien subordonné, Murat, son persécuteur d'autrefois, était entré à Madrid. Un officier de santé, attaché à la garde

1. Barthélemy mourut à Auch en 1810, « par suite des peines et fatigues qu'il s'était données pour l'instruction des gardes d'honneur à cheval formées par ordre de Napoléon Iᵉʳ, le 24 juillet 1808, et dont il fut commandant. » Dans une lettre à l'empereur, sa veuve rappelait qu'il avait enfin reçu la décoration qu'il enviait : « Votre Majesté daigna exaucer ses vœux les plus chers et embellir les derniers jours de son existence en lui conférant l'aigle d'honneur, la décoration des braves. » — (Archives de la guerre, doss. Scheweinsteger de Fachenhofen : *Lettre du 28 janvier 1811.*)

2. On clabaudait ferme contre les puissants du jour. Ne lit-on pas dans un rapport de la police secrète de Paris, cette curieuse note : « Un citoyen assurait hier dans un groupe des Tuileries que le général Masséna avait un luxe plus grand qu'un ci-devant roi, que sa suite était composée de quarante domestiques, d'une voiture et de douze femmes. Les auditeurs murmurèrent et dirent : « Nous ne sommes entourés que de scélérats et de coquins. Il faut un coup pour les exterminer tous. La déportation est trop douce pour eux. On a fait mourir des milliers de personnes qui ne l'avaient pas tant mérité qu'eux (Archives nationales AF ɪɪɪ, 46. Bulletin du 3 messidor an VII). On accusait tout le monde. « Le général Sérurier, lit-on dans un écrit assez curieux, le général Sérurier, envoyé à Paris par Bonaparte et beaucoup vanté par lui, a été volé à Charenton d'une somme de 40.000 livres en écus. Je ne conçois pas comment un homme aussi vertueux que M. Sérurier possédait 40.000 livres ; c'était sans doute un petit cadeau que lui avaient envoyé ses parents. » (Général Danican, *Le fléau des tyrans et des septembriseurs*, p. 177.)

impériale, commandée par le colonel Fiteau, rapporta à
Landrieux le récit de la journée du 2 mai et des évènements subséquents(¹); l'idée vint à Landrieux que, peut-être,
il pourrait servir en Espagne et il sollicita dans ce but une
audience du ministre de la Guerre. Le ministre d'alors — c'é-
tait Clarke devenu d'abord comte d'Hunebourg, puis duc
de Feltre — Clarke qu'il avait fréquenté en Italie, l'homme du
Directoire auprès de Bonaparte; celui qu'il avait plaisanté
sur son nom(²); à la barbe de qui il avait joué la comédie
de la Terre-Ferme, et surtout celle de Gênes. Il fut reçu, le
9 septembre, par le ministre, qui se garda bien de lui faire
entrevoir la possibilité d'obtenir ce qu'il désirait. Aussitôt
après être sorti du ministère, Landrieux rentra chez lui et
se mit à rédiger son interview, comme on dirait aujour-
d'hui. Elle en valait, certes, la peine :

— « Je m'appelle Landrieux. Votre Excellence me recon-
naît-elle? Il y a douze ans, j'étais en Italie, major-général
de la cavalerie, sous Kilmaine.

— « Oui, oui, je vous reconnais bien.

— « On a fait un appel à tous les militaires, et, malgré mes
infirmités, je me rends à mon devoir.

— « Votre dernière affaire d'Italie vous a fait beaucoup de
tort.

— « En quoi donc, monseigneur ? Je la regarde pourtant
comme une des plus belles actions de ma vie.

— « Il vous fut ordonné de quitter l'armée dans les
24 heures.

— « Votre Excellence a été mal instruite : je suis porteur
de la permission qui me fut donnée le 12 messidor an V, de
rentrer dans mes foyers, pour solliciter ma retraite. Vous
savez que j'étais devenu presque aveugle. Je fus accompagné jusqu'à Nice par le général Kilmaine. Je fus fêté à
Gênes et sur toute ma route.

— « Toute votre opération fut désapprouvée et vous compromîtes la sûreté de l'armée (³).

---

1. Ce récit est en tête du Mss B, folio 2. C'est une rédaction de
l'écriture de Landrieux, d'après la version orale de l'officier de
santé.

2. *Mémoires*, I, 127.

3. Il y a un trait sur cette phrase de Clarke dans le manuscrit.

— « Je sais bien, monseigneur, que mon travail pour la consolidation de la Cisalpine ne vous plaisait pas à vous, mais il plut au général en chef qui m'en donna des témoignages particuliers et publics et par écrit. Je possède l'ordre du jour du 19 prairial an V, portant ordre de gratifier de 15 jours de paye tous ceux qui avaient participé à l'expédition. Cette expédition était complètement terminée le 20 floréal an V. Le général en chef avait tout vu et tout pesé dans sa sagesse, lorsqu'un mois après, il ordonna des récompenses. Je fus invité à diner à Mombello par le général en chef. Vous y étiez. C'était le 1er messidor an V. Vous fûtes témoin des marques de bienveillance qu'il me donnât, en me faisant place à côté de lui, et il me dit dans son cabinet, en me prenant par la boutonnière de mon habit : « *Eh bien ! gaillard ! vous avez fort bien conduit tout cela !* Êtes-vous content du poste que vous occupez auprès de Kilmaine ? » Dès le 9 messidor, je présentai mon travail sur la cavalerie. Le général en chef raya le nom de Junot, que je proposais pour commander la 3e division de dragons, et de sa main il mit le mien, en me faisant dire que la paix étant faite, il valait mieux être colonel en pied que général sans emploi.

« C'est le 13 que je partis de l'armée : ce serait donc du 9 au 13 que l'ordre dont Votre Excellence me parle aurait été lancé, ce qui n'est ni vraisemblable, — car je n'avais rien fait de nouveau, — ni vrai, car j'allai prendre congé du général en chef, le 12 au soir, et le remerciai de ses bontés pour moi. Il me reçut avec le ton d'affabilité qu'il n'a jamais quitté avec moi. Ce n'est pas à l'affaire contre les Vénitiens que j'attribue l'oubli que j'ai éprouvé depuis. C'est à mon travail sur la cavalerie qui me fut ordonné à plusieurs reprises et dont j'aurais bien voulu me dispenser. J'appelai auprès de moi tous les colonels, les conseils d'administration et les capitaines les plus recommandables.

« Je fis tout ce qu'on peut faire pour être juste. Il y eut 300 officiers renvoyés et autant de nommés à leur place. L'état-major général fit imprimer les lettres de renvoi et les brevets de nomination. Ceux-ci étaient au nom de Bonaparte. Les premiers étaient au mien. Il résulta de là que ceux qui furent avancés, l'attribuèrent à leur mérite et à la faveur seule du général en chef, et tous les autres s'en prirent à moi seul,

— « Non, ce n'est pas à ce travail que vous avez dû votre défaveur. C'est à l'affaire des Vénitiens par laquelle, sans motif et sans profit, vous compromîtes la sûreté de l'armée, opération qui fut désapprouvée avec raison par tout le monde.

— « Je suis un simple individu de trop peu de poids pour qu'on se soit occupé sérieusement d'approfondir cette importante affaire, quant à ce qui m'est personnel. Au reste, je ne demande ni ne désire qu'on s'en occupe. Cependant, pour vous tirer d'erreur, quant à l'affaire en elle-même, je dirai à Votre Excellence que le général en chef, dès son entrée à Milan, ne voyant pas son armée suffisante pour se maintenir en Italie, révolutionna les pays conquis, c'est-à-dire qu'il mit la Lombardie et le Mantouan en pleine révolte contre son ancien souverain légitime. Que l'échec de thermidor an IV, quoique réparé par les batailles de Castiglione, de Bassano et d'Anguillari, et la prise de Mantoue, avait montré fortement à propos aux Cisalpins, que si l'armée française, dont la faiblesse leur était connue, venait à se retirer, si le général en chef venait à être tué, destitué ou changé d'armée, ils resteraient exposés à toutes les vengeances de la maison d'Autriche, car il était impossible à la Lombardie et au Mantouan, seul fruit de toutes les victoires du général en chef, d'entretenir pendant six mois seulement, sans se ruiner, une armée suffisante pour arrêter l'avant-garde seule des Autrichiens : pour les mettre en état de résister, il était indispensable de leur adjoindre quelques voisins qui pussent faire cause commune.

« Le danger leur parut pressant lors de l'expédition de Léoben. On n'avait aucune nouvelle de l'armée française enfoncée au delà du Tyrol. On parlait de la retraite de Moreau : Laudhon était resté dans le Tyrol et en chassait Serviez et Chevalier, restes de la division Joubert. Les Vénitiens devenaient insolents, et leur mauvaise volonté que nous avions tant de fois éprouvée n'était plus douteuse.

« Les patriotes s'assemblèrent. Ils m'appelèrent. Ils savaient qu'ayant été momentanément chargé de la partie secrète, je devais avoir des observateurs à Venise et dans les principales villes de la Terre-Ferme. Ils avaient confiance en moi, me firent part de leurs chagrins et me prièrent de les secourir. J'en parlai au général Kilmaine.

(D'autres raisons politiques pour la France se joignirent à mes raisons). Je lui proposai des plans, il les approuva. Je m'assurai d'un fort parti dans chaque ville et dans Venise, et l'affaire ne fut entamée que lorsque je fus assuré du succès. Personne n'ignore que je fus encouragé par un agent de l'Autriche elle-même qui espérait aussi en tirer quelque chose par nous. Si ce ne sont pas là des motifs, monseigneur, d'entreprendre une guerre, jamais il n'y en a eu.

« Quant au profit, Votre Excellence serait, je crois, fort embarrassée de me dire comment et avec quoi le général en chef aurait satisfait les Autrichiens à Campo-Formio pour la prise du Mantouan et de la Lombardie, s'il n'eût eu la moitié de la Terre-Ferme de Venise à leur donner, chose qu'ils avaient si bien prévue, que l'officier autrichien chargé de me notifier devant Vérone les préliminaires de Léoben, me dit qu'il ne fallait pas tant étriller des gens qui allaient probablement devenir Kaiserlicks. Ainsi la sûreté de l'armée n'aurait pu être compromise, puisque les Autrichiens eux-mêmes approuvaient et désiraient la dissolution de l'État vénitien.

« Était-ce les Vénitiens qui étaient à craindre? Avaient-ils un seul soldat? Ne mis-je pas en déroute tous leurs rassemblements à mesure qu'ils se formaient? N'aviez-vous pas gagné la plupart de leurs chefs? Il était temps de frapper. Six mois plus tôt, l'Autriche s'y serait opposée, un mois plus tard, Venise était armée, et d'ailleurs, monseigneur, le général en chef, qui devait savoir mieux que personne si ma brouille avec les Vénitiens devait compromettre la sûreté de son armée, ne s'empressa-t-il pas de leur déclarer la guerre à Judembourg, le 18 floréal, aussitôt que par le retour de Junot, qu'il avait envoyé à Venise, il eut appris ce qui s'était passé entre cette République et moi. N'est-il pas évident qu'il l'eût fait plus tôt s'il eût été plus tôt instruit. Je n'ai donc fait que ce qu'il eut fait à la même époque.

« Quant au désaveu de l'opération, il n'est pas vrai. L'opinion de la faction de fructidor ne faisait pas la loi pour nous, et parce que je viens de dire dans ma précédente réponse, j'ai prouvé à Votre Excellence que le général en chef l'avait approuvée et récompensée (¹).

1. Mss B., folio 539.

— « Vous n'aviez pas le droit de vous ingérer dans ces sortes d'affaires sans l'autorisation du général en chef.

— « Le général en chef était loin de nous. Au reste, j'étais le subordonné immédiat du général divisionnaire Kilmaine, commandant en chef la Lombardie et les pays conquis en l'absence du général en chef. J'ai ses ordres. Ma conduite a été approuvée par lui. J'eusse manqué à toutes les lois militaires si j'eusse osé m'adresser au général en chef de l'armée. J'ai l'honneur de répéter à Votre Excellence que, fort tranquille sur ces affaires, je me retirai en France pour y rétablir ma santé, ou demander ma retraite, si je me trouvais hors d'état de reprendre du service, et cela avec 75,000 livres de Bergame que ces peuples me donnèrent à la fin de tout, parce qu'ils surent que j'étais pauvre, et j'achetai avec cette somme, et quelques épargnes, le bien qui me fait vivre.

— « Et de quel droit osâtes-vous recevoir cette somme ?

— « *Primo*, par le droit naturel, qui me permet de recevoir un présent d'un ami ; *secondo* par l'autorisation du général Kilmaine, mon supérieur, que je crus devoir prendre, quoique je n'en eusse pas besoin.

— « Il n'avait pas le droit de vous donner cette autorisation. C'était au général en chef à vous la donner.

— « Je connais toutes les lois militaires ; j'avais sous les yeux tous les règlements faits par le général en chef. Je n'y vois rien qui donne quelques torts ou le gant au général Kilmaine. Ce n'est pas à moi à le défendre : il n'y a nul doute qu'il n'ait fait tout ce qu'il y avait à faire dans cette occurence. Au reste, cette somme a remplacé en partie une somme de 90,000 livres que le ministre de la Guerre me fit perdre en l'an IV par sa décision, qui se trouve la plus injuste du monde.

— « Enfin, monseigneur, pour terminer une discussion qui ne peut plus avoir de but, je me suis présenté chez vous pour dire que je me rendais à mon devoir et offrir mes services. Voilà mon Mémoire. Vous pouvez vous en faire faire un rapport. Si Sa Majesté me croit utile, je suis prêt à marcher.

« Il n'a rien répondu, et je l'ai quitté (¹). »

Il ne fut donné aucune suite à son Mémoire. Le ministre lui-même avait décidé que Landrieux ne pouvait être

---

1. Mss B., folio 92.

réemployé avait ordonné, le 24 octobre 1809, que « sa réclamation serait envoyée au dépôt de la Guerre pour y être soigneusement enregistrée et conservée (1). »

Le même jour, Clarke faisait écrire au ministre de la Police générale « d'enjoindre à Landrieux d'avoir à ne plus se qualifier du titre d'officier général », comme il avait coutume de le faire et comme il venait de le faire imprudemment dans son Mémoire, malgré les décisions antérieures des bureaux.

C'était une vexation de plus à l'égard de « l'officier général » que Clarke avait fort bien connu en Italie et dont il n'ignorait certainement pas l'ancienne situation.

En avril 1810, Landrieux perdit son beau-père. Depuis longtemps, Jean-Baptiste Truet avait cédé son commerce et vendu ses propriétés de Dormans et de Vincelles pour se constituer une rente viagère. Par l'acte de vente de l'*auberge du Louvre*, il s'était réservé, sa vie durant, une chambre pour son logement et c'est là qu'il mourut, le 20 avril. En l'absence des héritiers qui devaient se partager ses hardes, ses montres, ses tabatières, ses lunettes d'argent, quelques titres de rente et des créances, son frère, l'abbé Truet, ex-chartreux, prit soin de faire apposer les scellés au nom de Jean Landrieux et de Rosalie Truet, son épouse, habitant à Paris, 35, rue Saint-André-des-Arts, de Victoire Truet, épouse de Louis-Charles Hacart, contrôleur des contributions et receveur des loteries à Reims, et de Charles-Alexandre Truet, pharmacien demeurant à Paris, 11, rue de Bourgogne (2).

Landrieux avait-il été heureux dans ses entreprises agricoles. On serait porté à le croire, car, au mois de novembre de cette même année 1810, il se qualifiait de cultivateur-propriétaire au Trou-Salé, commune de Toussu-le-Noble, arrondissement de Versailles. Il n'a pas été possible d'établir la valeur des propriétés de Landrieux, mais il était considéré comme gros bonnet, jouissant d'une bonne moralité et de l'estime de tous les habitants de sa commune, ainsi que le constatait, le 31 décembre, le général baron d'Oullembourg, commandant le département de Seine-et-

1. Archives de la Guerre, doss. Landrieux : *Annotation de Clarke à un projet de lettre à Landrieux.*
2. Archives de Mᵉ Fénaux, notaire à Dormans.

Oise, chargé de l'inspection des officiers jouissant d'un traitement de réforme de troisième classe (1).

Cette inspection, passée en vertu d'un décret du 14 novembre 1810, avait pour but principal la réduction des cadres de réforme et la mise définitive à la retraite du plus grand nombre possible d'officiers réformés. Malgré ses réclamations incessantes et les notes favorables du général inspecteur, Landrieux vit, le 6 juin 1811, par décret impérial, son traitement de réforme de 1,200 francs converti en une solde de retraite de 600 francs à compter du 1er avril précédent. Avis lui en fut donné le 13 juin 1811 par une lettre du ministère, sur formule imprimée, l'informant en outre qu'il était autorisé à se faire payer à Versailles (2).

Le ministre de la Guerre, qui avait proposé le décret à la signature impériale, n'était autre que Berthier, l'ancien ami de Kilmaine, Berthier qui mesurait 600 francs de pension à un vieux camarade d'Italie, quand lui-même du fait seul du trésor, touchait chaque année des millions; comme Augereau, devenu duc de Castiglione ; comme Junot, devenu duc d'Abrantès ; comme Clarke, devenu duc de Feltre; comme Lannes, devenu duc de Montebello et que la mort avait fauché en pleine gloire. Landrieux dut songer avec amertume à un passage de sa lettre à Kilmaine à la veille de l'entreprise de la Terre-Ferme: « Vous et moi, général, serons obligés de nous faire décrotter à la porte du Luxembourg, à côté des brillantes voitures de ceux qui ont fait fortune ici. Nous passerons pour des imbéciles ; eux auront seuls de l'esprit, ils seront réemployés comme des gens en crédit, et nous point; fort heureux même si, dans les grands dîners qu'ils seront en état de donner, ils ne nous accusent pas d'avoir pillé plus qu'eux et de n'avoir su garder nos richesses. »

1. Archives de la Guerre, doss. Landrieux : *Inspection du 31 décembre 1810.* — Voici les notes de Landrieux : « Bon physique. Bonne moralité. Cet officier supérieur paraît avoir des connaissances civiles et militaires ; l'état de ses services atteste ces dernières ; il est un esprit un peu remuant. Il pourrait être de nouveau employé, jouissant d'une bonne santé et de l'estime des habitants de sa commune. »

2. Mss. B., folio 77 : *Lettre du chef de la 5e division du ministère de la Guerre à M. Jean Landrieux, colonel réformé de l'état-major général.*

Kilmaine n'était plus. Comme Landrieux l'avait prévu en ventôse an V, il n'était pas réemployé ; bien plus, on lui fendait définitivement l'oreille. C'est alors, un soir de mélancolie, qu'il s'amusa à rédiger ironiquement l'état des avantages retirés par le général Berthier de ses campagnes d'Italie (1).

La mauvaise humeur de Landrieux était assez légitime. Robuste et bien portant, en état de rendre encore des services en un temps où l'on employait tout le monde, âgé seulement de 54 ans, il était encore apte à fournir une plus longue carrière militaire que celle qu'on lui comptait. Ses services effectifs ne portaient en effet que 8 ans et 108 jours qui, en y ajoutant ses quatre campagnes, ne s'élevaient en tout qu'à 12 ans 3 mois et 18 jours.

C'en était bien fini cette fois. L'avenir militaire de Landrieux était entièrement brisé par cette mesure qui mettait le sceau à la conduite du général en chef de l'armée d'Italie, devenu empereur des Français, envers un officier qu'il avait jadis employé à des missions importantes, jamais avouées, et qu'il n'osait peut-être pas encore reconnaître. L'esprit remuant de Landrieux ne lui convenait certainement point, et il avait jugé l'homme peu propre à servir son ambition, peut-être même dangereux, car il avait été mêlé à des besognes louches, il avait vu trop et trop bien les débuts de celui qui était devenu omnipotent. Ces choses-là ne se pardonnent point.

Bonaparte et Napoléon ne s'était-il pas trompé sur le

1. Voici ce curieux document :

« Partagé avec Masséna, la contribution par Livourne, montant à 300,000 francs, ci............................... 150.000

« Partagé avec Masséna, la levée des deniers faite au compte de ce dernier par le Bolonais et le Ferrarais, montant à 293,000 livres, moitié, ci................. 146.000

« Partagé avec Masséna, les deniers levés dans le Piémont et le Milanais, 34,000 sequins à 12 francs pièce, moitié....................................... 204.000

« Versé à Milan pour gratificationre commandée par Bonaparte à l'administrateur de la Lombardie...... 1.500.000

« Total, non compris bijoux, chevaux, voitures, etc.   2.000.000

« Sur quoi, remboursé à Masséna sa part du fourgon enlevé à Borgoforte par l'ennemi, ledit fourgon contenant les 34,000 sequins, ci-dessus................. 204.000

          « Reste 1.796.000

compte de l'adjudant-général ? Landrieux était-il donc incapable de faire un courtisan et de mettre au service de l'empereur les facultés qu'il avait mises au service du général en chef.

Landrieux, en sa retraite, pouvait s'appliquer avec une toute autre portée le *Deus nobis hæc otia fecit* de Virgile.

Les travaux agricoles lui laissaient assez de loisirs pour entreprendre la rédaction de ses Mémoires. Curieux de connaître la façon dont les historiens de l'époque avaient raconté les événements, auxquels il s'était trouvé mêlé si intimement, il avait depuis longtemps collectionné tous les ouvrages ou brochures publiés à Paris sur la campagne d'Italie et sur la chute de la République de Venise tout particulièrement. Ces publications ne formaient, d'ailleurs, qu'une mince bibliothèque. En dehors des pamphlets inspirés par Dumolard et son parti, il n'y avait guère que quelques brochures publiées en l'an V, et que d'anciens compagnons d'armes avaient rapportées à Landrieux. Ses papiers renferment encore la brochure que le général Balland publia sous le titre de *Précis des événements arrivés à Venise le 21 vendémiaire an* VI, qui relatait des faits postérieurs à son départ d'Italie (¹). L'académicien Lemontey, avec qui Landrieux se trouvait en rapport, avait un moment songé à écrire l'histoire des derniers temps de Venise. L'ancien adjudant de Kilmaine lui communiqua même quelques notes et certaines brochures rares, mais soit qu'il fût rebuté par le manque de documents, soit qu'effrayé des difficultés de sa tâche, il se soit découragé, cet écrivain renonça à un travail dont la publication ne lui parut pas, en ce moment, très opportune. Landrieux n'avait donc point de rivaux. Du reste, personne n'était à même comme lui d'écrire cette histoire, et comme il professait « que ce que les souverains (et sans doute les peuples) ont le plus d'intérêt à connaître, c'est l'histoire des causes des révolutions et non les révolutions elles-mêmes qui n'offrent que l'histoire de l'anarchie et de tous ses terribles écarts, » il consacra ses loisirs à la rédaction d'un grand ouvrage ayant pour titre : DÉCADENCE ET CHUTE DE LA RÉPUBLIQUE DE VENISE *ou dernière guerre contre les Vénitiens*. Il lui était fort difficile d'écrire cet ouvrage à la façon ordinaire

---

1. Mss B., folios 568 à 575. — L'exemplaire porte une dédicace.

des historiens : il était trop mêlé aux événements, ou pour
mieux dire, les événements étaient trop de son fait pour que
cette histoire, rédigée à coups de documents et de récits per-
sonnels, ne constitue pas ce qu'on appelle proprement des
Mémoires.

Verbeux et prolixe comme un avocat, citateur comme un
ancien séminariste, Landrieux mit à contribution toute son
érudition et toute sa faconde. Au début de son introduction,
il reprend de haut l'histoire de Venise, et remonte selon son
expression « *aux œufs de Léda* (¹). » On trouve chez lui tout
ce qu'on s'attend à y trouver et même davantage, car il a
entremêlé son récit de beaucoup de hors-d'œuvre qui ne
manquent pas de saveur et d'originalité (²).

Ainsi qu'on l'a vu, il avait en sa possession tous les papiers de son chef, le général Kilmaine (³), ce qui constituait
pour lui une mine abondante de la plus haute importance.
D'ailleurs, en mettant à profit ses richesses, Landrieux ne s'est
pas contenté d'établir sa rédaction d'après les rapports et les
lettres adressées soit par lui, soit par les autres officiers à son
général, il a donné le texte même de ces pièces qui sont
des documents officiels, dont on peut contrôler l'authenticité,

---

1. On ne s'étonnera donc pas que quelques fragments aient été
supprimés à l'impression. Ils ne vont pas à cinquante pages. Généralement ce sont des passages où sont condensés des souvenirs de
lectures historiques sur les campagnes des Français en Italie au
seizième siècle. Landrieux a lu quelques mémoires de cette
époque, notamment ceux de Montluc.

2. Qui s'attendrait, par exemple, à voir Landrieux compléter
l'œuvre des généalogistes des Montmorency ? « On croit, dit-il en
parlant des anciens nobles, ceux qui remontent aux croisades, on
croit qu'il en existe encore trois ou quatre cents, et je suis loin de
vouloir les cautionner tous, comme je répondrais de la famille
de nos Montmorency, dont le hasard m'a fourni une preuve bien
étonnante, quoiqu'elle soit irrécusable, et que je n'ai pas trouvée
dans ses généalogistes. Elle consiste dans les expressions d'un
jugement de prud'hommes, entre un roi de Bohême et un Bou-
chard de Montmorency, mari (dit le titre) de Charlotte Martel,
nièce de Charles Martel, duc régnant sur les Français sous
Thierry second, en 702. Il s'agissait d'une querelle de fiefs aux
environs de Précy. »

3. On n'a pas oublié qu'ils avaient été expédiés de Milan à Lavaur chez le frère de Jean Landrieux.

car il a réuni la plus grande partie des originaux dans un volumineux dossier formé spécialement pour appuyer son récit (¹).

Au début de son travail, Landrieux écrit sur un ton sévère, mais relativement modéré. C'est un homme déçu, vexé, mais paraissant encore se contraindre à rentrer dans les limites d'une critique rigoureuse. Peu à peu, à mesure que ses déceptions augmentant aigrissent davantage son esprit irascible, le style s'envenime, les expressions sont plus violentes, et quand, à la fin de sa vie, ruiné, malade, et, par conséquent, plus aigri que jamais, mais toujours capable de raisonner, il pousse les choses au pire, ne ménage plus les expressions, outre les épithètes, la haine qui l'a envahi le pousse à surcharger son récit de notes violentes, d'appréciations exagérées et parfois injurieuses.

Après avoir rédigé son ouvrage, Landrieux le fit transcrire par un copiste, et c'est sur ce texte qu'il ajouta, au cours de différentes lectures et à des époques aussi très différentes, des annotations et des additions qui sont, avec divers feuillets de brouillon, les seules parties autographes qui soient restées de ses *Mémoires* (²). Il avait songé à la publication de son œuvre divisée en quatre tomes, il avait même rédigé la table du premier, mais le libraire, auquel il s'adressa, lui ayant demandé 12,000 francs pour l'imprimer (³), Landrieux dut renoncer à son projet ou tout au moins attendre une occasion meilleure et des conditions moins onéreuses pour ses ressources devenues plus restreintes.

---

1. C'est le Mss B., si souvent cité au cours de ce travail.

2. Les *Mémoires* sont divisés dans cette édition en : 1º *Mémoires* proprement dits allant jusqu'à l'Empire ; 2º *Fragments* sur la campagne d'Italie écrits postérieurement aux *Mémoires* auxquels s'adjoignent de longues notes et quelques fragments de récit empruntés au Mss B ; 3º un *chapitre* que Landrieux avait marqué pour être reporté en appendice ou pièces justificatives, sur l'examen des papiers du général Monetti ; 4º diverses *analyses critiques*. Enfin, on a, conformément au désir de Landrieux, imprimé l'*Étude critique sur la correspondance de Napoléon Bonaparte* dont il sera parlé plus loin. Les notes des *Mémoires* sont toutes de Landrieux ; on ne s'est permis aucune annotation, aucun commentaire.

3. Mss B, folio 61.

Vers le début de 1814, au moment où on faisait appel à tous les dévouements, Landrieux, que l'âge n'enchaînait pas encore, crut l'occasion favorable pour recommencer ses démarches auprès du ministre de la Guerre, afin d'être réemployé. A cet effet, il rédigea un long mémoire consacré à démontrer que les affaires de Terre-Ferme (1er germinal-1er messidor an V) avaient, par le fait de sa direction et de son administration, rapporté au trésor de l'armée 3,224,860 livres, sans compter la valeur de la nombreuse artillerie, trouvée tant dans les arsenaux que sur les remparts des places fortes de Terre-Ferme (1). Ce mémoire se terminait par ces mots :

« Si l'on veut s'occuper de moi, je réponds sur ma tête de me laver de tout reproche sur quelque objet public ou privé que ce soit. On devrait le faire quand ce ne serait que par curiosité sur les moyens que j'ai employés et les leviers dont je me suis servi dans cette immense affaire. Mais je déclare que je n'écrirai que sur l'ordre exprès de Sa Majesté Impériale (2). »

La situation critique dans laquelle se trouvait la France réveilla la fibre patriotique de Landrieux. Napoléon, vaincu

---

1. Il a été impossible, malgré les complaisantes recherches de M. Gustave Vinot, de la Bibliothèque nationale, de préciser l'époque où les manuscrits de Landrieux sont venus s'adjoindre au dépôt de la rue Richelieu. L'inscription au catalogue est de la main de Champollion-Figeac et la reliure remonte au règne de Louis-Philippe. Signalé par le général Koch, rédacteur des *Mémoires de Masséna* (1848), dans le deuxième volume de cet ouvrage, à peu près supprimé pour des causes ignorées, le manuscrit de Landrieux a été enseveli dans l'oubli jusqu'en 1886, époque où un officier laborieux en prépara l'analyse pour la *Revue du cercle militaire* (14 et 21 août 1887). Cette analyse fut aussitôt vulgarisée par un article de M. Eugène Asse dans le *Moniteur universel* (29 août 1887), mais le véritable apôtre du culte de Landrieux fut à coup sûr M. Eugène Trolard, qui étayait sur ces *Mémoires* les pages les plus intéressantes de son livre *De Montenotte au Pont d'Arcole* (1892) et qui ne leur a certainement réservé ses plus injustes sévérités dans *De Rivoli à Solferino* (1893) que par un sentiment analogue à la jalousie d'un amant pour une maîtresse trop courtisée.

2. Archives de la Guerre, doss. Landrieux : *Pièce jointe à la lettre du 15 mai 1814.*

par la coalition, allait être acculé ; c'est alors que Landrieux faisant taire ses rancunes et ses haines, oubliant tout ce que, depuis l'Italie, le soldat couronné lui avait infligé de cruels déboires, vint offrir spontanément son épée pour la défense de la patrie en danger, comme il l'avait fait en 1792. La similitude de situation lui suggéra l'idée de créer, comme il l'avait fait autrefois, un corps de cavalerie indépendante et c'est à cet effet qu'il proposa au ministre de la Guerre un plan dans lequel se retrouvait tout entier le formateur des hussards-braconniers de l'an I.

Il écrivit de nouveau au ministre de la Guerre une lettre, où, après avoir rappelé ses services à l'armée du Nord, il résumait son rôle en Italie et les persécutions qu'il avait endurées « jusqu'au retour de Bonaparte d'Egypte ». Cette lettre se terminait ainsi :

« Je n'ai pas perdu mon temps, je n'ai jamais cessé d'écrire pour les militaires, *mais les circonstances auraient rendu dangereux pour moi les quatre volumes d'observations morales. Elles seront utiles, surtout dans ce moment,* si j'en crois des camarades sages et expérimentés.

« Je n'ai jamais mérité de perdre mon état, l'injustice et la méfiance me l'ont ôté. Je demande, monseigneur, que mon activité me soit rendue. Mais avant que Votre Excellence prenne à mon égard les ordres de Sa Majesté, je désire qu'elle veuille bien charger un officier général instruit et juste, d'examiner tout ce que j'ai à lui montrer et de lui en rendre compte. J'espère par là, monseigneur, mériter votre protection toute particulière. (¹) »

Cette fois, le ministre consentit à écouter Landrieux; il lui accorda une audience et désigna le colonel Leclerc pour examiner les papiers dont il était question (²). C'est après cet examen que l'officier retraité écrivait de rechef :

« Je fais à Votre Excellence mes bien sincères remercie-

1. Archives de la Guerre, doss. Landrieux : *Rapport à la Commission de l'organisation.*

2. Archives de la Guerre, doss. Landrieux.

3. Le colonel Leclerc, aide-de-camp de Clarke, possédait toute sa confiance. (Baron du Casse, *Les Rois frères de Napoléon Ier*, chap. LXVI.

ments de m'avoir adressé M. le colonel Leclerc. Son extrême patience ne s'est pas démentie pendant les huit jours que j'ai eu affaire à lui. Il lui a passé plus de mille pièces sous les yeux ; rien n'égale ma satisfaction d'avoir pu mettre ce militaire, aussi sage qu'intelligent, à portée de me juger à fond et de me faire connaître réellement à Votre Excellence.

« Je pense, Monseigneur, que tant que je ne serai rien, il me sera impossible de rien entreprendre d'utile.

« Votre Excellence pourrait en rendre compte à Sa Majesté, proposer de me remettre en activité, et si vous pensiez, monseigneur, qu'il fût juste de m'augmenter d'un grade, je ne serai que mieux à portée d'activer le plan ci-joint dont j'ai eu l'honneur de dire un mot à Votre Excellence et que je la prie de vouloir bien recommander à M. le comte Daru en l'invitant à m'entendre. J'écris à ce ministre pour lui demander une audience d'un moment.

« Vous jugerez, Monseigneur, qu'il n'y a pas de temps à perdre, surtout pour la levée des chevaux, qu'il ne faut pas laisser à la disposition des partis ennemis.

« Votre Excellence peut compter que si on me laisse faire j'aurai plus de mille hommes à cheval en état de combattre avant quinze jours, non compris les chevaux qui entreront dans les cadres existants. » (¹)

Cette lettre fait allusion au plan proposé par Landrieux, en insistant sur certains points. Oubliant que depuis vingt-trois ans l'organisation administrative avait été totalement renouvelée en France et que ce qui était possible en 1792 était devenu moins praticable en 1814, l'ancien colonel proposait à l'approbation ministérielle le projet suivant :

« J'ai causé avec quantité de mes co-cultivateurs de Seine-et-Oise que j'ai convaincus de cette vérité, qu'il faut mieux défendre ses foyers de loin que de près. Ils m'ont tous assuré que rien de tout ce qui paraîtrait aller directement à ce but, ne leur paraîtrait onéreux.

« D'ailleurs, l'obéissance en général est plus parfaite dans les départements voisins de Paris que dans ceux qui sont plus éloignés de la capitale, le découragement y est moindre,

1. Archives de la Guerre, doss. Landrieux.

les sacrifices y sont moins pénibles, parce qu'il y a plus
d'aisance.

« Il existe dans le département de Seine-et-Oise seul environ
trois mille chevaux à cause de 700 communes environ, dans
lesquelles on trouve au moins quatre ou cinq cents grosses
fermes, et il n'existe pas une seule ferme, grande ou petite,
dans laquelle il n'y ait un bon bidet qui ne sert qu'aux
courses à la foire, aux marchés et plus souvent aux parties
de plaisir.

« Ce cheval, toujours très vif, solide, fait à la fatigue,
d'un bon âge et d'une bonne taille, est presque toujours entier, mais sage, n'ayant jamais couvert, il est souvent am-
blier. Il n'est pas à vendre et on ne viendra pas l'offrir à
moins qu'il n'ait quelque défaut caché, ou de caractère.

« C'est vouloir enrichir la spéculation que de continuer à
acheter comme on le fait à Versailles. Je m'en rapporte à
MM. les colonels pour savoir si sur vingt chevaux il n'y en
a pas quinze qui ne valent presque rien ; je les ai vus, il y
en aura sous peu les deux tiers à la réforme.

« Il faut prendre tous les bidets et les payer en quittance
sur les impositions de 1815 ou 1816. Ce n'est rien pour le
fermier qui aura payé sans se gêner et avec un objet à peu
près de luxe.

« Tous les trotteurs seraient envoyés sur-le-champ aux
divers dépôts de cavalerie.

« Quant aux ambliers, j'en ferai mon affaire.

« Le décret impérial ne serait pas long, puisqu'il ne s'agit
que de dire que tous les chevaux, dits bidets. de tel et tel
département (à 50 lieues de rayon de Versailles) sont mis à
la disposition du ministre ; puis le mode de payement pour
lequel le ministre s'entendra avec le ministre des finances.

« Le ministre chargerait ensuite l'officier général employé
aux remontes de diriger ces chevaux vers les dépôts des
corps et de s'entendre avec moi pour livrer les ambliers.

« Je serai chargé de former des corps de mille hommes à
cheval avec les derniers chevaux : on donnerait à ces corps
le nom qu'on voudrait. Les chevaux de cette espèce seraient
requis avec leur selle et leur bride, parce que c'est tout fait
et qu'il en coûterait plus de moitié moins que si ces objets
étaient fournis neufs, qu'ils sont meilleurs et qu'ils sont
faits au corps du cheval.

« Quant aux hommes, je ne manquerai pas d'en trouver

à Paris qui auraient déjà servi, ils accourraient en foule au seul nom de partisans à cheval et on débarrasserait la capitale de quantité de gens qui ne savent où aller dîner, et qui n'attendent qu'un moment de trouble pour essayer de faire leur main.

« J'en trouverais aussi dans les campagnes, et si l'on voulait m'en donner de la conscription de l'an 15, j'en trouverais quantité qui ne sont pas étrangers au cheval.

« On pourrait requérir les fusils à deux coups en attendant mieux et je les leur ferais porter à la grenadière (en bandoulière) à cause de la batterie gauche.

« Le gouvernement ne leur fournirait que les bottes, un casque ou schako, un sabre, le fusil ci-dessus et un manteau, plus une paire de fontes et un porte-manteau, l'ennemi me fournirait des pistolets et des carabines ou mousquetons. C'est ainsi que je m'étais arrangé pour former ces hussards-braconniers qui désolèrent le camp de Cysoing en 1793, et qui devinrent ensuite le 21e régiment de chasseurs à cheval.

« En très peu de jours j'aurais appris à cette troupe le peu de manœuvres d'absolue nécessité et que peut comporter l'espèce du cheval.

« Avec deux corps seulement de cette cavalerie, je me charge de corriger les troupes légères de l'ennemi de telle manière qu'elles y regarderaient à deux fois pour faire des pointes. Je ne demande que carte blanche pour me porter où je voudrai et ma responsabilité est là.

« La paye serait la même que celle des autres troupes. Quant aux officiers et sous-officiers, j'en trouverai quelques-uns parmi les officiers en retraite : on m'autoriserait à en prendre dans divers corps qu'on me désignerait et qui en ont plus que de soldats.

« Je présume d'ailleurs que la difficulté de compléter en chevaux tous les régiments de cavalerie engagera le gouvernement à supprimer un certain nombre de cadres, et je pourrai en prendre les sous-officiers et quelques officiers [1]. »

Malheureusement pour Landrieux, les événements se précipitèrent trop rapidement; on n'eut pas le temps de

____

1. Archives de la Guerre, doss. Landrieux.

prendre ses demandes en considération, et c'est en vain qu'il fit étalage de tant de bonne volonté et d'abnégation, peut-être pas tout à fait désintéressées, mais certainement absolument sincères.

Que devint Landrieux pendant la période agitée qui s'étend depuis le départ pour l'île d'Elbe jusqu'au retour des alliés venant remettre cette fois, avec un peu plus de solidité, les Bourbons sur le trône de France ? Il n'a pas été possible de l'établir.

Au début de juillet 1815, les soldats de Blücher s'avancèrent sur la rive gauche de la Seine, envahissant l'arrondissement de Versailles, où, suivant leur coutume, ils se livrèrent au pillage. Avant que le général Excelmans eut eu le temps de leur infliger dans ces parages la sanglante défaite qui coûta la vie à deux régiments allemands, la propriété que Landrieux possédait au Trou-Salé, près de Toussu-le-Noble, fut entièrement dévastée et sa maison pillée à tel point qu'il dut, une fois la bourrasque passée, de demander un duplicata de son brevet de retraite dont l'expédition lui avait été volée par les envahisseurs (1).

Le moyen détourné que Landrieux avait trouvé pour forcer en quelque sorte le ministre à le réemployer avec une situation supérieure n'avait pas abouti, et il ne pouvait plus être question de créer des corps francs en présence des faits qui s'étaient accomplis. Mais toujours inventif, il trouva un nouvel expédient pour attirer encore l'attention sur lui en proposant une organisation de police militaire : il espérait être appelé à en assurer lui-même l'établissement.

Le licenciement et la réorganisation de l'armée avaient fait un grand nombre de mécontents ; les officiers en demi-solde et les partisans du grand exilé, demeurés dans les rangs, ne laissaient pas, par leurs agitations sourdes, que de créer de sérieuses inquiétudes au gouvernement. On commençait à parler des carbonari et de leurs ventes. Landrieux, n'ignorant pas cette situation, que lui faisait connaître chaque jour la fréquentation de ses anciens camarades, adressa un nouveau mémoire au duc de Feltre, devenu ministre du roi Louis XVIII, comme il l'avait été de

1. Archives de la Guerre, doss. Landrieux : *Certificat du maire de Toussu-le-Noble en date du 22 octobre 1815.*

l'empereur. Dans ce mémoire, il lui soumettait un plan qui n'a pu être retrouvé, mais que l'on connaît suffisamment d'après la réponse que Clarke s'empressa de lui faire, le 19 décembre 1815, sur un ton tant soit peu plus aimable que celui dont il avait usé sous le précédent souverain :

« J'ai reçu, Monsieur, la lettre que vous m'avez fait l'honneur de m'écrire le 4 de ce mois. Vos observations sur les moyens à prendre pour maintenir la tranquillité publique partent d'un bon sentiment et reposent sur des faits qui ne sont que trop réels ; mais le mal qui arrive vite ne peut se réparer qu'avec lenteur.

« Peu à peu les communes seront administrées par des hommes dévoués au roi et intéressés au bon ordre.

» Peu à peu, l'esprit des soldats dans leurs foyers s'améliorera, les besoins de l'agriculture, les progrès du commerce en occupant un plus grand nombre de bras, détourneront les esprits des pensées turbulentes qu'avait fait naître une trop longue habitude de la vie militaire, et les lois nouvelles arrêteront dans leur source les moindres désordres. La gendarmerie, presque entièrement recréée, ne sera plus l'appui des hommes opposés au gouvernement ; elle redeviendra leur effroi et la sauvegarde des citoyens paisibles.

« Sans doute, l'action de la police militaire est plus efficace que les voies administratives contre d'anciens soldats accoutumés à ne respecter que l'autorité militaire.

« C'est aussi ce qui a porté le gouvernement à proposer le rétablissement des justices prévôtales.

« Cette loi ne peut manquer de produire les meilleurs effets.

« L'idée de charger un officier supérieur, dans chaque division militaire, de correspondre sur les objets de police avec le ministre de la Guerre, pourrait avoir quelque avantage, mais le but est également atteint par les soins qu'apportent les généraux commandant les divisions et les départements, ainsi que les officiers de gendarmerie, à rendre compte au ministre de tout ce qui peut intéresser la sûreté de l'État.

« Je vous remercie, Monsieur, de m'avoir communiqué vos idées sur un objet dont je sens toute l'importance ; j'espère que les mesures que dicte chaque jour la sagesse du roi, aidées des heureux effets de sa bonté et la fermeté de son gouvernement, rendront à la fin à la France le calme qui lui est si nécessaire après tant d'orages.

« J'ai l'honneur d'être très parfaitement, Monsieur, votre très humble et très obéissant serviteur.

« LE DUC DE FELTRE (¹). »

Peu habitué à recevoir du ministère de la Guerre des lettres d'un ton aussi courtois, Landrieux crut que l'heure de la réparation était enfin venue pour lui, victime des intrigues politiques et des rancunes inqualifiables d'hommes qu'il avait servis et obligés même. Sans perte de temps, il reprend sa plume et, sur un ton par exemple des plus bref, il écrit le 28 décembre 1815 au duc de Feltre pour lui rappeler en quatre lignes ses services et termine en disant : « Je demande la croix de la Légion d'honneur (²). »

Cette lettre demeura sans réponse (³).

Dès lors Landrieux renonça à l'espérance de rentrer en activité. Louis XVIII avait tant d'émigrés à rétablir dans leurs anciennes fonctions, tant de dévouements à récompenser que ses sollicitations risquaient fort de demeurer vaines. D'ailleurs, pourquoi conserver encore des illusions? L'âge était venu, il avait passé la soixantaine et malgré les brèches faites à sa fortune, l'ancien adjudant-général ne

---

1. Mss B., folio 54.

2. Archives de la Guerre, doss. Landrieux.

3. Landrieux ne paraît pas en avoir beaucoup voulu au duc de Feltre de ce silence. Il a laissé dans ses papiers une note sous ce titre : *Extrait d'un libelle sur le duc de Feltre : points principaux à discuter et réfuter.* Dans une autre note, il s'exprime sur lui en ces termes : « On accusa Clarke d'avoir voulu brûler Paris : il en avait, disait-on, reçu l'ordre. Son gendre fit imprimer à cet égard quelques raisons fort médiocres pour sa défense. Ce jeune homme ignorait que, si son beau-père avait reçu ce commandement, il n'avait pu se dispenser de l'exécuter et que sa négligence ou son refus d'obéir eussent entraîné pour lui la peine capitale. Il eût dû dire en quatre mots : *Mon beau-père n'a pas brûlé Paris, il n'en a donc pas reçu l'ordre.* Brûler ou détruire une ville est une action militaire très fâcheuse pour les habitants, mais nécessaire quelquefois pour empêcher l'ennemi de s'y loger, de s'y fortifier, de s'y nourrir, de s'y enrichir et souvent aussi pour représailler, pour forcer l'ennemi à faire *bonne guerre* (Voir la lettre de Louvois à Turenne sur le Palatinat). Quand on reçoit un officier,

perdait pas l'espoir de compenser la modicité de sa retraite par un travail assidu nécessaire à son incessante activité. Plus que jamais, il s'adonna aux labeurs agricoles, développant son exploitation, améliorant et embellissant son domaine du Trou-Salé, sans songer qu'un jour viendrait où cette propriété lui serait contestée.

Entre temps il s'intéressait à toutes les publications qui se multipliaient sur les guerres de la Révolution et en particulier sur la campagne d'Italie. C'étaient de 1819 à 1822. *Les Trophées des armées françaises depuis 1792 jusqu'en 1815*, puis la *Correspondance officielle, confidentielle et privée de Napoléon Bonaparte* éditée par le général Beauvais chez le libraire Panckouke, l'*Histoire de Venise* du comte Daru et enfin le *Mémorial de Sainte-Hélène*. La lecture de ses ouvrages le transporta d'indignation.

Des *Trophées*, il ne pouvait faire grand cas; c'était une trop visible spéculation de librairie et les phrases pompeuses et romanesques des collaborateurs de l'académicien Tissot ne pouvaient illusionner ce juge difficile.

« S'ils ont parlé, dit Landrieux, avec aussi peu de bon sens des campagnes où je ne me suis pas trouvé qu'ils ont follement écrit celle de Venise, le public a bien mal employé son argent. Avec un peu plus de discernement et de soin, avec un peu plus de modestie de la part des narrateurs de leurs propres exploits, la plupart controuvés, avec un peu moins de charlatanisme dans les titres de ces compositions, on eut pu faire des répertoires utiles, qui n'eussent pas eu besoin de phrases ampoulées, de gravures, de caractères superbes, ni de papier vélin, pour être recommandables et bien vendus (¹). »

la formule qu'on prononce est celle-ci : « Il est enjoint à tous les subordonnés de lui obéir dans tout ce qu'il leur commandera relativement au service ; il est défendu d'offrir des observations à son supérieur avant d'avoir obéi ; un général en chef ordonne les arrêts à un général de division, un capitaine à son lieutenant, un caporal met un soldat à la salle de police. On obéit d'abord et, quand le terme de la punition est arrivé, on réclame si on le juge à propos. » C'est ainsi que s'expriment toutes les ordonnances. Et sans cela, comment ferait-on aller au feu deux ou trois cent mille hommes commandés par un seul ? Et pour cinq sols par jour et une nourriture souvent aussi mauvaise que précaire ! »

1. Fragment supprimé de l'introduction aux *Mémoires*.

L'*Histoire de Venise*, par Daru, avait fortement déçu Landrieux. Il avait espéré beaucoup de l'œuvre de cet ancien ministre, à qui les sources les plus cachées avaient été accessibles, et il le voyait accueillir sans critique jusqu'à des documents frelatés, malgré leur origine officielle ([2]).

« M. Daru, après avoir mis sous nos yeux des extraits très élégamment rendus des auteurs qui ont écrit sur Venise depuis son origine, et qui sont en assez grand nombre, paraît embarrassé quand il arrive aux derniers temps de cette République. Son style change; on voit qu'il arrive dans un terrain non cultivé d'avance. Il a fini par nous donner mot pour mot les rapports des états-majors insérés dans tous les journaux du temps, quelques arrêtés du Directoire et certaines pièces du ministère des Affaires étrangères. On sait depuis longtemps que ce n'est pas là que Tite-Live et Tacite eussent été prendre leurs' matériaux.

« Il doit paraître singulier que cet auteur ait feint de croire à tous ces contes en l'air, avec lesquels on avait bercé le peuple parisien et qu'il les ait donnés comme des vérités sans la moindre remarque de sa part, lui qui, sous le Directoire et sous Bonaparte, a presque toujours occupé les premiers emplois administratifs de la Guerre. On se demande, après avoir parcouru son volumineux travail, comment M. Daru, qui savait aussi bien que nous tous que le général en chef de l'armée d'Italie, dont le crédit encore assez mince à cette époque et fortement balancé par des envieux très nombreux, ne lui permettait pas encore de se mettre au-dessus de la crainte de se compromettre, a pu s'imaginer que Bonaparte ait osé se jeter à corps perdu dans une entreprise colossale, s'en s'être auparavant assuré d'un appui bien autrement solide que ne pouvait l'être le chétif Directoire français déjà si avili. Ce n'est même pas vraisemblable.

« Non, certes, cet appui, il ne le vint pas chercher au

---

1. « Nul doute, dit quelque part Landrieux, que M. Daru n'ait tiré la copie de la capitulation de Vérone des bureaux des Affaires étrangères et qu'il ne se soit assuré de la fidélité de son copiste. C'est une preuve que cette pièce a été donnée primitivement avec inexactitude à ces bureaux, puisqu'elle n'est pas pareille à l'original que je possède et qui n'est jamais sorti de mon portefeuille. »

palais du Luxembourg, puisqu'il est évident, par les actes mêmes de ce Directoire, qu'on ignora longtemps à Paris, ce qu'on faisait en Italie contre les Vénitiens (¹).

« Ce défaut de critique, dans les derniers des six volumes que M. Daru a fait imprimer, ne peut influer sur les éloges dus au reste de son ouvrage.

« Peut-être l'avait-il tout écrit avant la chute de Bonaparte, et qu'il n'aura pas voulu se donner la peine d'y faire les corrections qui pourraient y être faites enfin, sans danger pour l'auteur (²). »

La *Correspondance de Napoléon*, et en particulier le volume consacré aux affaires de Venise (³), devait attirer spécialement son attention. Il avait tant de fois ri de la boursouflure des bulletins et de l'inexactitude des extraits de registres expédiés au Directoire, qu'il reprit sa plume pour combattre — et avec quelle véhémence — les lettres dont il jugeait que le libraire Panckouke eut du supprimer la plupart dans l'intérêt de son héros. Mais cette fois, Landrieux ne sait plus se contenir. Non seulement il critique avec une verve impitoyable, une logique féroce, mais il s'emporte jusqu'aux insultes. Ce n'est plus Napoléon seul qu'il malmène : le roi Joseph devient : « son ignoble frère ». S'il se refuse d'instinct à admettre la légende de Hudson Lowe, geôlier persécuteur à Sainte-Hélène, s'il rappelle que O'Meara raconte que Napoléon jouait à colin-maillard avec les filles de l'île, il détruit toute la force de son argumentation par la partialité visible qui lui fait pousser cette exclamation : « Si ce fait est vrai, Bonaparte n'avait aucun sen-

---

1. Personnellement, Landrieux n'eut pas à se plaindre de la narration du comte Daru. Voici comment est rapporté par l'historien l'incident Stefani : « Le provéditeur envoya son secrétaire (à Milan) avec la mission de pénétrer le mystère de ce plan et le nom du corps qui devait avoir la principale part à son exécution. Cet émissaire, adressé à une personne que le podestat croyait sûre, *ne fut mis en communication qu'avec des agents de la police de Milan et par conséquent ne fut instruit que de ce qu'on voulait qu'il crût*. Il rapporta que l'insurrection devait éclater dans dix jours et commencer par Brescia. *C'était un faux avis.* » (Daru, *Histoire de la République de Venise*, V, 397).

2. Fragment supprimé de l'introduction aux *Mémoires*.

3. C'est le troisième volume.

timent d'honneur ni de courage ! (¹) » Toutefois, il ne faudrait pas déduire du ton exagéré ou trivial de certaines réflexions que Landrieux s'est livré contre la *Correspondance*
à une diatribe virulente et sans fondement. Ces réflexions,
ses exclamations ne sont en effet lancées que rarement au
cours d'un examen approfondi, d'une critique très serrée
des actes et des faits qui font l'objet des lettres de Bonaparte.

Ce n'est pourtant ni le ton de Barré ni celui du général
Sarrazin. Landrieux s'excuse en ces termes de ses violences :
« J'invite ceux qui liront mes notes à considérer que la
mauvaise humeur que quelques-unes de ces pièces m'ont
causée est loin de la partialité. Je sais ce que l'historien se
doit à lui-même et à la postérité. Il est impossible de ne pas
s'offenser de la rencontre d'un crime avéré, si l'on se permet la louange lorsqu'une belle action se présente. »

Landrieux discute en homme qui a vu, réfute pièces en
main, approuve rarement, mais désapprouve toujours par
une argumentation logique qu'il corrobore par les conséquences avec les résultats palpables inhérents ou subséquents (²). Qu'on retranche de son *Examen de la Correspondance de Napoléon* le parti-pris de certaines pages et
l'exagération de bon nombre de phrases, Landrieux restera
incontestablement l'un des plus importants critiques historiques et militaires des premières campagnes de ce grand
homme de guerre que fut Napoléon (³).

---

1. En voici un autre exemple : « Bonaparte, dit Landrieux,
avait l'extravagante idée de couper l'isthme et de se donner ainsi
un passage par mer pour la Chine ; — il l'aurait tenté si l'on ne
lui eût représenté qu'il allait donner à l'océan Indien un versant
de plusieurs toises d'élévation dans la Méditerranée et noyer ainsi
tout le littoral de part et d'autre jusqu'à Cadix. » Ici les rieurs seront du côté de Bonaparte.

2. Voici une pensée qu'il a jetée un jour sur le papier : « Il
ne faut pas toujours chercher l'origine, la source des révoltes
qui ont renversé tant de trônes, dans la perversité du cœur
humain : on la trouvera bien plus souvent dans le mécontentement et le désespoir que causent les injustices. On se tait tant
qu'on craint, mais on n'oublie jamais une injustice, quand même
elle ne ferait mal qu'à autrui. »

3. Il est fort possible que, suivant l'expression de l'auteur de
l'article de la *Revue du Cercle militaire*, « on trouve en cet écrit plus

Le *Mémorial de Sainte-Hélène*, qui suivit de près la publication de la *Correspondance*, portait contre l'ex-adjudant-général une grave accusation absolument dénuée de fondement et qui ne pouvait être tout au moins qu'une erreur de Napoléon. Las Cases attribuait à Landrieux le pillage du mont-de-piété de Vérone et prétendait qu'il avait été arrêté en même temps que Bouquet ([1]). L'adjudant-général, profondément vexé, ne manqua pas en maintes pages de ses *Mémoires* et de son *Examen de la correspondance*, de tomber sur l'auteur du *Mémorial* qu'il appelle « le larmoyant Las-Cases », lui reprochant d'aller chercher des documents jusque dans « la garde-robe de son maître » « Las-Cases nous fait des contes à dormir debout, dit-il quelque part », et plus loin : « Je vois avec peine que Las-Cases, sorti des bords de la Garonne, nous donne ses imaginations pour des vérités, en *style haché*, à 8 francs le volume. *A beau mentir qui vient de loin*, disait Rabelais. Au moins, Panckoucke offre des pièces qui ne sont pas du fac-simile, ce qui signifie ici contre-fait mais semblable au possible. Il n'y a rien à dire à cela, il est neutre et n'a point fait de dépenses en phrases emphatiques, douloureuses et sentimentales, à sa courte introduction près. Loin de moi l'idée d'insinuer le moindre blâme sur les braves gens qui ont refusé d'abandonner Bonaparte ! Ils ont été reconnaissants : leur nom vivra dans l'histoire des malheurs que cet homme s'est attiré. L'auteur hermaphrodite du roman de Sainte-Hélène, en leur conservant avec obstination singulière les dénominations désormais inutiles de leurs anciens emplois, n'a fait que prouver que l'ex-empereur avait des droits à leur gratitude et il semble par là avoir diminué de beaucoup, aux yeux du public, la pureté du dévouement qu'ils lui ont montré ([2]). »

Cette âcreté de critique, Landrieux l'apportait jusque dans les actes de la vie privée.

Tout lui échappait à la fois. Il avait acquis son domaine

à laisser qu'à prendre ». Qu'importe ! « les griefs formulés contre Bonaparte n'en sont pas moins curieux à connaître ; de telles plaintes n'amoindrissent aucunement la gloire aujourd'hui légendaire de Bonaparte. »

1. Voir pages 249 à 256 de cette introduction.
2. *Étude sur la correspondance de Napoléon Bonaparte.*

du Trou-Salé d'un sieur Léger, son débiteur, qui avait pu justifier l'origine de propriété par un acte passé en l'étude de Mᵉ Guillaume, notaire à Paris. Il se croyait naturellement possesseur légitime et sans conteste possible de ce domaine, quand les agents de la liste civile lui revendiquèrent une partie et lui intentèrent devant le tribunal de Versailles un procès qui dura des années (¹).

En présence de la diminution de ses revenus, dans l'espoir de réparer ses pertes, le propriétaire du Trou-Salé se lança dans des exploitations et des spéculations malheureuses. Il acheta notamment une propriété dans la commune de Boiscommun, près de Pithiviers, y occupa pendant près d'une année deux cents ouvriers, mais sa gêne devint telle qu'il dut se résigner à vendre. Il ne put toutefois éviter les poursuites que lui intentèrent ses ouvriers devant le juge de paix de Boiscommun et même devant le tribunal de Pithiviers (²). En 1824, il dut se résoudre à vendre Trou-Salé dans les conditions les plus fâcheuses, et malgré le gain de son procès, il ne lui resta plus que des ressources restreintes (³). Une fois encore, il chercha dans son imagination les moyens de suppléer à tout ce qu'il avait perdu. Pourquoi, pensa-t-il, ses anciens amis de Terre-Ferme ne lui verseraient-ils pas les sommes auxquelles il avait généreusement renoncé jadis ? (⁴) Il écrivit donc aux Lecchi, Lapi, Gambara, Becchini et autres Brescians et Bergamasques qui se dispensèrent de lui répondre.

En cette occurrence, se voyant abandonné par ceux sur la reconnaissance desquels il comptait, sans se décourager, il adressa un mémoire à l'ambassadeur d'Autriche pour lui rappeler que la Terre-Ferme, soulevée par ses soins, avait été aussitôt cédée à l'empire avec Venise et lui exposer que

1. Mss B., folio 598 : *Lettre au roi.*
2. Mss B., folio 57 : *Lettre au commissaire.*
3. Mss B., folio 598 : Pièce citée.
4. Ce point avait été nettement déterminé par deux lettres échangées entre Golza et Landrieux en ce qui concernait Bergame. (Mss B., folio 593.) — M. Trolard n'en a pas moins prétendu que Landrieux avait reçu des « sommes considérables » tant des Brescianais et des Bergamasques que du Sénat de Venise (*De Rivoli à Solferino*, I, 142.) Pourquoi M. Trolard n'a-t-il pas indiqué le montant de ces sommes considérables ?

ses services n'avaient jamais été récompensés. Il concluait en ces termes :

« Aujourd'hui, M. Landrieux se trouve dans le besoin, et il a écrit plusieurs fois aux personnes qui se sont engagées envers lui, et n'a reçu aucune réponse.

« La révolte de Bergame et de Brescia contre l'infernal gouvernement du Conseil des Dix ne peut porter aucun ombrage à l'Autriche et elle peut permettre que ces deux pays se cotisent pour payer le général Landrieux dont les sentiments sont connus par les actions (1). »

En même temps, ainsi qu'un homme qui se noie cherche à se raccrocher à toutes les branches, Landrieux, se souvenant d'avoir été au service de Louis XVIII, alors que celui-ci n'était que Monsieur, frère du roi, comte de Provence, rédigea les notices autobiographiques de plus en plus royalistes, dont on trouve les minutes successives dans ses papiers, avec l'intention sans doute d'en joindre une à la supplique suivante :

« Sire,

« C'est à Votre Majesté que j'adresse ma respectueuse réclamation, parce qu'il n'est plus en mon pouvoir de remédier à mes malheurs.

« Je viens de gagner à Versailles même un procès qui en est l'unique source. Le mal que cette procédure m'a fait est incalculable.

« J'avais été payé par un sieur Léger, de sommes qu'il me devait, par la possession du domaine du Trou-Salé, à lui cédé devant Guillaume, notaire à Paris. Une partie de ce domaine fut revendiqué ensuite par divers agents qui me contestèrent au nom de la liste civile la légitimité de ma possession.

« Cette malheureuse prétention dure environ depuis deux années. Une procédure des plus compliquées en a été la conséquence; des expertises nombreuses ont eu lieu, et tous les rapports et expositions des géomètres et conclusions contradictoires, ainsi que la présence de tous mes titres, ont jeté le plus grand jour sur cette affaire et ont prouvé mon bon droit.

1. Mss B., folio 80.

« Mais, depuis quelques années, tourmenté par cette procédure, je fus obligé, en 1824, de céder mon domaine à un prix très onéreux, et de plus de garantir les effets futurs de ce procès.

« Ayant cherché par une spéculation à réparer cet échec fait à ma fortune en plusieurs acquisitions auxquelles j'ajoutai des embellissements considérables ; mais le sort en décida autrement et les revers ne me permirent plus de suffire à mon obligation durant toujours, et je fus entièrement ruiné.

« Votre Majesté peut se faire assurer de la vérité de mon exposé.

« J'étais anciennement, sous Louis XVI, inspecteur des postes et relais de Monsieur, frère du roi, par arrangement avec M. le baron d'Oigni, sous-intendant des Postes ; j'exerçai cet emploi pendant onze années, jusqu'à l'époque de la Révolution, dont l'effet fut de me faire perdre cet emploi ; depuis ce temps-là j'ai cessé de l'occuper. Le procès en question m'ayant dépouillé de tout, je suis resté dans le plus déplorable état et je prends la liberté d'exposer à Votre Majesté qu'il m'est impossible de vivre sans un secours de Votre Majesté soit en argent comptant, soit en pension, si modique qu'elle soit ; elle me vaudra toujours six cents francs que je tiens du ministre Berthier, à moins qu'elle ne veuille que le ministre des Postes me la fixe relativement à mon emploi originaire, ou bien en qualité d'écuyer inspecteur des relais (¹). »

La minute de cette pièce est la dernière de la main de Landrieux qui figure dans ses papiers, l'écriture est tremblée, peu lisible. On sent que la mort approche.

Quel jour vint-elle le frapper ? C'est une date qu'il a été impossible de retrouver. Les incendies qui, pendant la Commune, ont consumé le ministère des Finances où était son dossier de pension, et l'Hôtel de Ville où était le registre contenant son acte de décès, ont enlevé tout moyen de recherches. Au ministère de la Guerre, à cette époque, le dossier des officiers était clos le jour de leur mise à la retraite et nulle mention n'y existait du décès des retraités.

Il est, cependant, possible d'établir que la mort de l'adju-

1. Mss B., folio 598.

dant-général dut avoir lieu entre le début de 1825 et le milieu de 1826, car, à cette époque, sa femme se qualifie de veuve sur l'acte de vente d'une maison sise à Dormans moyennant une rente viagère de 350 francs [1].

La veuve de Landrieux lui survécut encore seize ans. Après avoir, à défaut d'héritiers directs, donné en dot tout son avoir, meubles et rentes, avec jouissance seulement à son décès, à une fille Flore-Esther Guilliot, sa domestique, le 23 juillet 1834, à l'occasion du mariage de cette fille avec un sieur Duteil, serrurier [2], elle quitta son logement du quai de la Mégisserie, nᵒ 16, et revint en 1837 s'installer définitivement dans son pays natal, où elle vécut de ses revenus composés en majeure partie d'une rente viagère de 350 francs et d'une pension de 286 francs à titre de veuve d'officier.

Le 28 août 1841, Rosalie Truet, veuve de Jean Landrieux, s'éteignait à son tour à Dormans, âgée de 77 ans [3].

Léonce GRASILIER.

Au cours de notre travail sur Jean Landrieux, nous avons mentionné les noms des aimables correspondants qui ont bien voulu faire, sur notre demande, de minutieuses recherches; c'est pour nous un devoir de remercier ici M. Ad. Bousquet, secrétaire de la mairie de Lavaur; M. l'abbé Z. Perinet, curé-doyen de Dormans; M. C. Auzivier, chargé du dépouillement des archives de Brignoles; M. le maire de Maupertuis-en-Brie, M. Guillibert, ancien bâtonnier de l'ordre des avocats du barreau d'Aix-en-Provence, ainsi que Mᵉ Fénaux, notaire à Dormans, qui nous a ouvert ses archives, n'imitant pas en cela un de ses

---

1. Minutes de l'étude de Mᵉ Fénaux, notaire à Dormans.
2. Acte passé par devant Mᵉ Agasse, notaire à Paris.
3. *Registre des actes de décès de la commune de Dormans*, 1841. — Il ne fut pas fait d'inventaire de la succession.

confrères de Paris qui a invoqué « le secret professionnel » pour nous refuser des renseignements historiques (¹).

Nous adressons l'expression de notre gratitude à Messieurs les Ministres de la Guerre et des Affaires étrangères qui nous ont facilité l'accès de leurs archives. Nous remercions Messieurs les Archivistes de ces Ministères de leur gracieuse obligeance et tout particulièrement M. Hennet, chargé des Archives du Dépôt de la Guerre qui, non seulement nous a fourni avec empressement les documents qui nous étaient nécessaires, mais encore nous a aidé de sa grande érudition en matière d'histoire militaire. Nous ne pouvons oublier M. E. Charavay, l'érudit paléographe, et M. Bouvier, qui prépare une histoire très documentée de l'armée d'Italie.

Enfin, nous saisissons l'occasion de témoigner notre reconnaissance à notre vieil ami, M. Albert Savine, et pour l'honneur qu'il nous a fait en nous confiant le soin d'écrire l'introduction aux *Mémoires de Jean Landrieux,* et pour tous les témoignages de sa bonne amitié.

L. G.

1. M. le secrétaire de l'archevêché d'Albi nous ayant informé trop tardivement qu'il ne trouvait aucun renseignement sur l'abbé Le Bosc de Thouzery, oncle de J. Landrieux, la note de la page (15) était déjà imprimée quand sa lettre nous est parvenue. Nous le remercions de sa peine et le prions d'agréer nos excuses.

INDEX ALPHABÉTIQUE

Les noms de localités sont en *italique*.

www.ingramcontent.com/pod-product-compliance
Lightning Source LLC
LaVergne TN
LVHW021930030726
842523LV00001B/111